Johann Wolfgang von Goethe

Ausgewählte Werke in zwölf Bänden

12. Band

Johann Wolfgang von Goethe

Ausgewählte Werke in zwölf Bänden
12. Band

ISBN/EAN: 9783744707022

Hergestellt in Europa, USA, Kanada, Australien, Japan

Cover: Foto ©ninafisch / pixelio.de

Weitere Bücher finden Sie auf **www.hansebooks.com**

Goethes

Ausgewählte Werke

in zwei

Zwö

Inha

Aus meinem Leben. Dichtung und

Stuttgart.

J. G. Cotta'sche Buchhandlung
Nachfolger.

Druck der Union Deutsche Verlagsgesellschaft in Stuttgart

Aus meinem Leben.
Dichtung und Wahrheit.

Dritter Teil.
Es ist dafür gesorgt, daß die Bäume nicht in den Himmel wachsen.

Elftes Buch.

Nachdem ich in jener Laube zu Sesenheim meine Erzählung vollendet, in welcher das Gemeine mit dem Unmöglichen anmutig genug wechselte, sah ich meine Hörerinnen, die sich schon bisher ganz eigen teilnehmend erwiesen hatten, von meiner seltsamen Darstellung aufs äußerste verzaubert. Sie baten mich inständig, ihnen das Märchen aufzuschreiben, damit sie es öfters unter sich und vorlesend mit andern wiederholen könnten. Ich versprach es um so lieber, als ich dadurch einen Vorwand zu Wiederholung des Besuchs und Gelegenheit zu näherer Verbindung mir zu gewinnen hoffte. Die Gesellschaft trennte sich einen Augenblick, und alle mochten fühlen, daß nach einem so lebhaft vollbrachten Tag der Abend einigermaßen matt werden könnte. Von dieser Sorge befreite mich mein Freund, der sich für uns die Erlaubnis erbat, sogleich Abschied nehmen zu dürfen, weil er, als ein fleißiger und in seinen Studien folgerechter akademischer Bürger, diese Nacht in Drusenheim zuzubringen und morgen zeitig in Straßburg zu sein wünsche.

Unser Nachtquartier erreichten wir beide schweigend; ich, weil ich einen Widerhaken im Herzen fühlte, der mich zurückzog, er, weil er etwas anderes im Sinne hatte, das er mir, als wir angelangt waren, sogleich mitteilte. — „Es ist doch wunderlich," fing er an, „daß du gerade auf dieses Märchen verfallen bist. Hast du nicht bemerkt, daß es einen ganz besondern Eindruck machte?" — „Freilich," versetzte ich darauf, „wie hätte ich nicht bemerken sollen, daß die ältere bei einigen Stellen, mehr als billig, lachte, die jüngere den Kopf schüttelte, daß ihr euch bedeutend ansaht und daß du selbst beinah aus deiner Fassung gekommen wärest. Ich leugne nicht, es hätte mich fast irre gemacht; denn es fuhr mir durch den Kopf, daß es vielleicht unschicklich sei, den guten Kindern solche Fratzen zu erzählen, die ihnen besser unbekannt blieben, und ihnen von den Männern so schlechte Begriffe zu geben, als sie von der Figur des Abenteurers sich notwendig bilden müssen." — „Keineswegs!" versetzte jener; „du errätst es nicht, und wie solltest du's erraten? Die guten Kinder sind mit solchen Dingen gar nicht so unbekannt, als du glaubst; denn die große Gesellschaft um sie her gibt ihnen zu manchem Nachdenken Anlaß, und so ist überrhein gerade ein solches Ehepaar, wie du es, nur übertrieben und märchenhaft, schilderst. Er gerade so groß, derb und plump, sie niedlich und zierlich genug, daß er sie wohl auf der Hand tragen könnte. Ihr übriges Verhältnis, ihre Geschichte paßt ebenfalls so genau zu deiner Erzählung, daß die Mädchen mich ernstlich fragten, ob du die Personen kenntest und sie schalkhaft dargestellt hättest? Ich versicherte nein! und du wirst wohl thun, das Märchen ungeschrieben zu lassen. Durch Zögern und Vorwände wollen wir schon eine Entschuldigung finden."

Ich verwunderte mich sehr: denn ich hatte weder an ein diesrheinisches, noch an ein überrheinisches Paar gedacht, ja, ich hätte gar nicht anzugeben gewußt, wie ich auf den Einfall gekommen. In Gedanken mochte ich mich gern mit solchen Späßen ohne weitere Beziehung beschäftigen, und so, glaubte ich, sollte es auch andern sein, wenn ich sie erzählte.

Als ich in der Stadt wieder an meine Geschäfte kam, fühlte ich die Beschwerlichkeit derselben mehr als sonst: denn der zur Thätigkeit geborne Mensch übernimmt sich in Planen und überladet sich mit Arbeiten. Das gelingt denn auch ganz gut, bis irgend ein physisches oder moralisches Hindernis dazutritt, um das Unverhältnismäßige der Kräfte zu dem Unternehmen ins klare zu bringen.

Das Juristische trieb ich mit so viel Fleiß, als nötig war, um die Promotion mit einigen Ehren zu absolvieren; das Medizinische reizte mich, weil es mir die Natur nach allen Seiten, wo nicht aufschloß, doch gewahr werden ließ, und ich war daran durch Umgang und Gewohnheit gebunden; der Gesellschaft mußte ich auch einige Zeit und Aufmerksamkeit widmen; denn in manchen Familien war mir mehreres zulieb und zu Ehren geschehen. Aber alles dies wäre zu tragen und fortzuführen gewesen, hätte nicht das, was Herder mir auferlegt, unendlich auf mir gelastet. Er hatte den Vorhang zerrissen, der mir die Armut der deutschen Litteratur bedeckte; er hatte mir so manches Vorurteil mit

Grausamkeit zerstört; an dem vaterländischen Himmel blieben nur wenige bedeutende Sterne, indem er die übrigen alle nur als vorüberfahrende Schnuppen behandelte; ja, was ich von mir selbst hoffen und wähnen konnte, hatte er mir dermaßen verkümmert, daß ich an meinen eignen Fähigkeiten zu verzweifeln anfing. Zu gleicher Zeit jedoch riß er mich fort auf den herrlichen breiten Weg, den er selbst zu durchwandern geneigt war, machte mich aufmerksam auf seine Lieblingsschriftsteller, unter denen Swift und Hamann obenan standen, und schüttelte mich kräftiger auf, als er mich gebeugt hatte. Zu dieser vielfachen Verwirrung nunmehr eine angehende Leidenschaft, die, indem sie mich zu verschlingen drohte, zwar von jenen Zuständen mich abziehn, aber wohl schwerlich darüber erheben konnte. Dazu kam noch ein körperliches Uebel, daß mir nämlich nach Tische die Kehle wie zugeschnürt war, welches ich erst später sehr leicht los wurde, als ich einem roten Wein, den wir in der Pension gewöhnlich und sehr gern tranken, entsagte. Diese unerträgliche Unbequemlichkeit hatte mich auch in Seienheim verlassen, so daß ich mich dort doppelt vergnügt befand; als ich aber zu meiner städtischen Diät zurückkehrte, stellte sie sich zu meinem großen Verdruß sogleich wieder ein. Alles dies machte mich nachdenklich und mürrisch, und mein Aeußeres mochte mit dem Innern übereinstimmen.

Verdrießlicher als jemals, weil eben nach Tische jenes Uebel sich heftig eingefunden hatte, wohnte ich dem Klinikum bei. Die große Heiterkeit und Behaglichkeit, womit der verehrte Lehrer uns von Bett zu Bett führte, die genaue Bemerkung bedeutender Symptome, die Beurteilung des Gangs der Krankheit überhaupt, die schöne hippokratische Verfahrungsart, wodurch sich, ohne Theorie, aus einer eignen Erfahrung die Gestalten des Wissens herausgaben, die Schlußreden, mit denen er gewöhnlich seine Stunden zu krönen pflegte, das alles zog mich zu ihm und machte mir ein fremdes Fach, in das ich nur wie durch eine Ritze hineinsah, um desto reizender und lieber. Mein Abscheu gegen die Kranken nahm immer mehr ab, je mehr ich diese Zustände in Begriffe verwandeln lernte, durch welche die Heilung, die Wiederherstellung menschlicher Gestalt und Wesens als möglich erschien. Er mochte mich wohl als einen seltsamen jungen Menschen besonders ins Auge gefaßt und mir die wunderliche Anomalie, die mich zu seinen Stunden hinführte, verziehn haben. Diesmal schloß er seinen Vortrag nicht, wie sonst, mit einer Lehre, die sich auf irgend eine beobachtete Krankheit bezogen hätte, sondern sagte mit Heiterkeit: „Meine Herren! wir sehen einige Ferien vor uns. Benutzen Sie dieselben, sich aufzumuntern; die Studien wollen nicht allein ernst und fleißig, sie wollen auch heiter und mit Geistesfreiheit behandelt werden. Geben Sie Ihrem Körper Bewegung, durchwandern sie zu Fuß und zu Pferde das schöne Land; der Einheimische wird sich an dem Gewohnten erfreuen, und dem Fremden wird es neue Eindrücke geben und eine angenehme Erinnerung zurücklassen."

Es waren unser eigentlich nur zwei, an welche diese Ermahnung gerichtet sein konnte; möge dem andern dieses Rezept eben so eingeleuchtet haben als mir! Ich glaubte eine Stimme vom Himmel zu hören, und eilte, was ich konnte, ein Pferd zu bestellen und mich sauber herauszuputzen. Ich schickte nach Weyland; er war nicht zu finden. Dies hielt meinen Entschluß nicht auf, aber leider verzogen sich die Anstalten, und ich kam nicht so früh weg, als ich gehofft hatte. So stark ich auch ritt, überfiel mich doch die Nacht. Der Weg war nicht zu verfehlen, und der Mond beleuchtete mein leidenschaftliches Unternehmen. Die Nacht war windig und schauerlich, ich sprengte zu, um nicht bis morgen früh auf ihren Anblick warten zu müssen.

Es war schon spät, als ich in Sesenheim mein Pferd einstellte. Der Wirt, auf meine Frage, ob wohl in der Pfarre noch Licht sei, versicherte mich, die Frauenzimmer seien eben erst nach Hause gegangen; er glaube gehört zu haben, daß sie noch einen Fremden erwarteten. Das war mir nicht recht; denn ich hätte gewünscht, der einzige zu sein. Ich eilte nach, um wenigstens, so spät noch, als der erste zu erscheinen. Ich fand die beiden Schwestern vor der Thüre sitzend; sie schienen nicht sehr verwundert, aber ich war es, als Friedrike Olivien ins Ohr sagte, so jedoch, daß ich's hörte: „Hab' ich's nicht gesagt? da ist er!" Sie führten mich ins Zimmer, und ich fand eine kleine Kollation aufgestellt. Die Mutter begrüßte mich als einen alten Bekannten; wie mich aber die ältere bei Licht besah, brach sie in ein lautes Gelächter aus: denn sie konnte wenig an sich halten.

Nach diesem ersten, etwas wunderlichen Empfang ward so gleich die Unterredung frei und heiter, und was mir diesen Abend verborgen blieb, erfuhr ich den andern Morgen. Friedrike hatte vorausgesagt, daß ich kommen würde; und wer fühlt nicht einiges Behagen beim Eintreffen einer Ahnung, selbst einer traurigen? Alle Vorgefühle, wenn sie durch das Ereignis bestätigt werden, geben dem Menschen einen höheren Begriff von sich selbst; es sei nun, daß er sich so zartfühlend glauben kann, um einen Bezug in der Ferne zu tasten, oder so scharfsinnig, um notwendige, aber doch ungewisse Verknüpfungen gewahr zu werden. — Oliviens Lachen blieb auch kein Geheimnis; sie gestand, daß es ihr sehr lustig vorgekommen, mich diesmal geputzt und wohl ausstaffiert zu sehn; Friedrike hingegen fand es vorteilhast, eine solche Erscheinung mir nicht als Eitelkeit auszulegen, vielmehr den Wunsch, ihr zu gefallen, darin zu erblicken.

Früh beizeiten rief mich Friederike zum Spazierengehen; Mutter und Schwester waren beschäftigt, alles zum Empfang mehrerer Gäste vorzubereiten. Ich genoß an der Seite des lieben Mädchens der herrlichen Sonntagsfrühe auf dem Lande, wie sie uns der unschätzbare Hebel vergegenwärtigt hat. Sie schilderte mir die erwartete Gesellschaft und bat mich, ihr beizustehn, daß alle Vergnügungen womöglich gemeinsam und in einer gewissen Ordnung möchten genossen werden. „Gewöhnlich," sagte sie, „zerstreut man sich einzeln; Scherz und Spiel wird nur obenhin gekostet, so daß zuletzt für den einen Teil nichts übrig bleibt, als die Karten zu ergreifen, und für den andern, im Tanze sich auszurasen."

Wir entwarfen demnach unsern Plan, was vor und nach Tische geschehen sollte, machten einander wechselseitig mit neuen geselligen Spielen bekannt, waren einig und vergnügt, als uns die Glocke nach der Kirche rief, wo ich denn an ihrer Seite eine etwas trockene Predigt des Vaters nicht zu lang fand.

Zeitverkürzend ist immer die Nähe der Geliebten, doch verging mir diese Stunde auch unter besonderem Nachdenken. Ich wiederholte mir die Vorzüge, die sie soeben aufs freieste vor mir entwickelte: besonnene Heiterkeit, Naivetät mit Bewußtsein, Frohsinn mit Voraussehn; Eigenschaften, die unverträglich scheinen, die sich aber bei ihr zusammenfanden und ihr Äußeres gar hold bezeichneten. Nun hatte ich aber auch ernstere Betrachtungen über mich selbst anzustellen, die einer freien Heiterkeit eher Eintrag thaten.

Seitdem jenes leidenschaftliche Mädchen meine Lippen verwünscht und geheiligt (denn jede Weihe enthält ja beides), hatte ich mich, abergläubisch genug, in acht genommen, irgend ein Mädchen zu küssen, weil ich solches auf eine unerhörte geistige Weise zu beschädigen befürchtete. Ich überwand daher jede Lüsternheit, durch die sich der Jüngling gedrungen fühlt, diese viel oder wenig sagende Gunst einem reizenden Mädchen abzugewinnen. Aber selbst in der sittigsten Gesellschaft erwartete mich eine lästige Prüfung. Eben jene, mehr oder minder geistreichen, sogenannten kleinen Spiele, durch welche ein munterer, jugendlicher Kreis gesammelt und vereinigt wird, sind großenteils auf Pfänder gegründet, bei deren Einforderung die Küsse keinen unbedeutenden Lösewert haben. Ich hatte mir nun ein für allemal vorgenommen, nicht zu küssen, und wie uns irgend ein Mangel oder Hindernis zu Thätigkeiten aufregt, zu denen man sich sonst nicht hingeneigt hätte, so bot ich alles auf, was an mir von Talent und Humor war, mich durchzuwinden und dabei vor der Gesellschaft und für die Gesellschaft eher zu gewinnen als zu verlieren. Wenn zu Einlösung eines Pfandes ein Vers verlangt werden sollte, so richtete man die Forderung meist an mich. Nun war ich immer vorbereitet und wußte bei solcher Gelegenheit etwas zum Lobe der Wirtin oder eines Frauenzimmers, die sich am artigsten gegen mich erwiesen hatte, vorzubringen. Traf es sich, daß mir allenfalls ein Kuß auferlegt wurde, so suchte ich mich mit einer Wendung herauszuziehen, mit der man gleichfalls zufrieden war, und da ich Zeit gehabt hatte, vorher darüber nachzudenken, so fehlte es mir nicht an mannigfaltigen Zierlichkeiten; doch gelangen die aus dem Stegreife immer am besten.

Als wir nach Hause kamen, schwirrten die von mehreren Seiten angekommenen Gäste schon lustig durch einander, bis Friedrike sie sammelte und zu einem Spaziergang nach jenem schönen Platze lud und führte. Dort fand man eine reichliche Kollation und wollte mit geselligen Spielen die Stunde des Mittagsessens erwarten. Hier wußte ich, in Einstimmung mit Friedriken, ob sie gleich mein Geheimnis nicht ahnete, Spiele ohne Pfänder und Pfänderlösungen ohne Küsse zu bereiten und durchzuführen.

Meine Kunstfertigkeit und Gewandtheit war um so nötiger, als die mir sonst ganz fremde Gesellschaft geschwind ein Verhältnis zwischen mir und dem lieben Mädchen mochte geahnet haben und sich nun schalkhaft alle Mühe gab, mir dasjenige aufzudrängen, was ich heimlich zu vermeiden suchte. Denn bemerkt man in solchen Zirkeln eine angehende Neigung junger Personen, so sucht man sie verlegen zu machen oder näher zusammenzubringen, eben so wie man in der Folge, wenn sich eine Leidenschaft erklärt hat, bemüht ist, sie wieder aus einander zu ziehen; wie es denn dem geselligen Menschen ganz gleichgültig ist, ob er nutzt oder schadet, wenn er nur unterhalten wird.

Ich konnte mit einiger Aufmerksamkeit an diesem Morgen Friedrikens ganzes Wesen gewahr werden, dergestalt, daß sie mir für die ganze Zeit immer dieselbe blieb. Schon die freundlichen, vorzüglich an sie gerichteten Grüße der Bauern gaben zu verstehn, daß sie ihnen wohlthätig sei und ihr Behagen errege. Zu Hause stand die Aeltere der Mutter bei; alles, was körperliche Anstrengung erforderte, ward nicht von Friedriken verlangt, man schonte sie, wie man sagte, ihrer Brust wegen.

Es gibt Frauenspersonen, die uns im Zimmer besonders wohl gefallen, andere, die sich besser im Freien ausnehmen: Friedrike gehörte zu den letztern. Ihr Wesen, ihre Gestalt trat niemals reizender hervor, als wenn sie sich auf einem erhöhten Fußpfad hinbewegte; die Anmut ihres Betragens schien mit der beblümten Erde und die unverwüstliche Heiterkeit ihres Antlitzes mit dem blauen Himmel zu wetteifern. Diesen erquicklichen Aether, der sie umgab, brachte sie auch mit nach Hause, und es ließ sich bald bemerken, daß sie Verwirrungen auszugleichen und die Eindrücke kleiner unangenehmer Zufälligkeiten leicht wegzulöschen verstand.

Die reinste Freude, die man an einer geliebten Person finden kann, ist die, zu sehen, daß sie andere erfreut. Friederikens Betragen in der Gesellschaft war allgemein wohlthätig. Auf Spaziergängen schwebte sie, ein belebender Geist, hin und wider und wußte die Lücken auszufüllen, welche hier und da entstehen mochten. Die Leichtigkeit ihrer Bewegungen haben wir schon gerühmt, und am allerzierlichsten war sie, wenn sie lief. So wie das Reh seine Bestimmung ganz zu erfüllen scheint, wenn es leicht über die keimenden Saaten wegfliegt, so schien auch sie ihre Art und Weise am deutlichsten auszudrücken, wenn sie, etwas Vergessenes zu holen, etwas Verlorenes zu suchen, ein entferntes Paar herbeizurufen, etwas Notwendiges zu bestellen, über Rain und Matten leichten Laufes hineilte. Dabei kam sie niemals außer Atem und blieb völlig im Gleichgewicht; daher mußte die allzu große Sorge der Eltern für ihre Brust manchem übertrieben scheinen.

Der Vater, der uns manchmal durch Wiesen und Felder begleitete, war öfters nicht günstig gepaart. Ich gesellte mich deshalb zu ihm, und er verfehlte nicht, sein Lieblingsthema wieder anzustimmen und mich von dem vorgeschlagenen Bau des Pfarrhauses umständlich zu unterhalten. Er beklagte sich besonders, daß er die sorgfältig gefertigten Risse nicht wieder erhalten könne, um darüber nachzudenken und eine und die andere Verbesserung zu überlegen. Ich erwiderte darauf, es sei leicht, sie zu ersetzen, und erbot mich zur Fertigung eines Grundrisses, auf welchen doch vorerst alles ankomme. Er war es wohl zufrieden, und bei der nötigen Ausmessung sollte der Schulmeister an Hand gehen, welchen aufzuregen er denn auch sogleich forteilte, damit ja der Fuß- und Zollstab morgen früh bereit wäre.

Als er hinweggegangen war, sagte Friederike. „Sie sind recht gut, die schwache Seite des lieben Vaters zu hegen und nicht, wie die andern, die dieses Gespräch schon überdrüssig sind, ihn zu meiden oder davon abzubrechen. Freilich muß ich Ihnen bekennen, daß wir übrigen den Bau nicht wünschen; er würde der Gemeine zu hoch zu stehn kommen und uns auch. Neues Haus, neues Hausgeräte! Unsern Gästen würde es bei uns nicht wohler sein, sie sind nun einmal das alte Gebäude gewohnt. Hier können wir sie reichlich bewirten, dort fänden wir uns in einem weitern Raume bengt. So steht die Sache; aber unterlassen Sie nicht, gefällig zu sein, ich danke es Ihnen von Herzen."

Ein anderes Frauenzimmer, das sich zu uns gesellte, fragte nach einigen Romanen, ob Friederike solche gelesen. Sie verneinte es; denn sie hatte überhaupt wenig gelesen; sie war in einem heitern sittlichen Lebensgenuß aufgewachsen und demgemäß gebildet. Ich hatte den Wakefield auf der Zunge, allein ich wagte nicht, ihr ihn anzubieten, die Aehnlichkeit der Zustände war zu auffallend und zu bedeutend. — „Ich lese sehr gern Romane," sagte sie; „man findet darin so hübsche Leute, denen man wohl ähnlich sehen möchte."

Die Ausmessung des Hauses geschah des andern Morgens. Sie ging ziemlich langsam von statten, da ich in solchen Künsten so wenig gewandt war, als der Schulmeister. Endlich kam ein leidlicher Entwurf zu stande. Der gute Vater sagte mir seine Absicht und war nicht unzufrieden, als ich Urlaub nahm, um den Riß in der Stadt mit mehr Bequemlichkeit zu verfertigen. Friederike entließ mich froh; sie war von meiner Neigung überzeugt wie ich von der ihrigen, und die sechs Stunden schienen keine Entfernung mehr. Es war so leicht, mit der Diligence nach Drusenheim zu fahren und sich durch dieses Fuhrwerk, sowie durch ordentliche und außerordentliche Boten in Verbindung zu erhalten, wobei George den Spediteur machen sollte.

In der Stadt angelangt, beschäftigte ich mich in den frühesten Stunden — denn an langen Schlaf war nicht mehr zu denken — mit dem Risse, den ich so sauber als möglich zeichnete. Indessen hatte ich ihr Bücher geschickt, und ein kurzes freundliches Wort dazu geschrieben. Ich erhielt sogleich Antwort und erfreute mich ihrer leichten, hübschen, herzlichen Hand. Eben so war Inhalt und Stil natürlich, gut, liebevoll, von innen heraus, und so wurde der angenehme Eindruck, den sie auf mich gemacht, immer erhalten und erneuert. Ich wiederholte mir die Vorzüge ihres holden Wesens nur gar zu gern und nährte die Hoffnung, sie bald und auf längere Zeit wiederzuziehen.

Es bedurfte nun nicht mehr eines Zurufs von seiten des braven Lehrers: er hatte mich durch jene Worte zur rechten Zeit so aus dem Grunde kuriert, daß ich ihn und seine Kranken nicht leicht wiederzusehn Lust hatte. Der Briefwechsel mit Friederiken wurde lebhafter. Sie lud mich ein zu einem Feste, wozu auch überrheinische Freunde kommen würden; ich sollte mich auf längere Zeit einrichten. Ich that es, indem ich einen tüchtigen Mantelsack auf die Diligence packte, und in wenig Stunden befand ich mich in ihrer Nähe. Ich traf eine große und lustige Gesellschaft, nahm den Vater beiseite, überreichte ihm den Riß, über den er große Freude bezeigte; ich besprach mit ihm, was ich bei der Ausarbeitung gedacht hatte; er war außer sich vor Vergnügen, besonders lobte er die Reinlichkeit der Zeichnung: die hatte ich von Jugend auf geübt und mir diesmal auf dem schönsten Papier noch besondere Mühe gegeben. Allein dieses Vergnügen wurde unserm guten Wirte gar bald verkümmert, da er gegen meinen Rat, in der Freude seines Herzens, den Riß der Gesellschaft vorlegte. Weit entfernt, daran die erwünschte Teilnahme zu äußern, achteten die einen diese köstliche Arbeit gar nicht; andere, die etwas von der Sache zu verstehn glaubten, machten es noch schlimmer, sie tadelten den Entwurf als nicht kunstgerecht, und als der Alte einen Augenblick nicht aufmerkte, handhabten sie diese sauberen Blätter als Brouillons, und einer zog mit harten Bleistiftstrichen seine Verbesserungsvorschläge dergestalt derb über das zarte Papier, daß an Wiederherstellung der ersten Reinheit gar nicht zu denken war.

Den höchst verdrießlichen Mann, dem sein Vergnügen so schmählich vereitelt worden, vermochte ich kaum zu trösten, so sehr ich ihm auch versicherte, daß ich sie selbst nur für Entwürfe gehalten, worüber wir sprechen und neue Zeichnungen darauf bauen wollten. Er ging dem allen ungeachtet höchst verdrießlich weg, und Friederike dankte mir für die Aufmerksamkeit gegen den Vater eben so sehr, als für die Geduld bei der Unart der Mitgäste.

Ich aber kannte keinen Schmerz noch Verdruß in ihrer Nähe. Die Gesellschaft bestand aus jungen, ziemlich lärmenden Freunden, die ein alter Herr noch zu überbieten trachtete und noch wunderlicheres Zeug angab, als sie ausübten. Man hatte schon beim Frühstück den Wein nicht gespart; bei einem sehr wohl besetzten Mittagstische ließ man sich's an keinem Genuß ermangeln, und allen schmeckte es, nach der angreifenden Leibesübung bei ziemlicher Wärme, um so besser, und wenn der alte Amtmann des Guten ein wenig zu viel gethan hatte, so war die Jugend nicht weit hinter ihm zurückgeblieben.

Ich war grenzenlos glücklich an Friederikens Seite: gesprächig, lustig, geistreich, vorlaut, und doch durch Gefühl, Achtung und Anhänglichkeit gemäßigt. Sie in gleichem Falle, offen, heiter, teilnehmend und mitteilend. Wir schienen allein für die Gesellschaft zu leben und lebten bloß wechselseitig für uns.

Nach Tische suchte man den Schatten; gesellschaftliche Spiele wurden vorgenommen, und Pfänderspiele kamen an die Reihe. Bei Lösung der Pfänder ging alles jeder Art ins Uebertriebene: Gebärden, die man verlangte, Handlungen, die man ausüben, Aufgaben, die man lösen sollte, alles zeigte von einer verwegenen Lust, die keine Grenzen kennt. Ich selbst steigerte diese wilden Scherze durch manchen Schwank, Friederike glänzte durch manchen neckischen Einfall; sie erschien mir lieblicher als je; alle hypochondrischen, abergläubischen Grillen waren mir verschwunden, und als sich die Gelegenheit gab, meine so zärtlich Geliebte recht herzlich zu küssen, versäumte ich's nicht, und noch weniger versagte ich mir die Wiederholung dieser Freude.

Die Hoffnung der Gesellschaft auf Musik wurde endlich befriedigt; sie ließ sich hören, und alles eilte zum Tanze. Die Allemanden, das Walzen und Drehen war Anfang, Mittel und Ende. Alle waren zu diesem Nationaltanz aufgewachsen, auch ich machte meinen geheimen Lehrmeisterinnen Ehre genug, und Friederike, welche tanzte, wie sie ging, sprang und lief, war sehr erfreut, an mir einen geübten Partner zu finden. Wir hielten meist zusammen, mußten aber bald Schicht machen, weil man ihr von allen Seiten zuredete, nicht weiter fortzurasen. Wir entschädigten uns durch einen einsamen Spaziergang Hand in Hand, und an jenem stillen Platze durch die herzlichste Umarmung und die treulichste Versicherung, daß wir uns von Grund aus liebten.

Aeltere Personen, die vom Spiel aufgestanden waren, zogen uns mit sich fort. Bei der Abend=Kollation kam man eben so wenig zu sich selbst; es ward bis tief in die Nacht getanzt, und an Gesundheiten, sowie an andern Aufmunterungen zum Trinken fehlte es so wenig als am Mittag.

Ich hatte kaum einige Stunden sehr tief geschlafen, als ein erhitztes und in Aufruhr gebrachtes Blut mich aufweckte. In solchen Stunden und Lagen ist es, wo die Sorge, die Reue den wehrlos hingestreckten Menschen zu überfallen pflegen. Meine Einbildungskraft stellte mir zugleich die lebhaftesten Bilder dar; ich sehe Lucinden, wie sie nach dem heftigen Kusse leidenschaftlich von mir zurücktritt, mit glühender Wange, mit funkelnden Augen jene Verwünschung ausspricht, wodurch nur ihre Schwester bedroht werden soll und wodurch sie unwissend fremde Schuldlose bedroht. Ich sehe Friedriken gegen ihr über stehn, erstarrt vor dem Anblick, bleich und die Folgen jener Verwünschung fühlend, von der sie nichts weiß. Ich finde mich in der Mitte, so wenig im stande, die geistigen Wirkungen jenes Abenteuers abzulehnen, als jenen Unglück weissagenden Kuß zu vermeiden. Die zarte Gesundheit Friedrikens schien den gedrohten Unfall zu beschleunigen, und nun kam mir ihre Liebe zu mir recht unselig vor; ich wünschte über alle Berge zu sein.

Was aber noch Schmerzlicheres für mich im Hintergrunde lag, will ich nicht verhehlen. Ein gewisser Dünkel unterhielt bei mir jenen Aberglauben; meine Lippen — geweiht oder verwünscht — kamen mir bedeutender vor als sonst, und mit nicht geringer Selbstgefälligkeit war ich mir meines enthaltsamen

Betragens bewußt, indem ich mir manche unschuldige Freude versagte, teils um jenen magischen Vorzug zu bewahren, teils um ein harmloses Wesen nicht zu verletzen, wenn ich ihn aufgäbe.

Nunmehr aber war alles verloren und unwiederbringlich; ich war in einen gemeinen Zustand zurückgekehrt, ich glaubte, das liebste Wesen verletzt, ihr unwiederbringlich geschadet zu haben; und so war jene Verwünschung, anstatt daß ich sie hätte loswerden sollen, von meinen Lippen in mein eignes Herz zurückgeschlagen.

Das alles raste zusammen in meinem durch Liebe und Leidenschaft, Wein und Tanz aufgeregten Blute, verwirrte mein Denken, peinigte mein Gefühl, so daß ich, besonders im Gegensatz mit den gestrigen behaglichen Freuden, mich in einer Verzweiflung fühlte, die ohne Grenzen schien. Glücklicherweise blickte durch eine Spalte im Laden das Tageslicht mich an; und alle Mächte der Nacht überwindend, stellte mich die hervortretende Sonne wieder auf meine Füße; ich war bald im Freien und schnell erquickt, wo nicht hergestellt.

Der Aberglaube, so wie manches andre Wähnen, verliert sehr leicht an seiner Gewalt, wenn er, statt unserer Eitelkeit zu schmeicheln, ihr in den Weg tritt und diesem zarten Wesen eine böse Stunde machen will; wir sehen alsdann recht gut, daß wir ihn loswerden können, sobald wir wollen; wir entsagen ihm um so leichter, je mehr alles, was wir ihm entziehn, zu unserm Vorteil gereicht. Der Anblick Friederikens, das Gefühl ihrer Liebe, die Heiterkeit der Umgebung, alles machte mir Vorwürfe, daß ich in der Mitte der glücklichsten Tage so traurige Nachtvögel bei mir beherbergen mögen; ich glaubte sie auf ewig verscheucht zu haben. Des lieben Mädchens immer mehr annäherndes, zutrauliches Betragen machte mich durch und durch froh, und ich fand mich recht glücklich, daß sie mir diesmal beim Abschied öffentlich, wie andern Freunden und Verwandten, einen Kuß gab.

In der Stadt erwarteten mich gar manche Geschäfte und Zerstreuungen, aus denen ich mich oft durch einen jetzt regelmäßig eingeleiteten Briefwechsel mit meiner Geliebten zu ihr sammelte. Auch in Briefen blieb sie immer dieselbe; sie mochte etwas Neues erzählen oder auf bekannte Begebenheiten anspielen, leicht schildern, vorübergehend reflektieren, immer war es, als wenn sie auch mit der Feder gehend, kommend, laufend, springend so leicht aufträte als sicher. Auch ich schrieb sehr gern an sie: denn die Vergegenwärtigung ihrer Vorzüge vermehrte meine Neigung auch in der Abwesenheit, so daß diese Unterhaltung einer persönlichen wenig nachgab, ja, in der Folge mir sogar angenehmer, teurer wurde.

Denn jener Aberglaube hatte völlig weichen müssen. Er gründete sich zwar auf Eindrücke früherer Jahre, allein der Geist des Tags, das Rasche der Jugend, der Umgang mit kalten, verständigen Männern, alles war ihm ungünstig, so daß sich nicht leicht jemand in meiner ganzen Umgebung gefunden hätte, dem nicht ein Bekenntnis meiner Grille vollkommen lächerlich gewesen wäre. Allein das Schlimmste war, daß jener Wahn, indem er floh, eine wahre Betrachtung über den Zustand zurückließ, in welchem sich immer junge Leute befinden, deren frühzeitige Neigungen sich keinen dauerhaften Erfolg versprechen dürfen. So wenig war mir geholfen, den Irrtum los zu sein, daß Verstand und Ueberlegung mir nur noch schlimmer in diesem Falle mitspielten. Meine Leidenschaft wuchs, je mehr ich den Wert des trefflichen Mädchens kennen lernte, und die Zeit rückte heran, da ich so viel Liebes und Gutes, vielleicht auf immer, verlieren sollte.

Wir hatten eine Zeitlang zusammen still und anmutig fort‑gelebt, als Freund Weyland die Schalkheit beging, den Land‑priester von Wakefield nach Sesenheim mitzubringen und mir ihn, da vom Vorlesen die Rede war, unvermutet zu überreichen, als hätte es weiter gar nichts zu sagen. Ich wußte mich zu fassen und las so heiter und freimütig, als ich nur konnte. Auch die Gesichter meiner Zuhörer erheiterten sich sogleich, und es schien ihnen gar nicht unangenehm, abermals zu einer Verglei‑chung genötigt zu sein. Hatten sie zu Raymond und Melusine komische Gegenbilder gefunden, so erblickten sie hier sich selbst in einem Spiegel, der keineswegs verhäßlichte. Man gestand sich's nicht ausdrücklich, aber man verleugnete es nicht, daß man sich unter Geistes- und Gefühlsverwandten bewege.

Alle Menschen guter Art empfinden bei zunehmender Bil‑dung, daß sie auf der Welt eine doppelte Rolle zu spielen haben, eine wirkliche und eine ideelle, und in diesem Gefühl ist der Grund alles Edlen aufzusuchen. Was uns für eine wirkliche zugeteilt sei, erfahren wir nur allzu deutlich; was die zweite betrifft, darüber können wir selten ins klare kommen. Der Mensch mag seine höhere Bestimmung auf Erden oder im Himmel, in der Gegenwart oder in der Zukunft suchen, so bleibt er deshalb doch innerlich einem ewigen Schwanken, von außen einer immer störenden Einwirkung ausgesetzt, bis er ein für allemal den Entschluß faßt, zu erklären, das Rechte sei das, was ihm gemäß ist.

Unter die läßlichsten Versuche, sich etwas Höheres anzu‑bilden, sich einem Höheren gleichzustellen, gehört wohl der jugend‑liche Trieb, sich mit Romanfiguren zu vergleichen. Er ist höchst unschuldig und, was man auch dagegen eifern mag, höchst un‑

schädlich. Er unterhält uns in Zeiten, wo wir vor Langerweile umkommen oder zu leidenschaftlicher Unterhaltung greifen müßten.

Wie oft wiederholt man nicht die Litanei vom Schaden der Romane, und was ist es denn für ein Unglück, wenn ein artiges Mädchen, ein hübscher junger Mann sich an die Stelle der Person setzt, der es besser und schlechter geht als ihm selbst? Ist denn das bürgerliche Leben so viel wert, oder verschlingen die Bedürfnisse des Tags den Menschen so ganz, daß er jede schöne Forderung von sich ablehnen soll?

So sind als kleine Nebenzweige der romantisch-poetischen Fiktionen die historisch-poetischen Taufnamen, die sich an die Stelle der heiligen, nicht selten zum Aergernis der taufenden Geistlichen, in die deutsche Kirche eingedrungen, ohne Zweifel anzusehn. Auch dieser Trieb, sein Kind durch einen wohlklingenden Namen, wenn er auch sonst nichts weiter hinter sich hätte, zu adeln, ist löblich, und diese Verknüpfung einer eingebildeten Welt mit der wirklichen verbreitet sogar über das ganze Leben der Person einen anmutigen Schimmer. Ein schönes Kind, welches wir mit Wohlgefallen Bertha nennen, würden wir zu beleidigen glauben, wenn wir es Urselblandine nennen sollten. Gewiß, einem gebildeten Menschen, geschweige denn einem Liebhaber, würde ein solcher Name auf den Lippen stocken. Der kalt und einseitig urteilenden Welt ist nicht zu verargen, wenn sie alles, was phantastisch hervortritt, für lächerlich und verwerflich achtet; der denkende Kenner der Menschheit aber muß es nach seinem Werte zu würdigen wissen.

Für den Zustand der Liebenden an dem schönen Ufer des Rheins war diese Vergleichung, zu der sie ein Schalk genötigt hatte, von den anmutigsten Folgen. Man denkt nicht über sich, wenn man sich im Spiegel betrachtet, aber man fühlt sich und läßt sich gelten. So ist es auch mit jenen moralischen Nachbildern, an denen man seine Sitten und Neigungen, seine Gewohnheiten und Eigenheiten, wie im Schattenriß, erkennt und mit brüderlicher Innigkeit zu fassen und zu umarmen strebt.

Die Gewohnheit, zusammen zu sein, befestigte sich immer mehr; man wußte nicht anders, als daß ich diesem Kreis angehöre. Man ließ es geschehn und gehn, ohne gerade zu fragen, was daraus werden sollte. Und welche Eltern finden sich nicht genötigt, Töchter und Söhne in so schwebenden Zuständen eine Weile hinwalten zu lassen, bis sich etwas zufällig fürs Leben bestätigt, besser, als es ein lange angelegter Plan hätte hervorbringen können.

Man glaubte sowohl auf Friedrikens Gesinnungen als auch auf meine Rechtlichkeit, für die man wegen jenes wunderlichen

Enthaltens selbst von unschuldigen Liebkosungen ein günstiges Vorurteil gefaßt hatte, völlig vertrauen zu können. Man ließ uns unbeachtet, wie es überhaupt dort und damals Sitte war, und es hing von uns ab, in kleinerer oder größerer Gesellschaft die Gegend zu durchstreifen und die Freunde der Nachbarschaft zu besuchen. Diesseits und jenseits des Rheins, in Hagenau, Fort Louis, Philippsburg, der Ortenau, fand ich die Personen zerstreut, die ich in Sesenheim vereinigt gesehen, jeden bei sich, als freundlichen Wirt, gastfrei und so gern Küche und Keller als Gärten und Weinberge, ja die ganze Gegend aufschließend. Die Rheininseln waren denn auch öfters ein Ziel unserer Wasserfahrten. Dort brachten wir ohne Barmherzigkeit die kühlen Bewohner des klaren Rheins in den Kessel, auf den Rost, in das siedende Fett, und hätten uns hier in den traulichen Fischerhütten vielleicht mehr als billig angesiedelt, hätten uns nicht die entsetzlichen Rheinschnaken nach einigen Stunden wieder weggetrieben. Ueber diese unerträgliche Störung einer der schönsten Lustpartien, wo sonst alles glückte, wo die Neigung der Liebenden mit dem guten Erfolge des Unternehmens nur zu wachsen schien, brach ich wirklich, als wir zu früh, ungeschickt und ungelegen nach Hause kamen, in Gegenwart des guten geistlichen Vaters in gotteslästerliche Reden aus und versicherte, daß diese Schnaken allein mich von dem Gedanken abbringen könnten, als habe ein guter und weiser Gott die Welt erschaffen. Der alte, fromme Herr rief mich dagegen ernstlich zur Ordnung und verständigte mich, daß diese Mücken und anderes Ungeziefer erst nach dem Falle unserer ersten Eltern entstanden oder, wenn deren im Paradiese gewesen, daselbst nur angenehm gesummet und nicht gestochen hätten. Ich fühlte mich zwar sogleich besänftigt: denn ein Zorniger ist wohl zu begütigen, wenn es uns glückt, ihn zum Lächeln zu bringen; ich versicherte jedoch, es habe des Engels mit dem flammenden Schwerte gar nicht bedurft, um das sündige Ehepaar aus dem Garten zu treiben; er müsse mir vielmehr erlauben, mir vorzustellen, daß dies durch große Schnaken des Tigris und Euphrat geschehen sei. Und so hatte ich ihn wieder zum Lachen gebracht; denn der gute Mann verstand Spaß oder ließ ihn wenigstens vorübergehn.

Ernsthafter jedoch und herzerhebender war der Genuß der Tags- und Jahreszeiten in diesem herrlichen Lande. Man durfte sich nur der Gegenwart hingeben, um diese Klarheit des reinen Himmels, diesen Glanz der reichen Erde, diese lauen Abende, diese warmen Nächte an der Seite der Geliebten oder in ihrer Nähe zu genießen. Monatelang beglückten uns reine ätherische Morgen, wo der Himmel sich in seiner ganzen Pracht wies, indem er die Erde mit überflüssigem Tau getränkt hatte; und damit dieses Schauspiel nicht zu einfach werde, türmten sich oft Wolken über die entfernten Berge bald in dieser, bald in jener Gegend. Sie standen Tage, ja Wochen lang, ohne den reinen Himmel zu trüben, und selbst die vorübergehenden Gewitter erquickten das Land und verherrlichten das Grün, das schon wieder im Sonnenschein glänzte, ehe es noch abtrocknen konnte. Der doppelte Regenbogen, zweifarbige Säume eines dunkelgrauen, beinah schwarzen himmlischen Bandstreifens waren herrlicher, farbiger, entschiedener, aber auch flüchtiger, als ich sie irgend beobachtet.

Unter diesen Umgebungen trat unversehens die Lust, zu dichten, die ich lange nicht gefühlt hatte, wieder hervor. Ich legte für Friedriken manche Lieder bekannten Melodien unter. Sie hätten ein artiges Bändchen gegeben; wenige davon sind übrig geblieben, man wird sie leicht aus meinen übrigen herausfinden.

Da ich meiner wunderlichen Studien und übrigen Verhältnisse wegen doch öfters nach der Stadt zurückzukehren genötigt war, so entsprang dadurch für unsere Neigung ein neues Leben, das uns vor allem Unangenehmen bewahrte, was an solche kleine Liebeshändel als verdrießliche Folge sich gewöhnlich zu schließen pflegt. Entfernt von mir, arbeitete sie für mich und dachte auf irgend eine neue Unterhaltung, wenn ich zurückkäme; entfernt von ihr, beschäftigte ich mich für sie, um durch eine neue Gabe, einen neuen Einfall ihr wieder neu zu sein. Gemalte Bänder waren damals eben erst Mode geworden; ich malte ihr gleich ein paar Stücke und sendete sie mit einem kleinen Gedicht voraus, da ich diesmal länger, als ich gedacht, ausbleiben mußte. Um auch die dem Vater gethane Zusage eines neuen und ausgearbeiteten Baurisses noch über Versprechen zu halten, beredete ich einen jungen Bauverständigen, statt meiner zu arbeiten. Dieser hatte so viel Lust an der Aufgabe, als Gefälligkeit gegen mich, und ward noch mehr durch die Hoffnung eines guten Empfangs in einer so angenehmen Familie belebt. Er verfertigte Grundriß, Aufriß und Durchschnitt des Hauses; Hof und Garten war nicht vergessen; auch ein detaillierter, aber sehr mäßiger Anschlag war hinzugefügt, um die Möglichkeit der Ausführung eines weitläufigen und kostspieligen Unternehmens als leicht und thulich vorzuspiegeln.

Diese Zeugnisse unserer freundschaftlichen Bemühungen verschafften uns den liebreichsten Empfang; und da der gute Vater sah, daß wir den besten Willen hatten, ihm zu dienen, so trat er mit noch einem Wunsche hervor: es war der, seine zwar hübsche, aber einfarbige Chaise mit Blumen und Zieraten staffiert zu sehen. Wir ließen uns bereitwillig finden. Farben, Pinsel und sonstige Bedürfnisse werden von den Krämern und Apothekern der nächsten Städte herbeigeholt. Damit es aber auch an einem Wakefieldschen Mißlingen nicht fehlen möchte, so bemerkten wir nur erst, als alles auf das fleißigste und bunteste gemalt war, daß wir einen falschen Firnis genommen hatten, der nicht trocknen wollte: Sonnenschein und Zugluft, reines und feuchtes Wetter, nichts wollte fruchten. Man mußte sich indessen eines alten Rumpelkastens bedienen, und es blieb uns nichts übrig, als die Verzierung mit mehr Mühe wieder abzureiben, als wir sie aufgemalt hatten. Die Unlust bei dieser Arbeit vergrößerte sich noch, als uns die Mädchen ums Himmels willen baten, langsam und vorsichtig zu verfahren, um den Grund zu schonen, welcher denn doch nach dieser Operation zu seinem ursprünglichen Glanze nicht wieder zurückzubringen war.

Durch solche unangenehme kleine Zwischenfälligkeiten wurden wir jedoch so wenig als Doktor Primrose und seine liebenswürdige Familie in unserm heitern Leben gestört; denn es begegnete manches unerwartete Glück sowohl uns als auch Freunden und Nachbarn; Hochzeiten und Kindtaufen, Richtung eines Gebäudes, Erbschaft, Lotteriegewinn wurden wechselseitig verkündigt und mitgenossen. Wir trugen alle Freude, wie ein Gemeingut, zusammen und wußten sie durch Geist und Liebe zu steigern. Es war nicht das erste und letzte Mal, daß ich mich in Familien, in geselligen Kreisen befand, gerade im Augenblick ihrer höchsten Blüte, und wenn ich mir schmeicheln darf, etwas zu dem Glanz solcher Epochen beigetragen zu haben, so muß ich mir dagegen vorwerfen, daß solche Zeiten uns eben deshalb schneller vorübergeeilt und früher verschwunden.

Nun sollte aber unsere Liebe noch eine sonderbare Prüfung ausstehn. Ich will es Prüfung nennen, obgleich dies nicht das rechte Wort ist. Die ländliche Familie, der ich befreundet war, hatte verwandte Häuser in der Stadt, von gutem Ansehn und Ruf und in behaglichen Vermögensumständen. Die jungen Städter waren öfters in Sesenheim. Die ältern Personen, Mütter und Tanten, weniger beweglich, hörten so mancherlei von dem dortigen Leben, von der wachsenden Anmut der Töchter, selbst von meinem Einfluß, daß sie mich erst wollten kennen lernen und, nachdem ich sie öfters besucht und auch bei ihnen wohl empfangen war, uns auch alle einmal beisammen zu sehen verlangten, zumal als sie jenen auch eine freundliche Gegenaufnahme schuldig zu sein glaubten.

Lange ward hierüber hin und her gehandelt. Die Mutter konnte sich schwer von der Haushaltung trennen, Olivie hatte einen Abscheu vor der Stadt, in die sie nicht paßte, Friederike keine Neigung dahin; und so verzögerte sich die Sache, bis sie endlich dadurch entschieden ward, daß es mir unmöglich fiel, innerhalb vierzehn Tagen aufs Land zu kommen, da man sich denn lieber in der Stadt und mit einigem Zwange als gar nicht sehen wollte. Und so fand ich nun meine Freundinnen, die ich nur auf ländlicher Szene zu sehen gewohnt war, deren Bild mir nur auf einem Hintergrunde von schwankenden Baumzweigen, beweglichen Bächen, nickenden Blumenwiesen und einem meilenweit freien Horizonte bisher erschien — ich sah sie nun zum erstenmal in städtischen, zwar weiten Zimmern, aber doch in der Enge, in Bezug auf Tapeten, Spiegel, Standuhren und Porzellanpuppen.

Das Verhältnis zu dem, was man liebt, ist so entschieden, daß die Umgebung wenig sagen will; aber daß es die gehörige, natürliche, gewohnte Umgebung sei, dies verlangt das Gemüt. Bei meinem lebhaften Gefühl für alles Gegenwärtige konnte ich mich nicht gleich in den Widerspruch des Augenblicks finden. Das anständige, ruhig-edle Betragen der Mutter paßte vollkommen in diesen Kreis, sie unterschied sich nicht von den übrigen Frauen; Olivie dagegen bewies sich ungeduldig, wie ein Fisch auf dem Strande. Wie sie mich sonst in dem Garten anrief oder auf dem Felde beiseite winkte, wenn sie mir etwas Besonderes zu sagen hatte, so that sie es auch hier, indem sie mich in eine Fenstertiefe zog; sie that es mit Verlegenheit und ungeschickt, weil sie fühlte, daß es nicht paßte, und es doch that. Sie hatte mir das Unwichtigste von der Welt zu sagen, nichts als was ich schon wußte: daß es ihr entsetzlich weh sei, daß sie sich an den Rhein, über den Rhein, ja in die Türkei wünsche. Friederike hingegen war in dieser Lage höchst merkwürdig. Eigentlich genommen, paßte sie auch nicht hinein; aber dies zeugte für ihren Charakter, daß sie, anstatt sich in diesen Zustand zu finden, unbewußt den Zustand nach sich modelte. Wie sie auf dem Lande mit der Gesellschaft gebarte, so that sie es auch hier. Jeden Augenblick wußte sie zu beleben. Ohne zu beunruhigen, setzte sie alles in Bewegung und beruhigte gerade dadurch die Gesellschaft, die eigentlich nur von der Langenweile beunruhigt wird. Sie erfüllte damit vollkommen den Wunsch der städtischen Tanten, welche ja auch einmal von ihrem Kanapee aus Zeugen jener ländlichen Spiele und Unterhaltungen sein wollten. War dieses zur Genüge geschehn, so wurde die Garderobe, der Schmuck, und was die städtischen, französisch gekleideten Nichten besonders auszeichnete, betrachtet und ohne Neid bewundert. Auch mit mir machte Friederike sich's leicht, indem sie mich behandelte wie immer. Sie schien mir keinen andern Vorzug zu geben, als den, daß sie ihr Begehren, ihre Wünsche eher an mich als an einen andern richtete und mich dadurch als ihren Diener anerkannte.

Diese Dienerschaft nahm sie einen der folgenden Tage mit Zuversicht in Anspruch, als sie mir vertraute, die Damen wünschten mich lesen zu hören. Die Töchter des Hauses hatten viel davon erzählt: denn in Sesenheim las ich, was und wann man's verlangte. Ich war sogleich bereit, nur bat ich um Ruhe und Aufmerksamkeit auf mehrere Stunden. Dies ging man ein, und ich las an einem Abend den ganzen Hamlet ununterbrochen, in den Sinn des Stücks eindringend, wie ich es nur vermochte, mit Lebhaftigkeit und Leidenschaft mich ausdrückend, wie es der Jugend gegeben ist. Ich erntete großen Beifall. Friederike hatte von Zeit zu Zeit tief geatmet und ihre Wangen eine fliegende Röte überzogen. Diese beiden Symptome eines bewegten zärtlichen Herzens, bei scheinbarer Heiterkeit und Ruhe von außen, waren mir nicht unbekannt und der einzige Lohn, nach dem ich strebte. Sie sammelte den Dank, daß sie mich veranlaßt hatte, mit Freuden ein und versagte sich, nach ihrer zierlichen Weise, den kleinen Stolz nicht, in mir und durch mich geglänzt zu haben.

Dieser Stadtbesuch sollte nicht lange dauern, aber die Abreise verzögerte sich. Friederike that das Ihrige zur geselligen Unterhaltung, ich ließ es auch nicht fehlen; aber die reichen Hilfsquellen, die auf dem Lande so ergiebig sind, versiegten bald in der Stadt, und der Zustand ward um so peinlicher, als die Aeltere nach und nach ganz aus der Fassung kam. Die beiden Schwestern waren die einzigen in der Gesellschaft, welche sich deutsch trugen. Friederike hatte sich niemals anders gedacht und glaubte überall so recht zu sein; sie verglich sich nicht; aber Olivien war es ganz unerträglich, so mägdehaft ausgezeichnet in dieser vornehm erscheinenden Gesellschaft einherzugehn. Auf dem Lande bemerkte sie kaum die städtische Tracht an andern, sie verlangte sie nicht; in der Stadt konnte sie die ländliche nicht ertragen. Dies alles zu dem übrigen Geschicke städtischer Frauenzimmer, zu den hundert Kleinigkeiten einer ganz entgegengesetzten Umgebung, wühlte einige Tage so in dem leidenschaftlichen Busen, daß ich alle schmeichelnde Aufmerksamkeit auf sie zu wenden hatte, um sie, nach dem Wunsche Friederikens, zu begütigen. Ich fürchtete eine leidenschaftliche Szene. Ich sah den Augenblick, da sie sich mir zu Füßen werfen und mich bei allem Heiligen beschwören werde, sie aus diesem Zustande zu retten. Sie war himmlisch gut, wenn sie sich nach ihrer Weise behaben konnte, aber ein solcher Zwang setzte sie gleich in Mißbehagen und konnte sie zuletzt bis zur Verzweiflung treiben. Nun suchte ich zu beschleunigen, was die Mutter mit Olivien wünschte und was Friederiken nicht zuwider war. Diese im Gegensatze mit ihrer Schwester zu loben, enthielt ich mich nicht; ich sagte ihr, wie sehr ich mich freue, sie unverändert und auch in diesen Umgebungen so frei wie den

Vogel auf den Zweigen zu finden. Sie war artig genug, zu erwidern, daß ich ja da sei, sie wolle weder hinaus noch herein, wenn ich bei ihr wäre.

Endlich sah ich sie abfahren, und es fiel mir wie ein Stein vom Herzen: denn meine Empfindung hatte den Zustand von Friedriken und Olivien geteilt; ich war zwar nicht leidenschaftlich geängstigt wie diese, aber ich fühlte mich doch keineswegs wie jene behaglich.

Da ich eigentlich nach Straßburg gegangen war, um zu promovieren, so gehörte es freilich unter die Unregelmäßigkeiten meines Lebens, daß ich ein solches Hauptgeschäft als eine Nebensache betrachtete. Die Sorge wegen des Examens hatte ich mir auf eine sehr leichte Weise beiseite geschafft; es war nun aber auch an die Disputation zu denken: denn, von Frankfurt ab reisend, hatte ich meinem Vater versprochen und mir selbst fest vorgesetzt, eine solche zu schreiben. Es ist der Fehler derjenigen, die manches, ja viel vermögen, daß sie sich alles zutrauen, und die Jugend muß sogar in diesem Falle sein, damit nur etwas aus ihr werde. Eine Uebersicht der Rechtswissenschaft und ihres ganzen Fachwerks hatte ich mir so ziemlich verschafft, einzelne rechtliche Gegenstände interessierten mich hinlänglich, und ich glaubte, da ich mir den braven Leyser zum Vorbild genommen hatte, mit meinem kleinen Menschenverstand ziemlich durchzukommen. Es zeigten sich große Bewegungen in der Jurisprudenz; es sollte mehr nach Billigkeit geurteilt werden; alle Gewohnheitsrechte sah man täglich gefährdet, und besonders dem Kriminalwesen stand eine große Veränderung bevor. Was mich selbst betraf, so fühlte ich wohl, daß mir zur Ausfüllung jener Rechts=Topik, die ich mir gemacht hatte, unendlich vieles fehle; das eigentliche Wissen ging mir ab, und keine innere Richtung drängte mich zu diesen Gegenständen. Auch mangelte der Anstoß von außen, ja, mich hatte eine ganz andere Fakultät mit fortgerissen. Ueberhaupt, wenn ich Interesse finden sollte, so mußte ich einer Sache irgend etwas abgewinnen, ich mußte etwas an ihr gewahr werden, das mir fruchtbar schien und Aussichten gab. So hatte ich mir einige Materien wohl gemerkt, auch sogar darauf gesammelt, und nahm auch meine Rolleklaneen vor, überlegte das, was ich behaupten, das Schema, wonach ich die einzelnen Elemente ordnen wollte, nochmals und arbeitete so eine Zeitlang; allein ich war klug genug, bald zu sehen, daß ich nicht fortkommen könne und daß, um eine besondere Materie abzuhandeln, auch ein besonderer und lang anhaltender Fleiß erforderlich sei, ja, daß man nicht einmal ein solches Besondere mit Glück vollführen werde, wenn man nicht im ganzen wo nicht Meister, doch wenigstens Altgeselle sei.

Die Freunde, denen ich meine Verlegenheit mitteilte, fanden mich lächerlich, weil man über Theses eben so gut, ja noch besser als über einen Traktat disputieren könne: in Straßburg sei das gar nicht ungewöhnlich. Ich ließ mich zu einem solchen Ausweg sehr geneigt finden; allein mein Vater, dem ich deshalb schrieb, verlangte ein ordentliches Werk, das ich, wie er meinte, sehr wohl ausfertigen könnte, wenn ich nur wollte und mir die gehörige Zeit dazu nähme. Ich war nun genötigt, mich auf irgend ein Allgemeines zu werfen und etwas zu wählen, was mir geläufig wäre. Die Kirchengeschichte war mir fast noch bekannter als die Weltgeschichte, und mich hatte von jeher der Konflikt, in welchem sich die Kirche, der öffentlich anerkannte Gottesdienst, nach zwei Seiten hin befindet und immer befinden wird, höchlich interessiert. Denn einmal liegt sie im ewigen Streit mit dem Staat, über den sie sich erheben, und sodann mit den einzelnen, die sie alle zu sich versammeln will. Der Staat von seiner Seite will ihr die Oberherrschaft nicht zugestehn, und die einzelnen widersetzen sich ihrem Zwangsrechte. Der Staat will alles zu öffentlichen allgemeinen Zwecken, der einzelne zu häuslichen, herzlichen, gemütlichen. Ich war von Kindheit auf Zeuge solcher Bewegungen gewesen, wo die Geistlichkeit es bald mit ihren Oberen, bald mit der Gemeine verdarb. Ich hatte mir daher in meinem jugendlichen Sinne festgesetzt, daß der Staat, der Gesetzgeber das Recht habe, einen Kultus zu bestimmen, nach welchem die Geistlichkeit lehren und sich benehmen solle, die Laien hingegen sich äußerlich und öffentlich genau zu richten hätten; übrigens sollte die Frage nicht sein, was jeder bei sich denke, fühle oder sinne. Dadurch glaubte ich alle Kollisionen auf einmal gehoben zu haben. Ich wählte deshalb zu meiner Disputation die erste Hälfte dieses Themas: daß nämlich der Gesetzgeber nicht allein berechtigt, sondern verpflichtet sei, einen gewissen Kultus festzusetzen, von welchem weder die Geistlichkeit noch die Laien sich lossagen dürften. Ich führte dieses Thema teils historisch, teils räsonnierend aus, indem ich zeigte, daß alle öffentlichen Religionen durch Heerführer, Könige und mächtige Männer eingeführt worden, ja, daß dieses sogar der Fall mit der christlichen sei. Das Beispiel des Protestantismus lag ja ganz nahe. Ich ging bei dieser Arbeit um so kühner zu Werke, als ich sie eigentlich nur meinem Vater zu befriedigen schrieb und nichts sehnlicher wünschte und hoffte, als daß sie die Zensur nicht passieren möchte. Ich hatte noch von Behrisch her eine unüberwindliche Abneigung, etwas von mir gedruckt zu sehen, und mein Umgang mit Herdern hatte mir meine Unzulänglichkeit nur allzu deutlich aufgedeckt, ja ein gewisses Mißtrauen gegen mich selbst war dadurch völlig zur Reife gekommen.

Da ich diese Arbeit fast ganz aus mir selbst schöpfte und das Latein geläufig sprach und schrieb, so verfloß mir die Zeit, die ich auf die Abhandlung verwendete, sehr angenehm. Die Sache hatte wenigstens einigen Grund; die Darstellung war, rednerisch genommen, nicht übel, das Ganze hatte eine ziemliche Rundung. Sobald ich damit zu Rande war, ging ich sie mit einem guten Lateiner durch, der, ob er gleich meinen Stil im ganzen nicht verbessern konnte, doch alle auffallenden Mängel mit leichter Hand vertilgte, so daß etwas zu stande kam, das sich aufzeigen ließ. Eine reinliche Abschrift wurde meinem Vater sogleich zugeschickt, welcher zwar nicht billigte, daß keiner von den früher vorgenommenen Gegenständen ausgeführt worden sei, jedoch mit der Kühnheit des Unternehmens als ein völlig protestantisch Gesinnter wohl zufrieden war. Mein Seltsames wurde geduldet, meine Anstrengung gelobt, und er versprach sich von der Bekanntmachung dieses Werkchens eine vorzügliche Wirkung.

Ich überreichte nun meine Hefte der Fakultät, und diese betrug sich glücklicherweise so klug als artig. Der Dekan, ein lebhafter, gescheiter Mann, fing mit vielen Lobeserhebungen meiner Arbeit an, ging dann zum Bedenklichen derselben über, welches er nach und nach in ein Gefährliches zu verwandeln wußte und damit schloß, daß es nicht rätlich sein möchte, diese Arbeit als akademische Dissertation bekannt zu machen. Der Aspirant habe sich der Fakultät als einen denkenden jungen Mann gezeigt, von dem sie das Beste hoffen dürfe; sie wolle mich gern, um die Sache nicht aufzuhalten, über Theses disputieren lassen. Ich könne ja in der Folge meine Abhandlung, wie sie vorliege oder weiter ausgearbeitet, lateinisch oder in einer andern Sprache herausgeben; dies würde mir, als einem Privatmann und Protestanten, überall leicht werden, und ich hätte mich des Beifalls um desto reiner und allgemeiner alsdann zu erfreuen. Kaum verbarg ich dem guten Manne, welchen Stein mir sein Zureden vom Herzen wälzte; bei jedem neuen Argument, das er vorbrachte, um mich durch seine Weigerung nicht zu betrüben oder zu erzürnen, ward es mir immer leichter im Gemüt, und ihm zuletzt auch, als ich ganz unerwartet seinen Gründen nichts entgegensetzte, sie vielmehr höchst einleuchtend fand und versprach, mich in allem nach seinem Rat und nach seiner Anleitung zu benehmen. Ich setzte mich nun wieder mit meinem Repetenten zusammen. Theses wurden ausgewählt und gedruckt, und die Disputation ging, unter Opposition meiner Tischgenossen, mit großer Lustigkeit, ja Leichtfertigkeit vorüber; da mir denn meine alte Uebung, im Corpus juris aufzuschlagen, gar sehr zu statten kam und ich für einen wohlunterrichteten

Menschen gelten konnte. Ein guter herkömmlicher Schmaus beschloß die Feierlichkeit.

Mein Vater war indessen sehr unzufrieden, daß dieses Werkchen nicht als Disputation ordentlich gedruckt worden war, weil er gehofft hatte, ich sollte bei meinem Einzuge in Frankfurt Ehre damit einlegen. Er wollte es daher besonders herausgegeben wissen; ich stellte ihm aber vor, daß die Materie, die nur skizziert sei, künftig weiter ausgeführt werden müßte. Er hob zu diesem Zwecke das Manuskript sorgfältig auf, und ich habe es nach mehreren Jahren noch unter seinen Papieren gesehen.

Meine Promotion war am 6. August 1771 geschehn; den Tag darauf starb Schöpflin im fünfundsiebzigsten Jahre. Auch ohne nähere Berührung hatte derselbe bedeutend auf mich eingewirkt: denn vorzügliche mitlebende Männer sind den größeren Sternen zu vergleichen, nach denen, solange sie nur über dem Horizont stehen, unser Auge sich wendet und sich gestärkt und gebildet fühlt, wenn es ihm vergönnt ist, solche Vollkommenheiten in sich aufzunehmen. Die freigebige Natur hatte Schöpflinen ein vorteilhaftes Aeußere verliehn, schlanke Gestalt, freundliche Augen, redseligen Mund, eine durchaus angenehme Gegenwart. Auch Geistesgaben erteilte sie ihrem Liebling nicht kärglich, und sein Glück war, ohne daß er sich mühsam angestrengt hätte, die Folge angeborner und ruhig ausgebildeter Verdienste. Er gehörte zu den glücklichen Menschen, welche Vergangenheit und Gegenwart zu vereinigen geneigt sind, die dem Lebensinteresse das historische Wissen anzuknüpfen verstehn. Im Badenschen geboren, in Basel und Straßburg erzogen, gehörte er dem paradiesischen Rheinthal ganz eigentlich an, als einem ausgebreiteten wohlgelegenen Vaterlande. Auf historische und antiquarische Gegenstände hingewiesen, ergriff er sie munter durch eine glückliche Vorstellungskraft und erhielt sie sich durch das bequemste Gedächtnis. Lern- und lehrbegierig, wie er war, ging er einen gleich vorschreitenden Studien- und Lebensgang. Nun emergiert und eminiert er bald ohne Unterbrechung irgend einer Art; er verbreitet sich mit Leichtigkeit in der litterarischen und bürgerlichen Welt: denn historische Kenntnisse reichen überall hin und Leutseligkeit schließt sich überall an. Er reist durch Deutschland, Holland, Frankreich, Italien; kommt in Berührung mit allen Gelehrten seiner Zeit; er unterhält die Fürsten, und nur, wenn durch seine lebhafte Redseligkeit die Stunden der Tafel, der Audienz verlängert werden, ist er den Hofleuten lästig. Dagegen erwirbt er sich das Vertrauen der Staatsmänner, arbeitet für sie die gründlichsten Deduktionen und findet so überall einen Schauplatz für seine Talente. Man wünscht ihn an gar manchem Orte festzuhalten; allein er beharrt bei seiner Treue für Straßburg und den französischen Hof. Seine unverrückte deutsche Redlichkeit wird auch dort anerkannt, man schützt ihn sogar gegen den mächtigen Prätor Klinglin, der ihn heimlich anfeindet. Gesellig und gesprächig von Natur, verbreitet er sich, wie im Wissen und Geschäften, so auch im Umgange, und man begriffe kaum, wo er alle Zeit hergenommen, wüßten wir nicht, daß eine Abneigung gegen die Frauen ihn durch sein ganzes Leben begleitet, wodurch er so manche Tage und Stunden gewann, welche von frauenhaft Gesinnten glücklich vergeudet werden.

Uebrigens gehört er auch als Autor dem geheimen Wesen und als Redner der Menge. Seine Programme, seine Reden und Anreden sind dem besondern Tag, der eintretenden Feierlichkeit gewidmet, ja, sein großes Werk Alsatia illustrata gehört dem Leben an, indem er die Vergangenheit wieder hervorruft, verblichene Gestalten auffrischt, den behauenen, den gebildeten Stein wieder belebt, erloschene, zerstückte Inschriften zum zweitenmal vor die Augen, vor den Sinn des Lesers bringt. Auf solche Weise erfüllt seine Thätigkeit das Elsaß und die Nachbarschaft; in Baden und der Pfalz behält er bis ins höchste Alter einen ununterbrochenen Einfluß; in Mannheim stiftet er die Akademie der Wissenschaften und erhält sich als Präsident derselben bis an seinen Tod.

Genähert habe ich mich diesem vorzüglichen Manne niemals als in einer Nacht, da wir ihm ein Fackelständchen brachten. Den mit Linden überwölbten Hof des alten Stiftsgebäudes erfüllten unsere Pechfeuer mehr mit Rauch, als daß sie ihn erleuchtet hätten. Nach geendigtem Musikgeräusch kam er herab und trat unter uns; und hier war er recht an seinem Platze. Der schlank- und wohlgewachsene heitere Greis stand mit leichtem freiem Wesen würdig vor uns und hielt uns wert genug, eine wohlgedachte Rede, ohne Spur von Zwang und Pedantismus, väterlich liebevoll auszusprechen, so daß wir uns in dem Augenblick etwas dünkten, da er uns wie die Könige und Fürsten behandelte, die er öffentlich anzureden so oft berufen war. Wir ließen unsere Zufriedenheit überlaut vernehmen, Trompeten- und Paukenschall erklang wiederholt, und die allerliebste, hoffnungsvolle akademische Plebs verlor sich mit innigem Behagen nach Hause.

Seine Schüler und Studienverwandten, Koch und Oberlin, fanden zu mir schon ein näheres Verhältnis. Meine Liebhaberei zu altertümlichen Resten war leidenschaftlich. Sie ließen mich das Museum wiederholt betrachten, welches die Belege zu seinem großen Werke über Elsaß vielfach enthielt. Eben dieses Werk hatte ich erst nach jener Reise, wo ich noch Altertümer, an Ort und Stelle gefunden, näher kennen gelernt, und nunmehr voll-

kommen geförbert, konnte ich mir bei größern und kleinern Ex=
kursionen das Rheinthal als römische Besitzung vergegenwärtigen
und gar manchen Traum der Vorzeit mir wachend ausmalen.

Kaum hatte ich mir hierin einigermaßen aufgeholfen, als
mich Oberlin zu den Denkmalen der Mittelzeit hinwies und
mit den daher noch übrigen Ruinen und Resten, Siegeln und
Dokumenten bekannt machte, ja, eine Neigung zu den sogenannten
Minnesängern und Heldendichtern einzuflößen suchte. Diesem
wackern Manne, sowie Herrn Koch, bin ich viel schuldig geworden;
und wenn es ihrem Willen und Wunsche nach gegangen wäre,
so hätte ich ihnen das Glück meines Lebens verdanken müssen.
Damit verhielt es sich aber folgendergestalt.

Schöpflin, der sich in der höhern Sphäre des Staatsrechts
zeitlebens bewegt hatte und den großen Einfluß wohl kannte,
welchen solche und verwandte Studien bei Höfen und in Kabi=
netten einem fähigen Kopfe zu verschaffen geeignet sind, fühlte
eine unüberwindliche, ja ungerechte Abneigung gegen den Zu=
stand des Zivilisten und hatte die gleiche Gesinnung den Sei=
nigen eingeflößt. Obgenannte beide Männer, Freunde von Salz=
mann, hatten auf eine liebreiche Weise von mir Kenntnis ge=
nommen. Das leidenschaftliche Ergreifen äußerer Gegenstände,
die Darstellungsart, womit ich die Vorzüge derselben herauszu=
heben und ihnen ein besonderes Interesse zu verleihen wußte,
schätzten sie höher als ich selbst. Meine geringe, ich kann wohl
sagen, notdürftige Beschäftigung mit dem Zivilrechte war ihnen
nicht unbemerkt geblieben; sie kannten mich genug, um zu wissen,
wie leicht ich bestimmbar sei; aus meiner Lust zum akademischen
Leben hatte ich auch kein Geheimnis gemacht, und sie dachten
mich daher für Geschichte, Staatsrecht, Redekunst, erst nur im
Vorübergehn, dann aber entschiedener, zu erwerben. Straßburg
selbst bot Vorteile genug. Eine Aussicht auf die deutsche Kanzlei
in Versailles, der Vorgang von Schöpflin, dessen Verdienst mir
freilich unerreichbar schien, sollte zwar nicht zur Nachahmung,
doch zur Nacheiferung reizen und vielleicht dadurch ein ähnliches
Talent zur Ausbildung gelangen, welches sowohl dem, der sich
dessen rühmen dürfte, ersprießlich, als andern, die es für sich zu
gebrauchen dächten, nützlich sein könnte. Diese meine Gönner,
und Salzmann mit ihnen, legten auf mein Gedächtnis und auf
meine Fähigkeit, den Sinn der Sprachen zu fassen, einen großen
Wert und suchten hauptsächlich dadurch ihre Absichten und Vor=
schläge zu motivieren.

Wie nun aus allem diesem nichts geworden, und wie es ge=
kommen, daß ich wieder von der französischen Seite auf die deutsche
herübergetreten, gedenk' ich hier zu entwickeln. Man erlaube mir,
wie bisher, zum Uebergange einige allgemeine Betrachtungen.

Es sind wenig Biographien, welche einen reinen, ruhigen, steten Fortschritt des Individuums darstellen können. Unser Leben ist, wie das Ganze, in dem wir enthalten sind, auf eine unbegreifliche Weise aus Freiheit und Notwendigkeit zusammengesetzt. Unser Wollen ist ein Vorausverkünden dessen, was wir unter allen Umständen thun werden. Diese Umstände aber ergreifen uns auf ihre eigene Weise. Das Was liegt in uns, das Wie hängt selten von uns ab, nach dem Warum dürfen wir nicht fragen, und deshalb verweist man uns mit Recht aufs Quia.

Die französische Sprache war mir von Jugend auf lieb; ich hatte sie in einem bewegteren Leben und ein bewegteres Leben durch sie kennen gelernt. Sie war mir ohne Grammatik und Unterricht, durch Umgang und Uebung, wie eine zweite Muttersprache zu eigen geworden. Nun wünschte ich mich derselben mit größerer Leichtigkeit zu bedienen, und zog deswegen Straßburg zum abermaligen akademischen Aufenthalt andern hohen Schulen vor; aber leider sollte ich dort gerade das Umgekehrte von meinen Hoffnungen erfahren und von dieser Sprache, diesen Sitten eher ab- als ihnen zugewendet werden.

Die Franzosen, welche sich überhaupt eines guten Betragens befleißigen, sind gegen Fremde, die ihre Sprache zu reden anfangen, nachsichtig, sie werden niemanden über irgend einen Fehler auslachen oder ihn deshalb ohne Umschweif tadeln. Da sie jedoch nicht wohl ertragen mögen, daß in ihrer Sprache gesündigt wird, so haben sie die Art, eben dasselbe, was man gesagt hat, mit einer anderen Wendung zu wiederholen und gleichsam höflich zu bekräftigen, sich dabei aber des eigentlichen Ausdrucks, den man hätte gebrauchen sollen, zu bedienen und auf diese Weise den Verständigen und Aufmerksamen auf das Rechte und Gehörige zu führen.

So sehr man nun, wenn es einem ernst ist, wenn man Selbstverleugnung genug hat, sich für einen Schüler zu geben, hiebei gewinnt und gefördert wird, so fühlt man sich doch immer einigermaßen gedemütigt und, da man doch auch um der Sache willen redet, oft allzu sehr unterbrochen, ja abgelenkt, und man läßt ungeduldig das Gespräch fallen. Dies begegnete besonders mir vor andern, indem ich immer etwas Interessantes zu sagen glaubte, dagegen aber auch etwas Bedeutendes vernehmen und nicht immer bloß auf den Ausdruck zurückgewiesen sein wollte; ein Fall, der bei mir öfter eintrat, weil mein Französisch viel buntscheckiger war als das irgend eines andern Fremden. Von Bedienten, Kammerdienern und Schildwachen, jungen und alten Schauspielern, theatralischen Liebhabern, Bauern und Helden hatte ich mir die Redensarten, so wie die Accentuationen gemerkt, und dieses babylonische Idiom sollte sich durch ein wunderliches Ingrediens noch mehr verwirren, indem ich den französisch-reformierten Geistlichen gern zuhörte und ihre Kirchen um so lieber besuchte, als ein sonntägiger Spaziergang nach Bockenheim dadurch nicht allein erlaubt, sondern geboten war. Aber auch hiermit sollte es noch nicht genug sein: denn als ich in den Jünglingsjahren immer mehr auf die Deutschheit des sechzehnten Jahrhunderts gewiesen ward, so schloß ich gar bald auch die Franzosen jener herrlichen Epoche in diese Neigung mit ein. Montaigne, Amyot, Rabelais, Marot waren meine Freunde und erregten in mir Anteil und Bewunderung. Alle diese verschiedenen Elemente bewegten sich nun in meiner Rede chaotisch durch einander, so daß für den Zuhörer die Intention über dem wunderlichen Ausdruck meist verloren ging, ja, daß ein gebildeter Franzose mich nicht mehr höflich zurechtweisen, sondern geradezu tadeln und schulmeistern mußte. Abermals ging es mir also hier wie vorhem in Leipzig, nur daß ich mich diesmal nicht auf das Recht meiner Vatergegend, so gut als andere Provinzen idiotisch zu sprechen, zurückziehn konnte, sondern hier, auf fremdem Grund und Boden, nicht einmal hergebrachten Gesetzen fügen sollte.

Vielleicht hätten wir uns auch wohl hierein ergeben, wenn uns nicht ein böser Genius in die Ohren geraunt hätte, alle Bemühungen eines Fremden, französisch zu reden, würden immer ohne Erfolg bleiben; denn ein geübtes Ohr höre den Deutschen, den Italiener, den Engländer unter seiner französischen Maske gar wohl heraus; geduldet werde man, aber keineswegs in den Schoß der einzig sprachseligen Kirche aufgenommen.

Nur wenige Ausnahmen gab man zu. Man nannte uns einen Herrn von Grimm, aber selbst Schöpflin sollte den Gipfel nicht erreicht haben. Sie ließen gelten, daß er früh die Notwendigkeit, sich vollkommen französisch auszudrücken, wohl eingesehen; sie billigten seine Neigung, sich jedermann mitzuteilen, besonders aber die Großen und Vornehmen zu unterhalten; lobten sogar, daß er auf dem Schauplatz, wo er stand, die Landessprache zu der seinigen zu machen und sich möglichst zum französischen Gesellschafter und Redner auszubilden gesucht. Was hilft ihm aber das Verleugnen seiner Muttersprache, das Bemühen um eine fremde? Niemand kann er es recht machen. In der Gesellschaft will man ihn eitel finden: als wenn sich jemand ohne Selbstgefühl und Selbstgefälligkeit andern mitteilen möchte und könnte! Sodann versichern die feinen Welt- und Sprachkenner, er disseriere und dialogiere mehr, als er eigentlich konversiere. Jenes ward als Erb- und Grundfehler der Deutschen, dieses als die Kardinaltugend der Franzosen allgemein anerkannt. Als öffentlichem Redner geht es ihm nicht beſſer. Läßt er eine wohl ausgearbeitete Rede an den König oder die Fürſten drucken, ſo paſſen die Jeſuiten auf, die ihm, als einem Proteſtanten, gram ſind, und zeigen das Unfranzöſiſche ſeiner Wendungen.

Anſtatt uns nun hieran zu tröſten und, als grünes Holz, dasjenige zu ertragen, was dem dürren auflag, ſo ärgerte uns dagegen dieſe pedantiſche Ungerechtigkeit; wir verzweifeln und überzeugen uns vielmehr an dieſem auffallenden Beiſpiele, daß die Bemühung vergebens ſei, den Franzoſen durch die Sache genug zu thun, da ſie an die äußern Bedingungen, unter welchen alles erſcheinen ſoll, allzu genau gebunden ſind. Wir faſſen daher den umgekehrten Entſchluß, die franzöſiſche Sprache gänzlich abzulehnen und uns mehr als bisher mit Gewalt und Ernſt der Mutterſprache zu widmen.

Auch hiezu fanden wir im Leben Gelegenheit und Teilnahme. Elſaß war noch nicht lange genug mit Frankreich verbunden, als daß nicht noch bei Alt und Jung eine liebevolle Anhänglichkeit an alte Verfaſſung, Sitte, Sprache, Tracht ſollte übrig geblieben ſein. Wenn der Ueberwundene die Hälfte ſeines Daſeins notgedrungen verliert, ſo rechnet er ſich's zur Schmach, die andere Hälfte freiwillig aufzugeben. Er hält daher an allem feſt, was ihm die vergangene gute Zeit zurückrufen und die Hoffnung der Wiederkehr einer glücklichen Epoche nähren kann. War manche Einwohner von Straßburg bildeten zwar abgeſonderte, aber doch dem Sinne nach verbundene kleine Kreiſe, welche durch die vielen Unterthanen deutſcher Fürſten, die unter franzöſiſcher Hoheit anſehnliche Strecken Landes beſaßen, ſtets vermehrt und rekrutiert wurden: denn Väter und Söhne hielten ſich Studierens oder Geſchäfts wegen länger oder kürzer in Straßburg auf.

An unſerm Tiſche ward gleichfalls nichts wie Deutſch geſprochen. Salzmann drückte ſich im Franzöſiſchen mit vieler Leichtigkeit und Eleganz aus, war aber unſtreitig dem Streben und der That nach ein vollkommener Teutſcher; Lerſen hätte man als Muſter eines deutſchen Jünglings aufſtellen können; Meyer von Lindau ſchlenderte lieber auf gut Deutſch, als daß er ſich auf gut Franzöſiſch hätte zuſammennehmen ſollen, und wenn unter den übrigen auch mancher zu galliſcher Sprache und Sitte hinneigte, ſo ließen ſie doch, ſolange ſie bei uns waren, den allgemeinen Ton auch über ſich ſchalten und walten.

Von der Sprache wendeten wir uns zu den Staatsverhältniſſen. Zwar wußten wir von unſerer Reichsverfaſſung nicht viel Löbliches zu ſagen; wir gaben zu, daß ſie aus lauter geſetzlichen Mißbräuchen beſtehe, erhuben uns aber um deſto höher über die franzöſiſche gegenwärtige Verfaſſung, die ſich in lauter gesetzlosen Mißbräuchen verwirre, deren Regierung ihre Energie nur am falschen Orte sehen lasse und gestatten müsse, daß eine gänzliche Veränderung der Dinge schon in schwarzen Aussichten öffentlich prophezeit werde.

Blickten wir hingegen nach Norden, so leuchtete uns von dort **Friedrich**, der Polarstern, her, um den sich Deutschland, Europa, ja die Welt zu drehen schien. Sein Uebergewicht in allem offenbarte sich am stärksten, als in der französischen Armee das preußische Exercitium und sogar der preußische Stock eingeführt werden sollte. Wir verziehen ihm übrigens seine Vorliebe für eine fremde Sprache, da wir ja die Genugthuung empfanden, daß ihm seine französischen Poeten, Philosophen und Litteratoren Verdruß zu machen fortfuhren und wiederholt erklärten, er sei nur als Eindringling anzusehn und zu behandeln.

Was uns aber von den Franzosen gewaltiger als alles andere entfernte, war die wiederholte unhöfliche Behauptung, daß es den Deutschen überhaupt, sowie dem nach französischer Kultur strebenden Könige, an Geschmack fehle. Ueber diese Redensart, die wie ein Refrain sich an jedes Urteil anschloß, suchten wir uns durch Nichtachtung zu beruhigen; aufklären darüber konnten wir uns aber um so weniger, als man uns versichern wollte, schon Menage habe gesagt, die französischen Schriftsteller besäßen alles, nur nicht Geschmack; so wie wir denn auch aus dem jetzt lebenden Paris zu erfahren hatten, daß die neuesten Autoren sämtlich des Geschmacks ermangelten und Voltaire selbst diesem höchsten Tadel nicht ganz entgehen könne. Schon früher und wiederholt auf die Natur gewiesen, wollten wir daher nichts gelten lassen als Wahrheit und Aufrichtigkeit des Gefühls und den raschen derben Ausdruck desselben.

> *Freundschaft, Liebe, Brüderschaft,*
> *Trägt die sich nicht von selber vor?*

war Losung und Feldgeschrei, woran sich die Glieder unsrer kleinen akademischen Horde zu erkennen und zu erquicken pflegten. Diese Maxime lag zum Grunde allen unsern geselligen Gelagen, bei welchen uns denn freilich manchen Abend Vetter Michel in seiner wohlbekannten Deutschheit zu besuchen nicht verfehlte.

Will man in dem bisher Erzählten nur äußere zufällige Anlässe und persönliche Eigenheiten finden, so hatte die französische Litteratur an sich selbst gewisse Eigenschaften, welche den strebenden Jüngling mehr abstoßen als anziehen mußten. Sie war nämlich **bejahrt** und **vornehm**, und durch beides kann die nach Lebensgenuß und Freiheit umschauende Jugend nicht ergötzt werden.

Seit dem sechzehnten Jahrhundert hatte man den Gang der französischen Litteratur niemals völlig unterbrochen gesehen, ja, die innern politischen und religiösen Unruhen sowohl als die äußeren Kriege beschleunigten ihre Fortschritte; schon vor hundert Jahren aber, so hörte man allgemein behaupten, solle sie in ihrer vollen Blüte gestanden haben. Durch günstige Umstände sei auf einmal eine reichliche Ernte gereift und glücklich eingebracht worden, dergestalt, daß die größten Talente des achtzehnten Jahrhunderts sich nur bescheidentlich mit einer Nachlese begnügen müssen.

Indessen war aber doch auch gar manches veraltet, das Lustspiel am ersten, welches immer wieder aufgefrischt werden mußte, um sich, zwar minder vollkommen, aber doch mit neuem Interesse, dem Leben und den Sitten anzuschmiegen. Der Tragödien waren viele vom Theater verschwunden, und Voltaire ließ die jetzt dargebotene bedeutende Gelegenheit nicht aus den Händen, Corneilles Werke herauszugeben, um zu zeigen, wie mangelhaft sein Vorgänger gewesen sei, den er, der allgemeinen Stimme nach, nicht erreicht haben sollte.

Und eben dieser Voltaire, das Wunder seiner Zeit, war nun selbst bejahrt wie die Litteratur, die er beinah ein Jahrhundert hindurch belebt und beherrscht hatte. Neben ihm existierten und vegetierten noch, in mehr oder weniger thätigem und glücklichem Alter, viele Litteratoren, die nach und nach verschwanden. Der Einfluß der Socität auf die Schriftsteller nahm immer mehr überhand: denn die beste Gesellschaft, bestehend aus Personen von Geburt, Rang und Vermögen, wählte zu einer ihrer Hauptunterhaltungen die Litteratur, und diese ward dadurch ganz gesellschaftlich und vornehm. Standespersonen und Litteratoren bildeten sich wechselsweise und mußten sich wechselsweise verbilden; denn alles Vornehme ist eigentlich ablehnend, und ablehnend ward auch die französische Kritik, verneinend, herunterziehend, mißredend. Die höhere Klasse bediente sich solcher Urteile gegen die Schriftsteller; die Schriftsteller, mit etwas weniger Anstand, verfuhren so unter einander, ja gegen ihre Gönner. Konnte man dem Publikum nicht imponieren, so suchte man es zu überraschen oder durch Demut zu gewinnen; und so entsprang, abgesehen davon, was Kirche und Staat im Innersten bewegte, eine solche litterarische Gärung, daß Voltaire selbst seiner vollen Thätigkeit, seines ganzen Uebergewichts bedurfte, um sich über dem Strome der allgemeinen Richtadung emporzuhalten. Schon hieß er laut ein altes eigenwilliges Kind; seine unermüdet fortgesetzten Bemühungen betrachtete man als eitles Bestreben eines abgelebten Alters; gewisse Grundsätze, auf denen er seine ganze Lebenszeit bestanden, deren Ausbreitung er seine Tage gewidmet, wollte man nicht mehr schätzen und ehren; ja, seinen Gott, durch dessen Bekenntnis er sich von allem atheistischen Wesen loszusagen fortfuhr, ließ man ihm nicht mehr gelten; und so mußte er selbst, der Altvater und Patriarch, gerade wie sein jüngster Mitbewerber auf den Augenblick merken, nach neuer Gunst haschen, seinen Freunden zu viel Gutes, seinen Feinden zu viel Uebles erzeigen und, unter dem Schein eines leidenschaftlich wahrheitsliebenden Strebens, unwahr und falsch handeln. War es denn wohl der Mühe wert, ein so thätiges großes Leben geführt zu haben, wenn es abhängiger enden sollte, als es angefangen hatte? Wie unerträglich ein solcher Zustand sei, entging seinem hohen Geiste, seiner zarten Reizbarkeit nicht; er machte sich manchmal sprung- und stoßweise Luft, ließ seiner Laune den Zügel schießen und hieb mit ein paar Fechterstreichen über die Schnur, wobei sich meist Freunde und Feinde unwillig gebärdeten: denn jedermann glaubte ihn zu übersehn, obschon niemand es ihm gleich thun konnte. Ein Publikum, das immer nur die Urteile alter Männer hört, wird gar zu leicht altklug, und nichts ist unzulänglicher als ein reifes Urteil, von einem unreifen Geiste aufgenommen.

Uns Jünglingen, denen, bei einer deutschen Natur- und Wahrheitsliebe, als beste Führerin im Leben und Lernen die Redlichkeit gegen uns selbst und andere immer vor Augen schwebte, war die parteiische Unredlichkeit Voltaires und die Verbildung so vieler würdigen Gegenstände immer mehr zum Verdruß, und wir bestärkten uns täglich in der Abneigung gegen ihn. Er hatte die Religion und die heiligen Bücher, worauf sie gegründet ist, um den sogenannten Pfaffen zu schaden, niemals genug herabsetzen können und mir dadurch manche unangenehme Empfindung erregt. Da ich nun aber gar vernahm, daß er, um die Ueberlieferung einer Sündflut zu entkräften, alle versteinten Muscheln leugnete und solche nur für Naturspiele gelten ließ, so verlor er gänzlich mein Vertrauen: denn der Augenschein hatte mir auf dem Bastberge deutlich genug gezeigt, daß ich mich auf altem, abgetrocknetem Meeresgrund, unter den Exuvien seiner Ureinwohner befinde. Ja, diese Berge waren einstmals von Wellen bedeckt; ob vor oder während der Sündflut, das konnte mich nicht rühren, genug, das Rheinthal war ein ungeheurer See, eine unübersehliche Bucht gewesen; das konnte man mir nicht ausreden. Ich gedachte vielmehr in Kenntnis der Länder und Gebirge vorzuschreiten, es möchte sich daraus ergeben, was da wollte.

Bejahrt also und vornehm war an sich selbst und durch Voltairen die französische Litteratur. Lasset uns diesem merkwürdigen Manne noch einige Betrachtung widmen!

Auf thätiges und geselliges Leben, auf Politik, auf Erwerb
im großen, auf das Verhältnis zu den Herren der Erde und
Benutzung dieses Verhältnisses, damit er selbst zu den Herren
der Erde gehöre, dahin war von Jugend auf Voltaires Wunsch
und Bemühung gewendet. Nicht leicht hat sich jemand so abhängig gemacht, um unabhängig zu sein. Auch gelang es ihm,
die Geister zu unterjochen; die Nation fiel ihm zu. Vergebens
entwickelten seine Gegner mäßige Talente und einen ungeheuern
Haß; nichts gereichte zu seinem Schaden. Den Hof zwar konnte
er nie mit sich versöhnen, aber dafür waren ihm fremde Könige
zinsbar. Katharina und Friedrich die Großen, Gustav von
Schweden, Christian von Dänemark, Poniatowski von Polen,
Heinrich von Preußen, Karl von Braunschweig bekannten sich
als seine Vasallen; sogar Päpste glaubten ihn durch einige Nach-
giebigkeit kirren zu müssen. Daß Joseph der Zweite sich von ihm
abhielt, gereichte diesem Fürsten nicht einmal zum Ruhme: denn
es hätte ihm und seinen Unternehmungen nicht geschadet, wenn
er, bei so schönem Verstande, bei so herrlichen Gesinnungen, etwas
geistreicher, ein besserer Schätzer des Geistes gewesen wäre.

Das, was ich hier gedrängt und in einigem Zusammenhange
vortrage, tönte zu jener Zeit, als Ruf des Augenblicks, als ewig
zwiespältiger Mißklang, unzusammenhängend und unbelehrend in
unseren Ohren. Immer hörte man nur das Lob der Vorfahren.
Man forderte etwas Gutes, Neues; aber immer das Neueste
wollte man nicht. Kaum hatte auf dem längst erstarrten Theater
ein Patriot nationalfranzösische, herzerhebende Gegenstände dargestellt; kaum hatte die Belagerung von Calais sich einen enthu-
siastischen Beifall gewonnen, so sollte schon dieses Stück mit
samt seinen vaterländischen Gesellen hohl und in jedem Sinne
verwerflich sein. Die Sittenschilderungen des Destouches, an
denen ich mich als Knabe so oft ergötzt, hieß man schwach, der
Name dieses Ehrenmannes war verschollen; und wie viel andere
Schriftsteller müßte ich nicht nennen, um derentwillen ich den
Vorwurf, als urteile ich wie ein Provinzler, habe erdulden
müssen, wenn ich gegen jemand, der mit dem neuesten litterarischen
Strome dahinfuhr, irgend einen Anteil an solchen Männern
und ihren Werken gezeigt hatte.

So wurden wir andern deutschen Gesellen denn immer verdrießlicher. Nach unsern Gesinnungen, nach unserer Natureigen-
heit liebten wir, die Eindrücke der Gegenstände festzuhalten, sie
nur langsam zu verarbeiten und, wenn es ja sein sollte, sie so
spät als möglich fahren zu lassen. Wir waren überzeugt, durch
treues Aufmerken, durch fortgesetzte Beschäftigung lasse sich allen
Dingen etwas abgewinnen, und man müsse durch beharrlichen
Eifer doch endlich auf einen Punkt gelangen, wo sich mit dem

Urteil zugleich der Grund desselben aussprechen lasse. Auch verkannten wir nicht, daß die große und herrliche französische Welt uns manchen Vorteil und Gewinn darbiete: denn Rousseau hatte uns wahrhaft zugesagt. Betrachteten wir aber sein Leben und sein Schicksal, so war er doch genötigt, den größten Lohn für alles, was er geleistet, darin zu finden, daß er unerkannt und vergessen in Paris leben durfte.

Wenn wir von den Encyklopädisten reden hörten oder einen Band ihres ungeheuren Werks aufschlugen, so war es uns zu Mute, als wenn man zwischen den unzähligen bewegten Spulen und Weberstühlen einer großen Fabrik hingeht und vor lauter Schnarren und Rasseln, vor allem Aug' und Sinne verwirrenden Mechanismus, vor lauter Unbegreiflichkeit einer auf das mannigfaltigste in einander greifenden Anstalt, in Betrachtung dessen, was alles dazu gehört, um ein Stück Tuch zu fertigen, sich den eigenen Rock selbst verleidet fühlt, den man auf dem Leibe trägt.

Diderot war nahe genug mit uns verwandt; wie er denn in alle dem, weshalb ihn die Franzosen tadeln, ein wahrer Deutscher ist. Aber auch sein Standpunkt war schon zu hoch, sein Gesichtskreis zu weit, als daß wir uns hätten zu ihm stellen und an seine Seite setzen können. Seine Naturkinder jedoch, die er mit großer rednerischer Kunst herauszuheben und zu adeln wußte, behagten uns gar sehr, seine wackeren Wilddiebe und Schleichhändler entzückten uns, und dieses Gesindel hat in der Folge auf dem deutschen Parnaß nur allzu sehr gewuchert. So war er es denn auch, der, wie Rousseau, von dem geselligen Leben einen Ekelbegriff verbreitete, eine stille Einleitung zu jenen ungeheuern Weltveränderungen, in welchen alles Bestehende unterzugehen schien.

Uns ziemt jedoch, diese Betrachtungen noch an die Seite zu lehnen und zu bemerken, was genannte beide Männer auf Kunst gewirkt. Auch hier wiesen sie, auch von ihr drängten sie uns zur Natur.

Die höchste Aufgabe einer jeden Kunst ist, durch den Schein die Täuschung einer höheren Wirklichkeit zu geben. Ein falsches Bestreben aber ist, den Schein so lange zu verwirklichen, bis endlich nur ein gemeines Wirkliche übrig bleibt.

Als ein ideelles Lokal hatte die Bühne, durch Anwendung der perspektivischen Gesetze auf hinter einander gestellten Kulissen, den höchsten Vorteil erlangt, und nun wollte man diesen Gewinn mutwillig aufgeben, die Seiten des Theaters zuschließen und wirkliche Stubenwände formieren. Mit einem solchen Bühnenlokal sollte denn auch das Stück selbst, die Art zu spielen der Acteurs, kurz, alles zusammentreffen und ein ganz neues Theater dadurch entspringen.

Die französischen Schauspieler hatten im Lustspiel den Gipfel des Kunstwahren erreicht. Der Aufenthalt in Paris, die Beobachtung des Aeußern der Hofleute, die Verbindung der Acteurs und Actricen durch Liebeshändel mit den höhern Ständen, alles trug dazu bei, die höchste Gewandtheit und Schicklichkeit des geselligen Lebens gleichfalls auf die Bühne zu verpflanzen, und hieran hatten die Naturfreunde wenig auszusetzen; doch glaubten sie einen großen Vorschritt zu thun, wenn sie ernsthafte und tragische Gegenstände, deren das bürgerliche Leben auch nicht ermangelt, zu ihren Stücken erwählten, sich der Prosa gleichfalls zu höherem Ausdruck bedienten und so die unnatürlichen Verse zugleich mit der unnatürlichen Dellamation und Gestikulation allmählich verbannten.

Höchst merkwürdig ist es und nicht so allgemein beachtet, daß zu dieser Zeit selbst der alten strengen, rhythmischen, kunstreichen Tragödie mit einer Revolution gedroht ward, die nur durch große Talente und die Macht des Herkommens abgelenkt werden konnte. Es stellte sich nämlich dem Schauspieler Lecain, der seine Helden mit besondrem theatralischen Anstand, mit Erholung, Erhebung und Kraft spielte und sich vom Natürlichen und Gewöhnlichen entfernt hielt, ein Mann gegenüber, mit Namen Aufresne, der aller Unnatur den Krieg erklärte und in seinem tragischen Spiel die höchste Wahrheit auszudrücken suchte. Dieses Verfahren mochte zu dem des übrigen Pariser Theaterpersonals nicht passen. Er stand allein, jene hielten sich an einander geschlossen, und er, hartnäckig genug auf seinem Sinne bestehend, verließ lieber Paris und kam durch Straßburg. Dort sahen wir ihn die Rolle des August im Cinna, des Mithridat und andere dergleichen mit der wahrsten natürlichsten Würde spielen. Als ein schöner großer Mann trat er auf, mehr schlank als stark, nicht eigentlich von imposantem, aber von edlem, gefälligem Wesen. Sein Spiel war überlegt und ruhig, ohne kalt zu sein, und kräftig genug, wo es erfordert wurde. Er war ein sehr geübter Künstler und von den wenigen, die das Künstliche ganz in die Natur und die Natur ganz in die Kunst zu verwandeln wissen. Diese sind es eigentlich, deren mißverstandene Vorzüge die Lehre von der falschen Natürlichkeit jederzeit veranlassen.

Und so will ich denn auch noch eines kleinen, aber merkwürdig Epoche machenden Werks gedenken: es ist Rousseaus Pygmalion. Viel könnte man darüber sagen: denn diese wunderliche Produktion schwankt gleichfalls zwischen Natur und Kunst, mit dem falschen Bestreben, diese in jene aufzulösen. Wir sehen einen Künstler, der das Vollkommenste geleistet hat, und doch nicht Befriedigung darin findet, seine Idee außer sich kunstgemäß dargestellt und ihr ein höheres Leben verliehen zu haben;

nein, sie soll auch in das irdische Leben zu ihm herabgezogen werden. Er will das Höchste, was Geist und That hervorgebracht, durch den gemeinsten Akt der Sinnlichkeit zerstören.

Alles dieses und manches andere, recht und thöricht, wahr und halbwahr, das auf uns einwirkte, trug noch mehr bei, die Begriffe zu verwirren; wir trieben uns auf mancherlei Abwegen und Umwegen herum, und so ward von vielen Seiten auch jene deutsche litterarische Revolution vorbereitet, von der wir Zeugen waren und wozu wir, bewußt und unbewußt, willig oder unwillig, unaufhaltsam mitwirkten.

Auf philosophische Weise erleuchtet und gefördert zu werden, hatten wir keinen Trieb noch Hang; über religiöse Gegenstände glaubten wir uns selbst aufgeklärt zu haben, und so war der heftige Streit französischer Philosophen mit dem Pfaffftum uns ziemlich gleichgültig. Verbotene, zum Feuer verdammte Bücher, welche damals großen Lärmen machten, übten keine Wirkung auf uns. Ich gedenke statt aller des Système de la Nature, das wir aus Neugier in die Hand nahmen. Wir begriffen nicht, wie ein solches Buch gefährlich sein könnte. Es kam uns so grau, so cimmerisch, so totenhaft vor, daß wir Mühe hatten, seine Gegenwart auszuhalten, daß wir davor wie vor einem Gespenste schauderten. Der Verfasser glaubt sein Buch ganz eigens zu empfehlen, wenn er in der Vorrede versichert, daß er, als ein abgelebter Greis, so eben in die Grube steigend, der Mit- und Nachwelt die Wahrheit verkünden wolle.

Wir lachten ihn aus: denn wir glaubten bemerkt zu haben, daß von alten Leuten eigentlich an der Welt nichts geschätzt werde, was liebenswürdig und gut an ihr ist. „Alte Kirchen haben dunkle Gläser! — Wie Kirschen und Beeren schmecken, muß man Kinder und Sperlinge fragen!" dies waren unsere Lust- und Leibworte; und so schien uns jenes Buch, als die rechte Quintessenz der Greisenheit, unschmackhaft, ja abgeschmackt. Alles sollte notwendig sein und deswegen kein Gott. Könnte es denn aber nicht auch notwendig einen Gott geben? fragten wir. Dabei gestanden wir freilich, daß wir uns den Notwendigkeiten der Tage und Nächte, der Jahreszeiten, der klimatischen Einflüsse, der physischen und animalischen Zustände nicht wohl entziehn könnten; doch fühlten wir etwas in uns, das als vollkommene Willkür erschien, und wieder etwas, das sich mit dieser Willkür ins Gleichgewicht zu setzen suchte.

Die Hoffnung, immer vernünftiger zu werden, uns von den äußeren Dingen, ja von uns selbst immer unabhängiger zu machen, konnten wir nicht aufgeben. Das Wort Freiheit klingt so schön, daß man es nicht entbehren könnte, und wenn es einen Irrtum bezeichnete.

Keiner von uns hatte das Buch hinausgelesen: denn wir fanden uns in der Erwartung getäuscht, in der wir es aufgeschlagen hatten. Syſtem der Natur ward angekündigt, und wir hofften alſo wirklich etwas von der Natur, unſerer Abgöttin zu erfahren. Phyſik und Chemie, Himmels- und Erdbeſchreibung, Naturgeſchichte und Anatomie und ſo manches andere hatte nun ſeit Jahren und bis auf den letzten Tag uns immer auf die geſchmückte große Welt hingewieſen, und wir hätten gern von Sonnen und Sternen, von Planeten und Monden, von Bergen, Thälern, Flüſſen und Meeren und von allem, was darin lebt und webt, das Nähere ſowie das Allgemeinere erfahren. Daß hierbei wohl manches vorkommen müßte, was dem gemeinen Menſchen als ſchädlich, der Geiſtlichkeit als gefährlich, dem Staat als unzuläßlich erſcheinen möchte, daran hatten wir keinen Zweifel, und wir hofften, dieſes Büchlein ſollte nicht unwürdig die Feuerprobe beſtanden haben. Allein wie hohl und leer ward uns in dieſer triſten atheiſtiſchen Halbnacht zu Mute, in welcher die Erde mit allen ihren Gebilden, der Himmel mit allen ſeinen Geſtirnen verſchwand. Eine Materie ſollte ſein von Ewigkeit, und von Ewigkeit her bewegt, man ſollte nun mit dieſer Bewegung rechts und links und nach allen Seiten ohne weiteres die unendlichen Phänomene des Daſeins hervorbringen. Dies alles wären wir ſogar zufrieden geweſen, wenn der Verfaſſer wirklich aus ſeiner bewegten Materie die Welt vor unſern Augen aufgebaut hätte. Aber er mochte von der Natur ſo wenig wiſſen als wir: denn indem er einige allgemeine Begriffe hingepfahlt, verläßt er ſie ſogleich, um dasjenige, was höher als die Natur, oder als höhere Natur in der Natur erſcheint, zur materiellen, ſchweren, zwar bewegten, aber doch richtungs- und geſtaltloſen Natur zu verwandeln, und glaubt dadurch recht viel gewonnen zu haben.

Wenn uns jedoch dieſes Buch einigen Schaden gebracht hat, ſo war es der, daß wir aller Philoſophie, beſonders aber der Metaphyſik, recht herzlich gram wurden und blieben, dagegen aber aufs lebendige Wiſſen, Erfahren, Thun und Dichten uns nur deſto lebhafter und leidenſchaftlicher hinwarfen.

So waren wir denn an der Grenze von Frankreich alles franzöſiſchen Weſens auf einmal bar und ledig. Ihre Lebensweiſe fanden wir zu beſtimmt und zu vornehm, ihre Dichtung kalt, ihre Kritik vernichtend, ihre Philoſophie abſtrus und doch unzulänglich, ſo daß wir auf dem Punkte ſtanden, uns der rohen Natur wenigſtens verſuchsweiſe hinzugeben, wenn uns nicht ein anderer Einfluß ſchon ſeit langer Zeit zu höheren, freieren und eben ſo wahren als dichteriſchen Weltanſichten und Geiſtesgenüſſen vorbereitet und uns erſt heimlich und mäßig, dann aber immer offenbarer und gewaltiger beherrſcht hätte.

Ich brauche kaum zu sagen, daß hier Shakespeare gemeint sei, und nachdem ich dieses ausgesprochen, bedarf es keiner weitern Ausführung. Shakespeare ist von den Deutschen mehr als von allen anderen Nationen, ja vielleicht mehr als von seiner eigenen erkannt. Wir haben ihm alle Gerechtigkeit, Billigkeit und Schonung, die wir uns unter einander selbst versagen, reichlich zugewendet; vorzügliche Männer beschäftigten sich, seine Geistesgaben im günstigsten Lichte zu zeigen, und ich habe jederzeit, was man zu seiner Ehre, zu seinen Gunsten, ja ihn zu entschuldigen gesagt, gern unterschrieben. Die Einwirkung dieses außerordentlichen Geistes auf mich ist früher dargestellt und über seine Arbeiten einiges versucht worden, welches Zustimmung gefunden hat; und so mag es hier an dieser allgemeinen Erklärung genug sein, bis ich eine Nachlese von Betrachtungen über so große Verdienste, die ich an dieser Stelle einzuschalten in Versuchung geriet, Freunden, die mich hören mögen, mitzuteilen im Falle bin.

Gegenwärtig will ich nur die Art, wie ich mit ihm bekannt geworden, näher anzeigen. Es geschah ziemlich früh, in Leipzig, durch Dodds beauties of Shakespeare. Was man auch gegen solche Sammlungen sagen kann, welche die Autoren zerstückelt mitteilen, sie bringen doch manche gute Wirkung hervor. Sind wir doch nicht immer so gefaßt und so geistreich, daß wir ein ganzes Werk nach seinem Wert in uns aufzunehmen vermöchten. Streichen wir nicht in einem Buche Stellen an, die sich unmittelbar auf uns beziehen? Junge Leute besonders, denen es an durchgreifender Bildung fehlt, werden von glänzenden Stellen gar löblich aufgeregt, und so erinnere ich mich noch als einer der schönsten Epochen meines Lebens derjenigen, welche gedachtes Werk bei mir bezeichnete. Jene herrlichen Eigenheiten, die großen Sprüche, die treffenden Schilderungen, die humoristischen Züge, alles traf mich einzeln und gewaltig.

Nun erschien Wielands Uebersetzung. Sie ward verschlungen, Freunden und Bekannten mitgeteilt und empfohlen. Wir Deutsche hatten den Vorteil, daß mehrere bedeutende Werke fremder Nationen auf eine leichte und heitere Weise zuerst herüber gebracht wurden. Shakespeare prosaisch übersetzt, erst durch Wieland, dann durch Eschenburg, konnte als eine allgemein verständliche und jedem Leser gemäße Lektüre sich schnell verbreiten und große Wirkung hervorbringen. Ich ehre den Rhythmus wie den Reim, wodurch Poesie erst zur Poesie wird, aber das eigentlich tief und gründlich Wirksame, das wahrhaft Ausbildende und Fördernde ist dasjenige, was vom Dichter übrig bleibt, wenn er in Prose übersetzt wird. Dann bleibt der reine vollkommene Gehalt, den uns ein blendendes Aeußere oft, wenn er fehlt, vor zuspiegeln weiß und, wenn er gegenwärtig ist, verdeckt. Ich halte daher zum Anfang jugendlicher Bildung prosaische Uebersetzungen für vorteilhafter als die poetischen; denn es läßt sich bemerken, daß Knaben, denen ja doch alles zum Scherze dienen muß, sich am Schall der Worte, am Fall der Silben ergötzen und durch eine Art von parodistischem Mutwillen den tiefen Gehalt des edelsten Werks zerstören. Deshalb gebe ich zu bedenken, ob nicht zunächst eine prosaische Uebersetzung des Homer zu unternehmen wäre; aber freilich müßte sie der Stufe würdig sein, auf der sich die deutsche Litteratur gegenwärtig befindet. Ich überlasse dies und das Vorgesagte unsern würdigen Pädagogen zur Betrachtung, denen ausgebreitete Erfahrung hierüber am besten zu Gebote steht. Nur will ich noch, zu Gunsten meines Vorschlags, an Luthers Bibelübersetzung erinnern: denn daß dieser treffliche Mann ein in dem verschiedensten Stile verfaßtes Werk und dessen dichterischen, geschichtlichen, gebietenden, lehrenden Ton uns in der Muttersprache wie aus einem Gusse überlieferte, hat die Religion mehr gefördert, als wenn er die Eigentümlichkeiten des Originals im einzelnen hätte nachbilden wollen. Vergebens hat man nachher sich mit dem Buche Hiob, den Psalmen und andern Gesängen bemüht, sie uns in ihrer poetischen Form genießbar zu machen. Für die Menge, auf die gewirkt werden soll, bleibt eine schlichte Uebertragung immer die beste. Jene kritischen Uebersetzungen, die mit dem Original wetteifern, dienen eigentlich nur zur Unterhaltung der Gelehrten unter einander.

Und so wirkte in unserer Straßburger Societät Shakespeare, übersetzt und im Original, stückweise und im ganzen, stellen- und auszugsweise, dergestalt, daß, wie man bibelfeste Männer hat, wir uns nach und nach in Shakespeare befestigten, die Tugenden und Mängel seiner Zeit, mit denen er uns bekannt macht, in unseren Gesprächen nachbildeten, an seinen Quibbles die größte Freude hatten und durch Uebersetzung derselben, ja durch originalen Mutwillen mit ihm wetteiferten. Hiezu trug nicht wenig bei, daß ich ihn vor allen mit großem Enthusiasmus ergriffen hatte. Ein freudiges Bekennen, daß etwas Höheres über mir schwebe, war ansteckend für meine Freunde, die sich alle dieser Sinnesart hingaben. Wir leugneten die Möglichkeit nicht, solche Verdienste näher zu erkennen, sie zu begreifen, mit Einsicht zu beurteilen; aber dies behielten wir uns für spätere Epochen vor: gegenwärtig wollten wir nur freudig teilnehmen, lebendig nachbilden und, bei so großem Genuß an dem Manne, der ihn uns gab, nicht forschen und mäkeln, vielmehr that es uns wohl, ihn unbedingt zu verehren.

Will jemand unmittelbar erfahren, was damals in dieser lebendigen Gesellschaft gedacht, gesprochen und verhandelt worden, der lese den Aufsatz Herders über Shakespeare, in dem Hefte von deutscher Art und Kunst; ferner Lenzens Anmerkungen übers Theater, denen eine Uebersetzung von Love's labours lost hinzugefügt war. Herder bringt in das Tiefere von Shakespeares Wesen und stellt es herrlich dar; Lenz beträgt sich mehr bilderstürmerisch gegen die Herkömmlichkeit des Theaters und will denn eben all und überall nach Shakespearescher Weise gehandelt haben. Da ich diesen so talentvollen als seltsamen Menschen hier zu erwähnen veranlaßt werde, so ist wohl der Ort, versuchsweise einiges über ihn zu sagen. Ich lernte ihn erst gegen das Ende meines Straßburger Aufenthalts kennen. Wir sahen uns selten; seine Gesellschaft war nicht die meine, aber wir suchten doch Gelegenheit, uns zu treffen, und teilten uns einander gern mit, weil wir, als gleichzeitige Jünglinge, ähnliche Gesinnungen hegten. Klein, aber nett von Gestalt, ein allerliebstes Köpfchen, dessen zierlicher Form niedliche, etwas abgestumpfte Züge vollkommen entsprachen; blaue Augen, blonde Haare, kurz, ein Persönchen, wie mir unter nordischen Jünglingen von Zeit zu Zeit eins begegnet ist; einen sanften, gleichsam vorsichtigen Schritt, eine angenehme, nicht ganz fließende Sprache und ein Betragen, das, zwischen Zurückhaltung und Schüchternheit sich bewegend, einem jungen Manne gar wohl anstand. Kleinere Gedichte, besonders seine eignen, las er sehr gut vor und schrieb eine fließende Hand. Für seine Sinnesart wußte ich nur das englische Wort whimsical, welches, wie das Wörterbuch ausweist, gar manche Seltsamkeiten in einem Begriff zusammenfaßt. Niemand war vielleicht eben deswegen fähiger als er, die Ausschweifungen und Auswüchse des Shakespeareschen Genies zu empfinden und nachzubilden. Die obengedachte Uebersetzung gibt ein Zeugnis hievon. Er behandelt seinen Autor mit großer Freiheit, ist nichts weniger als knapp und treu, aber er weiß sich die Rüstung oder vielmehr die Possenjacke seines Vorgängers so gut anzupassen, sich seinen Gebärden so humoristisch gleichzustellen, daß er demjenigen, den solche Dinge anmuteten, gewiß Beifall abgewann.

Die Absurditäten der Clowns machten besonders unsere ganze Glückseligkeit, und wir priesen Lenzen als einen begünstigten Menschen, da ihm jenes Epitaphium des von der Prinzessin geschossenen Wildes folgendermaßen gelungen war:

> Die schöne Prinzessin schoß und traf
> Eines jungen Hirschlein Leben;
> Es fiel dahin in schweren Schlaf
> Und wird ein Brätlein geben.
> Der Jagdhund boll! Ein L zu Hirsch,
> So wird es dann ein Hirschel;

Doch setzt ein römisch I. zu Hirsch,
So macht es funfzig Hirschel.
Ich mache hundert Hirsche draus,
Schreib' Hirschen mit zwei LLen.

Die Neigung zum Absurden, die sich frei und unbewunden bei der Jugend zu Tage zeigt, nachher aber immer mehr in die Tiefe zurücktritt, ohne sich deshalb gänzlich zu verlieren, war bei uns in voller Blüte, und wir suchten auch durch Originalspäße unsern großen Meister zu feiern. Wir waren sehr glorios, wenn wir der Gesellschaft etwas derart vorlegen konnten, welches einigermaßen gebilligt wurde, wie z. B. folgendes auf einen Rittmeister, der auf einem wilden Pferde zu Schaden gekommen war.

Ein Ritter wohnt in diesem Haus,
Ein Meister auch daneben;
Macht man davon einen Blumenstrauß,
So wird's einen Rittmeister geben.
Ist er nun Meister von dem Ritt,
Führt er mit Recht den Namen;
Doch nimmt der Ritt den Meister mit,
Weh ihm und seinem Samen!

Ueber solche Dinge ward sehr ernsthaft gestritten, ob sie des Clowns würdig oder nicht, und ob sie aus der wahrhaften reinen Narrenquelle geflossen oder ob etwa Sinn und Verstand sich auf eine ungehörige und unzulässige Weise mit eingemischt hätten. Ueberhaupt aber konnten sich diese seltsamen Gesinnungen um so heftiger verbreiten, und so mehrere waren im Falle, daran teilzunehmen, als Lessing, der das große Vertrauen besaß, in seiner Dramaturgie eigentlich das erste Signal dazu gegeben hatte.

In so gestimmter und aufgeregter Gesellschaft gelang mir manche angenehme Fahrt nach dem oberen Elsaß, woher ich aber eben deshalb keine sonderliche Belehrung zurückbrachte. Die vielen kleinen Verse, die uns bei jeder Gelegenheit entquollen, und die wohl eine muntere Reisebeschreibung ausstatten konnten, sind verloren gegangen. In dem Kreuzgange der Abtei Molsheim bewunderten wir die farbigen Scheibengemälde; in der fruchtbaren Gegend zwischen Kolmar und Schlettstadt ertönten possierliche Hymnen an Ceres, indem der Verbrauch so vieler Früchte umständlich aus einander gesetzt und angepriesen, auch die wichtige Streitfrage über den freien oder beschränkten Handel derselben sehr lustig genommen wurde. In Ensisheim sahen wir den ungeheuren Aerolithen in der Kirche aufgehangen und spotteten, der Zweifelsucht jener Zeit gemäß, über die Leichtgläubigkeit der Menschen, nicht vorahnend, daß dergleichen luftgeborne Wesen, wo nicht auf unsern eigenen Acker herabfallen, doch wenigstens in unsern Kabinetten sollten verwahrt werden.

Einer mit hundert, ja tausend Gläubigen auf den Ottilienberg begangenen Wallfahrt denk' ich noch immer gern. Hier, wo das Grundgemäuer eines römischen Kastells noch übrig, sollte sich in Ruinen und Steinritzen eine schöne Grafentochter aus frommer Neigung aufgehalten haben. Unfern der Kapelle, wo sich die Wanderer erbauen, zeigt man ihren Brunnen und erzählt gar manches Anmutige. Das Bild, das ich mir von ihr machte, und ihr Name prägte sich tief bei mir ein. Beide trug ich lange mit mir herum, bis ich endlich eine meiner zwar spätern, aber darum nicht minder geliebten Töchter damit ausstattete, die von frommen und reinen Herzen so günstig aufgenommen wurde.

Auch auf dieser Höhe wiederholt sich dem Auge das herrliche Elsaß, immer dasselbe und immer neu; eben so wie man im Amphitheater, man nehme Platz, wo man wolle, das ganze Volk übersieht, nur seine Nachbarn am deutlichsten, so ist es auch hier mit Büschen, Felsen, Hügeln, Wäldern, Feldern, Wiesen und Ortschaften in der Nähe und in der Ferne. Am Horizont wollte man uns sogar Basel zeigen; daß wir es gesehen, will ich nicht beschwören, aber das entfernte Blau der Schweizergebirge übte auch hier sein Recht über uns aus, indem es uns zu sich forderte und, da wir nicht diesem Triebe folgen konnten, ein schmerzliches Gefühl zurückließ.

Solchen Zerstreuungen und Heiterkeiten gab ich mich um so lieber und zwar bis zur Trunkenheit hin, als mich mein leidenschaftliches Verhältnis zu Friedriken nunmehr zu ängstigen anfing. Eine solche jugendliche, aufs Geratewohl gehegte Neigung ist der nächtlich geworfenen Bombe zu vergleichen, die in einer sanften, glänzenden Linie aufsteigt, sich unter die Sterne mischt, ja einen Augenblick unter ihnen zu verweilen scheint, alsdann aber abwärts, zwar wieder dieselbe Bahn, nur umgekehrt, bezeichnet und zuletzt da, wo sie ihren Lauf geendet, Verderben hinbringt. Friedrike blieb sich immer gleich; sie schien nicht zu denken noch denken zu wollen, daß dieses Verhältnis sich so bald endigen könne. Olivie hingegen, die mich zwar auch ungern vermißte, aber doch nicht so viel als jene verlor, war voraussehender oder offener. Sie sprach manchmal mit mir über meinen vermutlichen Abschied und suchte über sich selbst und ihre Schwester sich zu trösten. Ein Mädchen, das einem Manne entsagt, dem sie ihre Gewogenheit nicht verleugnet, ist lange nicht in der peinlichen Lage, in der sich ein Jüngling befindet, der mit Erklärungen eben so weit gegen ein Frauenzimmer herausgegangen ist. Er spielt immer eine leidige Figur: denn von ihm, als einem werdenden Manne, erwartet man schon eine

gewisse Uebersicht seines Zustandes, und ein entschiedener Leicht=
sinn will ihn nicht kleiden. Die Ursachen eines Mädchens, das
sich zurückzieht, scheinen immer gültig, die des Mannes niemals.
Allein wie soll eine schmeichelnde Leidenschaft uns voraus=
sehen lassen, wohin sie uns führen kann? Denn auch selbst als=
dann, wenn wir schon ganz verständig auf sie Verzicht gethan,
können wir sie noch nicht loslassen, wir ergötzen uns an der
lieblichen Gewohnheit, und sollte es auch auf eine veränderte
Weise sein. So ging es auch mir. Wenn gleich die Gegenwart
Friederikens mich ängstigte, so wußte ich doch nichts Angenehmeres,
als abwesend an sie zu denken und mich mit ihr zu unterhalten.
Ich kam seltner hinaus, aber unsere Briefe wechselten desto leb
hafter. Sie wußte mir ihre Zustände mit Heiterkeit, ihre Ge
fühle mit Anmut zu vergegenwärtigen, so wie ich mir ihre Verdienste mit Gunst und Leidenschaft vor die Seele rief. Die
Abwesenheit machte mich frei, und meine ganze Zuneigung blühte
erst recht auf durch die Unterhaltung in der Ferne. Ich konnte
mich in solchen Augenblicken ganz eigentlich über die Zukunft
verblenden; zerstreut war ich genug durch das Fortrollen der
Zeit und dringender Geschäfte. Ich hatte bisher möglich ge
macht, das Mannigfaltigste zu leisten, durch immer lebhafte
Teilnahme am Gegenwärtigen und Augenblicklichen; allein gegen
das Ende drängte sich alles gar gewaltsam über einander, wie
es immer zu gehen pflegt, wenn man sich von einem Orte los
lösen soll.

Noch ein Zwischenereignis nahm mir die letzten Tage weg.
Ich befand mich nämlich in ansehnlicher Gesellschaft auf einem
Landhause, von wo man die Vorderseite des Münsters und den
darüber emporsteigenden Turm gar herrlich sehen konnte. Es
ist schade, sagte jemand, daß das Ganze nicht fertig geworden
und daß wir nur den einen Turm haben. Ich versetzte dagegen:
Es ist mir eben so leid, diesen einen Turm nicht ganz ausge=
führt zu sehn: denn die vier Schnecken sehen viel zu stumpf ab,
es hätten darauf noch vier leichte Turmspitzen gesollt, sowie eine
höhere auf die Mitte, wo das plumpe Kreuz steht.

Als ich diese Behauptung mit gewöhnlicher Lebhaftigkeit
aussprach, redete mich ein kleiner munterer Mann an und
fragte: Wer hat Ihnen das gesagt? — Der Turm selbst, versetzte ich. Ich habe ihn so lange und aufmerksam betrachtet und
ihm so viel Neigung erwiesen, daß er sich zuletzt entschloß, mir
dieses offenbare Geheimnis zu gestehn. — Er hat Sie nicht mit
Unwahrheit berichtet, versetzte jener; ich kann es am besten
wissen, denn ich bin der Schaffner, der über die Baulichkeiten
gesetzt ist. Wir haben in unserm Archiv noch die Originalrisse,
welche dasselbe besagen und die ich Ihnen zeigen kann. — Wegen

meiner nahen Abreise drang ich auf Beschleunigung dieser Gefälligkeit. Er ließ mich die unschätzbaren Rollen sehn; ich zeichnete geschwind die in der Ausführung fehlenden Spitzen durch ölgetränktes Papier und bedauerte, nicht früher von diesem Schatz unterrichtet gewesen zu sein. Aber so sollte es mir immer ergehen, daß ich durch Anschauen und Betrachten der Dinge erst mühsam zu einem Begriffe gelangen mußte, der mir vielleicht nicht so auffallend und fruchtbar gewesen wäre, wenn man mir ihn überliefert hätte.

In solchem Drang und Verwirrung konnte ich doch nicht unterlassen, Friedriken noch einmal zu sehen. Es waren peinliche Tage, deren Erinnerung mir nicht geblieben ist. Als ich ihr die Hand noch vom Pferde reichte, standen ihr die Thränen in den Augen, und mir war sehr übel zu Mute. Nun ritt ich auf dem Fußpfade gegen Drusenheim, und da überfiel mich eine der sonderbarsten Ahnungen. Ich sah nämlich, nicht mit den Augen des Leibes, sondern des Geistes, mich mir selbst, denselben Weg, zu Pferde wieder entgegen kommen, und zwar in einem Kleide, wie ich es nie getragen: es war hechtgrau mit etwas Gold. Sobald ich mich aus diesem Traum aufschüttelte, war die Gestalt ganz hinweg. Sonderbar ist es jedoch, daß ich nach acht Jahren in dem Kleide, das mir geträumt hatte und das ich nicht aus Wahl, sondern aus Zufall gerade trug, mich auf demselben Wege fand, um Friedriken noch einmal zu besuchen. Es mag sich übrigens mit diesen Dingen, wie es will, verhalten, das wunderliche Trugbild gab mir in jenen Augenblicken des Scheidens einige Beruhigung. Der Schmerz, das herrliche Elsaß mit allem, was ich darin erworben, auf immer zu verlassen, war gemildert, und ich fand mich, dem Taumel des Lebewohls endlich entflohn, auf einer friedlichen und erheiternden Reise so ziemlich wieder.

In Mannheim angelangt, eilte ich mit größter Begierde, den Antikensaal zu sehn, von dem man viel Rühmens machte. Schon in Leipzig, bei Gelegenheit der Winckelmannschen und Lessingschen Schriften, hatte ich viel von diesen bedeutenden Kunstwerken reden hören, desto weniger aber gesehn: denn außer Laokoon, dem Vater, und dem Faun mit den Krotalen befanden sich keine Abgüsse auf der Akademie; und was uns Oeser bei Gelegenheit dieser Bildnisse zu sagen beliebte, war freilich rätselhaft genug. Wie will man aber auch Anfängern von dem Ende der Kunst einen Begriff geben?

Direktor Verschaffelts Empfang war freundlich. Zu dem Saale führte mich einer seiner Gesellen, der, nachdem er mir aufgeschlossen, mich meinen Neigungen und Betrachtungen überließ. Hier stand ich nun, den wundersamsten Eindrücken ausgesetzt, in einem geräumigen, viereckten, bei außerordentlicher Höhe fast kubischen Saal, in einem durch Fenster unter dem Gesims von oben wohl erleuchteten Raum: die herrlichsten Statuen des Altertums nicht allein an den Wänden gereiht, sondern auch innerhalb der ganzen Fläche durch einander aufgestellt; ein Wald von Statuen, durch den man sich durchwinden, eine große ideale Volksgesellschaft, zwischen der man sich durchdrängen mußte. Alle diese herrlichen Gebilde konnten durch Auf- und Zuziehn der Vorhänge in das vorteilhafteste Licht gestellt werden; überdies waren sie auf ihren Postamenten beweglich und nach Belieben zu wenden und zu drehen.

Nachdem ich die erste Wirkung dieser unwiderstehlichen Masse eine Zeitlang geduldet hatte, wendete ich mich zu denen Gestalten, die mich am meisten anzogen; und wer kann leugnen, daß Apoll von Belvedere durch seine mäßige Kolossalgröße, den schlanken Bau, die freie Bewegung, den siegenden Blick auch über unsere Empfindung vor allen andern den Sieg davon trage? Sodann wendete ich mich zu Laokoon, den ich hier zuerst mit seinen Söhnen in Verbindung sah. Ich vergegenwärtigte mir so gut als möglich das, was über ihn verhandelt und gestritten worden war, und suchte mir einen eignen Gesichtspunkt; allein ich ward bald da, bald dorthin gezogen. Der sterbende Fechter hielt mich lange fest, besonders aber hatte ich der Gruppe von Kastor und Pollux, diesen kostbaren, obgleich problematischen Resten, die seligsten Augenblicke zu danken. Ich wußte noch nicht, wie unmöglich es sei, sich von einem genießenden Anschaun sogleich Rechenschaft zu geben. Ich zwang mich, zu reflektieren, und so wenig es mir gelingen wollte, zu irgend einer Art von Klarheit zu gelangen, so fühlte ich doch, daß jedes einzelne dieser großen versammelten Masse faßlich, ein jeder Gegenstand natürlich und in sich selbst bedeutend sei.

Auf Laokoon jedoch war meine größte Aufmerksamkeit gerichtet, und ich entschied mir die berühmte Frage, warum er nicht schreie, dadurch, daß ich mir aussprach, er könne nicht schreien. Alle Handlungen und Bewegungen der drei Figuren gingen mir aus der ersten Konzeption der Gruppe hervor. Die ganze so gewaltsame als kunstreiche Stellung des Hauptkörpers war aus zwei Anlässen zusammengesetzt, aus dem Streben gegen die Schlangen und aus dem Fliehn vor dem augenblicklichen Biß. Um diesen Schmerz zu mildern, mußte der Unterleib eingezogen und das Schreien unmöglich gemacht werden. So entschied ich mich auch, daß der jüngere Sohn nicht gebissen sei, und wie ich mir sonst noch das Kunstreiche dieser Gruppe auszulegen suchte. Ich schrieb hierüber einen Brief an Oesern, der aber nicht sonderlich auf meine Auslegung achtete, sondern nur meinen guten Willen mit einer allgemeinen Aufmunterung erwiderte. Ich aber war glücklich genug, jenen Gedanken festzuhalten und bei mir mehrere Jahre ruhen zu lassen, bis er sich zuletzt an meine sämtlichen Erfahrungen und Ueberzeugungen anschloß, in welchem Sinne ich ihn sodann bei Herausgabe der Propyläen mitteilte.

Nach eifriger Betrachtung so vieler erhabenen plastischen Werke sollte es mir auch an einem Vorschmack antiker Architektur nicht fehlen. Ich fand den Abguß eines Kapitäls der Rotonde, und ich leugne nicht, daß beim Anblick jener so ungeheuren als eleganten Akanthblätter mein Glaube an die nordische Baukunst etwas zu wanken anfing.

Dieses große und bei mir durchs ganze Leben wirksame frühzeitige Schauen war dennoch für die nächste Zeit von geringen Folgen. Wie gern hätte ich mit dieser Darstellung ein Buch angefangen, anstatt daß ich's damit ende: denn kaum war die Thür des herrlichen Saals hinter mir zugeschlossen, so wünschte ich mich selbst wiederzufinden, ja, ich suchte jene Gestalten eher, als lästig, aus meiner Einbildungskraft zu entfernen, und nur erst durch einen großen Umweg sollte ich in diesen Kreis zurück geführt werden. Indessen ist die stille Fruchtbarkeit solcher Eindrücke ganz unschätzbar, die man genießend, ohne zersplitterndes Urteil, in sich aufnimmt. Die Jugend ist dieses höchsten Glücks fähig, wenn sie nicht kritisch sein will, sondern das Vortreffliche und Gute, ohne Untersuchung und Sonderung, auf sich wirken läßt.

Zwölftes Buch.

Der Wanderer war nun endlich gesünder und froher nach Hause gelangt als das erste Mal, aber in seinem ganzen Wesen zeigte sich doch etwas Ueberspanntes, welches nicht völlig auf geistige Gesundheit deutete. Gleich zu Anfang brachte ich meine Mutter in den Fall, daß sie zwischen meines Vaters rechtlichem Ordnungsgeist und meiner vielfachen Exzentrizität die Vorfälle in ein gewisses Mittel zu richten und zu schlichten beschäftigt sein mußte. In Mainz hatte mir ein harfespielender Knabe so wohl gefallen, daß ich ihn, weil die Messe gerade vor der Thüre war, nach Frankfurt einlud, ihm Wohnung zu geben und ihn zu befördern versprach. In diesem Ereignis trat wieder einmal diejenige Eigenheit hervor, die mich in meinem Leben so viel gekostet hat, daß ich nämlich gern sehe, wenn jüngere Wesen sich um mich versammeln und an mich anknüpfen, wodurch ich denn freilich zuletzt mit ihrem Schicksal belastet werde. Eine

unangenehme Erfahrung nach der andern konnte mich von dem
angebornen Trieb nicht zurückbringen, der noch gegenwärtig, bei
der deutlichsten Ueberzeugung, von Zeit zu Zeit mich irre zu
führen droht. Meine Mutter, klärer als ich, sah wohl voraus,
wie sonderbar es meinem Vater vorkommen müßte, wenn ein
musikalischer Meßläufer von einem so ansehnlichen Hause her zu
Gasthöfen und Schenken ginge, sein Brot zu verdienen; daher
sorgte sie in der Nachbarschaft für Herberge und Kost desselben;
ich empfahl ihn meinen Freunden, und so befand sich das Kind
nicht übel. Nach mehreren Jahren sah ich ihn wieder, wo er
größer und tölpischer geworden war, ohne in seiner Kunst viel
zugenommen zu haben. Die wackere Frau, mit dem ersten Probe=
stück des Ausgleichens und Vertuschens wohl zufrieden, dachte
nicht, daß sie diese Kunst in der nächsten Zeit durchaus nötig
haben würde. Der Vater, in seinen verjährten Liebhabereien
und Beschäftigungen ein zufriedenes Leben führend, war behag=
lich, wie einer, der trotz allen Hindernissen und Verspätungen
seine Pläne durchsetzt. Ich hatte nun promoviert, der erste
Schritt zu dem ferneren bürgerlichen stufenweisen Lebensgange
war gethan. Meine Disputation hatte seinen Beifall, ihn be=
schäftigte die nähere Betrachtung derselben und manche Vor=
bereitung zu einer künftigen Herausgabe. Während meines Auf=
enthalts im Elsaß hatte ich viel kleine Gedichte, Aufsätze, Reise=
bemerkungen und manches fliegende Blatt geschrieben. Diese zu
rubrizieren, zu ordnen, die Vollendung zu verlangen, unterhielt
ihn, und so war er froh in der Erwartung, daß meine bisher
unüberwundene Abneigung, etwas dieser Dinge gedruckt zu sehn,
sich nächstens verlieren werde. Die Schwester hatte einen Kreis
von verständigen und liebenswürdigen Frauenzimmern um sich
versammelt. Ohne herrisch zu sein, herrschte sie über alle, indem
ihr Verstand gar manches übersehn und ihr guter Wille vieles
ausgleichen konnte, sie auch überdies in dem Fall war, eher die
Vertraute als die Rivalin zu spielen. Von ältern Freunden und
Bekannten fand ich an Horn den unveränderlich treuen Freund
und heiteren Gesellschafter; mit Riese ward ich auch vertraut,
der meinen Scharfsinn zu üben und zu prüfen nicht verfehlte,
indem er durch anhaltenden Widerspruch einem dogmatischen
Enthusiasmus, in welchen ich nur gar zu gern verfiel, Zweifel
und Verneinung entgegensetzte. Andere traten nach und nach zu
diesem Kreis, deren ich künftig gedenke: jedoch standen unter
den Personen, die mir den neuen Aufenthalt in meiner Vater=
stadt angenehm und fruchtbar machten, die Gebrüder Schlosser
allerdings obenan. Der ältere, Hieronymus, ein gründlicher und
eleganter Rechtsgelehrter, hatte als Sachwalter ein allgemeines
Vertrauen. Unter seinen Büchern und Akten, in Zimmern, wo

die größte Ordnung herrschte, war sein liebster Aufenthalt; dort hab' ich ihn niemals anders als heiter und teilnehmend gefunden. Auch in größerer Gesellschaft erwies er sich angenehm und unterhaltend: denn sein Geist war durch eine ausgebreitete Lektüre mit allem Schönen der Vorwelt geziert. Er verschmähte nicht, bei Gelegenheit, durch geistreiche lateinische Gedichte die geselligen Freuden zu vermehren; wie ich denn noch verschiedene scherzhafte Distichen von ihm besitze, die er unter einige von mir gezeichnete Porträte seltsamer, allgemein bekannter Frankfurter Karikaturen geschrieben hatte. Oefters beriet ich mich mit ihm über meinen einzuleitenden Lebens- und Geschäftsgang, und hätten mich nicht hundertfältige Neigungen, Leidenschaften und Zerstreuungen von diesem Wege fortgerissen, er würde mir der sicherste Führer geworden sein.

Näher an Alter stand mir sein Bruder Georg, der sich von Treptow, aus den Diensten des Herzogs Eugen von Württemberg wieder zurückgezogen hatte. An Weltkenntnis, an praktischem Geschick vorgeschritten, war er in seiner Uebersicht der deutschen und auswärtigen Litteratur auch nicht zurückgeblieben. Er schrieb wie vormals gern in allen Sprachen, regte mich aber dadurch nicht weiter an, da ich, mich dem Deutschen ausschließlich widmend, die übrigen nur insoweit kultivierte, daß ich die besten Autoren im Original einigermaßen zu lesen im stande war. Seine Rechtschaffenheit zeigte sich immer als dieselbe, ja, die Bekanntschaft mit der Welt mochte ihn veranlaßt haben, strenger, sogar starrer auf seinen wohlmeinenden Gesinnungen zu beharren.

Durch diese beiden Freunde ward ich denn auch gar bald mit Merck bekannt, dem ich durch Herdern von Straßburg aus nicht ungünstig angekündigt war. Dieser eigne Mann, der auf mein Leben den größten Einfluß gehabt, war von Geburt ein Darmstädter. Von seiner früheren Bildung wüßte ich wenig zu sagen. Nach vollendeten Studien führte er einen Jüngling nach der Schweiz, wo er eine Zeitlang blieb und beweibt zurückkam. Als ich ihn kennen lernte, war er Kriegszahlmeister in Darmstadt. Mit Verstand und Geist geboren, hatte er sich sehr schöne Kenntnisse, besonders der neueren Litteraturen, erworben und sich in der Welt- und Menschengeschichte nach allen Zeiten und Gegenden umgesehen. Treffend und scharf zu urteilen, war ihm gegeben. Man schätzte ihn als einen wackern entschlossenen Geschäftsmann und fertigen Rechner. Mit Leichtigkeit trat er überall ein, als ein sehr angenehmer Gesellschafter für die, denen er sich durch beißende Züge nicht furchtbar gemacht hatte. Er war lang und hager von Gestalt, eine hervorbringende spitze Nase zeichnete sich aus, hellblaue, vielleicht graue Augen gaben seinem Blick, der aufmerkend hin und wider ging, etwas Tigerartiges. Lavaters Physiognomik hat uns sein Profil aufbewahrt. In seinem Charakter lag ein wunderbares Mißverhältnis: von Natur ein braver, edler, zuverlässiger Mann, hatte er sich gegen die Welt erbittert und ließ diesen grillenkranken Zug dergestalt in sich walten, daß er eine unüberwindliche Neigung fühlte, vorsätzlich ein Schalk, ja ein Schelm zu sein. Verständig, ruhig, gut in einem Augenblick, konnte es ihm in dem andern einfallen, wie die Schnecke ihre Hörner hervorstreckt, irgend etwas zu thun, was einen andern kränkte, verletzte, ja was ihm schädlich ward. Doch wie man gern mit etwas Gefährlichem umgeht, wenn man selbst davor sicher zu sein glaubt, so hatte ich eine desto größere Neigung, mit ihm zu leben und seiner guten Eigenschaften zu genießen, da ein zuversichtliches Gefühl mich ahnen ließ, daß er seine schlimme Seite nicht gegen mich kehren werde. Wie er sich nun durch diesen sittlich unruhigen Geist, durch dieses Bedürfnis, die Menschen hämisch und tückisch zu behandeln, von einer Seite das gesellige Leben verdarb, so widersprach eine andere Unruhe, die er auch recht sorgfältig in sich nährte, seinem innern Behagen. Er fühlte nämlich einen gewissen dilettantischen Produktionstrieb, dem er um so mehr nachhing, als er sich in Prosa und Versen leicht und glücklich ausdrückte und unter den schönen Geistern jener Zeit eine Rolle zu spielen gar wohl wagen durfte. Ich besitze selbst noch poetische Episteln von ungemeiner Kühnheit, Derbheit und Swiftischer Galle, die sich durch originelle Ansichten der Personen und Sachen höchlich auszeichnen, aber zugleich mit so verletzender Kraft geschrieben sind, daß ich sie nicht einmal gegenwärtig publizieren möchte, sondern sie entweder vertilgen oder als auffallende Dokumente des geheimen Zwiespalts in unserer Litteratur der Nachwelt aufbewahren muß. Daß er jedoch bei allen seinen Arbeiten verneinend und zerstörend zu Werke ging, war ihm selbst unangenehm, und er sprach es oft aus, er beneide mich um meine unschuldige Darstellungslust, welche aus der Freude an dem Vorbild und dem Nachgebildeten entspringe.

Uebrigens hätte ihm sein litterarischer Dilettantismus eher Nutzen als Schaden gebracht, wenn er nicht den unwiderstehlichen Trieb gefühlt hätte, auch im technischen und merkantilischen Fach aufzutreten. Denn wenn er einmal seine Fähigkeiten zu verwünschen anfing und außer sich war, die Ansprüche an ein ausübendes Talent nicht genialisch genug befriedigen zu können, so ließ er bald die bildende, bald die Dichtkunst fahren und sann auf fabrikmäßige kaufmännische Unternehmungen, welche Geld einbringen sollten, indem sie ihm Spaß machten.

In Darmstadt befand sich übrigens eine Gesellschaft von

sehr gebildeten Männern. Geheimerat von Hesse, Minister des Landgrafen, Professor Petersen, Rektor Wenck und andere waren die Einheimischen, zu deren Wert sich manche fremde Benachbarte und viele Durchreisende abwechselnd gesellten. Die Geheimerätin von Hesse und ihre Schwester, Demoiselle Flachsland, waren Frauenzimmer von seltenen Verdiensten und Anlagen, die letztere, Herders Braut, doppelt interessant durch ihre Eigenschaften und ihre Neigung zu einem so vortrefflichen Manne.

Wie sehr dieser Kreis mich belebte und förderte, wäre nicht auszusprechen. Man hörte gern die Vorlesung meiner gefertigten oder angefangenen Arbeiten, man munterte mich auf, wenn ich offen und umständlich erzählte, was ich eben vorhatte, und schalt mich, wenn ich bei jedem neuen Anlaß das Früherbegonnene zurücksetzte. Faust war schon vorgerückt, Götz von Berlichingen baute sich nach und nach in meinem Geiste zusammen, das Studium des fünfzehnten und sechzehnten Jahrhunderts beschäftigte mich, und jenes Münstergebäude hatte einen sehr ernsten Eindruck in mir zurückgelassen, der als Hintergrund zu solchen Dichtungen gar wohl dastehn konnte.

Was ich über jene Baukunst gedacht und gewähnt hatte, schrieb ich zusammen. Das erste, worauf ich drang, war, daß man sie deutsch und nicht gotisch nennen, nicht für ausländisch, sondern für vaterländisch halten solle; das zweite, daß man sie nicht mit der Baukunst der Griechen und Römer vergleichen dürfe, weil sie aus einem ganz andern Prinzip entsprungen sei. Wenn jene, unter einem glücklicheren Himmel, ihr Dach auf Säulen ruhen ließen, so entstand ja schon an und für sich eine durchbrochene Wand. Wir aber, die wir uns durchaus gegen die Witterung schützen und mit Mauern überall umgeben müssen, haben den Genius zu verehren, der Mittel fand, massiven Wänden Mannigfaltigkeit zu geben, sie dem Scheine nach zu durchbrechen und das Auge würdig und erfreulich auf der großen Fläche zu beschäftigen. Dasselbe galt von den Türmen, welche nicht, wie die Kuppeln, nach innen einen Himmel bilden, sondern außen gen Himmel streben und das Dasein des Heiligtums, das sich an ihre Base gelagert, weit umher den Ländern verkünden sollten. Das Innere dieser würdigen Gebäude wagte ich nur durch poetisches Anschauen und durch fromme Stimmung zu berühren.

Hätte ich diese Ansichten, denen ich ihren Wert nicht absprechen will, klar und deutlich, in vernehmlichem Stil abzufassen beliebt, so hätte der Druckbogen: Von deutscher Baukunst D. M. Ervini a Steinbach schon damals, als ich ihn herausgab, mehr Wirkung gethan und die vaterländischen Freunde der Kunst früher aufmerksam gemacht; so aber verhüllte ich, durch Hamanns und Herders Beispiel verführt, diese ganz einfachen Gedanken und Betrachtungen in eine Staubwolke von seltsamen Worten und Phrasen und verfinsterte das Licht, das mir aufgegangen war, für mich und andere. Dem ungeachtet wurden diese Blätter gut aufgenommen und in dem Herderschen Heft Von deutscher Art und Kunst nochmals abgedruckt.

Wenn ich mich nun, teils aus Neigung, teils zu dichterischen und andren Zwecken, mit vaterländischen Altertümern sehr gern beschäftigte und sie mir zu vergegenwärtigen suchte, so ward ich durch die biblischen Studien und durch religiöse Anklänge von Zeit zu Zeit wieder abgelenkt, da ja Luthers Leben und Thaten, die in dem sechzehnten Jahrhundert so herrlich hervorglänzen, mich immer wieder zu den heiligen Schriften und zu Betrachtung religiöser Gefühle und Meinungen hinleiten mußten. Die Bibel als ein zusammengetragenes, nach und nach entstandenes, zu verschiedenen Zeiten überarbeitetes Werk anzusehn, schmeichelte meinem kleinen Dünkel, indem diese Vorstellungsart noch keineswegs herrschend, viel weniger in dem Kreis aufgenommen war, in welchem ich lebte. Was den Hauptsinn betraf, hielt ich mich an Luthers Ausdruck, im einzelnen ging ich wohl zur Schmidschen wörtlichen Uebersetzung und suchte mein weniges Hebräisch dabei so gut als möglich zu benutzen. Daß in der Bibel sich Widersprüche finden, wird jetzt niemand in Abrede sein. Diese suchte man dadurch auszugleichen, daß man die deutlichste Stelle zum Grunde legte und die widersprechende, weniger klare jener anzuähnlichen bemüht war. Ich dagegen wollte durch Prüfung herausfinden, welche Stelle den Sinn der Sache am meisten ausspräche; an diese hielt ich mich und verwarf die andern als untergeschoben.

Denn schon damals hatte sich bei mir eine Grundmeinung festgesetzt, ohne daß ich zu sagen wüßte, ob sie mir eingeflößt, ob sie bei mir angeregt worden, oder ob sie aus eignem Nachdenken entsprungen sei. Es war nämlich die: bei allem, was uns überliefert, besonders aber schriftlich überliefert werde, komme es auf den Grund, auf das Innere, den Sinn, die Richtung des Werks an; hier liege das Ursprüngliche, Göttliche, Wirksame, Unantastbare, Unverwüstliche, und keine Zeit, keine äußere Einwirkung noch Bedingung könne diesem innern Urwesen etwas anhaben, wenigstens nicht mehr als die Krankheit des Körpers einer wohlgebildeten Seele. So sei nun Sprache, Dialekt, Eigentümlichkeit, Stil und zuletzt die Schrift als Körper eines jeden geistigen Werks anzusehn; dieser, zwar nah genug mit dem Innern verwandt, sei je doch der Verschlimmerung, dem Verderbnis ausgesetzt; wie denn überhaupt keine Ueberlieferung ihrer Natur nach ganz rein gegeben und, wenn sie auch rein gegeben würde, in der Folge jederzeit vollkommen verständlich sein könnte, jenes wegen Unzulänglichkeit der Organe, durch welche überliefert wird, dieses wegen des Unterschiedes der Zeiten, der Orte, besonders aber wegen der Verschiedenheit menschlicher Fähigkeiten und Denkweisen; weshalb denn ja auch die Ausleger sich niemals vergleichen werden.

Das Innere, Eigentliche einer Schrift, die uns besonders zusagt, zu erforschen, sei daher eines jeden Sache und dabei vor allen Dingen zu erwägen, wie sie sich zu unserm eignen Innern verhalte und inwiefern durch jene Lebenskraft die unsrige erregt und befruchtet werde; alles Äußere hingegen, was auf uns unwirksam oder einem Zweifel unterworfen sei, habe man der Kritik zu überlassen, welche, wenn sie auch im stande sein sollte, das Ganze zu zerstückeln und zu zersplittern, dennoch niemals dahin gelangen würde, uns den eigentlichen Grund, an dem wir festhalten, zu rauben, ja uns nicht einen Augenblick an der einmal gefaßten Zuversicht irre zu machen.

Diese aus Glauben und Schauen entsprungene Ueberzeugung, welche in allen Fällen, die wir für die wichtigsten erkennen, anwendbar und stärkend ist, liegt zum Grunde meinem sittlichen sowohl als litterarischen Lebensbau und ist als ein wohlangelegtes und reichlich wucherndes Kapital anzusehn, ob wir gleich in einzelnen Fällen zu fehlerhafter Anwendung verleitet werden können. Durch diesen Begriff ward mir denn die Bibel erst recht zugänglich. Ich hatte sie, wie bei dem Religionsunterricht der Protestanten geschieht, mehrmals durchlaufen, ja, mich mit derselben sprungweise, von vorn nach hinten und umgekehrt, bekannt gemacht. Die derbe Natürlichkeit des Alten Testaments und die zarte Naivetät des Neuen hatte mich im einzelnen angezogen; als ein Ganzes wollte sie mir zwar niemals recht entgegentreten, aber die verschiedenen Charakter der verschiedenen Bücher machten mich nun nicht mehr irre: ich wußte mir ihre Bedeutung der Reihe nach treulich zu vergegenwärtigen und hatte überhaupt zu viel Gemüt an dieses Buch verwandt, als daß ich es jemals wieder hätte entbehren sollen. Eben von dieser gemütlichen Seite war ich gegen alle Spöttereien geschützt, weil ich deren Unredlichkeit sogleich einsah. Ich verabscheute sie nicht nur, sondern ich konnte darüber in Wut geraten, und ich erinnere mich noch genau, daß ich in kindlich fanatischem Eifer Voltairen, wenn ich ihn hätte habhaft werden können, wegen seines Sauls gar wohl erdrosselt hätte. Jede Art von redlicher Forschung dagegen sagte mir höchlich zu; die Aufklärungen über des Orients Lokalität und Kostüm, welche immer mehr Licht verbreiteten, nahm ich mit Freuden auf und fuhr fort, allen meinen Scharfsinn an den so werten Ueberlieferungen zu üben.

Dritter Teil. Zwölftes Buch.

Man weiß, wie ich schon früher mich in den Zustand der Urwelt, die uns das erste Buch Mosis schildert, einzuweihen suchte. Weil ich nun schrittweise und ordentlich zu verfahren dachte, so griff ich, nach einer langen Unterbrechung, das zweite Buch an. Allein welch ein Unterschied! Gerade wie die kindliche Fülle aus meinem Leben verschwunden war, so fand ich auch das zweite Buch von dem ersten durch eine ungeheure Kluft getrennt. Das völlige Vergessen vergangener Zeit spricht sich schon aus in den wenigen bedeutenden Worten: „Da kam ein neuer König auf in Aegypten, der wußte nichts von Joseph." Aber auch das Volk, wie die Sterne des Himmels unzählbar, hatte beinah den Ahnherrn vergessen, dem Jehovah gerade dieses nunmehr erfüllte Versprechen unter dem Sternenhimmel gethan hatte. Ich arbeitete mich mit unsäglicher Mühe, mit unzulänglichen Hilfsmitteln und Kräften durch die fünf Bücher und geriet dabei auf die wunderlichsten Einfälle. Ich glaubte gefunden zu haben, daß nicht unsere Zehn Gebote auf den Tafeln gestanden, daß die Israeliten keine vierzig Jahre, sondern nur kurze Zeit durch die Wüste gewandert, und eben so bildete ich mir ein, über den Charakter Mosis ganz neue Aufschlüsse geben zu können.

Auch das Neue Testament war vor meinen Untersuchungen nicht sicher; ich verschonte es nicht mit meiner Sonderungslust, aber aus Liebe und Neigung stimmte ich doch in jenes heilsame Wort mit ein: „Die Evangelisten mögen sich widersprechen, wenn sich nur das Evangelium nicht widerspricht." — Auch in dieser Region glaubte ich allerhand Entdeckungen zu machen. Jene Gabe der Sprachen, am Pfingstfeste in Glanz und Klarheit erteilt, deutete ich mir auf eine etwas abstruse Weise, nicht geeignet, sich viele Teilnehmer zu verschaffen.

In eine der Hauptlehren des Luthertums, welche die Brüdergemeinde noch geschärft hatte, das Sündhafte im Menschen als vorwaltend anzusehn, versuchte ich mich zu schicken, obgleich nicht mit sonderlichem Glück. Doch hatte ich mir die Terminologie dieser Lehre so ziemlich zu eigen gemacht und bediente mich derselben in einem Briefe, den ich unter der Maske eines Landgeistlichen an einen neuen Amtsbruder zu erlassen beliebte. Das Hauptthema desselbigen Schreibens war jedoch die Losung der damaligen Zeit: sie hieß Toleranz und galt unter den besseren Köpfen und Geistern.

Solche Dinge, die nach und nach entstanden, ließ ich, um mich an dem Publikum zu versuchen, im folgenden Jahre auf meine Kosten drucken, verschenkte sie oder gab sie der Eichenbergischen Buchhandlung, um sie so gut als möglich zu verhökern, ohne daß mir dadurch einiger Vorteil zugewachsen wäre. Hier und da gedenkt eine Rezension derselben, bald günstig, bald un=

günstig, doch gleich waren sie verschollen. Mein Vater bewahrte sie sorgfältig in seinem Archiv, sonst würde ich kein Exemplar davon besitzen. Ich werde sie, sowie einiges Ungedruckte der Art, was ich noch vorgefunden, der neuen Ausgabe meiner Werke hinzufügen.

Da ich mich nun sowohl zu dem sibyllinischen Stil solcher Blätter, als zu der Herausgabe derselben eigentlich durch Hamann hatte verleiten lassen, so scheint mir hier eine schickliche Stelle, dieses würdigen einflußreichen Mannes zu gedenken, der uns damals ein eben so großes Geheimnis war, als er es immer dem Vaterlande geblieben ist. Seine Sokratischen Denkwürdigkeiten erregten Aufsehen und waren solchen Personen besonders lieb, die sich mit dem blendenden Zeitgeiste nicht vertragen konnten. Man ahnete hier einen tiefdenkenden gründlichen Mann, der, mit der offenbaren Welt und Litteratur genau bekannt, doch auch noch etwas Geheimes, Unerforschliches gelten ließ und sich darüber auf eine ganz eigene Weise aussprach. Von denen, die damals die Litteratur des Tags beherrschten, ward er freilich für einen abstrusen Schwärmer gehalten, eine aufstrebende Jugend aber ließ sich wohl von ihm anziehn. Sogar die Stillen im Lande, wie sie halb im Scherz, halb im Ernst genannt wurden, jene frommen Seelen, welche, ohne sich zu irgend einer Gesellschaft zu bekennen, eine unsichtbare Kirche bildeten, wendeten ihm ihre Aufmerksamkeit zu, und meiner Klettenberg, nicht weniger ihrem Freunde Moser, war der Magus aus Norden eine willkommene Erscheinung. Man setzte sich um so mehr mit ihm in Verhältnis, als man erfahren hatte, daß er, von knappen häuslichen Umständen gepeinigt, sich dennoch diese schöne und hohe Sinnesweise zu erhalten verstand. Bei dem großen Einflusse des Präsidenten von Moser wäre es leicht gewesen, einem so genügsamen Manne ein leidliches und bequemes Dasein zu verschaffen. Die Sache war auch eingeleitet, ja, man hatte sich so weit schon verständigt und genähert, daß Hamann die weite Reise von Königsberg nach Darmstadt unternahm. Als aber der Präsident zufällig abwesend war, kehrte jener wunderliche Mann, aus welchem Anlaß weiß man nicht, sogleich wieder zurück; man blieb jedoch in einem freundlichen Briefverhältnis. Ich besitze noch zwei Schreiben des Königsbergers an seinen Gönner, die von der wundersamen Großheit und Innigkeit ihres Verfassers Zeugnis ablegen.

Aber ein so gutes Verständnis sollte nicht lange dauern. Diese frommen Menschen hatten sich jenen auch nach ihrer Weise fromm gedacht, sie hatten ihn als den Magus aus Norden mit Ehrfurcht behandelt und glaubten, daß er sich auch sofort in ehrwürdigem Betragen darstellen würde. Allein er hatte schon durch die **Wolken**, ein Nachspiel Sokratischer Denkwürdigkeiten, einigen Anstoß gegeben, und da er nun gar die **Kreuzzüge des Philologen** herausgab, auf deren Titelblatt nicht allein das Ziegenprofil eines gehörnten Pans zu sehen war, sondern auch auf einer der ersten Seiten ein großer in Holz geschnittener Hahn, taktgebend jungen Hähnchen, die mit Noten in den Krallen vor ihm dastanden, sich höchst lächerlich zeigte, wodurch gewisse Kirchenmusiken, die der Verfasser nicht billigen mochte, scherzhaft durchgezogen werden sollten; so entstand unter den Wohl= und Zartgesinnten ein Mißbehagen, welches man dem Verfasser merken ließ, der denn auch, dadurch nicht erbaut, einer engeren Vereinigung sich entzog. Unsere Aufmerksamkeit auf diesen Mann hielt jedoch Herder immer lebendig, der, mit seiner Braut und uns in Korrespondenz bleibend, alles, was von jenem merkwürdigen Geiste nur ausging, sogleich mitteilte. Darunter gehörten denn auch seine Rezensionen und Anzeigen, eingerückt in die Königsberger Zeitung, die alle einen höchst sonderbaren Charakter trugen. Ich besitze eine meist vollständige Sammlung seiner Schriften und einen sehr bedeutenden handschriftlichen Aufsatz über Herders Preisschrift, den Ursprung der Sprache betreffend, worin er dieses Herderiche Probestück auf die eigenste Art, mit wunderlichen Schlaglichtern beleuchtet.

Ich gebe die Hoffnung nicht auf, eine Herausgabe der Hamannschen Werke entweder selbst zu besorgen oder wenigstens zu befördern, und alsdann, wenn diese wichtigen Dokumente wieder vor den Augen des Publikums liegen, möchte es Zeit sein, über den Verfasser, dessen Natur und Wesen das Nähere zu besprechen; inzwischen will ich doch einiges hier schon beibringen, um so mehr, als noch vorzügliche Männer leben, die ihm auch ihre Neigung geschenkt und deren Beistimmung oder Zurechtweisung mir sehr willkommen sein würde. Das Prinzip, auf welches die sämtlichen Aeußerungen Hamanns sich zurückführen lassen, ist dieses: „Alles, was der Mensch zu leisten unternimmt, es werde nun durch That oder Wort oder sonst hervorgebracht, muß aus sämtlichen vereinigten Kräften entspringen; alles Vereinzelte ist verwerflich." Eine herrliche Maxime! aber schwer zu befolgen. Von Leben und Kunst mag sie freilich gelten; bei jeder Ueberlieferung durchs Wort hingegen, die nicht gerade poetisch ist, findet sich eine große Schwierigkeit: denn das Wort muß sich ablösen, es muß sich vereinzeln, um etwas zu sagen, zu bedeuten. Der Mensch, indem er spricht, muß für den Augenblick einseitig werden; es gibt keine Mitteilung, keine Lehre ohne Sonderung. Da nun aber Hamann ein für allemal dieser Trennung widerstrebte und, wie er in einer Einheit empfand, imaginierte, dachte, so auch sprechen wollte und das Gleiche von andern verlangte, so trat er mit seinem eignen Stil und mit allem, was die andern hervorbringen konnten, in Widerstreit. Um das Unmögliche zu leisten, greift er daher nach allen Elementen: die tiefsten geheimsten Anschauungen, wo sich Natur und Geist im Verborgenen begegnen, erleuchtende Verstandesblitze, die aus einem solchen Zusammentreffen hervorstrahlen, bedeutende Bilder, die in diesen Regionen schweben, andringende Sprüche der heiligen und Profanskribenten, und was sich sonst noch humoristisch hinzufügen mag, alles dieses bildet die wundersame Gesamtheit seines Stils, seiner Mitteilungen. Kann man sich nun in der Tiefe nicht zu ihm gesellen, auf den Höhen nicht mit ihm wandeln, der Gestalten, die ihm vorschweben, sich nicht bemächtigen, aus einer unendlich ausgebreiteten Litteratur nicht gerade den Sinn einer nur angedeuteten Stelle herausfinden, so wird es um uns nur trüber und dunkler, je mehr wir ihn studieren, und diese Finsternis wird mit den Jahren immer zunehmen, weil seine Anspielungen auf bestimmte, im Leben und in der Litteratur augenblicklich herrschende Eigenheiten vorzüglich gerichtet waren. Unter meiner Sammlung befinden sich einige seiner gedruckten Bogen, wo er an dem Rande eigenhändig die Stellen citiert hat, auf die sich seine Andeutungen beziehen. Schlägt man sie auf, so gibt es abermals ein zweideutiges Doppellicht, das uns höchst angenehm erscheint, nur muß man durchaus auf das Verzicht thun, was man gewöhnlich Verstehen nennt. Solche Blätter verdienen auch deswegen sibyllinisch genannt zu werden, weil man sie nicht an und für sich betrachten kann, sondern auf Gelegenheit warten muß, wo man etwa zu ihren Orakeln seine Zuflucht nähme. Jedesmal, wenn man sie aufschlägt, glaubt man etwas Neues zu finden, weil der einer jeden Stelle inwohnende Sinn uns auf eine vielfache Weise berührt und aufregt.

Persönlich habe ich ihn nie gesehn, auch kein unmittelbares Verhältnis zu ihm durch Briefe gehabt. Mir scheint er in Lebens- und Freundschaftsverhältnissen höchst klar gewesen zu sein und die Bezüge der Menschen unter einander und auf ihn sehr richtig gefühlt zu haben. Alle Briefe, die ich von ihm sah, waren vortrefflich und viel deutlicher als seine Schriften, weil hier der Bezug auf Zeit und Umstände sowie auf persönliche Verhältnisse klarer hervortrat. So viel glaubte ich jedoch durchaus zu ersehen, daß er, die Ueberlegenheit seiner Geistesgaben aufs naivste fühlend, sich jederzeit für etwas weiser und klüger gehalten als seine Korrespondenten, denen er mehr ironisch als herzlich begegnete. Gälte dies auch nur von einzelnen Fällen, so war es für mich doch die Mehrzahl und Ursache, daß ich mich ihm zu nähern niemals Verlangen trug.

Zwischen Herdern und uns waltete dagegen ein gemütlich

litterarischer Verkehr höchst lebhaft fort; nur schade, daß er sich niemals ruhig und rein erhalten konnte. Aber Herder unterließ sein Necken und Schelten nicht; Merden brauchte man nicht viel zu reizen, der mich denn auch zur Ungeduld aufzuregen wußte. Weil nun Herder unter allen Schriftstellern und Menschen Swiften am meisten zu ehren schien, so hieß er unter uns gleichfalls der Dechant, und dieses gab abermals zu mancherlei Irrungen und Verdrießlichkeiten Anlaß.

Dem ungeachtet freuten wir uns höchlich, als wir vernahmen, daß er in Bückeburg sollte angestellt werden, welches ihm doppelt Ehre brachte: denn sein neuer Patron hatte den höchsten Ruf als ein einsichtiger, tapferer, obwohl sonderbarer Mann gewonnen. Thomas Abbt war in diesen Diensten bekannt und berühmt geworden; dem Verstorbenen klagte das Vaterland nach und freute sich an dem Denkmal, das ihm sein Gönner gestiftet. Nun sollte Herder an der Stelle des zu früh Verblichenen alle diejenigen Hoffnungen erfüllen, welche sein Vorgänger so würdig erregt hatte.

Die Epoche, worin dieses geschah, gab einer solchen Anstellung doppelten Glanz und Wert; denn mehrere deutsche Fürsten folgten schon dem Beispiel des Grafen von der Lippe, daß sie nicht bloß gelehrte und eigentlich geschäftsfähige, sondern auch geistreiche und vielversprechende Männer in ihre Dienste aufnahmen. Es hieß, Klopstock sei von dem Markgrafen Karl von Baden berufen worden, nicht zu eigentlichem Geschäftsdienst, sondern um durch seine Gegenwart Anmut und Nutzen der höheren Gesellschaft mitzuteilen. So wie nun hierdurch das Ansehen auch dieses vortrefflichen Fürsten wuchs, der allem Nützlichen und Schönen seine Aufmerksamkeit schenkte, so mußte die Verehrung für Klopstock gleichfalls nicht wenig zunehmen. Lieb und wert war alles, was von ihm ausging; sorgfältig schrieben wir die Oden ab und die Elegien, wie sie ein jeder habhaft werden konnte. Höchst vergnügt waren wir daher, als die große Landgräfin Karoline von Hessen-Darmstadt eine Sammlung derselben veranstaltete und eins der wenigen Exemplare in unsere Hände kam, das uns in stand' setzte, die eignen handschriftlichen Sammlungen zu vervollzähligen. Daher sind uns jene ersten Lesarten lange Zeit die liebsten geblieben, ja, wir haben uns noch oft an Gedichten, die der Verfasser nachher verworfen, erquickt und erfreut. So wahr ist, daß das aus einer schönen Seele hervorbringende Leben nur um desto freier wirkt, je weniger es durch Kritik in das Kunstfach herübergezogen erscheint.

Klopstock hatte sich und andern talentvollen Männern durch seinen Charakter und sein Betragen Ansehn und Würde zu verschaffen gewußt; nun sollten sie ihm aber auch wo möglich die

Sicherung und Verbesserung ihres häuslichen Bestandes verdanken. Der Buchhandel nämlich bezog sich in früherer Zeit mehr auf bedeutende wissenschaftliche Fakultätswerke, auf stehende Verlagsartikel, welche mäßig honoriert wurden. Die Produktion von poetischen Schriften aber wurde als etwas Heiliges angesehen, und man hielt es beinah für Simonie, ein Honorar zu nehmen oder zu steigern. Autoren und Verleger standen in dem wunderlichsten Wechselverhältnis. Beide erschienen, wie man es nehmen wollte, als Patrone und als Klienten. Jene, die, neben ihrem Talent, gewöhnlich als höchst sittliche Menschen vom Publikum betrachtet und verehrt wurden, hatten einen geistigen Rang und fühlten sich durch das Glück der Arbeit belohnt; diese begnügten sich gern mit der zweiten Stelle und genossen eines ansehnlichen Vorteils: nun aber setzte die Wohlhabenheit den reichen Buchhändler wieder über den armen Poeten, und so stand alles in dem schönsten Gleichgewicht. Wechselseitige Großmut und Dankbarkeit war nicht selten: Breitkopf und Gottsched blieben lebenslang Hausgenossen; Knickerei und Niederträchtigkeit, besonders der Nachdrucker, waren noch nicht im Schwange.

Dem ungeachtet war unter den deutschen Autoren eine allgemeine Bewegung entstanden. Sie verglichen ihren eignen, sehr mäßigen, wo nicht ärmlichen Zustand mit dem Reichtum der angesehenen Buchhändler, sie betrachteten, wie groß der Ruhm eines Gellert, eines Rabener sei, und in welcher häuslichen Enge ein allgemein beliebter deutscher Schriftsteller sich behelfen müsse, wenn er sich nicht durch sonst irgend einen Erwerb das Leben erleichterte. Auch die mittleren und geringeren Geister fühlten ein lebhaftes Verlangen, ihre Lage verbessert zu sehen, sich von Verlegern unabhängig zu machen.

Nun trat Klopstock hervor und bot seine Gelehrtenrepublik auf Subskription an. Obgleich die spätern Gesänge des Messias, teils ihres Inhalts, teils der Behandlung wegen, nicht die Wirkung thun konnten wie die frühern, die, selbst rein und unschuldig, in eine reine und unschuldige Zeit kamen, so blieb doch die Achtung gegen den Dichter immer gleich, der sich durch die Herausgabe seiner Oden die Herzen, Geister und Gemüter vieler Menschen zugewendet hatte. Viele wohldenkende Männer, darunter mehrere von großem Einfluß, erboten sich, Vorausbezahlung anzunehmen, die auf einen Louisdor gesetzt war, weil es hieß, daß man nicht sowohl das Buch bezahlen, als den Verfasser bei dieser Gelegenheit für seine Verdienste um das Vaterland belohnen sollte. Hier drängte sich nun jedermann hinzu; selbst Jünglinge und Mädchen, die nicht viel anzuwenden hatten, eröffneten ihre Sparbüchsen; Männer und Frauen, der obere, der mittlere Stand trugen zu dieser heiligen Spende bei, und es kamen vielleicht tausend Pränumeranten zusammen. Die Erwartung war aufs höchste gespannt, das Zutrauen so groß als möglich.

Hiernach mußte das Werk bei seiner Erscheinung den seltsamsten Erfolg von der Welt haben; zwar immer von bedeutendem Wert, aber nichts weniger als allgemein ansprechend. Wie Klopstock über Poesie und Litteratur dachte, war in Form einer alten deutschen Druidenrepublik dargestellt, seine Maximen über das Echte und Falsche in lakonischen Kernsprüchen angedeutet, wobei jedoch manches Lehrreiche der seltsamen Form aufgeopfert wurde. Für Schriftsteller und Litteratoren war und ist das Buch unschätzbar, konnte aber auch nur in diesem Kreise wirksam und nützlich sein. Wer selbst gedacht hatte, folgte dem Denker, wer das Echte zu suchen und zu schätzen wußte, fand sich durch den gründlichen braven Mann belehrt; aber der Liebhaber, der Leser ward nicht aufgeklärt, ihm blieb das Buch versiegelt, und doch hatte man es in alle Hände gegeben, und indem jedermann ein vollkommen brauchbares Werk erwartete, erhielten die meisten ein solches, dem sie auch nicht den mindesten Geschmack abgewinnen konnten. Die Bestürzung war allgemein, die Achtung gegen den Mann aber so groß, daß kein Murren, kaum ein leises Murmeln entstand. Die junge schöne Welt verschmerzte den Verlust und verschenkte nun scherzend die teuer erworbenen Exemplare. Ich erhielt selbst mehrere von guten Freundinnen, deren keines aber mir geblieben ist.

Diese dem Autor gelungene, dem Publikum aber mißlungene Unternehmung hatte die böse Folge, daß nun sobald nicht mehr an Subskription und Pränumeration zu denken war; doch hatte sich jener Wunsch zu allgemein verbreitet, als daß der Versuch nicht hätte erneuert werden sollen. Dieses nun im großen und ganzen zu thun, erbot sich die Dessauische Verlagshandlung. Hier sollten Gelehrte und Verleger in geschlossenem Bund des zu hoffenden Vorteils beide verhältnismäßig genießen. Das so lange peinlich empfundene Bedürfnis erweckte hier abermals ein großes Zutrauen, das sich aber nicht lange erhalten konnte, und leider schieden die Teilhaber nach kurzen Bemühungen mit wechselseitigem Schaden aus einander.

Eine rasche Mitteilung war jedoch unter den Litteraturfreunden schon eingeleitet, die Musenalmanache verbanden alle jungen Dichter, die Journale den Dichter mit den übrigen Schriftstellern. Meine Lust am Hervorbringen war grenzenlos; gegen mein Hervorgebrachtes verhielt ich mich gleichgültig, nur wenn ich es mir und andern in geselligem Kreise froh wieder vergegenwärtigte, erneute sich die Neigung daran. Auch nahmen viele gern an meinen größern und kleinern Arbeiten teil, weil ich einen jeden, der sich nur einigermaßen zum Hervorbringen geneigt und geschickt fühlte, etwas in seiner eignen Art unabhängig zu leisten, dringend nötigte und von allen gleichfalls wieder zu neuem Dichten und Schreiben aufgefordert wurde. Dieses wechselseitige, bis zur Ausschweifung gehende Hetzen und Treiben gab jedem nach seiner Art einen fröhlichen Einfluß, und aus diesem Quirlen und Schaffen, aus diesem Leben und Lebenlassen, aus diesem Nehmen und Geben, welches mit freier Brust, ohne irgend einen theoretischen Leitstern von so viel Jünglingen, nach eines jeden angeborenem Charakter, ohne Rücksichten getrieben wurde, entsprang jene berühmte, berufene und verrufene Litterarepoche, in welcher eine Masse junger genialer Männer mit aller Mutigkeit und aller Anmaßung, wie sie nur einer solchen Jahreszeit eigen sein mag, hervorbrachen, durch Anwendung ihrer Kräfte manche Freude, manches Gute, durch den Mißbrauch derselben manchen Verdruß und manches Uebel stifteten; und gerade die aus dieser Quelle entspringenden Wirkungen und Gegenwirkungen sind das Hauptthema dieses Bandes.

Woran sollen aber junge Leute das höchste Interesse finden, wie sollen sie unter ihresgleichen Interesse erregen, wenn die Liebe sie nicht beseelt, und wenn nicht Herzensangelegenheiten, von welcher Art sie auch sein mögen, in ihnen lebendig sind? Ich hatte im stillen eine verlorene Liebe zu beklagen; dies machte mich mild und nachgiebig und der Gesellschaft angenehmer als in glänzenden Zeiten, wo mich nichts an einen Mangel oder einen Fehltritt erinnerte und ich ganz ungebunden vor mich hinstürmte.

Die Antwort Friederikens auf einen schriftlichen Abschied zerriß mir das Herz. Es war dieselbe Hand, derselbe Sinn, dasselbe Gefühl, die sich zu mir, die sich an mir herangebildet hatten. Ich fühlte nun erst den Verlust, den sie erlitt, und sah keine Möglichkeit, ihn zu ersetzen, ja nur ihn zu lindern. Sie war mir ganz gegenwärtig; stets empfand ich, daß sie mir fehlte, und was das Schlimmste war, ich konnte mir mein eignes Unglück nicht verzeihen. Gretchen hatte man mir genommen, Annette mich verlassen, hier war ich zum erstenmal schuldig; ich hatte das schönste Herz in seinem Tiefsten verwundet, und so war die Epoche einer düsteren Reue bei dem Mangel einer gewohnten erquicklichen Liebe höchst peinlich, ja unerträglich. Aber der Mensch will leben; daher nahm ich aufrichtigen Teil an andern, ich suchte ihre Verlegenheiten zu entwirren und, was sich trennen wollte, zu verbinden, damit es ihnen nicht ergehen möchte, wie mir. Man pflegte mich daher den Vertrauten zu nennen, auch, wegen meines Umherschweifens in der Gegend, den Wanderer. Dieser Beruhigung für mein Gemüt, die mir nur unter freiem Himmel, in Thälern, auf Höhen, in Gefilden und Wäldern zu teil ward, kam die Lage von Frankfurt zu statten, das zwischen Darmstadt und Homburg mitten inne lag, zwei angenehmen Orten, die durch Verwandtschaft beider Höfe in gutem Verhältnis standen. Ich gewöhnte mich, auf der Straße zu leben und wie ein Bote zwischen dem Gebirg und dem flachen Lande hin und her zu wandern. Oft ging ich allein oder in Gesellschaft durch meine Vaterstadt, als wenn sie mich nichts anginge, speiste in einem der großen Gasthöfe in der Fahrgasse und zog nach Tische meines Wegs weiter fort. Mehr als jemals war ich gegen offene Welt und freie Natur gerichtet. Unterwegs sang ich mir seltsame Hymnen und Dithyramben, wovon noch eine unter dem Titel Wanderers Sturmlied übrig ist. Ich sang diesen Halbunsinn leidenschaftlich vor mich hin, da mich ein schreckliches Wetter unterwegs traf, dem ich entgegengehen mußte.

Mein Herz war ungerührt und unbeschäftigt: ich vermied gewissenhaft alles nähere Verhältnis zu Frauenzimmern, und so blieb mir verborgen, daß mich Unaufmerksamen und Unwissenden ein liebevoller Genius heimlich umschwebe. Eine zarte liebenswürdige Frau hegte im stillen eine Neigung zu mir, die ich nicht gewahrte und mich eben deswegen in ihrer wohlthätigen Gesellschaft desto heiterer und anmutiger zeigte. Erst mehrere Jahre nachher, ja erst nach ihrem Tode, erfuhr ich das geheime himmlische Lieben auf eine Weise, die mich erschüttern mußte; aber ich war schuldlos und konnte ein schuldloses Wesen rein und redlich betrauern, und um so schöner, als die Entdeckung gerade in eine Epoche fiel, wo ich, ganz ohne Leidenschaft, mir und meinen geistigen Neigungen zu leben das Glück hatte.

Aber zu der Zeit, als der Schmerz über Friedrikens Lage mich beängstigte, suchte ich nach meiner alten Art abermals Hilfe bei der Dichtkunst. Ich setzte die hergebrachte poetische Beichte wieder fort, um durch diese selbstquälerische Büßung einer innern Absolution würdig zu werden. Die beiden Marien in Götz von Berlichingen und Clavigo und die beiden schlechten Figuren, die ihre Liebhaber spielen, möchten wohl Resultate solcher reuigen Betrachtungen gewesen sein.

Wie man aber Verletzungen und Krankheiten in der Jugend rasch überwindet, weil ein gesundes System des organischen Lebens für ein krankes einstehen und ihm Zeit lassen kann, auch wieder zu gesunden, so traten körperliche Uebungen glücklicherweise bei mancher günstigen Gelegenheit gar vorteilhaft hervor, und ich ward zu frischem Ermannen, zu neuen Lebensfreuden und Genüssen vielfältig aufgeregt. Das Reiten verdrängte nach und nach jene schlendernden, melancholischen, beschwerlichen und doch langsamen und zwecklosen Fußwanderungen; man kam schneller, lustiger und bequemer zum Zweck. Die jüngern Gesellen führten das Fechten wieder ein; besonders aber that sich bei eintretendem Winter eine neue Welt vor uns auf, indem ich mich zum Schlittschuhfahren, welches ich nie versucht hatte, rasch entschloß und es in kurzer Zeit durch Uebung, Nachdenken und Beharrlichkeit so weit brachte, als nötig ist, um eine frohe und belebte Eisbahn mitzugenießen, ohne sich gerade auszeichnen zu wollen.

Diese neue frohe Thätigkeit waren wir denn auch Klopstocken schuldig, seinem Enthusiasmus für diese glückliche Bewegung, den Privatnachrichten bestätigten, wenn seine Oden davon ein unverwerfliches Zeugnis ablegen. Ich erinnere mich ganz genau, daß an einem heitern Frostmorgen ich, aus dem Bette springend, mir jene Stellen zurief:

> ... Schon, von dem Gefühle der Gesundheit froh,
> Hab' ich, weit hinab, weiß an dem Gestade gemacht
> Den bedeckenden Kristall ...

> Wie erhellt des Winters werdender Tag
> Sanft den See! Glänzenden Reif, Sternen gleich,
> Streute die Nacht über ihn aus!

Mein zaudernder und schwankender Entschluß war sogleich bestimmt, und ich flog sträcklings dem Orte zu, wo ein so alter Anfänger mit einiger Schicklichkeit seine ersten Uebungen anstellen konnte. Und fürwahr, diese Kraftäußerung verdiente wohl von Klopstock empfohlen zu werden, die uns mit der frischesten Kindheit in Berührung setzt, den Jüngling seiner Gelenkheit ganz zu genießen aufruft und ein stockendes Alter abzuwehren geeignet ist. Auch hingen wir dieser Lust unmäßig nach. Einen herrlichen Sonnentag so auf dem Eise zu verbringen, genügte uns nicht; wir setzten unsere Bewegung bis spät in die Nacht fort. Denn wie andere Anstrengungen den Leib ermüden, so verleiht ihm diese eine immer neue Schwungkraft. Der über den nächtlichen, weiten, zu Eisfeldern überfrorenen Wiesen aus den Wolken hervortretende Vollmond, die unserm Lauf entgegensäuselnde Nachtluft, des bei abnehmendem Wasser sich senkenden Eises ernsthafter Donner, unserer eigenen Bewegungen sonderbarer Nachhall vergegenwärtigten uns Ossianische Szenen ganz vollkommen. Bald dieser, bald jener Freund ließ in deklamatorischem Halbgesange eine Klopstockische Ode ertönen, und wenn wir uns im Dämmerlichte zusammenfanden, erscholl das ungeheuchelte Lob des Stifters unserer Freuden:

Und sollte der unsterblich nicht sein,
Der Gesundheit uns und Freuden erfand,
Die das Roß mutig im Lauf niemals gab,
Welche der Ball selber nicht hat?

Solchen Dank verdient sich ein Mann, der irgend ein irdisches Thun durch geistige Anregung zu veredeln und würdig zu verbreiten weiß!

Und so wie talentreiche Kinder, deren Geistesgaben schon früh wundersam ausgebildet sind, sich, wenn sie nur dürfen, den einfachsten Knabenspielen wieder zuwenden, vergaßen wir nur allzu leicht unsern Beruf zu ernsteren Dingen; doch regte gerade diese oft einsame Bewegung, dieses gemächliche Schweben im Unbestimmten gar manche meiner innern Bedürfnisse wieder auf, die eine Zeitlang geschlafen hatten, und ich bin solchen Stunden die schnellere Ausbildung älterer Vorsätze schuldig geworden.

Die dunkleren Jahrhunderte der deutschen Geschichte hatten von jeher meine Wißbegierde und Einbildungskraft beschäftigt. Der Gedanke, den Götz von Berlichingen in seiner Zeitumgebung zu dramatisieren, war mir höchlich lieb und wert. Ich las die Hauptschriftsteller fleißig: dem Werke De pace publica von Datt widmete ich alle Aufmerksamkeit; ich hatte es emsig durchstudiert und mir jene seltsamen Einzelheiten möglichst veranschaulicht. Diese zu sittlichen und poetischen Absichten hingerichteten Bemühungen konnte ich auch nach einer andern Seite brauchen, und da ich nunmehr Wetzlar besuchen sollte, war ich geschichtlich vorbereitet genug: denn das Kammergericht war doch auch in Gefolge des Landfriedens entstanden, und die Geschichte desselben konnte für einen bedeutenden Leitfaden durch die verworrenen deutschen Ereignisse gelten. Gibt doch die Beschaffenheit der Gerichte und der Heere die genaueste Einsicht in die Beschaffenheit irgend eines Reichs. Die Finanzen selbst, deren Einfluß man für so wichtig hält, kommen viel weniger in Betracht: denn wenn es dem Ganzen fehlt, so darf man dem Einzelnen nur abnehmen, was er mühsam zusammengescharrt und =gehalten hat, und so ist der Staat immer reich genug.

Was mir in Wetzlar begegnete, ist von keiner großen Bedeutung, aber es kann ein höheres Interesse einflößen, wenn man eine flüchtige Geschichte des Kammergerichts nicht verschmähen will, um sich den ungünstigen Augenblick zu vergegenwärtigen, in welchem ich daselbst anlangte.

Die Herren der Erde sind es vorzüglich dadurch, daß sie, wie im Kriege die Tapfersten und Entschlossensten, so im Frieden die Weisesten und Gerechtesten um sich versammeln können. Auch zu dem Hofstaat eines deutschen Kaisers gehörte ein solches Gericht, das ihn bei seinen Zügen durch das Reich immer begleitete. Aber weder diese Sorgfalt noch das Schwabenrecht, welches im südlichen Deutschland, das Sachsenrecht, welches im nördlichen galt, weder die zu Aufrechthaltung derselben bestellten Richter, noch die Austräge der Ebenbürtigen, weder die Schiedsrichter, durch Vertrag anerkannt, noch gütliche Vergleiche, durch die Geistlichen gestiftet, nichts konnte den aufgereizten ritterlichen Fehdegeist stillen, der bei den Deutschen durch innern Zwist, durch fremde Feldzüge, besonders aber durch die Kreuzfahrten, ja durch Gerichtsgebräuche selbst aufgeregt, genährt und zur Sitte geworden. Dem Kaiser sowie den mächtigeren Ständen waren die Plackereien höchst verdrießlich, wodurch die Kleinen einander selbst und, wenn sie sich verbanden, auch den Größern lästig wurden. Gelähmt war alle Kraft nach außen, wie die Ordnung nach innen gestört; überdies lastete noch das Femgericht auf einem großen Teile des Vaterlands, von dessen Schrecknissen man sich einen Begriff machen kann, wenn man denkt, daß es in eine geheime Polizei ausartete, die sogar zuletzt in die Hände von Privatleuten gelangte.

Diesen Unbilden einigermaßen zu steuern, ward vieles umsonst versucht, bis endlich die Stände ein Gericht aus eignen Mitteln dringend in Vorschlag brachten. Dieser, so wohlgemeint er auch sein mochte, deutete doch immer auf Erweiterung der ständischen Befugnisse, auf eine Beschränkung der kaiserlichen Macht. Unter Friedrich dem Dritten verzögert sich die Sache; sein Sohn Maximilian, von außen gedrängt, gibt nach. Er bestellt den Oberrichter, die Stände senden die Beisitzer. Es sollten ihrer vierundzwanzig sein, anfangs begnügt man sich mit zwölfen.

Ein allgemeiner Fehler, dessen sich die Menschen bei ihren Unternehmungen schuldig machen, war auch der erste und ewige Grundmangel des Kammergerichts: zu einem großen Zwecke wurden unzulängliche Mittel angewendet. Die Zahl der Assessoren war zu klein; wie sollte von ihnen die schwere und weitläuftige Aufgabe gelöst werden! Allein wer sollte auf eine hinlängliche Einrichtung dringen? Der Kaiser konnte eine Anstalt nicht begünstigen, die mehr wider als für ihn zu wirken schien; weit größere Ursache hatte er, sein eignes Gericht, seinen eignen Hofrat auszubilden. Betrachtet man dagegen das Interesse der Stände, so konnte es ihnen eigentlich nur um Stillung des Bluts zu thun sein; ob die Wunde geheilt würde, lag ihnen nicht so nah: und nun noch gar ein neuer Kostenaufwand! Man mochte sich's nicht ganz deutlich gemacht haben, daß durch diese Anstalt jeder Fürst seine Dienerschaft vermehre, freilich zu einem entschiedenen Zwecke, aber wer gibt gern Geld fürs Notwendige? Jedermann wäre zufrieden, wenn er das Nützliche um Gottes willen haben könnte.

Anfangs sollten die Beisitzer von Sporteln leben, dann erfolgte eine mäßige Bewilligung der Stände; beides war kümmerlich. Aber dem großen und auffallenden Bedürfnis abzuhelfen, fanden sich willige, tüchtige, arbeitsame Männer, und das Gericht ward eingesetzt. Ob man einsah, daß hier nur von Linderung, nicht von Heilung des Uebels die Rede sei, oder ob man sich, wie in ähnlichen Fällen, mit der Hoffnung schmeichelte, mit wenigem vieles zu leisten, ist nicht zu entscheiden; genug, das Gericht diente mehr zum Vorwande, die Unruhstifter zu bestrafen, als daß es gründlich dem Unrecht vorgebeugt hätte. Allein es ist kaum beisammen, so erwächst ihm eine Kraft aus sich selbst, es fühlt die Höhe, auf die es gestellt ist, es erkennt seine große politische Wichtigkeit. Nun sucht es sich durch auffallende Thätigkeit ein entschiedneres Ansehen zu erwerben; frisch arbeiten sie weg alles, was kurz abgethan werden kann und muß, was über den Augenblick entscheidet, oder was sonst leicht beurteilt werden kann, und so erscheinen sie im ganzen Reiche wirksam und würdig. Die Sachen von schwerem Gehalt hingegen, die eigentlichen Rechtshändel blieben im Rückstand, und es war kein Unglück. Dem Staate liegt nur daran, daß der Besitz gewiß und sicher sei; ob man mit Recht besitze, kann ihn weniger kümmern. Deswegen erwuchs aus der nach und nach anschwellenden ungeheuren Anzahl von verspäteten Prozessen dem Reiche kein Schade. Gegen Leute, die Gewalt brauchten, war ja vorgesehn, und mit diesen konnte man fertig werden; die übrigen, die rechtlich um den Besitz stritten, sie lebten, genossen oder darbten, wie sie konnten; sie starben, verdarben, verglichen sich; das alles war aber nur Heil oder Unheil einzelner Familien, das Reich ward nach und nach beruhigt. Denn dem Kammergericht war ein gesetzliches Faustrecht gegen die Ungehorsamen in die Hände gegeben; hätte man den Bannstrahl schleudern können, dieser wäre wirksamer gewesen.

Jetzo aber, bei der bald vermehrten, bald verminderten Anzahl der Assessoren, bei manchen Unterbrechungen, bei Verlegung des Gerichts von einem Ort an den andern, mußten diese Reste, diese Akten ins Unendliche anwachsen. Nun flüchtete man in Kriegsnot einen Teil des Archivs von Speyer nach Aschaffenburg, einen Teil nach Worms, der dritte fiel in die Hände der Franzosen, welche ein Staatsarchiv erobert zu haben glaubten und hernach geneigt gewesen wären, sich dieses Papierwusts zu entledigen, wenn nur jemand die Fuhren hätte daran wenden wollen.

Bei den westfälischen Friedensunterhandlungen sahen die versammelten tüchtigen Männer wohl ein, was für ein Hebel erfordert werde, um jene sisyphische Last vom Platze zu bewegen. Nun sollten funfzig Assessoren angestellt werden; diese

Zahl ist aber nie erreicht worden: man begnügte sich abermals mit der Hälfte, weil der Aufwand zu groß schien; allein hätten die Interessenten sämtlich ihren Vorteil bei der Sache gesehn, so wäre das Ganze gar wohl zu leisten gewesen. Um fünfundzwanzig Beisitzer zu besolden, waren ungefähr einhunderttausend Gulden nötig; wie leicht hätte Deutschland das Doppelte her beigeschafft. Der Vorschlag, das Kammergericht mit eingezogenen geistlichen Gütern auszustatten, konnte nicht durchgehen: denn wie sollten sich beide Religionsteile zu dieser Aufopferung verstehn? Die Katholiken wollten nicht noch mehr verlieren, und die Protestanten das Gewonnene jeder zu innern Zwecken verwenden. Die Spaltung des Reichs in zwei Religionsparteien hatte auch hier in mehrerem Betracht den schlimmsten Einfluß. Nun verminderte sich der Anteil der Stände an diesem ihren Gericht immer mehr: die mächtigern suchten sich von dem Verbande loszulösen; Freibriefe, vor keinem obern Gerichtshofe belangt zu werden, wurden immer lebhafter gesucht; die größeren blieben mit den Zahlungen zurück, und die kleineren, die sich in der Matrikel ohnehin bevorteilt glaubten, säumten, so lange sie konnten.

Wie schwer war es daher, den zahltägigen Bedarf zu den Besoldungen aufzubringen. Hieraus entsprang ein neues Geschäft, ein neuer Zeitverlust für das Kammergericht; früher hatten die jährlichen sogenannten Visitationen dafür gesorgt. Fürsten in Person, oder ihre Räte, begaben sich nur auf Wochen oder Monate an den Ort des Gerichts, untersuchten die Kassen, erforschten die Reste und übernahmen das Geschäft, sie beizutreiben. Zugleich, wenn etwas in dem Rechts- und Gerichtsgange stockte, irgend ein Mißbrauch einschleichen wollte, waren sie befugt, dem abzuhelfen. Gebrechen der Anstalt sollten sie entdecken und heben, aber persönliche Verbrechen der Glieder zu untersuchen und zu bestrafen, ward erst später ein Teil ihrer Pflicht. Weil aber Prozessierende den Lebenshauch ihrer Hoffnungen immer noch einen Augenblick verlängern wollen und deshalb immer höhere Instanzen suchen und hervorrufen, so wurden diese Visitatoren auch ein Revisionsgericht, vor dem man erst in bestimmten, offenbaren Fällen Wiederherstellung, zuletzt aber in allen Aufschub und Verewigung des Zwists zu finden hoffte: wozu denn auch die Berufung an den Reichstag und das Bestreben beider Religionsparteien, sich einander wo nicht aufzuwiegen, doch im Gleichgewicht zu erhalten, das Ihrige beitrugen.

Denkt man sich aber, was dieses Gericht ohne solche Hindernisse, ohne so störende und zerstörende Bedingungen hätte sein können, so kann man es sich nicht merkwürdig und wichtig genug ausbilden. Wäre es gleich anfangs mit einer hinreichenden Anzahl von Männern besetzt gewesen, hätte man diesen einen zulänglichen Unterhalt gesichert, unübersehbar wäre bei der Tüchtigkeit deutscher Männer der ungeheure Einfluß geworden, zu dem diese Gesellschaft hätte gelangen können. Den Ehrentitel Amphiktyonen, den man ihnen nur rednerisch zuteilte, würden sie wirklich verdient haben; ja, sie konnten sich zu einer Zwischenmacht erheben, beides dem Oberhaupt und den Gliedern ehrwürdig.

Aber weit entfernt von so großen Wirkungen, schleppte das Gericht, außer etwa eine kurze Zeit unter Karl dem Fünften und vor dem Dreißigjährigen Kriege, sich nur kümmerlich hin. Man begreift oft nicht, wie sich nur Männer finden konnten zu diesem undankbaren und traurigen Geschäft. Aber was der Mensch täglich treibt, läßt er sich, wenn er Geschick dazu hat, gefallen, sollte er auch nicht gerade sehen, daß etwas dabei herauskomme. Der Deutsche besonders ist von einer solchen ausharrenden Sinnesart, und so haben sich drei Jahrhunderte hindurch die würdigsten Männer mit diesen Arbeiten und Gegenständen beschäftigt. Eine charakteristische Galerie solcher Bilder würde noch jetzt Anteil erregen und Mut einflößen.

Denn gerade in solchen anarchischen Zeiten tritt der tüchtige Mann am festesten auf, und der das Gute will, findet sich recht an seinem Platze. So stand z. B. das Direktorium Fürstenbergs noch immer in gesegnetem Andenken, und mit dem Tode dieses vortrefflichen Manns beginnt die Epoche vieler verderblichen Mißbräuche.

Aber alle diese späteren und früheren Gebrechen entsprangen aus der ersten, einzigen Quelle: aus der geringen Personenzahl. Verordnet war, daß die Beisitzer in einer entschiedenen Folge und nach bestimmter Ordnung vortragen sollten. Ein jeder konnte wissen, wann die Reihe ihn treffen werde und welchen seiner ihm obliegenden Prozesse; er konnte darauf hinarbeiten, er konnte sich vorbereiten. Nun häuften sich aber die unseligen Reste; man mußte sich entschließen, wichtigere Rechtshändel auszuheben und außer der Reihe vorzutragen. Die Beurteilung der Wichtigkeit einer Sache vor der andern ist, bei dem Zudrang von bedeutenden Fällen, schwer, und die Auswahl läßt schon Gunst zu; aber nun trat noch ein anderer bedenklicher Fall ein. Der Referent quälte sich und das Gericht mit einem schweren, verwickelten Handel, und zuletzt fand sich niemand, der das Urteil einlösen wollte. Die Parteien hatten sich verglichen, auseinander gesetzt, waren gestorben, hatten den Sinn geändert. Daher beschloß man, nur diejenigen Gegenstände vorzunehmen, welche erinnert wurden. Man wollte von der fortdauernden

Beharrlichkeit der Parteien überzeugt sein, und hiedurch ward den größten Gebrechen die Einleitung gegeben: denn wer seine Sache empfiehlt, muß sie doch jemand empfehlen, und wem empföhle man sie besser als dem, der sie unter Händen hat? Diesen ordnungsgemäß geheim zu halten, ward unmöglich; denn bei so viel mitwissenden Subalternen, wie sollte derselbe verborgen bleiben? Bittet man um Beschleunigung, so darf man ja wohl auch um Gunst bitten: denn eben daß man seine Sache betreibt, zeigt ja an, daß man sie für gerecht hält. Geradezu wird man es vielleicht nicht thun, gewiß aber am ersten durch Untergeordnete; diese müssen gewonnen werden, und so ist die Einleitung zu allen Intriguen und Bestechungen gegeben.

Kaiser Joseph, nach eignem Antriebe und in Nachahmung Friedrichs, richtete zuerst seine Aufmerksamkeit auf die Waffen und die Justiz. Er faßte das Kammergericht ins Auge; herkömmliche Ungerechtigkeiten, eingeführte Mißbräuche waren ihm nicht unbekannt geblieben. Auch hier sollte aufgeregt, gerüttelt und gethan sein. Ohne zu fragen, ob es sein kaiserlicher Vorteil sei, ohne die Möglichkeit eines glücklichen Erfolgs vorauszusehn, brachte er die Visitation in Vorschlag und übereilte ihre Eröffnung. Seit hundertundsechsundsechzig Jahren hatte man keine ordentliche Visitation zu stande gebracht; ein ungeheurer Wust von Akten lag aufgeschwollen und wuchs jährlich, da die siebzehn Assessoren nicht einmal im stande waren, das Laufende wegzuarbeiten. Zwanzigtausend Prozesse hatten sich aufgehäuft, jährlich konnten sechzig abgethan werden, und das Doppelte kam hinzu. Auch auf die Visitatoren wartete keine geringe Anzahl von Revisionen, man wollte ihrer funfzigtausend zählen. Ueberdies hinderte so mancher Mißbrauch den Gerichtsgang; als das Bedenklichste aber von allem erschienen im Hintergrunde die persönlichen Verbrechen einiger Assessoren.

Als ich nach Wetzlar gehen sollte, war die Visitation schon einige Jahre im Gange, die Beschuldigten suspendiert, die Untersuchung weit vorgerückt; und weil nun die Kenner und Meister des deutschen Staatsrechts diese Gelegenheit nicht vorbeilassen durften, ihre Einsichten zu zeigen und sie dem gemeinen Besten zu widmen, so waren mehrere gründliche, wohlgesinnte Schriften erschienen, aus denen sich, wer nur einige Vorkenntnisse besaß, gründlich unterrichten konnte. Ging man bei dieser Gelegenheit in die Reichsverfassung und die von derselben handelnden Schriften zurück, so war es auffallend, wie der monstrose Zustand dieses durchaus kranken Körpers, der nur durch ein Wunder am Leben erhalten ward, gerade den Gelehrten am meisten zusagte. Denn der ehrwürdige deutsche Fleiß, der mehr auf Sammlung und Entwicklung von Einzelheiten als auf Resultate los-

ging, fand hier einen unversiegenden Anlaß zu immer neuer
Beschäftigung, und man mochte nun das Reich dem Kaiser, die
kleinern den größern Ständen, die Katholiken den Protestanten
entgegensetzen, immer gab es, nach dem verschiedenen Interesse,
notwendig verschiedene Meinungen und immer Gelegenheit zu
neuen Kämpfen und Gegenreden.

Da ich mir alle diese ältern und neuern Zustände möglichst
vergegenwärtigt hatte, konnte ich mir von meinem Wetzlarischen
Aufenthalt unmöglich viel Freude versprechen. Die Aussicht
war nicht reizend, in einer zwar wohl gelegenen, aber kleinen
und übelgebauten Stadt eine doppelte Welt zu finden: erst die
einheimische alte hergebrachte, dann eine fremde neue, jene scharf
zu prüfen beauftragt, ein richtendes und ein gerichtetes Gericht;
manchen Bewohner in Furcht und Sorge, er möchte auch noch
mit in die verhängte Untersuchung gezogen werden; angesehene,
so lange für würdig geltende Personen der schändlichsten Misse=
thaten überwiesen und zu schimpflicher Bestrafung bezeichnet: das
alles zusammen machte das traurigste Bild und konnte nicht an=
reizen, tiefer in ein Geschäft einzugehen, das, an sich selbst ver=
wickelt, nun gar durch Unthaten so verworren erschien.

Daß mir, außer dem deutschen Zivil= und Staatsrechte,
hier nichts Wissenschaftliches sonderlich begegnen, daß ich aller
poetischen Mitteilung entbehren würde, glaubte ich voraus zu
sehn, als mich nach einigem Zögern die Lust, meinen Zustand
zu verändern, mehr als der Trieb nach Kenntnissen in diese
Gegend hinführte. Allein wie verwundert war ich, als mir
anstatt einer sauertöpfischen Gesellschaft ein drittes akademisches
Leben entgegensprang. An einer großen Wirtstafel traf ich
beinah sämtliche Gesandtschaftsuntergeordnete, junge muntere
Leute, beisammen; sie nahmen mich freundlich auf, und es blieb
mir schon den ersten Tag kein Geheimnis, daß sie ihr mittägiges
Beisammensein durch eine romantische Fiktion erheitert hatten.
Sie stellten nämlich, mit Geist und Munterkeit, eine Rittertafel
vor. Obenan saß der Heermeister, zur Seite desselben der
Kanzler, sodann die wichtigsten Staatsbeamten: nun folgten die
Ritter, nach ihrer Ancienneität; Fremde hingegen, die zusprachen,
mußten mit den untersten Plätzen vorlieb nehmen, und für sie
war das Gespräch meist unverständlich, weil sich in der Gesell=
schaft die Sprache außer den Ritterausdrücken noch mit manchen
Anspielungen bereichert hatte. Einem jeden war ein Ritter=
name zugelegt, mit einem Beiworte. Mich nannten sie Götz
von Berlichingen, den Redlichen. Jenen verdiente ich mir durch
meine Aufmerksamkeit für den biedern deutschen Altvater und
diesen durch die aufrichtige Neigung und Ergebenheit gegen
die vorzüglichen Männer, die ich kennen lernte. Dem Grafen

von Kielmannsegg bin ich bei diesem Aufenthalt vielen Dank schuldig geworden. Er war der ernsteste von allen, höchst tüchtig und zuverlässig. Von Goué, ein schwer zu entziffernder und zu beschreibender Mann, eine derbe, breite, hannövrische Figur, still in sich gekehrt. Es fehlte ihm nicht an Talenten mancher Art. Man hegte von ihm die Vermutung, daß er ein natürlicher Sohn sei; auch liebte er ein gewisses geheimnisvolles Wesen und verbarg seine eigensten Wünsche und Vorsätze unter mancherlei Seltsamkeiten, wie er denn die eigentliche Seele des wunderlichen Ritterbundes war, ohne daß er nach der Stelle des Heermeisters gestrebt hätte. Vielmehr ließ er, da gerade zu der Zeit dies Haupt der Ritterschaft abging, einen andern wählen und übte durch diesen seinen Einfluß. So wußte er auch manche kleine Zufälligkeiten dahin zu lenken, daß sie bedeutend erschienen und in fabelhaften Formen durchgeführt werden konnten. Bei diesem allen aber konnte man keinen ernsten Zweck bemerken: es war ihm bloß zu thun, die Langeweile, die er und seine Kollegen bei dem verzögerten Geschäft empfinden mußten, zu erheitern und den leeren Raum, wäre es auch nur mit Spinnegewebe, auszufüllen. Uebrigens wurde dieses fabelhafte Fratzenspiel mit äußerlichem großen Ernst betrieben, ohne daß jemand lächerlich finden durfte, wenn eine gewisse Mühle als Schloß, der Müller als Burgherr behandelt wurde, wenn man die vier Haimonskinder für ein kanonisches Buch erklärte und Abschnitte daraus bei Zeremonien mit Ehrfurcht vorlas. Der Ritterschlag selbst geschah mit hergebrachten, von mehreren Ritterorden entlehnten Symbolen. Ein Hauptanlaß zum Scherze war ferner der, daß man das Offenbare als ein Geheimnis behandelte; man trieb die Sache öffentlich, und es sollte nicht davon gesprochen werden. Die Liste der sämtlichen Ritter ward gedruckt, mit so viel Anstand als ein Reichstagskalender; und wenn Familien darüber zu spotten und die ganze Sache für absurd und lächerlich zu erklären wagten, so ward zu ihrer Bestrafung so lange intrigiert, bis man einen ernsthaften Ehemann oder nahen Verwandten beizutreten und den Ritterschlag anzunehmen bewogen hatte; da denn über den Verdruß der Angehörigen eine herrliche Schadenfreude entstand.

In dieses Ritterwesen verschlang sich noch ein seltsamer Orden, welcher philosophisch und mystisch sein sollte und keinen eigentlichen Namen hatte. Der erste Grad hieß der Uebergang, der zweite des Uebergangs Uebergang, der dritte des Uebergangs Uebergang zum Uebergang, und der vierte des Uebergangs Uebergang zu des Uebergangs Uebergang. Den hohen Sinn dieser Stufenfolge auszulegen, war nun die Pflicht der Eingeweihten, und dieses geschah nach Maßgabe eines gedruckten Büchelchens,

in welchem jene seltsamen Worte auf eine noch seltsamere Weise
erklärt oder vielmehr amplifiziert waren. Die Beschäftigung mit
diesen Dingen war der erwünschteste Zeitverderb. Behrischens
Thorheit und Lenzens Verkehrtheit schienen sich hier vereinigt
zu haben: nur wiederhole ich, daß auch nicht eine Spur von
Zweck hinter diesen Hüllen zu finden war.

Ob ich nun gleich zu solchen Possen sehr gern beiriet, auch
zuerst die Perikopen aus den vier Haimonskindern in Ordnung
brachte und Vorschläge that, wie sie bei Festen und Feierlich=
keiten vorgelesen werden sollten, auch selbst sie mit großer Em=
phase vorzutragen verstand, so hatte ich mich doch schon früher
an solchen Dingen müde getrieben; und als ich daher meine
Frankfurter und Darmstädter Umgebung vermißte, war es mir
höchst lieb, Gottern gefunden zu haben, der sich mit aufrichtiger
Neigung an mich schloß und dem ich ein herzliches Wohlwollen
erwiderte. Sein Sinn war zart, klar und heiter, sein Talent
geübt und geregelt; er befleißigte sich der französischen Eleganz
und freute sich des Teils der englischen Litteratur, der sich mit
sittlichen und angenehmen Gegenständen beschäftigt. Wir brachten
viele vergnügte Stunden zusammen zu, in denen wir uns wechsel=
seitig unsere Kenntnisse, Vorsätze und Neigungen mitteilten. Er
regte mich zu manchen kleinen Arbeiten an, zumal da er, mit
den Göttingern in Verhältnis stehend, für Voies Almanach auch
von meinen Gedichten etwas verlangte.

Dadurch kam ich mit jenen in einige Berührung, die sich,
jung und talentvoll, zusammenhielten und nachher so viel und
mannigfaltig wirkten. Die beiden Grafen Stolberg, Bürger,
Voß, Hölty und andere waren im Glauben und Geiste um
Klopstock versammelt, dessen Wirkung sich nach allen Seiten
hin erstreckte. In einem solchen sich immer mehr erweiternden
deutschen Dichterkreise entwickelte sich zugleich, mit so mannig=
faltigen poetischen Verdiensten, auch noch ein anderer Sinn,
dem ich keinen ganz eigentlichen Namen zu geben wüßte. Man
könnte ihn das Bedürfnis der Unabhängigkeit nennen; welches
immer im Frieden entspringt und gerade da, wo man eigentlich
nicht abhängig ist. Im Kriege erträgt man die rohe Gewalt,
so gut man kann, man fühlt sich wohl physisch und ökonomisch
verletzt, aber nicht moralisch; der Zwang beschämt niemanden,
und es ist kein schimpflicher Dienst, der Zeit zu dienen; man
gewöhnt sich, von Feind und Freund zu leiden, man hat Wünsche
und keine Gesinnungen. Im Frieden hingegen thut sich der
Freiheitssinn der Menschen immer mehr hervor, und je freier
man ist, desto freier will man sein. Man will nichts über sich
dulden: wir wollen nicht beengt sein. Niemand soll beengt sein,
und dies zarte, ja kranke Gefühl erscheint in schönen Seelen

unter der Form der Gerechtigkeit. Dieser Geist und Sinn zeigte sich damals überall, und gerade da nur wenige bedrückt waren, wollte man auch diese von zufälligem Druck befreien, und so entstand eine gewisse sittliche Befehdung, Einmischung der einzelnen ins Regiment, die, mit löblichen Anfängen, zu unabsehbar unglücklichen Folgen hinführte.

Voltaire hatte durch den Schutz, den er der Familie Calas angedeihen ließ, großes Aufsehn erregt und sich ehrwürdig gemacht. Für Deutschland fast noch auffallender und wichtiger war das Unternehmen Lavaters gegen den Landvogt (Grebel) gewesen. Der ästhetische Sinn, mit dem jugendlichen Mut verbunden, strebte vorwärts, und da man noch vor kurzem studierte, um zu Aemtern zu gelangen, so fing man nun an, den Aufseher der Beamten zu machen, und die Zeit war nah, wo der Theater- und Romanendichter seine Bösewichter am liebsten unter Ministern und Amtleuten aufsuchte. Hieraus entstand eine halb eingebildete, halb wirkliche Welt von Wirkung und Gegenwirkung, in der wir späterhin die heftigsten Angebereien und Verhetzungen erlebt haben, welche sich die Verfasser von Zeitschriften und Tagblättern mit einer Art von Wut unter dem Schein der Gerechtigkeit erlaubten und um so unwiderstehlicher dabei zu Werke gingen, als sie das Publikum glauben machten, vor ihm sei der wahre Gerichtshof: thöricht! da kein Publikum eine exekutive Gewalt hat und in dem zerstückten Deutschland die öffentliche Meinung niemanden nutzte oder schadete.

Unter uns jungen Leuten ließ sich zwar nichts von jener Art spüren, welche tadelnswert gewesen wäre, aber eine gewisse ähnliche Vorstellung hatte sich unsrer bemächtigt, die, aus Poesie, Sittlichkeit und einem edlen Bestreben zusammengeflossen, zwar unschädlich, aber doch fruchtlos war.

Durch die Hermannsschlacht und die Zueignung derselben an Joseph den Zweiten hatte Klopstock eine wunderbare Anregung gegeben. Die Deutschen, die sich vom Druck der Römer befreiten, waren herrlich und mächtig dargestellt und dieses Bild gar wohl geeignet, das Selbstgefühl der Nation zu erwecken. Weil aber im Frieden der Patriotismus eigentlich nur darin besteht, daß jeder vor seiner Thüre kehre, seines Amts warte, auch seine Lektion lerne, damit es wohl im Hause stehe, so fand das von Klopstock erregte Vaterlandsgefühl keinen Gegenstand, an dem es sich hätte üben können. Friedrich hatte die Ehre eines Teils der Deutschen gegen eine verbundene Welt gerettet, und es war jedem Gliede der Nation erlaubt, durch Beifall und Verehrung dieses großen Fürsten teil an seinem Siege zu nehmen; aber wo denn nun hin mit jenem erregten kriegerischen Trotzgefühl? Welche Richtung sollte es nehmen und

welche Wirkung hervorbringen? Zuerst war es bloß poetische
Form, und die nachher so oft gescholtenen, ja lächerlich gefun=
denen Bardenlieder häuften sich durch diesen Trieb, durch diesen
Anstoß. Keine äußeren Feinde waren zu bekämpfen; nun bildete
man sich Tyrannen, und dazu mußten die Fürsten und ihre
Diener ihre Gestalten erst im allgemeinen, sodann nach und nach
im besondern hergeben; und hier schloß sich die Poesie an jene
oben gerügte Einmischung in die Rechtspflege mit Heftigkeit an,
und es ist merkwürdig, Gedichte aus jener Zeit zu sehn, die
ganz in einem Sinne geschrieben sind, wodurch alles Obere, es
sei nun monarchisch oder aristokratisch, aufgehoben wird.

Was mich betraf, so fuhr ich fort, die Dichtkunst zum Aus=
druck meiner Gefühle und Grillen zu benutzen. Kleine Gedichte,
wie Der Wanderer, fallen in diese Zeit; sie wurden in den
Göttinger Musenalmanach aufgenommen. Was aber von jener
Sucht in mich eingedrungen sein mochte, davon strebte ich mich
kurz nachher im Götz von Berlichingen zu befreien, indem
ich schilderte, wie in wüsten Zeiten der wohldenkende brave
Mann allenfalls an die Stelle des Gesetzes und der ausübenden
Gewalt zu treten sich entschließt, aber in Verzweiflung ist, wenn
er dem anerkannten verehrten Oberhaupt zweideutig, ja abtrünnig
erscheint.

Durch Klopstocks Oden war denn auch in die deutsche Dicht=
kunst nicht sowohl die nordische Mythologie, als vielmehr die
Nomenklatur ihrer Gottheiten eingeleitet; und ob ich gleich mich
sonst gern alles dessen bediente, was mir gereicht ward, so konnte
ich es doch nicht von mir gewinnen, mich derselben zu bedienen,
und zwar aus folgenden Ursachen. Ich hatte die Fabeln der
Edda schon längst aus der Vorrede zu Mallets dänischer Ge=
schichte kennen gelernt und mich derselben sogleich bemächtigt;
sie gehörten unter diejenigen Märchen, die ich, von einer Ge=
sellschaft aufgefordert, am liebsten erzählte. Herder gab mir den
Resenius in die Hände und machte mich mit den Heldensagen
mehr bekannt. Aber alle diese Dinge, wie wert ich sie hielt,
konnte ich nicht in den Kreis meines Dichtungsvermögens auf=
nehmen; wie herrlich sie mir auch die Einbildungskraft anreg=
ten, entzogen sie sich doch ganz dem sinnlichen Anschaun, indessen
die Mythologie der Griechen, durch die größten Künstler der
Welt in sichtliche, leicht einzubildende Gestalten verwandelt, noch
vor unsern Augen in Menge dastand. Götter ließ ich überhaupt
nicht viel auftreten, weil sie mir noch außerhalb der Natur,
die ich nachzubilden verstand, ihren Wohnsitz hatten. Was hätte
mich nun gar bewegen sollen, Wodan für Jupiter, und Thor
für Mars zu setzen und statt der südlichen genau umschriebenen
Figuren Nebelbilder, ja bloße Wortklänge in meine Dichtungen

einzuführen? Von einer Seite schlossen sie sich vielmehr an die Ossianischen gleichfalls formlosen Helden, nur derber und riesenhafter, an, von der andern lenkte ich sie nach dem heiteren Märchen hin: denn der humoristische Zug, der durch die ganze nordische Mythe durchgeht, war mir höchst lieb und bemerkenswert. Sie schien mir die einzige, welche durchaus mit sich selbst scherzt, einer wunderlichen Dynastie von Göttern abenteuerliche Riesen, Zauberer und Ungeheuer entgegensetzt, die nur beschäftigt sind, die höchsten Personen während ihres Regiments zu irren, zum besten zu haben und hinterdrein mit einem schmählichen, unvermeidlichen Untergang zu bedrohen.

Ein ähnliches, wo nicht gleiches Interesse gewannen mir die Indischen Fabeln ab, die ich aus Dappers Reisen zuerst kennen lernte und gleichfalls mit großer Lust in meinen Märchenvorrat hineinzog. Der Altar des Ram gelang mir vorzüglich im Nacherzählen, und ungeachtet der großen Mannigfaltigkeit der Personen dieses Märchens blieb doch der Affe Hanemann der Liebling meines Publikums. Aber auch diese unförmlichen und überförmlichen Ungeheuer konnten mich nicht eigentlich poetisch befriedigen; sie lagen zu weit von dem Wahren ab, nach welchem mein Sinn unabläßig hinstrebte.

Doch gegen alle diese kunstwidrigen Gespenster sollte mein Sinn für das Schöne durch die herrlichste Kraft geschützt werden. Glücklich ist immer die Epoche einer Litteratur, wenn große Werke der Vergangenheit wieder einmal auftauen und an die Tagesordnung kommen, weil sie alsdann eine vollkommen frische Wirkung hervorbringen. Auch das Homerische Licht ging uns neu wieder auf, und zwar recht im Sinne der Zeit, die ein solches Erscheinen höchst begünstigte: denn das beständige Hinweisen auf Natur bewirkte zuletzt, daß man auch die Werke der Alten von dieser Seite betrachten lernte. Was mehrere Reisende zu Aufklärung der heiligen Schriften gethan, leisteten andere für den Homer. Durch Guys ward man eingeleitet, Wood gab der Sache den Schwung. Eine Göttinger Rezension des anfangs sehr seltenen Originals machte uns mit der Absicht bekannt und belehrte uns, wie weit sie ausgeführt worden. Wir sahen nun nicht mehr in jenen Gedichten ein angespanntes und aufgedunsenes Heldenwesen, sondern die abgespiegelte Wahrheit einer uralten Gegenwart, und suchten uns dieselbe möglichst heranzuziehen. Zwar wollte uns zu gleicher Zeit nicht völlig in den Sinn, wenn behauptet wurde, daß, um die Homerischen Naturen recht zu verstehn, man sich mit den wilden Völkern und ihren Sitten bekannt machen müsse, wie sie uns die Reisebeschreiber der neuen Welten schildern: denn es ließ sich doch nicht leugnen, daß sowohl Europäer als Asiaten in den Homerischen Gedichten schon auf einem hohen Grade der Kultur dargestellt worden, vielleicht auf einem höhern, als die Zeiten des Trojanischen Kriegs mochten genossen haben. Aber jene Maxime war doch mit dem herrschenden Naturbekenntnis übereinstimmend, und insofern mochten wir sie gelten lassen.

Bei allen diesen Beschäftigungen, die sich auf Menschenkunde im höheren Sinne, sowie auf Dichtkunst im nächsten und lieblichsten bezogen, mußte ich doch jeden Tag erfahren, daß ich mich in Wetzlar aufhielt. Das Gespräch über den Zustand des Visitationsgeschäftes und seiner immer wachsenden Hindernisse, die Entdeckung neuer Gebrechen klang stündlich durch. Hier war nun abermals das heilige römische Reich versammelt, nicht bloß zu äußerlichen Feierlichkeiten, sondern zu einem ins Allertiefste greifenden Geschäfte. Aber auch hier mußte mir jener halbleere Speisesaal am Krönungstage einfallen, wo die geladenen Gäste außen blieben, weil sie zu vornehm waren. Hier hatten sie sich zwar eingefunden, aber man mußte noch schlimmere Symptome gewahr werden. Der Unzusammenhalt des Ganzen, das Widerspiel der Teile kamen fortwährend zum Vorschein, und es war kein Geheimnis geblieben, daß Fürsten unter einander sich die Absicht vertraulich mitgeteilt hatten: man müsse sehn, ob man nicht bei dieser Gelegenheit dem Oberhaupt etwas abgewinnen könne?

Welchen üblen Eindruck das kleine Detail aller Anekdoten von Nachlässigkeiten und Versäumnissen, Ungerechtigkeiten und Bestechungen auf einen jungen Menschen machen mußte, der das Gute wollte und sein Inneres in diesem Sinne bearbeitete, wird jeder Redliche mitfühlen. Wo soll unter solchen Umständen Ehrfurcht vor dem Gesetz und dem Richter entspringen? Aber hätte man auch auf die Wirkungen der Visitation das größte Zutrauen gesetzt, hätte man glauben können, daß sie völlig ihre hohe Bestimmung erfüllen werde; für einen frohen, vorwärts schreitenden Jüngling war doch hier kein Heil zu finden. Die Förmlichkeiten dieses Prozesses an sich gingen alle auf ein Verschleifen; wollte man einigermaßen wirken und etwas bedeuten, so mußte man nur immer demjenigen dienen, der unrecht hatte, stets dem Beklagten, und in der Fechtkunst der verdrehenden und ausweichenden Streiche recht gewandt sein.

Ich verlor mich auch einmal über das andere, da mir in dieser Zerstreuung keine ästhetischen Arbeiten gelingen wollten, in ästhetische Spekulationen; wie denn alles Theoretisieren auf Mangel oder Stockung von Produktionskraft hindeutet. Früher mit Mercken, nunmehr manchmal mit Gottern machte ich den Versuch, Maximen auszufinden, wonach man beim Hervorbringen zu Werke gehen könnte. Aber weder mir noch ihnen wollte es gelingen. Merck war Zweifler und Eklektiker, Gotter hielt sich an solche Beispiele, die ihm am meisten zusagten. Die Sulzersche Theorie war angekündigt, mehr für den Liebhaber als für den Künstler. In diesem Gesichtskreise werden vor allem sittliche Wirkungen gefordert, und hier entsteht sogleich ein Zwiespalt zwischen der hervorbringenden und benutzenden Klasse; denn ein gutes Kunstwerk kann und wird zwar moralische Folgen haben, aber moralische Zwecke vom Künstler fordern, heißt ihm sein Handwerk verderben.

Was die Alten über diese wichtigen Gegenstände gesagt, hatte ich seit einigen Jahren fleißig, wo nicht in einer Folge studiert, doch sprungweise gelesen. Aristoteles, Cicero, Quinctilian, Longin, keiner blieb unbeachtet, aber das half mir nichts: denn alle diese Männer setzten eine Erfahrung voraus, die mir abging. Sie führten mich in eine an Kunstwerken unendlich reiche Welt, sie entwickelten die Verdienste vortrefflicher Dichter und Redner, von deren meisten uns nur die Namen übrig geblieben sind, und überzeugten mich nur allzu lebhaft, daß erst eine große Fülle von Gegenständen vor uns liegen müsse, ehe man darüber denken könne, daß man erst selbst etwas leisten, ja daß man fehlen müsse, um seine eigenen Fähigkeiten und die der andern kennen zu lernen. Meine Bekanntschaft mit so vielem Guten jener alten Zeiten war doch immer nur schul- und buchmäßig und keineswegs lebendig, da es doch, besonders bei den gerühmtesten Rednern, auffiel, daß sie sich durchaus im Leben gebildet hatten, und daß man von den Eigenschaften ihres Kunstcharakters niemals sprechen konnte, ohne ihren persönlichen Gemütscharakter zugleich mitzuerwähnen. Bei Dichtern schien dies weniger der Fall; überall aber trat Natur und Kunst nur durch Leben in Berührung, und so blieb das Resultat von allem meinen Sinnen und Trachten jener alte Vorsatz, die innere und äußere Natur zu erforschen und in liebevoller Nachahmung sie eben selbst walten zu lassen.

Zu diesen Wirkungen, welche weder Tag noch Nacht in mir ruhten, lagen zwei große, ja ungeheure Stoffe vor mir, deren Reichtum ich nur einigermaßen zu schätzen brauchte, um etwas Bedeutendes hervorzubringen. Es war die ältere Epoche, in welche das Leben Götzens von Berlichingen fällt, und die neuere, deren unglückliche Blüte im Werther geschildert ist.

Von der historischen Vorbereitung zu der ersten Arbeit habe ich bereits gesprochen; die ethischen Anlässe zu der zweiten sollen gegenwärtig eingeleitet werden.

Jener Vorsatz, meine innere Natur nach ihren Eigenheiten gewähren und die äußere nach ihren Eigenschaften auf mich einfließen zu lassen, trieb mich an das wunderliche Element, in welchem Werther ersonnen und geschrieben ist. Ich suchte mich innerlich von allem Fremden zu entbinden, das Aeußere liebevoll zu betrachten und alle Wesen, vom menschlichen an, so tief hinab, als sie nur faßlich sein möchten, jedes in seiner Art auf mich wirken zu lassen. Dadurch entstand eine wundersame Verwandtschaft mit den einzelnen Gegenständen der Natur und ein inniges Anklingen, ein Mitstimmen ins Ganze, so daß ein jeder Wechsel, es sei der Ortschaften und Gegenden, oder der Tags- und Jahreszeiten, oder was sonst sich ereignen konnte, mich aufs innigste berührte. Der malerische Blick gesellte sich zu dem dichterischen; die schöne ländliche, durch den freundlichen Fluß belebte Landschaft vermehrte meine Neigung zur Einsamkeit und begünstigte meine stillen, nach allen Seiten hin sich ausbreitenden Betrachtungen.

Aber seitdem ich jenen Familienkreis zu Sesenheim und nun wieder meinen Freundeszirkel zu Frankfurt und Darmstadt verlassen, war mir eine Leere im Busen geblieben, die ich auszufüllen nicht vermochte; ich befand mich daher in einer Lage, wo uns die Neigung, sobald sie nur einigermaßen verhüllt auftritt, unversehens überschleichen und alle guten Vorsätze vereiteln kann.

Und indem nun der Verfasser zu dieser Stufe seines Unternehmens gelangt, fühlt er sich zum erstenmal bei der Arbeit leicht ums Herz: denn von nun an wird dieses Buch erst, was es eigentlich sein soll. Es hat sich nicht als selbständig angekündigt; es ist vielmehr bestimmt, die Lücken eines Autorlebens auszufüllen, manches Bruchstück zu ergänzen und das Andenken verlorner und verschollener Wagnisse zu erhalten. Was aber schon gethan ist, soll und kann nicht wiederholt werden; auch würde der Dichter jetzt die verdüsterten Seelenkräfte vergebens aufrufen, umsonst von ihnen fordern, daß sie jene lieblichen Verhältnisse wieder vergegenwärtigen möchten, welche ihm den Aufenthalt im Lahnthale so hoch verschönten. Glücklicherweise hatte der Genius schon früher dafür gesorgt und ihn angetrieben, in vermögender Jugendzeit das Nächstvergangene festzuhalten, zu schildern und kühn genug zur günstigen Stunde öffentlich aufzustellen. Daß hier das Büchlein Werther gemeint sei, bedarf wohl keiner nähern Bezeichnung; von den darin aufgeführten Personen aber, sowie von den dargestellten Gesinnungen, wird nach und nach einiges zu eröffnen sein.

Unter den jungen Männern, welche, der Gesandtschaft zugegeben, sich zu ihrem künftigen Dienstlauf vorüben sollten, fand sich einer, den wir kurz und gut den Bräutigam zu nennen pflegten. Er zeichnete sich aus durch ein ruhiges gleiches Betragen, Klarheit der Ansichten, Bestimmtheit im Handeln und Reden. Seine heitere Thätigkeit, sein anhaltender Fleiß empfahl ihn dergestalt den Vorgesetzten, daß man ihm eine baldige Anstellung versprach. Hiedurch berechtigt, unternahm er, sich mit einem Frauenzimmer zu verloben, das seiner Gemütsart und seinen Wünschen völlig zusagte. Nach dem Tode ihrer Mutter hatte sie sich als Haupt einer zahlreichen jüngeren Familie höchst thätig erwiesen und den Vater in seinem Witwerstand allein aufrecht erhalten, so daß ein künftiger Gatte von ihr das Gleiche für sich und seine Nachkommenschaft hoffen und ein entschiedenes häusliches Glück erwarten konnte. Ein jeder gestand, auch ohne diese Lebenszwecke eigennützig für sich im Auge zu haben, daß sie ein wünschenswertes Frauenzimmer sei. Sie gehörte zu denen, die, wenn sie nicht heftige Leidenschaften einflößen, doch ein allgemeines Gefallen zu erregen geschaffen sind. Eine leicht aufgebaute, nett gebildete Gestalt, eine reine gesunde Natur und die daraus entspringende frohe Lebensthätigkeit, eine unbefangene Behandlung des täglich Notwendigen, das alles war ihr zusammen gegeben. In der Betrachtung solcher Eigenschaften war auch mir immer wohl, und ich gesellte mich gern zu denen, die sie besaßen; und wenn ich nicht immer Gelegenheit fand, ihnen wirkliche Dienste zu leisten, so teilte ich mit ihnen lieber als mit andern den Genuß jener unschuldigen Freuden, die der Jugend immer zur Hand sind und ohne große Bemühung und Aufwand ergriffen werden. Da es nun ferner ausgemacht ist, daß die Frauen sich nur für einander putzen und unter einander den Putz zu steigern unermüdet sind, so waren mir diejenigen die liebsten, welche mit einfacher Reinlichkeit dem Freunde, dem Bräutigam die stille Versicherung geben, daß es eigentlich nur für ihn geschehen, und daß ohne viel Umstände und Aufwand ein ganzes Leben so fortgeführt werden könne.

Solche Personen sind nicht allzusehr mit sich selbst beschäftigt; sie haben Zeit, die Außenwelt zu betrachten, und Gelassenheit genug, sich nach ihr zu richten, sich ihr gleich zu stellen; sie werden klug und verständig ohne Anstrengung und bedürfen zu ihrer Bildung wenig Bücher. So war die Braut. Der Bräutigam, bei seiner durchaus rechtlichen und zutraulichen Sinnesart, machte jeden, den er schätzte, bald mit ihr bekannt und sah gern, weil er den größten Teil des Tages den Geschäften eifrig oblag, wenn er seine Verlobte, nach vollbrachten häuslichen Bemühungen, sich sonst unterhielt und sich gesellig auf Spaziergängen und Landpartien mit Freunden und Freundinnen ergötzte. Lotte — denn so wird sie denn doch wohl heißen — war anspruchslos in doppeltem Sinne: erst ihrer Natur nach, die mehr auf ein allgemeines Wohlwollen als auf besondere Neigungen gerichtet war, und dann hatte sie sich ja für einen Mann bestimmt, der, ihrer wert, sein Schicksal an das ihrige fürs

Leben zu knüpfen sich bereit erklären mochte. Die heiterste Luft wehte in ihrer Umgebung, ja, wenn es schon ein angenehmer Anblick ist, zu sehen, daß Eltern ihren Kindern eine ununterbrochene Sorgfalt widmen, so hat es noch etwas Schöneres, wenn Geschwister Geschwistern das Gleiche leisten. Dort glauben wir mehr Naturtrieb und bürgerliches Herkommen, hier mehr Wahl und freies Gemüt zu erblicken.

Der neue Ankömmling, völlig frei von allen Banden, sorglos in der Gegenwart eines Mädchens, das, schon versagt, den gefälligsten Dienst nicht als Bewerbung auslegen und sich desto eher daran erfreuen konnte, ließ sich ruhig gehen, war aber bald dergestalt eingesponnen und gefesselt und zugleich von dem jungen Paare so zutraulich und freundlich behandelt, daß er sich selbst nicht mehr kannte. Müßig und träumerisch, weil ihm keine Gegenwart genügte, fand er das, was ihm abging, in einer Freundin, die, indem sie fürs ganze Jahr lebte, nur für den Augenblick zu leben schien. Sie mochte ihn gern zu ihrem Begleiter; er konnte bald ihre Nähe nicht missen, denn sie vermittelte ihm die Alltagswelt, und so waren sie, bei einer ausgedehnten Wirtschaft, auf dem Acker und den Wiesen, auf dem Krautland wie im Garten, bald unzertrennliche Gefährten. Erlaubten es dem Bräutigam seine Geschäfte, so war er an seinem Teil dabei; sie hatten sich alle drei an einander gewöhnt, ohne es zu wollen, und wußten nicht, wie sie dazu kamen, sich nicht entbehren zu können. So lebten sie den herrlichen Sommer hin, eine echt deutsche Idylle, wozu das fruchtbare Land die Prosa und eine reine Neigung die Poesie hergab. Durch reife Kornfelder wandernd, erquickten sie sich am taureichen Morgen; das Lied der Lerche, der Schlag der Wachtel waren ergötzliche Töne; heiße Stunden folgten, ungeheure Gewitter brachen herein, man schloß sich nur desto mehr an einander, und mancher kleine Familienverdruß war leicht ausgelöscht durch fortdauernde Liebe. Und so nahm ein gemeiner Tag den andern auf, und alle schienen Festtage zu sein; der ganze Kalender hätte müssen rot gedruckt werden. Verstehen wird mich, wer sich erinnert, was von dem glücklich unglücklichen Freunde der neuen Heloise geweissagt worden: „Und zu den Füßen seiner Geliebten sitzend, wird er Hanf brechen, und er wird wünschen Hanf zu brechen, heute, morgen und übermorgen, ja sein ganzes Leben."

Nur wenig, aber gerade so viel, als nötig sein mag, kann ich nunmehr von einem jungen Manne sagen, dessen Name in der Folgezeit nur allzu oft genannt worden. Es war Jerusalem, der Sohn des frei und zart denkenden Gottesgelehrten. Auch er war bei einer Gesandtschaft angestellt; seine Gestalt gefällig, mittlerer Größe, wohlgebaut; ein mehr rundes als längliches

Gesicht; weiche ruhige Züge, und was sonst noch einem hübschen blonden Jüngling zukommen mag; blaue Augen sodann, mehr anziehend als sprechend zu nennen. Seine Kleidung war die unter den Niederdeutschen, in Nachahmung der Engländer, hergebrachte: blauer Frack, ledergelbe Weste und Unterkleider und Stiefeln mit braunen Stulpen. Der Verfasser hat ihn nie besucht, auch nicht bei sich gesehn; manchmal traf er ihn bei Freunden. Die Aeußerungen des jungen Mannes waren mäßig, aber wohlwollend. Er nahm an den verschiedensten Produktionen teil; besonders liebte er solche Zeichnungen und Skizzen, in welchen man einsamen Gegenden ihren stillen Charakter abgewonnen hatte. Er teilte bei solchen Gelegenheiten Geßnersche Radierungen mit und munterte die Liebhaber auf, darnach zu studieren. An allem jenen Ritterwesen und Mummenspiel nahm er wenig oder keinen Anteil, lebte sich und seinen Gesinnungen. Man sprach von einer entschiedenen Leidenschaft zu der Gattin eines Freundes. Oeffentlich sah man sie nie mit einander. Ueberhaupt wußte man wenig von ihm zu sagen, außer daß er sich mit der englischen Litteratur beschäftige. Als der Sohn eines wohlhabenden Mannes brauchte er sich weder ängstlich Geschäften zu widmen, noch um baldige Anstellung dringend zu bewerben.

Jene Geßnerschen Radierungen vermehrten die Lust und den Anteil an ländlichen Gegenständen, und ein kleines Gedicht, welches wir in unsern engen Kreis mit Leidenschaft aufnahmen, ließ uns von nun an nichts anders mehr beachten. Das Deserted Village von Goldsmith mußte jedermann auf jener Bildungsstufe, in jenem Gesinnungskreise höchlich zusagen. Nicht als lebendig oder wirksam, sondern als ein vergangenes verschwundenes Dasein, ward alles das geschildert, was man so gern mit Augen sah, was man liebte, schätzte, in der Gegenwart leidenschaftlich aufsuchte, um jugendlich munter teil daran zu nehmen. Fest- und Feiertage auf dem Lande, Kirchweihen und Jahrmärkte, dabei unter der Dorflinde erst die ernste Versammlung der Aeltesten, verdrängt von der heftigern Tanzlust der Jüngern, und wohl gar die Teilnahme gebildeter Stände. Wie schicklich erschienen diese Vergnügungen, gemäßigt durch einen braven Landgeistlichen, der auch dasjenige, was allenfalls übergriff, was zu Händeln und Zwist Anlaß geben konnte, gleich zu schlichten und abzuthun verstand. Auch hier fanden wir unsern ehrlichen Wakefield wieder, in seinem wohlbekannten Kreise, aber nicht mehr wie er leibte und lebte, sondern als Schatten, zurückgerufen durch des elegischen Dichters leise Klagetöne. Schon der Gedanke dieser Darstellung ist einer der glücklichsten, sobald einmal der Vorsatz gefaßt ist, ein unschuldiges Vergangene mit anmutiger Trauer wieder heranzufordern. Und wie gelungen ist in jedem

Sinne dem Engländer dieses gemütliche Vorhaben! Ich teilte den Enthusiasmus für dieses allerliebste Gedicht mit Gottern, dem die von uns beiden unternommene Uebersetzung besser als mir geglückt ist: denn ich hatte allzuängstlich die zarte Bedeutsamkeit des Originals in unserer Sprache nachzubilden getrachtet und war daher wohl mit einzelnen Stellen, nicht aber mit dem Ganzen übereingekommen.

Ruht nun, wie man sagt, in der Sehnsucht das größte Glück, und darf die wahre Sehnsucht nur auf ein Unerreichbares gerichtet sein, so traf wohl alles zusammen, um den Jüngling, den wir gegenwärtig auf seinen Irrgängen begleiten, zum glücklichsten Sterblichen zu machen. Die Neigung zu einer verjagten Braut, das Bestreben, Meisterstücke fremder Litteratur der unsrigen zu erwerben und anzueignen, die Bemühung, Naturgegenstände nicht nur mit Worten, sondern auch mit Griffel und Pinsel, ohne eigentliche Technik, nachzuahmen: jedes einzeln wäre schon hinreichend gewesen, das Herz zu schwellen und die Brust zu beklemmen. Damit aber der so süß Leidende aus diesen Zuständen gerissen und ihm zu neuer Unruhe neue Verhältnisse bereitet würden, so ergab sich folgendes.

In Gießen befand sich Höpfner, Professor der Rechte. Er war als tüchtig in seinem Fach, als denkender und wackerer Mann von Merck en und Schlossern anerkannt und höchlich geehrt. Schon längst hatte ich seine Bekanntschaft gewünscht, und nun, als jene beiden Freunde bei ihm einen Besuch abzustatten gedachten, um über litterarische Gegenstände zu unterhandeln, ward beliebt, daß ich bei dieser Gelegenheit mich gleichfalls nach Gießen begeben sollte. Weil wir aber, wie es in dem Uebermut froher und friedlicher Zeiten zu geschehen pflegt, nicht leicht etwas auf geradem Wege vollbringen konnten, sondern, wie wahrhafte Kinder, auch dem Notwendigen irgend einen Scherz abzugewinnen suchten, so sollte ich, als der Unbekannte, in fremder Gestalt erscheinen und meiner Lust, verkleidet aufzutreten, hier abermals Genüge thun. An einem heiteren Morgen, vor Sonnenaufgang, schritt ich daher von Weßlar an der Lahn hin, das liebliche Thal hinauf; solche Wanderungen machten wieder mein größtes Glück. Ich erfand, verknüpfte, arbeitete durch und war in der Stille mit mir selbst heiter und froh; ich legte mir zurecht, was die ewig widersprechende Welt mir ungeschickt und verworren aufgedrungen hatte. Am Ziele meines Weges angelangt, suchte ich Höpfners Wohnung und pochte an seine Studierstube. Als er mir herein! gerufen hatte, trat ich bescheidentlich vor ihn, als ein Studierender, der von Akademien sich nach Hause verfügen und unterwegs die würdigsten Männer wollte kennen lernen. Auf seine Fragen nach meinen näheren Verhältnissen war ich vorbereitet; ich erzählte ein glaubliches prosaisches Märchen, womit er zufrieden schien; und als ich mich hierauf für einen Juristen angab, bestand ich nicht übel: denn ich kannte sein Verdienst in diesem Fach und wußte, daß er sich eben mit dem Naturrecht beschäftigte. Doch stockte das Gespräch einigemal, und es schien, als wenn er einem Stammbuch oder meiner Beurlaubung entgegensähe. Ich wußte jedoch immer zu zaudern, indem ich Schlossern gewiß erwartete, dessen Pünktlichkeit mir bekannt war. Dieser kam auch wirklich, ward von seinem Freund bewillkommnet und nahm, als er mich von der Seite angesehen, wenig Notiz von mir. Höpfner aber zog mich ins Gespräch und zeigte sich durchaus als einen humanen wohlwollenden Mann. Endlich empfahl ich mich und eilte nach dem Wirtshause, wo ich mit Merck einige flüchtige Worte wechselte und das weitere verabredete.

Die Freunde hatten sich vorgenommen, Höpfnern zu Tische zu bitten und zugleich jenen Christian Heinrich Schmid, der in dem deutschen Litterarwesen zwar eine sehr untergeordnete, aber doch eine Rolle spielte. Auf diesen war der Handel eigentlich angelegt, und er sollte für manches, was er gesündigt hatte, auf eine lustige Weise bestraft werden. Als die Gäste sich in dem Speisesaale versammelt hatten, ließ ich durch den Kellner fragen, ob die Herren mir erlauben wollten, mitzuspeisen? Schlosser, dem ein gewisser Ernst gar wohl zu Gesicht stand, widersetzte sich, weil sie ihre freundschaftliche Unterhaltung nicht durch einen dritten wollten gestört wissen. Auf das Anbringen des Kellners aber und die Fürsprache Höpfners, der versicherte, daß ich ein leidlicher Mensch sei, wurde ich eingelassen und betrug mich zu Anfang der Tafel bescheiden und verschämt. Schlosser und Merck thaten sich keinen Zwang an und ergingen sich über manches so offen, als wenn kein Fremder dabei wäre. Die wichtigsten litterarischen Angelegenheiten sowie die bedeutendsten Männer kamen zur Sprache. Ich erwies mich nun etwas kühner und ließ mich nicht stören, wenn Schlosser mir manchmal ernstlich, Merck spöttisch etwas abgab; doch richtete ich auf Schmiden alle meine Pfeile, die seine mir wohlbekannten Blößen scharf und sicher trafen.

Ich hatte mich bei meinem Nößel Tischwein mäßig verhalten; die Herren aber ließen sich besseren reichen und ermangelten nicht, auch mir davon mitzuteilen. Nachdem viele Angelegenheiten des Tags durchgesprochen waren, zog sich die Unterhaltung ins Allgemeine, und man behandelte die Frage, die, solange es Schriftsteller gibt, sich immer wiederholen wird, ob nämlich die Litteratur im Auf- oder Absteigen, im Vor- oder Rückschritt begriffen sei? Diese Frage, worüber sich besonders

Alte und Junge, Angehende und Abtretende selten vergleichen, sprach man mit Heiterkeit durch, ohne daß man gerade die Absicht gehabt hätte, sich darüber entschieden zu verständigen. Zuletzt nahm ich das Wort und sagte: „Die Litteraturen, scheint es mir, haben Jahreszeiten, die, mit einander abwechselnd, wie in der Natur, gewisse Phänomene hervorbringen und sich der Reihe nach wiederholen. Ich glaube daher nicht, daß man irgend eine Epoche einer Litteratur im ganzen loben oder tadeln könne; besonders sehe ich nicht gerne, wenn man gewisse Talente, die von der Zeit hervorgerufen werden, so hoch erhebt und rühmt, andere dagegen schilt und niederdrückt. Die Kehle der Nachtigall wird durch das Frühjahr aufgeregt, zugleich aber auch die Gurgel des Kuckucks. Die Schmetterlinge, die dem Auge so wohl thun, und die Mücken, welche dem Gefühl so verdrießlich fallen, werden durch eben die Sonnenwärme hervorgerufen; beherzigte man dies, so würde man dieselbigen Klagen nicht alle zehn Jahre wieder erneuert hören, und die vergebliche Mühe, dieses und jenes Mißfällige auszurotten, würde nicht so oft verschwendet werden." Die Gesellschaft sah mich mit Verwunderung an, woher mir so viele Weisheit und so viele Toleranz käme? Ich aber fuhr ganz gelassen fort, die litterarischen Erscheinungen mit Naturprodukten zu vergleichen, und ich weiß nicht, wie ich sogar auf die Mollusken kam und allerlei Wunderliches von ihnen herauszusetzen wußte. Ich sagte, es seien dies Geschöpfe, denen man zwar eine Art von Körper, ja sogar eine gewisse Gestalt nicht ableugnen könne; da sie aber keine Knochen hätten, so wüßte man doch nichts Rechts mit ihnen anzufangen, und sie seien nichts Besseres als ein lebendiger Schleim; jedoch müsse das Meer auch solche Bewohner haben. Da ich das Gleichnis über die Gebühr fortsetzte, um den gegenwärtigen Schmud und diese Art der charakterlosen Litteratoren zu bezeichnen, so ließ man mich bemerken, daß ein zu weit ausgedehntes Gleichnis zuletzt gar nichts mehr sei. — „So will ich auf die Erde zurückkehren," versetzte ich, „und vom Epheu sprechen. Wie jene keine Knochen, so hat dieser keinen Stamm, mag aber gern überall, wo er sich anschmiegt, die Hauptrolle spielen. An alte Mauern gehört er hin, an denen ohnehin nichts mehr zu verderben ist, von neuen Gebäuden entfernt man ihn billig; die Bäume saugt er aus, und am allerunerträglichsten ist er mir, wenn er an einem Pfahl hinaufklettert und versichert, hier sei ein lebendiger Stamm, weil er ihn umlaubt habe."

Ungeachtet man mir abermals die Dunkelheit und Unanwendbarkeit meiner Gleichnisse vorwarf, ward ich immer lebhafter gegen alle parasitischen Kreaturen und machte, so weit meine damaligen Naturkenntnisse reichten, meine Sachen noch ziemlich artig. Ich sang zuletzt ein Vivat allen selbständigen Männern, ein Pereat den Andringlingen, ergriff nach Tische Höpfners Hand, schüttelte sie derb, erklärte ihn für den bravsten Mann von der Welt und umarmte ihn sowie die andern zuletzt recht herzlich. Der wackere neue Freund glaubte wirklich zu träumen, bis endlich Schlosser und Merck das Rätsel auflösten und der entdeckte Scherz eine allgemeine Heiterkeit verbreitete, in welche Schmid selbst mit einstimmte, der durch Anerkennung seiner wirklichen Verdienste und durch unsere Teilnahme an seinen Liebhabereien wieder begütigt wurde.

Diese geistreiche Einleitung konnte nicht anders als den litterarischen Kongreß beleben und begünstigen, auf den es eigentlich angesehen war. Merck, bald ästhetisch, bald litterarisch, bald kaufmännisch thätig, hatte den wohldenkenden, unterrichteten, in so vielen Fächern kenntnisreichen Schlosser angeregt, die **Frankfurter gelehrten Anzeigen** in diesem Jahr herauszugeben. Sie hatten sich Höpfnern und andere Akademiker in Gießen, in Darmstadt einen verdienten Schulmann, den Rektor Wenck, und sonst manchen wackeren Mann zugesellt. Jeder hatte in seinem Fach historische und theoretische Kenntnisse genug, und der Zeitsinn ließ diese Männer nach einem Sinne wirken. Die zwei ersten Jahrgänge dieser Zeitung (denn nachher kam sie in andere Hände) geben ein wundersames Zeugniß, wie ausgebreitet die Einsicht, wie rein die Uebersicht, wie redlich der Wille der Mitarbeiter gewesen. Das Humane und Weltbürgerliche wird befördert; wackere und mit Recht berühmte Männer werden gegen Zudringlichkeit aller Art geschützt; man nimmt sich ihrer an gegen Feinde, besonders auch gegen Schüler, die das Ueberlieferte nun zum Schaden ihrer Lehrer mißbrauchen. Am interessantesten sind beinah die Rezensionen über andere Zeitschriften, die Berliner Bibliothek, den deutschen Merkur, wo man die Gewandtheit in so vielen Fächern, die Einsicht sowie die Billigkeit mit Recht bewundert.

Was mich betrifft, so sahen sie wohl ein, daß mir nicht mehr als alles zum eigentlichen Rezensenten fehle. Mein historisches Wissen hing nicht zusammen; die Geschichte der Welt, der Wissenschaften, der Litteratur hatte mich nur epochenweis, die Gegenstände selbst aber nur teil- und massenweis angezogen. Die Möglichkeit, mir die Dinge auch außer ihrem Zusammenhange lebendig zu machen und zu vergegenwärtigen, setzte mich in den Fall, in einem Jahrhundert, in einer Abteilung der Wissenschaft völlig zu Hause zu sein, ohne daß ich weder von dem Vorhergehenden noch von dem Nachfolgenden irgend unterrichtet gewesen wäre. Eben so war ein gewisser theoretisch-praktischer Sinn in mir aufgegangen, daß ich von den Dingen, mehr wie

sie sein sollten, als wie sie waren, Rechenschaft geben konnte,
ohne eigentlichen philosophischen Zusammenhang, aber sprung=
weise treffend. Hiezu kam eine sehr leichte Fassungskraft und ein
freundliches Aufnehmen der Meinungen anderer, wenn sie nur
nicht mit meinen Ueberzeugungen in geradem Widerspruch standen.

Jener litterarische Verein ward überdieß durch eine lebhafte
Korrespondenz und, bei der Nähe der Ortschaften, durch öftere
persönliche Unterhandlungen begünstigt. Wer das Buch zuerst
gelesen hatte, der referirte, manchmal fand sich ein Korreferent;
die Angelegenheit ward besprochen, an verwandte angeknüpft,
und hatte sich zuletzt ein gewisses Resultat ergeben, so übernahm
einer die Redaktion. Dadurch sind mehrere Rezensionen so
tüchtig als lebhaft, so angenehm als befriedigend. Mir fiel sehr
oft die Rolle des Protokollführers zu; meine Freunde erlaubten
mir auch innerhalb ihrer Arbeiten zu scherzen und sodann bei
Gegenständen, denen ich mich gewachsen fühlte, die mir beson=
ders am Herzen lagen, selbständig aufzutreten. Vergebens würde
ich unternehmen, darstellend oder betrachtend, den eigentlichen
Geist und Sinn jener Tage wieder hervorzurufen, wenn nicht
die beiden Jahrgänge gedachter Zeitung mir die entschiedensten
Dokumente selbst anböten. Auszüge von Stellen, an denen ich
mich wiedererkenne, mögen mit ähnlichen Aufsätzen künftig am
schicklichen Orte erscheinen.

Bei einem so lebhaften Austausch von Kenntnissen, Mei=
nungen, Ueberzeugungen lernte ich Höpfnern sehr bald näher
kennen und gewann ihn lieb. Sobald wir allein waren, sprach
ich mit ihm über Gegenstände seines Fachs, welches ja auch mein
Fach sein sollte, und fand eine sehr natürlich zusammenhängende
Aufklärung und Belehrung. Ich war mir damals noch nicht
deutlich bewußt, daß ich wohl aus Büchern und im Gespräch,
nicht aber durch den zusammenhängenden Kathedervortrag etwas
lernen konnte. Das Buch erlaubte mir, bei einer Stelle zu
verweilen, ja rückwärts zu sehen, welches der mündliche Vortrag
und der Lehrer nicht gestatten konnte. Manchmal ergriff mich
zu Anfang der Stunde ein Gedanke, dem ich nachhing, darüber
das Folgende verlor und ganz aus dem Zusammenhang geriet.
Und so war es mir auch in den juristischen Kollegien ergangen,
weshalb ich gar manchen Anlaß nehmen konnte, mich mit
Höpfnern zu besprechen, der denn sehr gern in meine Zweifel
und Bedenken einging, auch manche Lücken ausglich, so daß in
mir der Wunsch entstand, in Gießen bei ihm zu verweilen, um
mich an ihm zu unterrichten, ohne mich doch von meinen Wetz=
larischen Neigungen allzu weit zu entfernen. Gegen diesen meinen
Wunsch arbeiteten die beiden Freunde erst unwissend, sodann
wissentlich: denn beide eilten nicht allein selbst von hier wegzu=

kommen, sondern beide hatten sogar ein Interesse, mich aus dieser Gegend wegzubringen.

Schlosser entdeckte mir, daß er erst in ein freundschaftliches, dann in ein näheres Verhältnis zu meiner Schwester gekommen sei und daß er sich nach einer baldigen Anstellung umsehe, um sich mit ihr zu verbinden. Diese Erklärung machte mich einigermaßen betroffen, ob ich sie gleich in meiner Schwester Briefen schon längst hätte finden sollen; aber wir gehen leicht über das hinweg, was die gute Meinung, die wir von uns selbst hegen, verletzen könnte, und ich bemerkte nun erst, daß ich wirklich auf meine Schwester eifersüchtig sei: eine Empfindung, die ich mir um so weniger verbarg, als seit meiner Rückkehr von Straßburg unser Verhältnis noch viel inniger geworden war. Wie viel Zeit hatten wir nicht gebraucht, um uns wechselseitig die kleinen Herzensangelegenheiten, Liebes- und andere Händel mitzuteilen, die in der Zwischenzeit vorgefallen waren! Und hatte sich nicht auch im Felde der Einbildungskraft vor mir eine neue Welt aufgethan, in die ich sie doch auch einführen mußte? Meine eignen kleinen Machwerke, eine weit ausgebreitete Weltpoesie mußten ihr nach und nach bekannt werden. So übersetzte ich ihr aus dem Stegreife solche Homerische Stellen, an denen sie zunächst Anteil nehmen konnte. Die Clarkesche wörtliche Uebersetzung las ich deutsch, so gut es gehen wollte, herunter, mein Vortrag verwandelte sich gewöhnlich in metrische Wendungen und Endungen, und die Lebhaftigkeit, womit ich die Bilder gefaßt hatte, die Gewalt, womit ich sie aussprach, hoben alle Hindernisse einer verschränkten Wortstellung; denn, was ich geistreich hingab, folgte sie mit dem Geiste. Manche Stunden des Tags unterhielten wir uns auf diese Weise; versammelte sich hingegen ihre Gesellschaft, so wurden der Wolf Fenris und der Affe Hanemann einstimmig hervorgerufen, und wie oft habe ich nicht die berühmte Geschichte, wie Thor und seine Begleiter von den zauberischen Riesen geäfft werden, umständlich wiederholen müssen! Daher ist mir auch von allen diesen Dichtungen ein so angenehmer Eindruck geblieben, daß sie noch immer unter das Werteste gehören, was meine Einbildungskraft sich hervorrufen mag. In mein Verhältnis zu den Darmstädtern hatte ich meine Schwester auch hineingezogen, und sogar meine Wanderungen und Entfernungen mußten unser Band fester knüpfen, da ich mich von allem, was mir begegnete, brieflich mit ihr unterhielt, ihr jedes kleine Gedicht, wenn es auch nur ein Ausrufungszeichen gewesen wäre, sogleich mitteilte und ihr zunächst alle Briefe, die ich erhielt, und alle Antworten, die ich darauf erteilte, sehen ließ. Alle diese lebhafte Regung hatte seit meiner Abreise von Frankfurt gestockt, mein Aufenthalt zu Wetzlar war zu einer solchen Unterhaltung nicht ausgiebig genug, und dann mochte die Neigung zu Lotten den Aufmerksamkeiten gegen meine Schwester Eintrag thun; genug, sie fühlte sich allein, vielleicht vernachlässigt, und gab um so eher den redlichen Bemühungen eines Ehrenmannes Gehör, welcher ernst und verschlossen, zuverlässig und schätzenswert, ihr seine Neigung, mit der er sonst sehr kargte, leidenschaftlich zugewendet hatte. Ich mußte mich nun wohl darein ergeben und meinem Freunde sein Glück gönnen, indem ich mir jedoch heimlich mit Selbstvertrauen zu sagen nicht unterließ, daß, wenn der Bruder nicht abwesend gewesen wäre, es mit dem Freunde so weit nicht hätte gedeihen können.

Meinem Freund und vermutlichen Schwager war nun freilich sehr daran gelegen, daß ich nach Hause zurückkehrte, weil durch meine Vermittlung ein freierer Umgang möglich ward, dessen das Gefühl dieses von zärtlicher Neigung unvermutet getroffenen Mannes äußerst zu bedürfen schien. Er nahm daher, als er sich bald entfernte, von mir das Versprechen, daß ich ihm zunächst folgen wollte.

Von Merck, der eben freie Zeit hatte, hoffte ich nun, daß er seinen Aufenthalt in Gießen verlängern würde, damit ich einige Stunden des Tags mit meinem guten Höpfner zubringen könnte, indessen der Freund seine Zeit an die Frankfurter gelehrten Anzeigen wendete; allein er war nicht zu bewegen, und wie meinen Schwager die Liebe, so trieb diesen der Haß von der Universität hinweg. Denn wie es angeborne Antipathien gibt, so wie gewisse Menschen die Katzen nicht leiden können, andern dieses oder jenes in der Seele zuwider ist, so war Merck ein Todfeind aller akademischen Bürger, die nun freilich zu jener Zeit in Gießen sich in der tiefsten Roheit gefielen. Mir waren sie ganz recht; ich hätte sie wohl auch als Masken in eins meiner Fastnachtsspiele brauchen können; aber ihm verdarb ihr Anblick bei Tage und des Nachts ihr Gebrüll jede Art von gutem Humor. Er hatte die schönste Zeit seiner jungen Tage in der französischen Schweiz zugebracht und nachher den erfreulichen Umgang von Hof-, Welt- und Geschäftsleuten und gebildeten Litteratoren genossen; mehrere Militärpersonen, in denen ein Streben nach Geistesskultur rege geworden, suchten ihn auf, und so bewegte er sein Leben in einem sehr gebildeten Zirkel. Daß ihn daher jenes Unwesen ärgerte, war nicht zu verwundern; allein seine Abneigung gegen die Studiosen war wirklich leidenschaftlicher, als es einem gesetzten Mann geziemte, wiewohl er mich durch seine geistreichen Schilderungen ihres ungeheuerlichen Aussehns und Betragens sehr oft zum Lachen brachte. Höpfners Einladungen und mein Zureden halfen nichts, ich mußte baldmöglichst mit ihm nach Wetzlar wandern.

Kaum konnte ich erwarten, bis ich ihn bei Lotten eingeführt; allein seine Gegenwart in diesem Kreise geriet mir nicht zum Gedeihen: denn wie Mephistopheles, er mag hintreten, wohin er will, wohl schwerlich Segen mitbringt, so machte er mir durch seine Gleichgültigkeit gegen diese geliebte Person, wenn er mich auch nicht zum Wanken brachte, doch wenigstens keine Freude. Ich konnte es wohl voraussehen, wenn ich mich erinnert hätte, daß gerade solche schlanke zierliche Personen, die eine lebendige Heiterkeit um sich her verbreiten, ohne weitere Ansprüche zu machen, ihm nicht sonderlich gefielen. Er zog sehr schnell die junonische Gestalt einer ihrer Freundinnen vor, und da es ihm an Zeit gebrach, ein näheres Verhältnis anzuknüpfen, so schalt er mich recht bitter aus, daß ich mich nicht um diese prächtige Gestalt bemüht, um so mehr, da sie frei, ohne irgend ein Verhältnis sich befinde. Ich verstehe eben meinen Vorteil nicht, meinte er, und er sehe höchst ungern auch hier meine besondere Liebhaberei, die Zeit zu verderben.

Wenn es gefährlich ist, einen Freund mit den Vorzügen seiner Geliebten bekannt zu machen, weil er sie wohl auch reizend und begehrenswürdig finden möchte, so ist die umgekehrte Gefahr nicht geringer, daß er uns durch seine Abstimmung irre machen kann. Dieses war zwar hier der Fall nicht, denn ich hatte mir das Bild ihrer Liebenswürdigkeit tief genug eingedrückt, als daß es so leicht auszulöschen gewesen wäre; aber seine Gegenwart, sein Zureden beschleunigte doch den Entschluß, den Ort zu verlassen. Er stellte mir eine Rheinreise, die er eben mit Frau und Sohn zu machen im Begriff sei, so reizend vor und erregte die Sehnsucht, diejenigen Gegenstände endlich mit Augen zu sehen, von denen ich so oft mit Neid hatte erzählen hören. — Nun, als er sich entfernt hatte, trennte ich mich von Charlotten zwar mit reinerem Gewissen, als von Friedriken, aber doch nicht ohne Schmerz. Auch dieses Verhältnis war durch Gewohnheit und Nachsicht leidenschaftlicher als billig von meiner Seite geworden; sie dagegen und ihr Bräutigam hielten sich mit Heiterkeit in einem Maße, das nicht schöner und liebenswürdiger sein konnte, und die eben hieraus entspringende Sicherheit ließ mich jede Gefahr vergessen. Indessen konnte ich mir nicht verbergen, daß diesem Abenteuer sein Ende bevorstehe: denn von der zunächst erwarteten Beförderung des jungen Mannes hing die Verbindung mit dem liebenswürdigen Mädchen ab; und da der Mensch, wenn er einigermaßen resolut ist, auch das Notwendige selbst zu wollen übernimmt, so faßte ich den Entschluß, mich freiwillig zu entfernen, ehe ich durch das Unerträgliche vertrieben würde.

Dreizehntes Buch.

Mit Merck war verabredet, daß wir uns zur schönen Jahreszeit in Koblenz bei Frau von La Roche treffen wollten. Ich hatte mein Gepäck nach Frankfurt, und was ich unterwegs brauchen könnte, durch eine Gelegenheit die Lahn hinunter gesendet und wanderte nun diesen schönen, durch seine Krümmungen lieblichen, in seinen Ufern so mannigfaltigen Fluß hinunter, dem Entschluß nach frei, dem Gefühle nach befangen, in einem Zustande, in welchem uns die Gegenwart der stummlebendigen Natur so wohlthätig ist. Mein Auge, geübt, die malerischen und übermalerischen Schönheiten der Landschaft zu entdecken, schwelgte in Betrachtung der Nähen und Fernen, der bebuschten Felsen, der sonnigen Wipfel, der feuchten Gründe, der thronenden Schlösser und der aus der Ferne lockenden blauen Bergreihen.

Ich wanderte auf dem rechten Ufer des Flusses, der in einiger Tiefe und Entfernung unter mir, von reichem Weidengebüsch zum Teil verdeckt, im Sonnenlicht hinglitete. Da stieg in mir der alte Wunsch wieder auf, solche Gegenstände würdig nachahmen zu können. Zufällig hatte ich ein schönes Taschenmesser in der linken Hand, und in dem Augenblicke trat aus dem tiefen Grunde der Seele gleichsam befehlshaberisch hervor: ich sollte dies Messer ungesäumt in den Fluß schleudern. Sähe ich es hineinfallen, so würde mein künstlerischer Wunsch erfüllt werden; würde aber das Eintauchen des Messers durch die überhängenden Weidenbüsche verdeckt, so sollte ich Wunsch und Bemühung fahren lassen. So schnell als diese Grille in mir aufstieg, war sie auch ausgeführt. Denn ohne auf die Brauchbarkeit des Messers zu sehn, das gar manche Gerätschaften in sich vereinigte, schleuderte ich es mit der Linken, wie ich es hielt, gewaltsam nach dem Flusse hin. Aber auch hier mußte ich die trügliche Zweideutigkeit der Orakel, über die man sich im Altertum so bitter beklagt, erfahren. Des Messers Eintauchen in den Fluß ward mir durch die letzten Weidenzweige verborgen, aber das dem Sturz entgegenwirkende Wasser sprang wie eine starke Fontäne in die Höhe und war mir vollkommen sichtbar. Ich legte diese Erscheinung nicht zu meinen Gunsten aus, und der durch sie in mir erregte Zweifel war in der Folge schuld, daß ich diese Uebungen unterbrochner und nachlässiger anstellte und dadurch selbst Anlaß gab, daß die Deutung des Orakels sich erfüllte. Wenigstens war mir für den Augenblick die Außenwelt verleidet, ich ergab mich meinen Einbildungen und Empfindungen und ließ die wohlgelegenen Schlösser und Ortschaften Weilburg,

Limburg, Diez und Nassau nach und nach hinter mir, meistens allein, nur manchmal auf kurze Zeit mich zu einem andern gesellend.

Nach einer so angenehmen Wanderung von einigen Tagen gelangte ich nach Ems, wo ich einige Male des sanften Bades genoß und sodann auf einem Kahne den Fluß hinabwärts fuhr. Da eröffnete sich mir der alte Rhein; die schöne Lage von Oberlahnstein entzückte mich; über alles aber herrlich und majestätisch erschien das Schloß Ehrenbreitstein, welches in seiner Kraft und Macht, vollkommen gerüstet, dastand. In höchst lieblichem Kontrast lag an seinem Fuß das wohlgebaute Oertchen, Thal genannt, wo ich mich leicht zu der Wohnung des Geheimerats von la Roche finden konnte. Angekündigt von Merck, ward ich von dieser edlen Familie sehr freundlich empfangen und geschwind als ein Glied derselben betrachtet. Mit der Mutter verband mich mein belletristisches und sentimentales Streben, mit dem Vater ein heiterer Weltsinn und mit den Töchtern meine Jugend.

Das Haus, ganz am Ende des Thals, wenig erhöht über dem Fluß gelegen, hatte die freie Aussicht den Strom hinabwärts. Die Zimmer waren hoch und geräumig, und die Wände galerieartig mit an einander stoßenden Gemälden behangen. Jedes Fenster, nach allen Seiten hin, machte den Rahmen zu einem natürlichen Bilde, das durch den Glanz einer milden Sonne sehr lebhaft hervortrat; ich glaubte nie so heitere Morgen und so herrliche Abende gesehen zu haben.

Nicht lange war ich allein der Gast im Hause. Zu dem Kongreß, der hier teils im artistischen, teils im empfindsamen Sinne gehalten werden sollte, war auch Leuchsenring beschieden, der von Düsseldorf heraufkam. Dieser Mann, von schönen Kenntnissen in der neuern Litteratur, hatte sich auf verschiedenen Reisen, besonders aber bei einem Aufenthalte in der Schweiz, viele Bekanntschaften und, da er angenehm und einschmeichelnd war, viele Gunst erworben. Er führte mehrere Schatullen bei sich, welche den vertrauten Briefwechsel mit mehreren Freunden enthielten: denn es war überhaupt eine so allgemeine Offenherzigkeit unter den Menschen, daß man mit keinem einzelnen sprechen oder an ihn schreiben konnte, ohne es zugleich als an mehrere gerichtet zu betrachten. Man spähte sein eigen Herz aus und das Herz der andern, und bei der Gleichgültigkeit der Regierungen gegen eine solche Mitteilung, bei der durchgreifenden Schnelligkeit der Taxischen Posten, der Sicherheit des Siegels, dem leiblichen Porto, griff dieser sittliche und litterarische Verkehr bald weiter um sich.

Solche Korrespondenzen, besonders mit bedeutenden Per=

ionen, wurden sorgfältig gesammelt und alsdann bei freundschaftlichen Zusammenkünften auszugsweise vorgelesen; und so ward man, da politische Diskurse wenig Interesse hatten, mit der Breite der moralischen Welt ziemlich bekannt.

Leuchsenrings Schatullen enthielten in diesem Sinne manche Schätze. Die Briefe einer Julie Bondeli wurden sehr hochgeachtet; sie war als Frauenzimmer von Sinn und Verdienst und als Rousseaus Freundin berühmt. Wer mit diesem außerordentlichen Manne nur irgend in Verhältnis gestanden hatte, genoß teil an der Glorie, die von ihm ausging, und in seinem Namen war eine stille Gemeinde weit und breit ausgesäet.

Ich wohnte diesen Vorlesungen gerne bei, indem ich dadurch in eine unbekannte Welt versetzt wurde und das Innere mancher kurz vergangenen Begebenheit kennen lernte. Freilich war nicht alles gehaltreich; und Herr von la Roche, ein heiterer Welt- und Geschäftsmann, der sich, obgleich Katholik, schon in Schriften über das Mönch- und Pfaffentum lustig gemacht hatte, glaubte auch hier eine Verbrüderung zu sehen, wo mancher einzelne ohne Wert sich durch Verbindung mit bedeutenden Menschen aufstutze, wobei am Ende wohl er, aber nicht jene gefördert würden. Meistens entzog sich dieser wackere Mann der Gesellschaft, wenn die Schatullen eröffnet wurden. Hörte er auch wohl einmal einige Briefe mit an, so konnte man eine schallhafte Bemerkung erwarten. Unter andern sagte er einstens, er überzeuge sich bei dieser Korrespondenz noch mehr von dem, was er immer geglaubt habe, daß Frauenzimmer alles Siegellack sparen könnten, sie sollten nur ihre Briefe mit Stecknadeln zustecken und dürften versichert sein, daß sie uneröffnet an Ort und Stelle kämen. Auf gleiche Weise pflegte er mit allem, was außer dem Lebens- und Thätigkeitskreise lag, zu scherzen und folgte hierin der Sinnesart seines Herrn und Meisters, des Grafen Stadion, kurmainzischen Ministers, welcher gewiß nicht geeignet war, den Welt- und Kaltsinn des Knaben durch Ehrfurcht vor irgend einem Ahnungsvollen ins Gleichgewicht zu setzen.

Eine Anekdote von dem großen praktischen Sinne des Grafen hingegen möge hier Platz finden. Als er den verwaisten la Roche lieb gewann und zu seinem Zögling erkor, forderte er von dem Knaben gleich die Dienste eines Sekretärs. Er gab ihm Briefe zu beantworten, Depeschen auszuarbeiten, die denn auch von ihm mundiert, öfter chiffriert, gesiegelt und überschrieben werden mußten. Dieses dauerte mehrere Jahre. Als der Knabe zum Jüngling herangereist war und dasjenige wirklich leistete, was er sich bisher nur eingebildet hatte, führte ihn der Graf an einen großen Schreibtisch, in welchem sämtliche Briefe und Pakete, unerbrochen, als Exerzitien der erstern Zeit, aufbewahrt lagen.

Eine andere Uebung, die der Graf seinem Zögling zumutete, wird nicht so allgemeinen Beifall finden. La Roche nämlich hatte sich üben müssen, die Hand seines Herrn und Meisters aufs genaueste nachzuahmen, um ihn dadurch der Qual des Selbstschreibens zu überheben. Allein nicht nur in Geschäften sollte dieses Talent genutzt werden, auch in Liebeshändeln hatte der junge Mann die Stelle seines Lehrers zu vertreten. Der Graf war leidenschaftlich einer hohen und geistreichen Dame verbunden. Wenn er in deren Gesellschaft bis tief in die Nacht verweilte, saß indessen sein Sekretär zu Hause und schmiedete die heißesten Liebesbriefe; darunter wählte der Graf und sendete noch gleich zur Nachtzeit das Blatt an seine Geliebte, welche sich denn doch wohl daran von dem unverwüstlichen Feuer ihres leidenschaftlichen Anbeters überzeugen mußte. Dergleichen frühe Erfahrungen mochten denn freilich dem Jüngling nicht den besten Begriff von schriftlichen Liebesunterhaltungen gegeben haben.

Ein unversöhnlicher Haß gegen das Pfaffentum hatte sich bei diesem Manne, der zwei geistlichen Kurfürsten diente, festgesetzt, wahrscheinlich entsprungen aus der Betrachtung des rohen, geschmacklosen, geistverderblichen Fratzenwesens, welches die Mönche in Deutschland an manchen Orten zu treiben pflegten und dadurch eine jede Art von Bildung hinderten und zerstörten. Seine Briefe über das Mönchswesen machten großes Aufsehen; sie wurden von allen Protestanten und von vielen Katholiken mit großem Beifall aufgenommen.

Wenn sich aber Herr von la Roche gegen alles, was man Empfindung nennen könnte, auflehnte, und wenn er selbst den Schein derselben entschieden von sich abhielt, so verhehlte er doch nicht eine väterlich zarte Neigung zu seiner ältesten Tochter, welche freilich nicht anders als liebenswürdig war: eher klein als groß von Gestalt, niedlich gebaut; eine freie anmutige Bildung, die schwärzesten Augen und eine Gesichtsfarbe, die nicht reiner und blühender gedacht werden konnte. Auch sie liebte ihren Vater und neigte sich zu seinen Gesinnungen. Ihm, als thätigem Geschäftsmann, war die meiste Zeit durch Berufsarbeiten weggenommen, und weil die einkehrenden Gäste eigentlich durch seine Frau und nicht durch ihn angezogen wurden, so konnte ihm die Gesellschaft wenig Freude geben. Bei Tische war er heiter, unterhaltend und suchte wenigstens seine Tafel von der empfindsamen Würze frei zu halten.

Wer die Gesinnungen und die Denkweise der Frau von la Roche kennt — und sie ist durch ein langes Leben und viele Schriften einem jeden Deutschen ehrwürdig bekannt geworden, —

der möchte vielleicht vermuten, daß hieraus ein häusliches Miß=
verhältnis hätte entstehen müssen. Aber keineswegs! Sie war
die wunderbarste Frau, und ich wüßte ihr keine andere zu ver=
gleichen. Schlank und zart gebaut, eher groß als klein, hatte
sie bis in ihre höheren Jahre eine gewisse Eleganz der Gestalt
sowohl als des Betragens zu erhalten gewußt, die zwischen dem
Benehmen einer Edeldame und einer würdigen bürgerlichen Frau
gar anmutig schwebte. Im Anzuge war sie sich mehrere Jahre
gleich geblieben. Ein nettes Flügelhäubchen stand dem kleinen
Kopfe und dem feinen Gesichte gar wohl, und die braune oder
graue Kleidung gab ihrer Gegenwart Ruhe und Würde. Sie
sprach gut und wußte dem, was sie sagte, durch Empfindung
immer Bedeutung zu geben. Ihr Betragen war gegen jeder=
mann vollkommen gleich. Allein durch dieses alles ist noch nicht
das Eigenste ihres Wesens ausgesprochen; es zu bezeichnen ist
schwer. Sie schien an allem teilzunehmen, aber im Grunde
wirkte nichts auf sie. Sie war mild gegen alles und konnte
alles dulden, ohne zu leiden; den Scherz ihres Mannes, die
Zärtlichkeit ihrer Freunde, die Anmut ihrer Kinder, alles er=
widerte sie auf gleiche Weise, und so blieb sie immer sie selbst,
ohne daß ihr in der Welt durch Gutes und Böses, oder in der
Litteratur durch Vortreffliches und Schwaches wäre beizukommen
gewesen. Dieser Sinnesart verdankt sie ihre Selbständigkeit bis
in ein hohes Alter, bei manchen traurigen, ja kümmerlichen
Schicksalen. Doch um nicht ungerecht zu sein, muß ich erwähnen,
daß ihre beiden Söhne, damals Kinder von blendender Schönheit,
ihr manchmal einen Ausdruck ablockten, der sich von demjenigen
unterschied, dessen sie sich zum täglichen Gebrauch bediente.

So lebte ich in einer neuen wundersam angenehmen Um=
gebung eine Zeitlang fort, bis Merck mit seiner Familie heran=
kam. Hier entstanden sogleich neue Wahlverwandtschaften: denn
indem die beiden Frauen sich einander näherten, hatte Merck
mit Herrn von la Roche als Welt= und Geschäftskenner, als
unterrichtet und gereist, nähere Berührung. Der Knabe gesellte
sich zu den Knaben, und die Töchter fielen mir zu, von denen
die älteste mich gar bald besonders anzog. Es ist eine sehr ange=
nehme Empfindung, wenn sich eine neue Leidenschaft in uns zu
regen anfängt, ehe die alte noch ganz verklungen ist. So sieht
man bei untergehender Sonne gern auf der entgegengesetzten
Seite den Mond aufgehn und erfreut sich an dem Doppelglanze
der beiden Himmelslichter.

Nun fehlte es nicht an reicher Unterhaltung in und außer
dem Hause. Man durchstrich die Gegend; Ehrenbreitstein dies=
seits, die Kartause jenseits wurden bestiegen. Die Stadt, die
Moselbrücke, die Fähre, die uns über den Rhein brachte, alles

gewährte das mannigfachste Vergnügen. Noch nicht erbaut war das neue Schloß; man führte uns an den Platz, wo es stehen sollte, man ließ uns die vorschlägigen Risse davon sehen.

In diesem heitern Zustande entwickelte sich jedoch innerlich der Stoff der Unverträglichkeit, der in gebildeten wie in ungebildeten Gesellschaften gewöhnlich seine unfreundlichen Wirkungen zeigt. Merck, zugleich kalt und unruhig, hatte nicht lange jene Briefwechsel mit angehört, als er über die Dinge, von denen die Rede war, so wie über die Personen und ihre Verhältnisse gar manchen schalkhaften Einfall laut werden ließ, mir aber im stillen die wunderlichsten Dinge eröffnete, die eigentlich darunter verborgen sein sollten. Von politischen Geheimnissen war zwar keineswegs die Rede, auch nicht von irgend etwas, das einen gewissen Zusammenhang gehabt hätte; er machte mich nur auf Menschen aufmerksam, die ohne sonderliche Talente mit einem gewissen Geschick sich persönlichen Einfluß zu verschaffen wissen und durch die Bekanntschaft mit vielen aus sich selbst etwas zu bilden suchen; und von dieser Zeit an hatte ich Gelegenheit, dergleichen mehr zu bemerken. Da solche Personen gewöhnlich den Ort verändern und als Reisende bald hier, bald da eintreffen, so kommt ihnen die Gunst der Neuheit zu gute, die man ihnen nicht beneiden noch verkümmern sollte: denn es ist dieses eine herkömmliche Sache, die jeder Reisende zu seinem Vorteil, jeder Bleibende zu seinem Nachteil öfters erfahren hat.

Dem sei nun, wie ihm wolle, genug, wir nährten von jener Zeit an eine gewisse unruhige, ja neidische Aufmerksamkeit auf dergleichen Leute, die auf ihre eigne Hand hin und wider zogen, sich in jeder Stadt vor Anker legten und wenigstens in einigen Familien Einfluß zu gewinnen suchten. Einen zarten und weichen dieser Zunftgenossen habe ich im Pater Brey, einen andern, tüchtigern und derbern, in einem künftig mitzuteilenden Fastnachtsspiele, das den Titel führt: Satyros, oder der vergötterte Waldteufel, wo nicht mit Billigkeit, doch wenigstens mit gutem Humor dargestellt.

Indessen wirkten die wunderlichen Elemente unserer kleinen Gesellschaft noch so ganz leidlich auf einander; wir waren teils durch eigne Sitte und Lebensart gebändigt, teils aber auch durch jene besondere Weise der Hausfrau gemildert, welche von dem, was um sie vorging, nur leicht berührt, sich immer gewissen ideellen Vorstellungen hingab und, indem sie solche freundlich und wohlwollend zu äußern verstand, alles Scharfe, was in der Gesellschaft hervortreten mochte, zu mildern und das Unebene auszugleichen wußte.

Merck hatte noch eben zur rechten Zeit zum Aufbruch geblasen, so daß die Gesellschaft in dem besten Verhältnis aus einander ging. Ich fuhr mit ihm und den Seinigen auf einer nach Mainz rück-

Dritter Teil. Dreizehntes Buch.

kehrenden Jacht den Rhein aufwärts, und obschon dieses an sich
sehr langsam ging, so ersuchten wir noch überdies den Schiffer,
sich ja nicht zu übereilen. So genossen wir mit Muße die unendlich mannigfaltigen Gegenstände, die bei dem herrlichsten Wetter
jede Stunde an Schönheit zuzunehmen und sowohl an Größe als
an Gefälligkeit immer neu zu wechseln scheinen; und ich wünsche
nur, indem ich die Namen Rheinfels und St. Goar, Bacharach,
Bingen, Elfeld und Biberich ausspreche, daß jeder meiner Leser im
stande sei, sich diese Gegenden in der Erinnerung hervorzurufen.

Wir hatten fleißig gezeichnet und uns wenigstens dadurch
die tausendfältige Abwechslung jenes herrlichen Ufers fester eingedrückt; aber auch unser Verhältnis verinnigte sich durch dieses
längere Zusammensein, durch die vertrauliche Mitteilung über
so mancherlei Dinge, dergestalt, daß Merck einen großen Einfluß
über mich gewann und ich ihm als ein guter Gesell zu einem
behaglichen Dasein unentbehrlich ward. Mein durch die Natur
geschärfter Blick warf sich wieder auf die Kunstbeschauung, wozu
mir die schönen Frankfurter Sammlungen an Gemälden und
Kupferstichen die beste Gelegenheit gaben, und ich bin der Neigung
der Herren Ettling, Ehrenreich, besonders aber dem braven
Nothnagel sehr viel schuldig geworden. Die Natur in der
Kunst zu sehen, ward bei mir zu einer Leidenschaft, die in ihren
höchsten Augenblicken andern, selbst passionierten Liebhabern, fast
wie Wahnsinn erscheinen mußte; und wie konnte eine solche
Neigung besser gehegt werden, als durch eine fortdauernde Betrachtung der trefflichen Werke der Niederländer. Damit ich
mich aber auch mit diesen Dingen werktätig bekannt machen
möchte, räumte mir Nothnagel ein Kabinett ein, wo ich alles
fand, was zur Oelmalerei nötig war, und ich malte einige einfache Stillleben nach dem Wirklichen, auf deren einem ein
Messerstiel von Schildpatt, mit Silber eingelegt, meinen Meister,
der mich erst vor einer Stunde besucht hatte, dergestalt überraschte, daß er behauptete, es müsse während der Zeit einer von
seinen untergeordneten Künstlern bei mir gewesen sein.

Hätte ich geduldig fortgefahren, mich an solchen Gegenständen
zu üben, ihnen Licht und Schatten und die Eigenheiten ihrer
Oberfläche abzugewinnen, ich hätte mir eine gewisse Praxis bilden
und zum Höheren den Weg bahnen können; so aber verfolgte
mich der Fehler aller Dilettanten, mit dem Schwersten anzufangen,
ja sogar das Unmögliche leisten zu wollen, und ich verwickelte
mich bald in größere Unternehmungen, in denen ich stecken blieb,
sowohl weil sie weit über meine technischen Fähigkeiten hinaus-
lagen, als weil ich die liebevolle Aufmerksamkeit und den ge-
lassenen Fleiß, durch den auch schon der Anfänger etwas leistet,
nicht immer rein und wirksam erhalten konnte.

Auch wurde ich zu gleicher Zeit abermals in eine höhere Sphäre gerissen, indem ich einige schöne Gipsabgüsse antiker Köpfe anzuschaffen Gelegenheit fand. Die Italiener nämlich, welche die Messen beziehen, brachten manchmal dergleichen gute Exemplare mit und verkauften sie auch wohl, nachdem sie eine Form darüber genommen. Auf diesem Wege stellte ich mir ein kleines Museum auf, indem ich die Köpfe des Laokoon, seiner Söhne, der Niobe Töchter allmählich zusammenbrachte, nicht weniger die Nachbildungen der bedeutendsten Werke des Altertums im kleinen aus der Verlassenschaft eines Kunstfreundes ankaufte und so mir jenen großen Eindruck, den ich in Mannheim gewonnen hatte, möglichst wieder zu beleben suchte.

Indem ich nun alles, was von Talent, Liebhaberei oder sonst irgend einer Neigung in mir leben mochte, auszubilden, zu nähren und zu unterhalten suchte, verwendete ich eine gute Zeit des Tages, nach dem Wunsche meines Vaters, auf die Advokatur, zu deren Ausübung ich zufälligerweise die beste Gelegenheit fand. Nach dem Tode des Großvaters war mein Oheim Textor in den Rat gekommen und übergab mir die kleineren Sachen, denen ich gewachsen war; welches die Gebrüder Schlosser auch thaten. Ich machte mich mit den Akten bekannt, mein Vater las sie ebenfalls mit vielem Vergnügen, da er sich, durch Veranlassung des Sohns, wieder in einer Thätigkeit sah, die er lange entbehrt hatte. Wir besprachen uns darüber, und mit großer Leichtigkeit machte ich alsdann die nötigen Aufsätze. Wir hatten einen trefflichen Kopisten zu Hand, auf den man sich zugleich wegen aller Kanzleiförmlichkeiten verlassen konnte: und so war mir dieses Geschäft eine um so angenehmere Unterhaltung, als es mich dem Vater näher brachte, der, mit meinem Benehmen in diesem Punkte völlig zufrieden, allem übrigen, was ich trieb, gerne nachsah, in der sehnlichen Erwartung, daß ich nun bald auch schriftstellerischen Ruhm einernten würde.

Weil nun in jeder Zeitepoche alles zusammenhängt, indem die herrschenden Meinungen und Gesinnungen sich auf die vielfachste Weise verzweigen, so befolgte man in der Rechtslehre nunmehr auch nach und nach alle diejenigen Maximen, nach welchen man Religion und Moral behandelte. Unter den Sachwaltern, als den jüngern, sodann unter den Richtern, als den ältern, verbreitete sich der Humanismus, und alles wetteiferte, auch in rechtlichen Verhältnissen höchst menschlich zu sein. Gefängnisse wurden gebessert, Verbrechen entschuldigt, Strafen gelindert, die Legitimationen erleichtert, Scheidungen und Mißheiraten befördert, und einer unserer vorzüglichen Sachwalter erwarb sich den höchsten Ruhm, als er einem Scharfrichtersohne den Eingang in das Kollegium der Aerzte zu erfechten wußte. Vergebens widersetzten sich Gilden und Körperschaften; ein Damm nach dem andern ward durchbrochen. Die Duldsamkeit der Religionsparteien gegen einander ward nicht bloß gelehrt, sondern ausgeübt, und mit einem noch größern Einflusse ward die bürgerliche Verfassung bedroht, als man Duldsamkeit gegen die Juden mit Verstand, Scharfsinn und Kraft der gutmütigen Zeit anzuempfehlen bemüht war. Diese neuen Gegenstände rechtlicher Behandlung, welche außerhalb des Gesetzes und des Herkommens lagen und nur an billige Beurteilung, an gemütliche Teilnahme Anspruch machten, forderten zugleich einen natürlicheren und lebhafteren Stil. Hier war uns, den jüngsten, ein heiteres Feld eröffnet, in welchem wir uns mit Lust herumtummelten, und ich erinnere mich noch gar wohl, daß ein Reichshofratsagent mir in einem solchen Falle ein sehr artiges Belobungsschreiben zusendete. Die französischen plaidoyers dienten uns zu Mustern und zur Anregung.

Und somit waren wir auf dem Wege, bessere Redner als Juristen zu werden, worauf mich der solide Georg Schlosser einstmals tadelnd aufmerksam machte. Ich hatte ihm erzählt, daß ich meiner Partei eine mit vieler Energie zu ihren Gunsten abgefaßte Streitschrift vorgelesen, worüber sie mir große Zufriedenheit bezeigt. Hierauf erwiderte er mir: Du hast dich in diesem Fall mehr als Schriftsteller, denn als Advokat bewiesen. Man muß niemals fragen, wie eine solche Schrift dem Klienten, sondern wie sie dem Richter gefallen könne.

Wie nun aber niemand noch so ernste und dringende Geschäfte haben mag, denen er seinen Tag widmet, daß er nicht dem ungeachtet abends so viel Zeit fände, das Schauspiel zu besuchen, so ging es auch mir, der ich, in Ermangelung einer vorzüglichen Bühne, über das deutsche Theater zu denken nicht aufhörte, um zu erforschen, wie man auf demselben allenfalls thätig mitwirken könnte. Der Zustand desselben in der zweiten Hälfte des vorigen Jahrhunderts ist bekannt genug, und jedermann, der sich davon zu unterrichten verlangt, findet überall bereite Hilfsmittel. Ich denke deswegen hier nur einige allgemeine Bemerkungen einzuschalten.

Das Glück der Bühne beruhte mehr auf der Persönlichkeit der Schauspieler als auf dem Werte der Stücke. Dies war besonders bei halb oder ganz extemporierten Stücken der Fall, wo alles auf den Humor und das Talent der komischen Schauspieler ankam. Der Stoff solcher Stücke muß aus dem gemeinsten Leben genommen sein, den Sitten des Volks gemäß, vor welchem man spielt. Aus dieser unmittelbaren Anwendbarkeit entspringt der große Beifall, dessen sie sich jederzeit zu erfreuen haben. Diese waren immer im südlichen Deutschland zu Hause, wo man sie bis auf den heutigen Tag beibehält und nur von Zeit zu Zeit dem Charakter der possenhaften Masken einige Veränderung zu geben durch den Personenwechsel genötigt ist. Doch nahm das deutsche Theater, dem ernsten Charakter der Nation gemäß, sehr bald eine Wendung nach dem Sittlichen, welche durch eine äußere Veranlassung noch mehr beschleunigt ward. Unter den strengen Christen entstand nämlich die Frage, ob das Theater zu den sündlichen und auf alle Fälle zu vermeidenden Dingen gehöre, oder zu den gleichgültigen, welche dem Guten gut, und nur dem Bösen bös werden könnten. Strenge Eiferer verneinten das letztere und hielten fest darüber, daß kein Geistlicher je ins Theater gehen soll. Nun konnte die Gegenrede nicht mit Nachdruck geführt werden, als wenn man das Theater nicht allein für unschädlich, sondern sogar für nützlich angab. Um nützlich zu sein, mußte es sittlich sein, und dazu bildete es sich im nördlichen Deutschland um so mehr aus, als durch einen gewissen Halbgeschmack die lustige Person vertrieben ward und, obgleich geistreiche Köpfe für sie einsprachen, dennoch weichen mußte, da sie sich bereits von der Derbheit des deutschen Hanswursts gegen die Niedlichkeit und Zierlichkeit der italienischen und französischen Harlekine gewendet hatte. Selbst Scapin und Crispin verschwanden nach und nach; den letztern habe ich zum letztenmal von Koch in seinem hohen Alter spielen sehn.

Schon die Richardsonschen Romane hatten die bürgerliche Welt auf eine zartere Sittlichkeit aufmerksam gemacht. Die strengen und unausbleiblichen Folgen eines weiblichen Fehltritts waren in der Clarisse auf eine grausame Weise zergliedert. Lessings Miß Sara Sampson behandelte dasselbe Thema. Nun ließ der Kaufmann von London einen verführten Jüngling in der schrecklichsten Lage sehen. Die französischen Dramen hatten denselben Zweck, verfuhren aber mäßiger und wußten durch Vermittlung am Ende zu gefallen. Diderots Hausvater, der ehrliche Verbrecher, der Essighändler, der Philosoph ohne es zu wissen, Eugenie und mehr dergleichen Werke waren dem ehrbaren Bürger- und Familiensinn gemäß, der immer mehr obzuwalten anfing. Bei uns gingen der dankbare Sohn, der Deserteur aus Kindesliebe und ihre Sippschaft denselben Weg. Der Minister, Klementine und die übrigen Geblerschen Stücke, der deutsche Hausvater von Gemmingen, alle brachten den Wert des mittleren, ja des unteren Standes zu einer gemütlichen Anschauung und entzückten das große Publikum. Ekhof durch seine edle Persönlichkeit, die dem Schauspielerstand eine gewisse Würde mitteilte, deren er bisher entbehrte, hob die ersten Figuren solcher

Stücke ungemein, indem der Ausdruck von Rechtlichkeit ihm, als einem rechtlichen Manne, vollkommen gelang.

Indem nun das deutsche Theater sich völlig zur Verweichlichung hinneigte, stand Schröder als Schriftsteller und Schauspieler auf und bearbeitete, durch die Verbindung Hamburgs mit England veranlaßt, englische Lustspiele. Er konnte dabei den Stoff derselben nur im allgemeinsten brauchen: denn die Originale sind meistens formlos, und wenn sie auch gut und planmäßig anfangen, so verlieren sie sich doch zuletzt ins Weite. Es scheint ihren Verfassern nur darum zu thun, die wunderlichsten Szenen anzubringen, und wer an ein gehaltenes Kunstwerk gewöhnt ist, sieht sich zuletzt ungern ins Grenzenlose getrieben. Ueberdies geht ein wildes und unsittliches, gemeinwüstes Wesen bis zum Unerträglichen so entschieden durch, daß es schwer sein möchte, dem Plan und den Charakteren alle ihre Unarten zu benehmen. Sie sind eine derbe und dabei gefährliche Speise, die bloß einer großen und halbverdorbenen Volksmasse zu einer gewissen Zeit genießbar und verdaulich gewesen sein mag. Schröder hat an diesen Dingen mehr gethan, als man gewöhnlich weiß; er hat sie von Grund aus verändert, dem deutschen Sinne angeähnlicht und sie möglichst gemildert. Es bleibt ihnen aber immer ein herber Kern, weil der Scherz gar oft auf Mißhandlung von Personen beruht, sie mögen es verdienen oder nicht. In diesen Darstellungen, welche sich gleichfalls auf dem Theater verbreiteten, lag also ein heimliches Gegengewicht jener allzu zarten Sittlichkeit, und die Wirkung beider Arten gegen einander hinderte glücklicherweise die Eintönigkeit, in die man sonst verfallen wäre.

Der Deutsche, gut und großmütig von Natur, will niemand gemißhandelt wissen. Weil aber kein Mensch, wenn er auch noch so gut denkt, sicher ist, daß man ihm nicht etwas gegen seine Neigung unterschiebe, auch das Lustspiel überhaupt immer etwas Schadenfreude bei dem Zuschauer voraussetzt oder erweckt, wenn es behagen soll, so geriet man auf einem natürlichen Wege zu einem bisher für unnatürlich gehaltenen Benehmen; dieses war: die höheren Stände herabzusetzen und sie mehr oder weniger anzutasten. Die prosaische und poetische Satire hatte sich bisher immer gehütet, Hof und Adel zu berühren. Rabener enthielt sich nach jener Seite hin alles Spottes und blieb in einem niederen Kreise. Zachariä beschäftigt sich viel mit Landedelleuten, stellt ihre Liebhabereien und Eigenheiten komisch dar, aber ohne Mißachtung. Thümmels Wilhelmine, eine kleine geistreiche Komposition, so angenehm als kühn, erwarb sich großen Beifall, vielleicht auch mit deswegen, weil der Verfasser, ein Edelmann und Hofgenosse, die eigne Klasse nicht eben schonend behandelte.

Den entschiedensten Schritt jedoch that Lessing in der Emilia Galotti, wo die Leidenschaften und ränkevollen Verhältnisse der höheren Regionen schneidend und bitter geschildert sind. Alle diese Dinge sagten dem aufgeregten Zeitsinne vollkommen zu, und Menschen von weniger Geist und Talent glaubten das Gleiche, ja noch mehr thun zu dürfen; wie denn Großmann in sechs unappetitlichen S ch ü f f e l n alle Leckerspeisen seiner Pöbelküche dem schadenfrohen Publikum auftischte. Ein redlicher Mann, Hofrat Reinhard, machte bei dieser unerfreulichen Tafel den Haushofmeister, zu Trost und Erbauung sämtlicher Gäste. Von dieser Zeit an wählte man die theatralischen Bösewichter immer aus den höheren Ständen; doch mußte die Person Kammerjunker oder wenigstens Geheimsekretär sein, um sich einer solchen Auszeichnung würdig zu machen. Zu den allergottlosesten Schaubildern aber erkor man die obersten Chargen und Stellen des Hof= und Zivil=Etats im Adreßkalender, in welcher vornehmen Gesellschaft denn doch noch die Justitiarien, als Bösewichter der ersten Instanz, ihren Platz fanden.

Doch indem ich schon fürchten muß, über die Zeit hinausgegriffen zu haben, von der hier die Rede sein kann, kehre ich auf mich selbst zurück, um des Dranges zu erwähnen, den ich empfand, mich in freien Stunden mit den einmal ausgesonnenen theatralischen Planen zu beschäftigen.

Durch die fortdauernde Teilnahme an Shakespeares Werken hatte ich mir den Geist so ausgeweitet, daß mir der enge Bühnenraum und die kurze, einer Vorstellung zugemessene Zeit keineswegs hinlänglich schienen, um etwas Bedeutendes vorzutragen. Das Leben des biedern Götz von Berlichingen, von ihm selbst geschrieben, trieb mich in die historische Behandlungsart, und meine Einbildungskraft dehnte sich dergestalt aus, daß auch meine dramatische Form alle Theatergrenzen überschritt und sich den lebendigen Ereignissen mehr und mehr zu nähern suchte. Ich hatte mich davon, so wie ich vorwärts ging, mit meiner Schwester umständlich unterhalten, die an solchen Dingen mit Geist und Gemüt teilnahm, und ich erneuerte diese Unterhaltung so oft, ohne nur irgend zum Werke zu schreiten, daß sie zuletzt ungeduldig und wohlwollend dringend bat, mich nur nicht immer mit Worten in die Luft zu ergehn, sondern endlich einmal das, was mir so gegenwärtig wäre, auf das Papier festzubringen. Durch diesen Antrieb bestimmt, fing ich eines Morgens zu schreiben an, ohne daß ich einen Entwurf oder Plan vorher aufgesetzt hätte. Ich schrieb die ersten Szenen, und abends wurden sie Kornelien vorgelesen. Sie schenkte ihnen vielen Beifall, jedoch nur bedingt, indem sie zweifelte, daß ich so fortfahren würde, ja, sie äußerte sogar einen entschiedenen Unglauben an meine Beharrlichkeit. Dieses reizte mich nur um so mehr; ich fuhr den nächsten Tag fort, und so den dritten; die Hoffnung wuchs bei den täglichen Mitteilungen, auch mir ward alles von Schritt zu Schritt lebendiger, indem mir ohnehin der Stoff durchaus eigen geworden; und so hielt ich mich ununterbrochen ans Werk, das ich geradeswegs verfolgte, ohne weder rückwärts, noch rechts, noch links zu sehn, und in etwa sechs Wochen hatte ich das Vergnügen, das Manuskript geheftet zu erblicken. Ich teilte es Merken mit, der verständig und wohlwollend darüber sprach; ich sendete es Herdern zu, der sich unfreundlich und hart dagegen äußerte und nicht ermangelte, in einigen gelegentlichen Schmähgedichten mich deshalb mit spöttischen Namen zu bezeichnen. Ich ließ mich dadurch nicht irre machen, sondern faßte meinen Gegenstand scharf ins Auge; der Wurf war einmal gethan, und es fragte sich nur, wie man die Steine im Brett vorteilhaft setzte. Ich sah wohl, daß mir auch hier niemand raten würde, und als ich nach einiger Zeit mein Werk wie ein fremdes betrachten konnte, so erkannte ich freilich, daß ich bei dem Versuch, auf die Einheit der Zeit und des Orts Verzicht zu thun, auch der höheren Einheit, die um desto mehr gefordert wird, Eintrag gethan hatte. Da ich mich, ohne Plan und Entwurf, bloß der Einbildungskraft und einem innern Trieb überließ, so war ich von vorneherein ziemlich bei der Klinge geblieben, und die ersten Akte konnten für das, was sie sein sollten, gar füglich gelten; in den folgenden aber, und besonders gegen das Ende riß mich eine wundersame Leidenschaft unbewußt hin. Ich hatte mich, indem ich Adelheid liebenswürdig zu schildern trachtete, selbst in sie verliebt, unwillkürlich war meine Feder nur ihr gewidmet, das Interesse an ihrem Schicksal nahm überhand, und wie ohnehin gegen das Ende Götz außer Thätigkeit gesetzt ist und dann nur zu einer unglücklichen Teilnahme am Bauernkriege zurückkehrt, so war nichts natürlicher, als daß eine reizende Frau ihn bei dem Autor ausstach, der, die Kunstfesseln abschüttelnd, in einem neuen Felde sich zu versuchen dachte. Diesen Mangel, oder vielmehr diesen tadelhaften Ueberfluß, erkannte ich gar bald, da die Natur meiner Poesie mich immer zur Einheit hindrängte. Ich hegte nun, anstatt der Lebensbeschreibung Götzens und der deutschen Altertümer, mein eignes Werk im Sinne und suchte ihm immer mehr historischen und nationalen Gehalt zu geben und das, was daran fabelhaft oder bloß leidenschaftlich war, auszulöschen; wobei ich freilich manches aufopferte, indem die menschliche Neigung der künstlerischen Ueberzeugung weichen mußte. So hatte ich mir z. B. etwas Rechts zu gute gethan, indem ich in einer grauerlich nächtlichen Zigeunerszene Adelheid auftreten und ihre schöne Gegenwart Wunder thun ließ. Eine nähere Prüfung verbannte sie, sowie auch der im vierten und fünften Akte umständlich ausgeführte Liebeshandel zwischen Franzen und seiner gnädigen Frau sich ins Enge zog und nur in seinen Hauptmomenten hervorleuchten durfte.

Ohne also an dem ersten Manuskript irgend etwas zu verändern, welches ich wirklich noch in seiner Urgestalt besitze, nahm ich mir vor, das Ganze umzuschreiben, und leistete dies auch mit solcher Thätigkeit, daß in wenigen Wochen ein ganz erneutes Stück vor mir lag. Ich ging damit um so rascher zu Werke, je weniger ich die Absicht hatte, diese zweite Bearbeitung jemals drucken zu lassen, sondern sie gleichfalls nur als Vorübung ansah, die ich künftig, bei einer mit mehrerem Fleiß und Ueberlegung anzustellenden neuen Behandlung, abermals zum Grunde legen wollte.

Als ich nun mancherlei Vorschläge, wie ich dies anzufangen gedächte, Mercken vorzutragen anfing, spottete er mein und fragte, was denn das ewige Arbeiten und Umarbeiten heißen solle? Die Sache werde dadurch nur anders und selten besser; man müsse sehen, was das eine für Wirkung thue, und dann immer wieder was Neues unternehmen. — „Beizeit auf die Zäun', so trocknen die Windeln!" rief er sprichwörtlich aus; das Säumen und Zaudern mache nur unsichere Menschen. Ich erwiderte ihm dagegen, daß es mir unangenehm sein würde, eine Arbeit, an die ich so viele Neigung verwendet, einem Buchhändler anzubieten und mir vielleicht gar eine abschlägige Antwort zu holen: denn wie sollten sie einen jungen, namenlosen und noch dazu verwegenen Schriftsteller beurteilen? Schon meine Mitschuldigen, auf die ich etwas hielt, hätte ich, als meine Scheu vor der Presse nach und nach verschwand, gern gedruckt gesehn; allein ich fand keinen geneigten Verleger.

Hier ward nun meines Freundes technisch-merkantilische Lust auf einmal rege. Durch die Frankfurter Zeitung hatte er sich schon mit Gelehrten und Buchhändlern in Verbindung gesetzt: wir sollten daher, wie er meinte, dieses seltsame und gewiß auffallende Werk auf eigne Kosten herausgeben, und es werde davon ein guter Vorteil zu ziehen sein; wie er denn, mit so vielen andern, öfters den Buchhändlern ihren Gewinn nachzurechnen pflegte, der bei manchen Werken freilich groß war, besonders wenn man außer acht ließ, wie viel wieder an anderen Schriften und durch sonstige Handelsverhältnisse verloren geht. Genug, es ward ausgemacht, daß ich das Papier anschaffen, er aber für den Druck sorgen solle; und somit ging es frisch ans Werk, und mir gefiel es gar nicht übel, meine wilde dramatische Skizze nach und nach in saubern Aushängebogen zu sehen: sie nahm sich wirklich reinlicher aus, als ich selbst gedacht. Wir vollendeten

das Werk, und es ward in vielen Paketen versendet. Nun
dauerte es nicht lange, so entstand überall eine große Bewegung;
das Aufsehen, das es machte, ward allgemein. Weil wir aber,
bei unsern beschränkten Verhältnissen, die Exemplare nicht schnell
genug nach allen Orten zu verteilen vermochten, so erschien
plötzlich ein Nachdruck; und da überdies gegen unsere Aussen=
dungen freilich sobald keine Erstattung, am allerwenigsten eine
bare, zurückerfolgen konnte: so war ich, als Haussohn, dessen
Kasse nicht in reichlichen Umständen sein konnte, zu einer Zeit,
wo man mir von allen Seiten her viel Aufmerksamkeit, ja sogar
vielen Beifall erwies, höchst verlegen, wie ich nur das Papier
bezahlen sollte, auf welchem ich die Welt mit meinem Talent
bekannt gemacht hatte. Merck, der sich schon eher zu helfen
wußte, hegte dagegen die besten Hoffnungen, daß sich nächstens
alles wieder ins Gleiche stellen würde; ich bin aber nichts davon
gewahr worden.

Schon bei den kleinen Flugschriften, die ich ungenannt
herausgab, hatte ich das Publikum und die Rezensenten auf
meine eignen Kosten kennen lernen, und ich war auf Lob und
Tadel so ziemlich vorbereitet, besonders da ich seit mehreren
Jahren immer nachging und beobachtete, wie man die Schrift=
steller behandle, denen ich eine vorzügliche Aufmerksamkeit ge=
widmet hatte.

Hier konnte ich selbst in meiner Unsicherheit deutlich be=
merken, wie doch so vieles grundlos, einseitig und willkürlich
in den Tag hinein gesagt wurde. Mir begegnete nun dasselbe,
und wenn ich nicht schon einigen Grund gehabt hätte, wie irre
hätten mich die Widersprüche gebildeter Menschen machen müssen!
So stand z. B. im Deutschen Merkur eine weitläufige, wohl=
gemeinte Rezension, verfaßt von irgend einem beschränkten Geiste.
Wo er tadelte, konnte ich nicht mit ihm einstimmen, noch weniger,
wenn er angab, wie die Sache hätte können anders gemacht
werden. Erfreulich war es mir daher, wenn ich unmittelbar
hinterdrein eine heitere Erklärung Wielands antraf, der im all
meinen dem Rezensenten widersprach und sich meiner gegen ihn
annahm. Indessen war doch jenes auch gedruckt; ich sah ein
Beispiel von der dumpfen Sinnesart unterrichteter und gebildeter
Männer: wie mochte es erst im großen Publikum aussehn!

Das Vergnügen, mich mit Mercken über solche Dinge zu
besprechen und aufzuklären, war von kurzer Dauer; denn die
einsichtsvolle Landgräfin von Hessen=Darmstadt nahm ihn auf
ihrer Reise nach Petersburg in ihr Gefolge. Die ausführlichen
Briefe, die er mir schrieb, gaben mir eine weitere Aussicht in
die Welt, die ich mir um so mehr zu eigen machen konnte, als
die Schilderungen von einer bekannten und befreundeten Hand

gezeichnet waren. Allein ich blieb dem ungeachtet dadurch auf längere Zeit sehr einsam und entbehrte gerade in dieser wichtigen Epoche seiner aufklärenden Teilnahme, deren ich denn doch so sehr bedurfte.

Denn wie man wohl den Entschluß faßt, Soldat zu werden und in den Krieg zu gehen, sich auch mutig vorsetzt, Gefahr und Beschwerlichkeiten zu ertragen, sowie auch Wunden und Schmerzen, ja den Tod zu erdulden, aber sich dabei keineswegs die besonderen Fälle vorstellt, unter welchen diese im allgemeinen erwarteten Uebel uns äußerst unangenehm überraschen können: so ergeht es einem jeden, der sich in die Welt wagt und besonders dem Autor, und so ging es auch mir. Da der größte Teil des Publikums mehr durch den Stoff als durch die Behandlung angeregt wird, so war die Teilnahme junger Männer an meinen Stücken meistens stoffartig. Sie glaubten daran ein Panier zu sehn, unter dessen Vorschritt alles, was in der Jugend Wildes und Ungeschlachtes lebt, sich wohl Raum machen dürfte, und gerade die besten Köpfe, in denen schon vorläufig etwas Aehnliches spukte, wurden davon hingerissen. Ich besitze noch von dem trefflichen und in manchem Betracht einzigen Bürger einen Brief, ich weiß nicht an wen, der als wichtiger Beleg dessen gelten kann, was jene Erscheinung damals gewirkt und aufgeregt hat. Von der Gegenseite tadelten mich gesetzte Männer, daß ich das Faustrecht mit zu günstigen Farben geschildert habe, ja, sie legten mir die Absicht unter, daß ich jene unregelmäßigen Zeiten wieder einzuführen gedächte. Noch andere hielten mich für einen grundgelehrten Mann und verlangten, ich sollte die Original-Erzählung des guten Götz neu mit Noten herausgeben; wozu ich mich keineswegs geschickt fühlte, ob ich es mir gleich gefallen ließ, daß man meinen Namen auf den Titel des frischen Abdrucks zu setzen beliebte. Man hatte, weil ich die Blumen eines großen Daseins abzupflücken verstand, mich für einen sorgfältigen Kunstgärtner gehalten. Diese meine Gelahrtheit und gründliche Sachkenntnis wurde jedoch wieder von andern in Zweifel gezogen. Ein angesehener Geschäftsmann macht mir ganz unvermutet die Visite. Ich sehe mich dadurch höchst geehrt, und um so mehr, als er sein Gespräch mit dem Lobe meines Götz von Berlichingen und meiner guten Einsichten in die deutsche Geschichte anfängt; allein ich finde mich doch betroffen, als ich bemerke, er sei eigentlich nur gekommen, um mich zu belehren, daß Götz von Berlichingen kein Schwager von Franz von Sickingen gewesen sei, und daß ich also durch dieses poetische Ehebündnis gar sehr gegen die Geschichte verstoßen habe. Ich suchte mich dadurch zu entschuldigen, daß Götz ihn selber so nenne; allein mir ward erwidert, daß dieses eine Redensart sei, welche nur ein näheres Verhältnis ausdrücke, wie man ja in der neueren Zeit die Postillone auch Schwager nenne, ohne daß ein Familienband sie an uns knüpfe. Ich dankte, so gut ich konnte, für diese Belehrung und bedauerte nur, daß dem Uebel nicht mehr abzuhelfen sei. Dieses ward von seiner Seite gleichfalls bedauert, wobei er mich freundlichst zu fernerem Studium der deutschen Geschichte und Verfassung ermahnte und mir dazu seine Bibliothek anbot, von der ich auch in der Folge guten Gebrauch machte.

Das Lustigste jedoch, was mir in dieser Art begegnete, war der Besuch eines Buchhändlers, der mit einer heiteren Freimütigkeit sich ein Dutzend solcher Stücke ausbat und sie gut zu honorieren versprach. Daß wir uns darüber sehr lustig machten, läßt sich denken, und doch hatte er im Grunde so unrecht nicht: denn ich war schon im stillen beschäftigt, von diesem Wendepunkt der deutschen Geschichte mich vor- und rückwärts zu bewegen und die Hauptereignisse in gleichem Sinn zu bearbeiten. Ein löblicher Vorsatz, der, wie so manche andere, durch die flüchtig vorbeirauschende Zeit vereitelt worden.

Jenes Schauspiel jedoch beschäftigte bisher den Verfasser nicht allein, sondern, während es ersonnen, geschrieben, umgeschrieben, gedruckt und verbreitet wurde, bewegten sich noch viele andere Bilder und Vorschläge in seinem Geiste. Diejenigen, welche dramatisch zu behandeln waren, erhielten den Vorzug, am öftersten durchgedacht und der Vollendung angenähert zu werden; allein zu gleicher Zeit entwickelte sich ein Uebergang zu einer andern Darstellungsart, welche nicht zu den dramatischen gerechnet zu werden pflegt und doch mit ihnen große Verwandtschaft hat. Dieser Uebergang geschah hauptsächlich durch eine Eigenheit des Verfassers, die sogar das Selbstgespräch zum Zwiegespräch umbildete.

Gewöhnt, am liebsten seine Zeit in Gesellschaft zuzubringen, verwandelte er auch das einsame Denken zur geselligen Unterhaltung, und zwar auf folgende Weise. Er pflegte nämlich, wenn er sich allein sah, irgend eine Person seiner Bekanntschaft im Geiste zu sich zu rufen. Er bat sie, niederzusitzen, ging an ihr auf und ab, blieb vor ihr stehen und verhandelte mit ihr den Gegenstand, der ihm eben im Sinne lag. Hierauf antwortete sie gelegentlich oder gab durch die gewöhnliche Mimik ihr Zu- oder Abstimmen zu erkennen; wie denn jeder Mensch hierin etwas Eignes hat. Sodann fuhr der Sprechende fort, dasjenige, was dem Gaste zu gefallen schien, weiter auszuführen, oder was derselbe mißbilligte, zu bedingen, näher zu bestimmen, und gab auch wohl zuletzt seine These gefällig auf. Das Wunderlichste war dabei, daß er niemals Personen seiner näheren Bekanntschaft wählte, sondern solche, die er nur selten sah, ja mehrere, die weit in der Welt entfernt lebten und mit denen er nur in einem vorübergehenden Verhältnis gestanden; aber es waren meist Personen, die, mehr empfänglicher als ausgebender Natur, mit reinem Sinne einen ruhigen Anteil an Dingen zu nehmen bereit sind, die in ihrem Gesichtskreise liegen, ob er sich gleich manchmal zu diesen dialektischen Uebungen widersprechende Geister herbeirief. Hiezu bequemten sich nun Personen beiderlei Geschlechts, jedes Alters und Standes und erwiesen sich gefällig und anmutig, da man sich nur von Gegenständen unterhielt, die ihnen deutlich und lieb waren. Höchst wunderbar würde es jedoch manchen vorgekommen sein, wenn sie hätten erfahren können, wie oft sie zu dieser ideellen Unterhaltung berufen wurden, da sich manche zu einer wirklichen wohl schwerlich eingefunden hätten.

Wie nahe ein solches Gespräch im Geiste mit dem Briefwechsel verwandt sei, ist klar genug, nur daß man hier ein hergebrachtes Vertrauen erwidert sieht und dort ein neues, immer wechselndes, unerwidertes sich selbst zu schaffen weiß. Als daher jener Ueberdruß zu schildern war, mit welchem die Menschen, ohne durch Not gedrungen zu sein, das Leben empfinden, mußte der Verfasser sogleich darauf fallen, seine Gesinnung in Briefen darzustellen: denn jeder Unmut ist eine Geburt, ein Zögling der Einsamkeit; wer sich ihm ergibt, flieht allen Widerspruch, und was widerspricht ihm mehr als jede heitere Gesellschaft? Der Lebensgenuß anderer ist ihm ein peinlicher Vorwurf, und so wird er durch das, was ihn aus sich selbst herauslocken sollte, in sein Innerstes zurückgewiesen. Mag er sich allenfalls darüber äußern, so wird es durch Briefe geschehn: denn einem schriftlichen Erguß, er sei fröhlich oder verdrießlich, setzt sich doch niemand unmittelbar entgegen; eine mit Gegengründen verfaßte Antwort aber gibt dem Einsamen Gelegenheit, sich in seinen Grillen zu befestigen, einen Anlaß, sich noch mehr zu verstocken. Jene in diesem Sinne geschriebenen Wertherischen Briefe haben nun wohl deßhalb einen so mannigfaltigen Reiz, weil ihr verschiedener Inhalt erst in solchen ideellen Dialogen mit mehreren Individuen durchgesprochen worden, sie sodann aber in der Komposition selbst nur an einen Freund und Teilnehmer gerichtet erscheinen. Mehr über die Behandlung des so viel besprochenen Werkleins zu sagen, möchte kaum rätlich sein; über den Inhalt jedoch läßt sich noch einiges hinzufügen.

Jener Ekel vor dem Leben hat seine physischen und seine sittlichen Ursachen; jene wollen wir dem Arzt, diese dem Moralisten zu erforschen überlassen und bei einer so oft durchgearbeiteten Materie nur den Hauptpunkt beachten, wo sich jene

Erscheinung am deutlichsten ausspricht. Alles Behagen am Leben ist auf eine regelmäßige Wiederkehr der äußeren Dinge gegründet. Der Wechsel von Tag und Nacht, der Jahreszeiten, der Blüten und Früchte, und was uns sonst von Epoche zu Epoche entgegentritt, damit wir es genießen können und sollen, diese sind die eigentlichen Triebfedern des irdischen Lebens. Je offener wir für diese Genüsse sind, desto glücklicher fühlen wir uns; wälzt sich aber die Verschiedenheit dieser Erscheinungen vor uns auf und nieder, ohne daß wir daran teilnehmen, sind wir gegen so holde Anerbietungen unempfänglich, dann tritt das größte Uebel, die schwerste Krankheit ein: man betrachtet das Leben als eine ekelhafte Last. Von einem Engländer wird erzählt, er habe sich aufgehangen, um nicht mehr täglich sich aus- und anzuziehen. Ich kannte einen wackern Gärtner, den Aufseher einer großen Parkanlage, der einmal mit Verdruß ausrief: Soll ich denn immer diese Regenwolken von Abend gegen Morgen ziehen sehn! Man erzählt von einem unserer trefflichsten Männer, er habe mit Verdruß das Frühjahr wieder aufgrünen gesehn und gewünscht, es möchte zur Abwechslung einmal rot erscheinen. Dieses sind eigentlich die Symptome des Lebensüberdrusses, der nicht selten in den Selbstmord ausläuft und bei denkenden, in sich gekehrten Menschen häufiger war, als man glauben kann.

Nichts aber veranlaßt mehr diesen Ueberdruß, als die Wiederkehr der Liebe. Die erste Liebe, sagt man mit Recht, sei die einzige: denn in der zweiten und durch die zweite geht schon der höchste Sinn der Liebe verloren. Der Begriff des Ewigen und Unendlichen, der sie eigentlich hebt und trägt, ist zerstört, sie er scheint vergänglich wie alles Wiederkehrende. Die Absonderung des Sinnlichen vom Sittlichen, die in der verflochtenen kultivierten Welt die liebenden und begehrenden Empfindungen spaltet, bringt auch hier eine Uebertriebenheit hervor, die nichts Gutes stiften kann.

Ferner wird ein junger Mann, wo nicht gerade an sich selbst, doch an andern bald gewahr, daß moralische Epochen eben so gut wie die Jahreszeiten wechseln. Die Gnade der Großen, die Gunst der Gewaltigen, die Förderung der Thätigen, die Neigung der Menge, die Liebe der einzelnen, alles wandelt auf und nieder, ohne daß wir es festhalten können, so wenig als Sonne, Mond und Sterne; und doch sind diese Dinge nicht bloße Naturereignisse: sie entgehen uns durch eigne oder fremde Schuld, durch Zufall oder Geschick, aber sie wechseln, und wir sind ihrer niemals sicher.

Was aber den fühlenden Jüngling am meisten ängstigt, ist die unaufhaltsame Wiederkehr unserer Fehler: denn wie spät lernen wir einsehen, daß wir, indem wir unsere Tugenden ausbilden, unsere Fehler zugleich mit anbauen. Jene ruhen auf diesen wie auf ihrer Wurzel, und diese verzweigen sich insgeheim eben so stark und so mannigfaltig, als jene im offenbaren Lichte. Weil wir nun unsere Tugenden meist mit Willen und Bewußtsein ausüben, von unseren Fehlern aber unbewußt überrascht werden, so machen uns jene selten einige Freude, diese hingegen beständig Not und Qual. Hier liegt der schwerste Punkt der Selbsterkenntnis, der sie beinah unmöglich macht. Denke man sich nun hiezu ein siedend jugendliches Blut, eine durch einzelne Gegenstände leicht zu paralysierende Einbildungskraft, hiezu die schwankenden Bewegungen des Tags, und man wird ein ungeduldiges Streben, sich aus einer solchen Klemme zu befreien, nicht unnatürlich finden.

Solche düstere Betrachtungen jedoch, welche denjenigen, der sich ihnen überläßt, ins Unendliche führen, hätten sich in den Gemütern deutscher Jünglinge nicht so entschieden entwickeln können, hätte sie nicht eine äußere Veranlassung zu diesem traurigen Geschäft angeregt und gefördert. Es geschah dieses durch die englische Litteratur, besonders durch die poetische, deren große Vorzüge ein ernster Trübsinn begleitet, welchen sie einem jeden mitteilt, der sich mit ihr beschäftigt. Der geistreiche Brite sieht sich von Jugend auf von einer bedeutenden Welt umgeben, die alle seine Kräfte anregt; er wird früher oder später gewahr, daß er allen seinen Verstand zusammennehmen muß, um sich mit ihr abzufinden. Wie viele ihrer Dichter haben nicht in der Jugend ein loses und rauschendes Leben geführt und sich früh berechtigt gefunden, die irdischen Dinge der Eitelkeit anzuklagen! Wie viele derselben haben sich in den Weltgeschäften versucht und im Parlament, bei Hofe, im Ministerium, auf Gesandtschaftsposten teils die ersten, teils untere Rollen gespielt und sich bei inneren Unruhen, Staats- und Regierungsveränderungen mitwirkend erwiesen und, wo nicht an sich selbst, doch an ihren Freunden und Gönnern öfter traurige als erfreuliche Erfahrungen gemacht! Wie viele sind verbannt, vertrieben, im Gefängnis gehalten, an ihren Gütern beschädigt worden!

Aber auch nur Zuschauer von so großen Ereignissen zu sein, fordert den Menschen zum Ernst auf, und wohin kann der Ernst weiter führen, als zur Betrachtung der Vergänglichkeit und des Unwerts aller irdischen Dinge? Ernsthaft ist auch der Deutsche, und so war ihm die englische Poesie höchst gemäß und, weil sie sich aus einem höheren Zustande herschrieb, imposant. Man findet in ihr durchaus einen großen, tüchtigen, weltgeübten Verstand, ein tiefes, zartes Gemüt, ein vortreffliches Wollen, ein leidenschaftliches Wirken: die herrlichsten Eigenschaften, die man von geistreichen gebildeten Menschen rühmen kann; aber das

alles zusammengenommen macht noch keinen Poeten. Die wahre
Poesie kündet sich dadurch an, daß sie, als ein weltliches Evan=
gelium, durch innere Heiterkeit, durch äußeres Behagen uns von
den irdischen Lasten zu befreien weiß, die auf uns drücken. Wie
ein Luftballon hebt sie uns mit dem Ballast, der uns anhängt,
in höhere Regionen und läßt die verwirrten Irrgänge der Erde
in Vogelperspektive vor uns entwickelt daliegen. Die muntersten
wie die ernstesten Werke haben den gleichen Zweck, durch eine
glückliche geistreiche Darstellung so Lust als Schmerz zu mäßigen.
Man betrachte nun in diesem Sinne die Mehrzahl der englischen,
meist moralisch-didaktischen Gedichte, und sie werden im Durch
schnitt nur einen düstern Ueberdruß des Lebens zeigen. Nicht
Joungs Nachtgedanken allein, wo dieses Thema vorzüglich durch=
geführt ist, sondern auch die übrigen betrachtenden Gedichte
schweifen, eh man sich's versieht, in dieses traurige Gebiet, wo
dem Verstande eine Aufgabe zugewiesen ist, die er zu lösen nicht
hinreicht, da ihn ja selbst die Religion, wie er sich solche allen=
falls erbauen kann, im Stiche läßt. Ganze Bände könnte man
zusammendrucken, welche als ein Kommentar zu jenem schreck=
lichen Texte gelten können:

> Then old Age and Experience, hand in hand,
> Lead him to death, and make him understand,
> After a search so painful and so long,
> That all his life he has been in the wrong.

Was ferner die englischen Dichter noch zu Menschenhassern
vollendet und das unangenehme Gefühl von Widerwillen gegen
alles über ihre Schriften verbreitet, ist, daß sie sämtlich, bei den
vielfachen Spaltungen ihres Gemeinwesens, wo nicht ihr ganzes
Leben, doch den besten Teil desselben einer oder der andern
Partei widmen müssen. Da nun ein solcher Schriftsteller die
Seinigen, denen er ergeben ist, die Sache, der er anhängt, nicht
loben und herausstreichen darf, weil er sonst nur Neid und
Widerwillen erregen würde, so übt er sein Talent, indem er von
den Gegnern so übel und schlecht als möglich spricht und die
satirischen Waffen, so sehr er nur vermag, schärft, ja vergiftet.
Geschieht dieses nun von beiden Teilen, so wird die dazwischen
liegende Welt zerstört und rein aufgehoben, so daß man in einem
großen, verständig thätigen Volksverein zum allergelindesten
nichts als Thorheit und Wahnsinn entdecken kann. Selbst ihre
zärtlichen Gedichte beschäftigen sich mit traurigen Gegenständen.
Hier stirbt ein verlassenes Mädchen, dort ertrinkt ein getreuer
Liebhaber oder wird, ehe er voreilig schwimmend seine Geliebte
erreicht, von einem Haifische gefressen; und wenn ein Dichter
wie Gray sich auf einem Dorfkirchhofe lagert und jene bekannten

Melodien wieder anstimmt, so kann er versichert sein, eine An=
zahl Freunde der Melancholie um sich zu versammeln. Miltons
Allegro muß erst in heftigen Versen den Unmut verscheuchen,
ehe er zu einer sehr mäßigen Lust gelangen kann, und selbst der
heitere Goldsmith verliert sich in elegische Empfindungen, wenn
uns sein Deserted Village ein verlorenes Paradies, das sein
Traveller auf der ganzen Erde wiedersucht, so lieblich als
traurig darstellt.

Ich zweifle nicht, daß man mir auch muntere Werke, heitere
Gedichte werde vorzeigen und entgegensetzen können; allein die
meisten und besten derselben gehören gewiß in die ältere Epoche,
und die neuern, die man dahin rechnen könnte, neigen sich gleich=
falls gegen die Satire, sind bitter und besonders die Frauen
verachtend.

Genug, jene oben im allgemeinen erwähnten, ernsten und
die menschliche Natur untergrabenden Gedichte waren die Lieb=
linge, die wir uns vor allen andern aussuchten, der eine, nach
seiner Gemütsart, die leichtere elegische Trauer, der andere die
schwer lastende, alles aufgebende Verzweiflung suchend. Sonder=
bar genug bestärkte unser Vater und Lehrer Shakespeare, der
so reine Heiterkeit zu verbreiten weiß, selbst diesen Unwillen.
Hamlet und seine Monologen blieben Gespenster, die durch alle
jungen Gemüter ihren Spuk trieben. Die Hauptstellen wußte
ein jeder auswendig und recitierte sie gern, und jedermann
glaubte, er dürfe eben so melancholisch sein, als der Prinz von
Dänemark, ob er gleich keinen Geist gesehn und keinen könig=
lichen Vater zu rächen hatte.

Damit aber ja allem diesem Trübsinn nicht ein vollkommen
passendes Lokal abgehe, so hatte uns Ossian bis ans letzte Thule
gelockt, wo wir denn auf grauer unendlicher Heide, unter vor=
starrenden bemoosten Grabsteinen wandelnd, das durch einen
schauerlichen Wind bewegte Gras um uns und einen schwer be=
wölkten Himmel über uns erblickten. Bei Mondenschein ward
dann erst diese kaledonische Nacht zum Tage; untergegangene
Helden, verblühte Mädchen umschwebten uns, bis wir zuletzt den
Geist von Loda wirklich in seiner furchtbaren Gestalt zu erblicken
glaubten.

In einem solchen Element, bei solcher Umgebung, bei Liebhabereien und Studien dieser Art, von unbefriedigten Leiden=
schaften gepeinigt, von außen zu bedeutenden Handlungen keines=
wegs angeregt, in der einzigen Aussicht, uns in einem schleppen=
den, geistlosen, bürgerlichen Leben hinhalten zu müssen, befreundete
man sich in unmutigem Uebermut mit dem Gedanken, das Leben,
wenn es einem nicht mehr anstehe, nach eignem Belieben allen=
falls verlassen zu können, und half sich damit über die Unbilden

und Langeweile der Tage notdürftig genug hin. Diese Gesinnung war so allgemein, daß eben Werther deswegen die große Wirkung that, weil er überall anschlug und das Innere eines kranken jugendlichen Wahns öffentlich und faßlich darstellte. Wie genau die Engländer mit diesem Jammer bekannt waren, beweisen die wenigen bedeutenden, vor dem Erscheinen Werthers geschriebenen Zeilen:

> To griefs congenial prone,
> More wounds than nature gave he knew,
> While misery's form his fancy drew
> In dark ideal hues and horrors not its own.

Der Selbstmord ist ein Ereignis der menschlichen Natur, welches, mag auch darüber schon so viel gesprochen und gehandelt sein, als da will, doch einen jeden Menschen zur Teilnahme fordert, in jeder Zeitepoche wieder einmal verhandelt werden muß. Montesquieu erteilt seinen Helden und großen Männern das Recht, sich nach Befinden den Tod zu geben, indem er sagt, es müsse doch einem jeden freistehen, den fünften Akt seiner Tragödie da zu schließen, wo es ihm beliebe. Hier aber ist von solchen Personen nicht die Rede, die ein bedeutendes Leben thätig geführt, für irgend ein großes Reich oder für die Sache der Freiheit ihre Tage verwendet und denen man wohl nicht verargen wird, wenn sie die Idee, die sie beseelt, sobald dieselbe von der Erde verschwindet, auch noch jenseits zu verfolgen denken. Wir haben es hier mit solchen zu thun, denen eigentlich aus Mangel von Thaten, in dem friedlichsten Zustande von der Welt, durch übertriebene Forderungen an sich selbst das Leben verleidet. Da ich selbst in dem Fall war und am besten weiß, was für Pein ich darin erlitten, was für Anstrengung es mir gekostet, ihr zu entgehn, so will ich die Betrachtungen nicht verbergen, die ich über die verschiedenen Todesarten, die man wählen könnte, wohlbedächtig angestellt.

Es ist etwas so Unnatürliches, daß der Mensch sich von sich selbst losreiße, sich nicht allein beschädige, sondern vernichte, daß er meistenteils zu mechanischen Mitteln greift, um seinen Vorsatz ins Werk zu richten. Wenn Ajax in sein Schwert fällt, so ist es die Last seines Körpers, die ihm den letzten Dienst erweiset. Wenn der Krieger seinen Schildträger verpflichtet, ihn nicht in die Hände der Feinde geraten zu lassen, so ist es auch eine äußere Kraft, deren er sich versichert, nur eine moralische statt einer physischen. Frauen suchen im Wasser die Kühlung ihres Verzweifelns, und das höchst mechanische Mittel des Schießgewehrs sichert eine schnelle That mit der geringsten Anstrengung. Des Erhängens erwähnt man nicht gern, weil es ein unedler

Tod ist. In England kann es am ersten begegnen, weil man dort von Jugend auf so manchen hängen sieht, ohne daß die Strafe gerade entehrend ist. Durch Gift, durch Oeffnung der Adern gedenkt man nur langsam vom Leben zu scheiden, und der raffinierteste, schnellste, schmerzenloseste Tod durch eine Natter war einer Königin würdig, die ihr Leben in Glanz und Lust zugebracht hatte. Alles dieses aber sind äußere Behelfe, sind Feinde, mit denen der Mensch gegen sich selbst einen Bund schließt.

Wenn ich nun alle diese Mittel überlegte und mich sonst in der Geschichte weiter umsah, so fand ich unter allen denen, die sich selbst entleibt, keinen, der diese That mit solcher Großheit und Freiheit des Geistes verrichtet, als Kaiser Otho. Dieser, zwar als Feldherr im Nachteil, aber doch keineswegs aufs Aeußerste gebracht, entschließt sich, zum Besten des Reichs, das ihm gewissermaßen schon angehörte, und zur Schonung so vieler Tausende, die Welt zu verlassen. Er begeht mit seinen Freunden ein heiteres Nachtmahl, und man findet am andern Morgen, daß er sich einen scharfen Dolch mit eigener Hand in das Herz gestoßen. Diese einzige That schien mir nachahmungswürdig, und ich überzeugte mich, daß, wer nicht hierin handeln könne, wie Otho, sich nicht erlauben dürfe, freiwillig aus der Welt zu gehn. Durch diese Ueberzeugung rettete ich mich nicht sowohl von dem Vorsatz als von der Grille des Selbstmords, welche sich in jenen herrlichen Friedenszeiten bei einer müßigen Jugend eingeschlichen hatte. Unter einer ansehnlichen Waffensammlung besaß ich auch einen kostbaren, wohlgeschliffenen Dolch. Diesen legte ich mir jederzeit neben das Bette, und ehe ich das Licht auslöschte, versuchte ich, ob es mir wohl gelingen möchte, die scharfe Spitze ein paar Zoll tief in die Brust zu senken. Da dieses aber niemals gelingen wollte, so lachte ich mich zuletzt selbst aus, warf alle hypochondrischen Fratzen hinweg und beschloß, zu leben. Um dies aber mit Heiterkeit thun zu können, mußte ich eine dichterische Aufgabe zur Ausführung bringen, wo alles, was ich über diesen wichtigen Punkt empfunden, gedacht und gewähnt, zur Sprache kommen sollte. Ich versammelte hierzu die Elemente, die sich schon ein paar Jahre in mir herumtrieben, ich vergegenwärtigte mir die Fälle, die mich am meisten gedrängt und geängstigt; aber es wollte sich nichts gestalten: es fehlte mir eine Begebenheit, eine Fabel, in welcher sie sich verkörpern könnten.

Auf einmal erfahre ich die Nachricht von Jerusalems Tode, und unmittelbar nach dem allgemeinen Gerüchte sogleich die genaueste und umständlichste Beschreibung des Vorgangs, und in diesem Augenblick war der Plan zu Werthern gefunden, das Ganze schoß von allen Seiten zusammen und ward eine

solide Masse, wie das Wasser im Gefäß, das eben auf dem Punkte des Gefrierens steht, durch die geringste Erschütterung sogleich in ein festes Eis verwandelt wird. Diesen seltsamen Gewinn festzuhalten, ein Werk von so bedeutendem und mannigfaltigem Inhalt mir zu vergegenwärtigen und in allen seinen Teilen aus=
zuführen, war mir um so angelegener, als ich schon wieder in eine peinliche Lage geraten war, die noch weniger Hoffnung ließ, als die vorigen, und nichts als Unmut, wo nicht Verdruß weissagte.

Es ist immer ein Unglück, in neue Verhältnisse zu treten, in denen man nicht hergekommen ist; wir werden oft wider unsern Willen zu einer falschen Teilnahme gelockt, uns peinigt die Halbheit solcher Zustände, und doch sehen wir weder ein Mittel, sie zu ergänzen, noch ihnen zu entsagen.

Frau von la Roche hatte ihre älteste Tochter nach Frankfurt verheiratet, kam oft, sie zu besuchen, und konnte sich nicht recht in den Zustand finden, den sie doch selbst ausgewählt hatte. Anstatt sich darin behaglich zu fühlen oder zu irgend einer Ver=
änderung Anlaß zu geben, erging sie sich in Klagen, so daß man wirklich denken mußte, ihre Tochter sei unglücklich, ob man gleich, da ihr nichts abging und ihr Gemahl ihr nichts ver=
wehrte, nicht wohl einsah, worin das Unglück eigentlich bestünde. Ich war indessen in dem Hause gut aufgenommen und kam mit dem ganzen Zirkel in Berührung, der aus Personen bestand, die teils zur Heirat beigetragen hatten, teils derselben einen glücklichen Erfolg wünschten. Der Dechant von St. Leonhard Dumeix faßte Vertrauen, ja Freundschaft zu mir. Er war der erste katholische Geistliche, mit dem ich in nähere Berührung trat und der, weil er ein sehr hellsehender Mann war, mir über den Glauben, die Gebräuche, die äußern und innern Verhältnisse der ältesten Kirche schöne und hinreichende Aufschlüsse gab. Der Gestalt einer wohlgebildeten, obgleich nicht jungen Frau, mit Namen Servière, erinnere ich mich noch genau. Ich kam mit der Allesina=Schweizerschen und andern Familien gleich=
falls in Berührung und mit den Söhnen in Verhältnisse, die sich lange freundschaftlich fortsetzten, und sah mich auf einmal in einem fremden Zirkel einheimisch, an dessen Beschäftigungen, Vergnügungen, selbst Religionsübungen ich Anteil zu nehmen veranlaßt, ja genötigt wurde. Mein früheres Verhältnis zur jungen Frau, eigentlich ein geschwisterliches, ward nach der Heirat fortgesetzt; meine Jahre sagten den ihrigen zu, ich war der ein=
zige in dem ganzen Kreise, an dem sie noch einen Widerklang jener geistigen Töne vernahm, an die sie von Jugend auf ge=
wohnt war. Wir lebten in einem kindlichen Vertrauen zusammen fort, und ob sich gleich nichts Leidenschaftliches in unsern Um=

gang mischte, so war er doch peinigend genug, weil sie sich auch in ihre neue Umgebung nicht zu finden wußte und, obwohl mit Glücksgütern gesegnet, aus dem heiteren Thal Ehrenbreitstein und einer fröhlichen Jugend in ein düster gelegenes Handelshaus versetzt, sich schon als Mutter von einigen Stiefkindern benehmen sollte. In so viel neue Familienverhältnisse war ich ohne wirklichen Anteil, ohne Mitwirkung eingeklemmt. War man mit einander zufrieden, so schien sich das von selbst zu verstehn; aber die meisten Teilnehmer wendeten sich in verdrießlichen Fällen an mich, die ich durch eine lebhafte Teilnahme mehr zu verschlimmern als zu verbessern pflegte. Es dauerte nicht lange, so wurde mir dieser Zustand ganz unerträglich, aller Lebensverdruß, der aus solchen Halbverhältnissen hervorzugehen pflegt, schien doppelt und dreifach auf mir zu lasten, und es bedurfte eines neuen gewaltsamen Entschlusses, mich auch hiervon zu befreien.

Jerusalems Tod, der durch die unglückliche Neigung zu der Gattin eines Freundes verursacht ward, schüttelte mich aus dem Traum, und weil ich nicht bloß mit Beschaulichkeit das, was ihm und mir begegnet, betrachtete, sondern das Aehnliche, was mir im Augenblicke selbst widerfuhr, mich in leidenschaftliche Bewegung setzte, so konnte es nicht fehlen, daß ich jener Produktion, die ich eben unternahm, alle die Glut einhauchte, welche keine Unterscheidung zwischen dem Dichterischen und dem Wirklichen zuläßt. Ich hatte mich äußerlich völlig isoliert, ja, die Besuche meiner Freunde verbeten, und so legte ich auch innerlich alles beiseite, was nicht unmittelbar hierher gehörte. Dagegen faßte ich alles zusammen, was einigen Bezug auf meinen Vorsatz hatte, und wiederholte mir mein nächstes Leben, von dessen Inhalt ich noch keinen dichterischen Gebrauch gemacht hatte. Unter solchen Umständen, nach so langen und vielen geheimen Vorbereitungen, schrieb ich den Werther in vier Wochen, ohne daß ein Schema des Ganzen oder die Behandlung eines Teils irgend vorher wäre zu Papier gebracht gewesen.

Das nunmehr fertige Manuskript lag im Konzept, mit wenigen Korrekturen und Abänderungen, vor mir. Es ward sogleich geheftet: denn der Band dient der Schrift ungefähr wie der Rahmen einem Bilde: man sieht viel eher, ob sie denn auch in sich wirklich bestehe. Da ich dieses Werklein ziemlich unbewußt, einem Nachtwandler ähnlich, geschrieben hatte, so verwunderte ich mich selbst darüber, als ich es nun durchging, um daran etwas zu ändern und zu bessern. Doch in Erwartung, daß nach einiger Zeit, wenn ich es in gewisser Entfernung besähe, mir manches beigehen würde, das noch zu seinem Vorteil gereichen könnte, gab ich es meinen jüngeren Freunden zu lesen, auf die es eine desto größere Wirkung that, als ich, gegen meine Gewohnheit, vorher niemanden davon erzählt, noch meine Absicht entdeckt hatte. Freilich war es hier abermals der Stoff, der eigentlich die Wirkung hervorbrachte, und so waren sie gerade in einer der meinigen entgegengesetzten Stimmung: denn ich hatte mich durch diese Komposition mehr als durch jede andere aus einem stürmischen Elemente gerettet, auf dem ich durch eigne und fremde Schuld, durch zufällige und gewählte Lebensweise, durch Vorsatz und Uebereilung, durch Hartnäckigkeit und Nachgeben, auf die gewaltsamste Art hin und wider getrieben worden. Ich fühlte mich, wie nach einer Generalbeichte, wieder froh und frei und zu einem neuen Leben berechtigt. Das alte Hausmittel war mir diesmal vortrefflich zu statten gekommen. Wie ich mich nun aber dadurch erleichtert und aufgeklärt fühlte, die Wirklichkeit in Poesie verwandelt zu haben, so verwirrten sich meine Freunde daran, indem sie glaubten, man müsse die Poesie in Wirklichkeit verwandeln, einen solchen Roman nachspielen und sich allenfalls selbst erschießen: und was hier im Anfang unter wenigen vorging, ereignete sich nachher im großen Publikum, und dieses Büchlein, was mir so viel genützt hatte, ward als höchst schädlich verrufen.

Allen den Uebeln jedoch und dem Unglück, das es hervorgebracht haben soll, wäre zufälligerweise beinahe vorgebeugt worden, als es, bald nach seiner Entstehung, Gefahr lief, vernichtet zu werden; und damit verhielt sich's also. Merck war seit kurzem von Petersburg zurückgekommen. Ich hatte ihn, weil er immer beschäftigt war, nur wenig gesprochen und ihm von diesem Werther, der mir am Herzen lag, nur das Allgemeinste eröffnen können. Einst besuchte er mich, und als er nicht sehr gesprächig schien, bat ich ihn, mir zuzuhören. Er setzte sich aufs Kanapee, und ich begann, Brief vor Brief, das Abenteuer vorzutragen. Nachdem ich eine Weile so fortgefahren hatte, ohne ihm ein Beifallszeichen abzulocken, griff ich mich noch pathetischer an, und wie ward mir zu Mute, als er mich, da ich eine Pause machte, mit einem: Nun ja, es ist ganz hübsch! auf das schrecklichste niederschlug und sich, ohne etwas weiter hinzuzufügen, entfernte. Ich war ganz außer mir: denn wie ich wohl Freude an meinen Sachen, aber in der ersten Zeit kein Urteil über sie hatte, so glaubte ich ganz sicher, ich habe mich im Sujet, im Ton, im Stil, die denn freilich alle bedenklich waren, vergriffen und etwas ganz Unzulässiges verfertigt. Wäre ein Kaminfeuer zur Hand gewesen, ich hätte das Werk sogleich hineingeworfen: aber ich ermannte mich wieder und verbrachte schmerzliche Tage, bis er mir endlich vertraute, daß er in jenem Moment sich in der schrecklichsten Lage befunden, in die ein Mensch geraten kann.

Er habe deswegen nichts gesehen noch gehört und wisse gar nicht, wovon in meinem Manuskripte die Rede sei. Die Sache hatte sich indessen, insofern sie sich herstellen ließ, wiederhergestellt, und Merck war in den Zeiten seiner Energie der Mann, sich ins Ungeheure zu schicken; sein Humor fand sich wieder ein, nur war er noch bitterer geworden als vorher. Er schalt meinen Vorsatz, den Werther umzuarbeiten, mit derben Ausdrücken und verlangte ihn gedruckt zu sehn, wie er lag. Es ward ein sauberes Manuskript davon besorgt, das nicht lange in meinen Händen blieb: denn zufälligerweise an demselben Tage, an dem meine Schwester sich mit Georg Schlosser verheiratete und das Haus, von einer freudigen Festlichkeit bewegt, glänzte, traf ein Brief von Weygand aus Leipzig ein, mich um ein Manuskript zu ersuchen. Ein solches Zusammentreffen hielt ich für ein günstiges Omen, ich sendete den Werther ab und war sehr zufrieden, als das Honorar, das ich dafür erhielt, nicht ganz durch die Schulden verschlungen wurde, die ich um des Götz von Berlichingen willen zu machen genötigt gewesen.

Die Wirkung dieses Büchleins war groß, ja ungeheuer, und vorzüglich deshalb, weil es genau in die rechte Zeit traf. Denn wie es nur eines geringen Zündkrauts bedarf, um eine gewaltige Mine zu entschleudern, so war auch die Explosion, welche sich hierauf im Publikum ereignete, deshalb so mächtig, weil die junge Welt sich schon selbst untergraben hatte, und die Erschütterung deswegen so groß, weil ein jeder mit seinen übertriebenen Forderungen, unbefriedigten Leidenschaften und eingebildeten Leiden zum Ausbruch kam. Man kann von dem Publikum nicht verlangen, daß es ein geistiges Werk geistig aufnehmen solle. Eigentlich ward nur der Inhalt, der Stoff beachtet, wie ich schon an meinen Freunden erfahren hatte, und daneben trat das alte Vorurteil wieder ein, entspringend aus der Würde eines gedruckten Buchs, daß es nämlich einen didaktischen Zweck haben müsse. Die wahre Darstellung aber hat keinen. Sie billigt nicht, sie tadelt nicht, sondern sie entwickelt die Gesinnungen und Handlungen in ihrer Folge, und dadurch erleuchtet und belehrt sie.

Von Rezensionen nahm ich wenig Notiz. Die Sache war für mich völlig abgethan, jene guten Leute mochten nun auch sehn, wie sie damit fertig wurden. Doch verfehlten meine Freunde nicht, diese Dinge zu sammeln und, weil sie in meine Ansichten schon mehr eingeweiht waren, sich darüber lustig zu machen. **Die Freuden des jungen Werther**, mit welchen Nicolai sich hervorthat, gaben uns zu mancherlei Scherzen Gelegenheit. Dieser übrigens brave, verdienst- und kenntnisreiche Mann hatte schon angefangen, alles niederzuhalten und zu beseitigen, was nicht zu seiner Sinnesart paßte, die er, geistig sehr beschränkt, für die echte und einzige hielt. Auch gegen mich mußte er sich sogleich versuchen, und jene Broschüre kam uns bald in die Hände. Die höchst zarte Vignette von Chodowiecki machte mir viel Vergnügen; wie ich denn diesen Künstler über die Maßen verehrte. Das Machwerk selbst war aus der rohen Hausleinwand zugeschnitten, welche recht derb zu bereiten der Menschenverstand in seinem Familienkreise sich viel zu schaffen macht. Ohne Gefühl, daß hier nichts zu vermitteln sei, daß Werthers Jugendblüte schon von vornherein als vom tödlichen Wurm gestochen erscheine, läßt der Verfasser meine Behandlung bis Seite 214 gelten, und als der wüste Mensch sich zum tödlichen Schritte vorbereitet, weiß der einsichtige psychische Arzt seinem Patienten eine mit Hühnerblut geladene Pistole unterzuschieben, woraus denn ein schmutziger Spektakel, aber glücklicherweise kein Unheil hervorgeht. Lotte wird Werthers Gattin, und die ganze Sache endigt sich zu jedermanns Zufriedenheit.

So viel wüßte ich mich davon zu erinnern: denn es ist mir nie wieder unter die Augen gekommen. Die Vignette hatte ich ausgeschnitten und unter meine liebsten Kupfer gelegt. Dann verfaßte ich, zur stillen und unverfänglichen Rache, ein kleines Spottgedicht, Nicolai auf Werthers Grabe, welches sich jedoch nicht mitteilen läßt. Auch die Lust, alles zu dramatisieren, ward bei dieser Gelegenheit abermals rege. Ich schrieb einen prosaischen Dialog zwischen Lotte und Werther, der ziemlich neckisch ausfiel. Werther beschwert sich bitterlich, daß die Erlösung durch Hühnerblut so schlecht abgelaufen. Er ist zwar am Leben geblieben, hat sich aber die Augen ausgeschossen. Nun ist er in Verzweiflung, ihr Gatte zu sein und sie nicht sehen zu können, da ihm der Anblick ihres Gesamtwesens fast lieber wäre, als die süßen Einzelheiten, deren er sich durchs Gefühl versichern darf. Lotten, wie man sie kennt, ist mit einem blinden Manne auch nicht sonderlich geholfen, und so findet sich Gelegenheit, Nicolais Beginnen höchlich zu schelten, daß er sich ganz unberufen in fremde Angelegenheiten mische. Das Ganze war mit gutem Humor geschrieben und schilderte mit freier Vorahnung jenes unglückliche dünkelhafte Bestreben Nicolais, sich mit Dingen zu befassen, denen er nicht gewachsen war, wodurch er sich und andern in der Folge viel Verdruß machte und darüber zuletzt, bei so entschiedenen Verdiensten, seine litterarische Achtung völlig verlor. Das Originalblatt dieses Scherzes ist niemals abgeschrieben worden und seit vielen Jahren verstoben. Ich hatte für die kleine Produktion eine besondere Vorliebe. Die reine heiße Neigung der beiden jungen Personen war durch die komischtragische Lage, in die sie sich versetzt fanden, mehr erhöht als geschwächt. Die größte Zärtlichkeit waltete durchaus, und auch der Gegner war nicht bitter, nur humoristisch behandelt. Nicht ganz so höflich ließ ich das Büchlein selber sprechen, welches, einen alten Reim nachahmend, sich also ausdrückte:

> Mag jener dünkelhafte Mann
> Mich als gefährlich preisen;
> Der Plumpe, der nicht schwimmen kann,
> Er will's dem Wasser verweisen!
> Was schiert mich der Berliner Bann,
> Geschmäcklerpfaffenwesen!
> Und wer mich nicht verstehen kann,
> Der lerne besser lesen.

Vorbereitet auf alles, was man gegen den Werther vorbringen würde, fand ich so viele Widerreden keineswegs verdrießlich; aber daran hatte ich nicht gedacht, daß mir durch teilnehmende wohlwollende Seelen eine unleidliche Qual bereitet sei; denn anstatt daß mir jemand über mein Büchlein, wie es lag, etwas Verbindliches gesagt hätte, so wollten sie sämtlich ein für allemal wissen, was denn eigentlich an der Sache wahr sei? worüber ich denn sehr ärgerlich wurde und mich meistens höchst unartig dagegen äußerte. Denn diese Frage zu beantworten, hätte ich mein Werkchen, an dem ich so lange gesonnen, um so manchen Elementen eine poetische Einheit zu geben, wieder zerrupfen und die Form zerstören müssen, wodurch ja die wahrhaften Bestandteile selbst, wo nicht vernichtet, wenigstens zerstreut und verzettelt worden wären. Näher betrachtet, konnte ich jedoch dem Publikum die Forderung nicht verübeln. Jerusalems Schicksal hatte großes Aufsehen gemacht. Ein gebildeter, liebenswerter, unbescholtener junger Mann, der Sohn eines der ersten Gottesgelahrten und Schriftstellers, gesund und wohlhabend, ging auf einmal, ohne bekannte Veranlassung, aus der Welt. Jedermann fragte nun, wie das möglich gewesen? und als man von einer unglücklichen Liebe vernahm, war die ganze Jugend, als man von kleinen Verdrießlichkeiten, die ihm in vornehmerer Gesellschaft begegnet, sprach, der ganze Mittelstand aufgeregt, und jedermann wünschte das Genauere zu erfahren. Nun erschien im Werther eine ausführliche Schilderung, in der man das Leben und die Sinnesart des genannten Jünglings wiederzufinden meinte. Lokalität und Persönlichkeit trafen zu, und bei der großen Natürlichkeit der Darstellung glaubte man sich nun vollkommen unterrichtet und befriedigt. Dagegen aber, bei näherer Betrachtung, paßte wieder so vieles nicht, und es entstand für die, welche das Wahre suchten, ein unerträgliches Geschäft, indem eine sondernde Kritik hundert Zweifel erregen muß. Auf den Grund der Sache war aber gar nicht zu kommen: denn was ich von meinem Leben und Leiden der Komposition zugewendet hatte, ließ sich nicht entziffern, indem ich, als ein unbemerkter junger Mensch, mein Wesen zwar nicht heimlich, aber doch im stillen getrieben hatte.

Bei meiner Arbeit war mir nicht unbekannt, wie sehr begünstigt jener Künstler gewesen, dem man Gelegenheit gab, eine Venus aus mehreren Schönheiten herauszustudieren, und so nahm ich mir auch die Erlaubnis, an der Gestalt und den Eigenschaften mehrerer hübschen Kinder meine Lotte zu bilden, obgleich die Hauptzüge von der geliebtesten genommen waren. Das forschende Publikum konnte daher Aehnlichkeiten von verschiedenen Frauenzimmern entdecken, und den Damen war es auch nicht ganz gleichgültig, für die rechte zu gelten. Diese mehreren Lotten aber brachten mir unendliche Qual, weil jedermann, der mich nur ansah, entschieden zu wissen verlangte, wo denn die eigentliche wohnhaft sei? Ich suchte mir wie Nathan mit den drei Ringen durchzuhelfen, auf einem Auswege, der freilich höheren Wesen zukommen mag, wodurch sich aber weder das gläubige, noch das lesende Publikum will befriedigen lassen. Dergleichen peinliche Forschungen hoffte ich in einiger Zeit loszuwerden; allein sie begleiteten mich durchs ganze Leben. Ich suchte mich davor auf Reisen durchs Inkognito zu retten, aber auch dieses Hilfsmittel wurde mir unversehens vereitelt, und so war der Verfasser jenes Werkleins, wenn er ja etwas Unrechtes und Schädliches gethan, dafür genugsam, ja übermäßig durch solche unausweichliche Zudringlichkeiten bestraft.

Auf diese Weise bedrängt, ward er nur allzu sehr gewahr, daß Autoren und Publikum durch eine ungeheure Kluft getrennt sind, wovon sie, zu ihrem Glück, beiderseits keinen Begriff haben. Wie vergeblich daher alle Vorreden seien, hatte er schon längst eingesehen: denn je mehr man seine Absicht klar zu machen gedenkt, zu desto mehr Verwirrung gibt man Anlaß. Ferner mag ein Autor bevorworten, so viel er will, das Publikum wird immer fortfahren, die Forderungen an ihn zu machen, die er schon abzulehnen suchte. Mit einer verwandten Eigenheit der Leser, die uns besonders bei denen, welche ihr Urteil drucken lassen, ganz komisch auffällt, ward ich gleichfalls früh bekannt. Sie leben nämlich in dem Wahn, man werde, indem man etwas leistet, ihr Schuldner und bleibe jederzeit noch weit zurück hinter dem, was sie eigentlich wollten und wünschten, ob sie gleich kurz vorher, ehe sie unsere Arbeit gesehn, noch gar keinen Begriff hatten, daß so etwas vorhanden oder nur möglich sein könnte. Alles dieses beiseite gesetzt, so war nun das größte Glück oder Unglück, daß jedermann von diesem seltsamen jungen Autor, der so unvermutet und so kühn hervorgetreten, Kenntnis gewinnen wollte. Man verlangte, ihn zu sehen, zu sprechen, auch in der Ferne etwas von ihm zu vernehmen, und so hatte er einen höchst bedeutenden, bald erfreulichen, bald unerquicklichen, immer aber zerstreuenden Zudrang zu erfahren. Denn es lagen angefangene Arbeiten genug vor ihm, ja, es wäre für einige Jahre hinreichend zu thun gewesen, wenn er mit hergebrachter Liebe sich daran hätte halten können; aber er war aus der Stille, der Dämmerung, der Dunkelheit, welche ganz allein die reinen Produktionen begünstigen kann, in den Lärmen des Tageslichts hervorgezogen, wo man sich in andern verliert, wo man irre gemacht wird durch Teilnahme wie durch Kälte, durch Lob und durch Tadel, weil diese äußern Berührungen niemals mit der Epoche unserer innern Kultur zusammentreffen und uns daher, da sie nicht fördern können, notwendig schaden müssen.

Doch mehr als alle Zerstreuungen des Tags hielt den Verfasser von Bearbeitung und Vollendung größerer Werke die Lust ab, die über jene Gesellschaft gekommen war, alles, was im Leben einigermaßen Bedeutendes vorging, zu dramatisieren. Was dieses Kunstwort (denn ein solches war es in jener produktiven Gesellschaft) eigentlich bedeutete, ist hier auseinander zu setzen. Durch ein geistreiches Zusammensein an den heitersten Tagen aufgeregt, gewöhnte man sich, in augenblicklichen kurzen Darstellungen alles dasjenige zu zersplittern, was man sonst zusammengehalten hatte, um größere Kompositionen daraus zu erbauen. Ein einzelner einfacher Vorfall, ein glücklich naives, ja ein albernes Wort, ein Mißverstand, eine Paradoxie, eine geistreiche Bemerkung, persönliche Eigenheiten oder Angewohnheiten, ja eine bedeutende Miene, und was nur immer in einem bunten rauschenden Leben vorkommen mag, alles ward in Form des Dialogs, der Katechisation, einer bewegten Handlung, eines Schauspiels dargestellt, manchmal in Prosa, öfters in Versen.

An dieser genialisch-leidenschaftlich durchgesetzten Uebung bestätigte sich jene eigentlich poetische Denkweise. Man ließ nämlich Gegenstände, Begebenheiten, Personen an und für sich, so wie in allen Verhältnissen bestehen, man suchte sie nur deutlich zu fassen und lebhaft abzubilden. Alles Urteil, billigend oder mißbilligend, sollte sich vor den Augen des Beschauers in lebendigen Formen bewegen. Man könnte diese Produktionen belebte Sinngedichte nennen, die, ohne Schärfe und Spitzen, mit treffenden und entscheidenden Zügen reichlich ausgestattet waren. Das Jahrmarktsfest ist ein solches, oder vielmehr eine Sammlung solcher Epigramme. Unter allen dort auftretenden Masken sind wirkliche, in jener Societät lebende Glieder oder ihr wenigstens verbundene und einigermaßen bekannte Personen gemeint; aber der Sinn des Rätsels blieb den meisten verborgen, alle lachten, und wenige wußten, daß ihnen ihre eigensten Eigenheiten zum Scherze dienten. Der Prolog zu Bahrdts neuesten Offenbarungen gilt für einen Beleg anderer Art; die kleinsten finden sich unter den gemischten Gedichten, sehr viele sind zerstoben und verloren gegangen, manche noch übrige lassen sich nicht wohl mitteilen. Was hiervon im Druck erschienen, vermehrte nur die Bewegung im Publikum und die Neugierde auf den Verfasser; was handschriftlich mitgeteilt wurde, belebte den nächsten Kreis, der sich immer erweiterte. Doktor Bahrdt, damals in Gießen, besuchte mich, scheinbar höflich und zutraulich; er scherzte über den Prolog und wünschte ein freundliches Verhältnis. Wir jungen Leute aber fuhren fort, kein geselliges Fest zu begehen, ohne mit stiller Schadenfreude uns der Eigenheiten zu erfreuen, die wir an andern bemerkt und glücklich dargestellt hatten.

Mißfiel es nun dem jungen Autor keineswegs, als ein litterarisches Meteor angestaunt zu werden, so suchte er mit freudiger Bescheidenheit den bewährtesten Männern des Vaterlands seine Achtung zu bezeigen, unter denen vor allen andern der herrliche Justus Möser zu nennen ist. Dieses unvergleichlichen Mannes kleine Aufsätze, staatsbürgerlichen Inhalts, waren schon seit einigen Jahren in den Osnabrücker Intelligenzblättern abgedruckt und mir durch Herder bekannt geworden, der nichts ablehnte, was irgend würdig zu seiner Zeit, besonders aber im Druck sich hervorthat. Mösers Tochter, Frau von Voigts, war beschäftigt, diese zerstreuten Blätter zu sammeln. Wir konnten die Herausgabe kaum erwarten, und ich setzte mich mit ihr in Verbindung, um mit aufrichtiger Teilnahme zu versichern, daß die für einen bestimmten Kreis berechneten wirksamen Aufsätze, sowohl der Materie als der Form nach, überall zum Nutzen und Frommen dienen würden. Sie und ihr Vater nahmen diese Aeußerung eines nicht ganz unbekannten Fremdlings gar wohl auf, indem eine Besorgnis, die sie gehegt, durch diese Erklärung vorläufig gehoben worden.

An diesen kleinen Aufsätzen, welche, sämtlich in einem Sinne verfaßt, ein wahrhaft Ganzes ausmachen, ist die innigste Kenntnis des bürgerlichen Wesens im höchsten Grade merkwürdig und rühmenswert. Wir sehen eine Verfassung auf der Vergangenheit ruhn und noch als lebendig bestehn. Von der einen Seite hält man am Herkommen fest, von der andern kann man die Bewegung und Veränderung der Dinge nicht hindern. Hier fürchtet man sich vor einer nützlichen Neuerung, dort hat man Lust und Freude am Neuen, auch wenn es unnütz, ja schädlich wäre. Wie vorurteilsfrei setzt der Verfasser die Verhältnisse der Stände aus einander, so wie den Bezug, in welchem die Städte, Flecken und Dörfer wechselseitig stehn. Man erfährt ihre Gerechtsame zugleich mit den rechtlichen Gründen, es wird uns bekannt, wo das Grundkapital des Staats liegt und was es für Interessen bringt. Wir sehen den Besitz und seine Vorteile, dagegen aber auch die Abgaben und Nachteile verschiedener Art, sodann den mannigfaltigen Erwerb; hier wird gleichfalls die ältere und neuere Zeit einander entgegengesetzt.

Osnabrück, als Glied der Hanse, finden wir in der ältern Epoche in großer Handelsthätigkeit. Nach jenen Zeitverhältnissen hat es eine merkwürdige und schöne Lage; es kann sich die Produkte des Landes zueignen und ist nicht allzu weit von der See entfernt, um auch dort selbst mitzuwirken. Nun aber, in der spätern Zeit, liegt es schon tief in der Mitte des Landes, es wird nach und nach vom Seehandel entfernt und ausgeschlossen. Wie dies zugegangen, wird von vielen Seiten dargestellt. Zur Sprache kommt der Konflikt Englands und der Küsten, der Häfen und des Mittellandes; hier werden die großen Vorteile derer, welche der See anwohnen, herausgesetzt und ernstliche Vorschläge gethan, wie die Bewohner des Mittellandes sich dieselben gleichfalls zueignen könnten. Sodann erfahren wir gar manches von Gewerben und Handwerken, und wie solche durch Fabriken überflügelt, durch Krämerei untergraben werden; wir sehen den Verfall als den Erfolg von mancherlei Ursachen, und diesen Erfolg wieder als die Ursache neuen Verfalls, in einem ewigen schwer zu lösenden Zirkel; doch zeichnet ihn der wackere Staatsbürger auf eine so deutliche Weise hin, daß man noch glaubt, sich daraus retten zu können. Durchaus läßt der Verfasser die gründlichste Einsicht in die besondersten Umstände sehen. Seine Vorschläge, sein Rat, nichts ist aus der Luft gegriffen, und doch so oft nicht ausführbar, deswegen er auch die Sammlung **Patriotische Phantasien** genannt, obgleich alles sich darin an das Wirkliche und Mögliche hält.

Da nun aber alles Oeffentliche auf dem Familienwesen ruht, so wendet er auch dahin vorzüglich seinen Blick. Als Gegenstände seiner ernsten und scherzhaften Betrachtungen finden wir die Veränderung der Sitten und Gewohnheiten, der Kleidungen, der Diät, des häuslichen Lebens, der Erziehung. Man müßte eben alles, was in der bürgerlichen und sittlichen Welt vorgeht, rubrizieren, wenn man die Gegenstände erschöpfen wollte, die er behandelt. Und diese Behandlung ist bewundernswürdig. Ein vollkommener Geschäftsmann spricht zum Volke in Wochenblättern, um dasjenige, was eine einsichtige, wohlwollende Regierung sich vornimmt oder ausführt, einem jeden von der rechten Seite faßlich zu machen; keineswegs aber lehrhaft, sondern in den mannigfaltigsten Formen, die man poetisch nennen könnte und die gewiß in dem besten Sinn für rhetorisch gelten müssen.

Immer ist er über seinen Gegenstand erhaben und weiß uns eine heitere Ansicht des Ernstesten zu geben; bald hinter dieser, bald hinter jener Maske halb versteckt, bald in eigner Person sprechend, immer vollständig und erschöpfend, dabei immer froh, mehr oder weniger ironisch, durchaus tüchtig, rechtschaffen, wohlmeinend, ja manchmal derb und heftig, und dieses alles so abgemessen, daß man zugleich den Geist, den Verstand, die Leichtigkeit, Gewandtheit, den Geschmack und Charakter des Schriftstellers bewundern muß. In Absicht auf Wahl gemeinnütziger Gegenstände, auf tiefe Einsicht, freie Uebersicht, glückliche Behandlung, so gründlichen als frohen Humor, wüßte ich ihm niemand als Franklin zu vergleichen.

Ein solcher Mann imponierte uns unendlich und hatte den größten Einfluß auf eine Jugend, die auch etwas Tüchtiges wollte und im Begriff stand, es zu erfassen. In die Formen seines Vortrags glaubten wir uns wohl auch finden zu können; aber wer durfte hoffen, sich eines so reichen Gehalts zu bemächtigen und die widerspenstigsten Gegenstände mit so viel Freiheit zu handhaben?

Doch das ist unser schönster und süßester Wahn, den wir nicht aufgeben dürfen, ob er uns gleich viel Pein im Leben verursacht, daß wir das, was wir schätzen und verehren, uns auch wo möglich zueignen, ja aus uns selbst hervorbringen und darstellen möchten.

Vierzehntes Buch.

Mit jener Bewegung nun, welche sich im Publikum verbreitete, ergab sich eine andere, für den Verfasser vielleicht von größerer Bedeutung, indem sie sich in seiner nächsten Umgebung ereignete. Aeltere Freunde, welche jene Dichtungen, die nun so großes Aufsehen machten, schon im Manuskript gekannt hatten und sie deshalb zum Teil als die ihrigen ansahen, triumphierten über den guten Erfolg, den sie, kühn genug, zum voraus geweissagt. Zu ihnen fanden sich neue Teilnehmer, besonders solche, welche selbst eine produktive Kraft in sich spürten oder zu erregen und zu hegen wünschten.

Unter den ersten that sich Lenz am lebhaftesten und gar sonderbar hervor. Das Aeußerliche dieses merkwürdigen Menschen ist schon umrissen, seines humoristischen Talents mit Liebe gedacht; nun will ich von seinem Charakter mehr in Resultaten als schildernd sprechen, weil es unmöglich wäre, ihn durch die Umschweife seines Lebensganges zu begleiten und seine Eigenheiten darstellend zu überliefern.

Man kennt jene Selbstquälerei, welche, da man von außen und von andern keine Not hatte, an der Tagesordnung war und gerade die vorzüglichsten Geister beunruhigte. Was gewöhnliche Menschen, die sich nicht selbst beobachten, nur vorübergehend quält, was sie sich aus dem Sinne zu schlagen suchen, das war von den besseren scharf bemerkt, beachtet, in Schriften, Briefen und Tagebüchern aufbewahrt. Nun aber gesellten sich die strengsten sittlichen Forderungen an sich und andere zu der größten Fahrlässigkeit im Thun, und ein aus dieser halben Selbstkenntnis entspringender Dünkel verführte zu den seltsamsten Angewohnheiten und Unarten. Zu einem solchen Abarbeiten in der Selbstbeobachtung berechtigte jedoch die aufwachende empirische Psychologie, die nicht gerade alles, was uns innerlich beunruhigt, für bös und verwerflich erklären wollte, aber doch auch nicht alles billigen konnte; und so war ein ewiger nie beizulegender Streit erregt. Diesen zu führen und zu unterhalten, übertraf nun Lenz alle übrigen Un= oder Halbbeschäftigten, welche ihr Inneres untergruben, und so litt er im allgemeinen von der Zeitgesinnung, welche durch die Schilderung Werthers abgeschlossen sein sollte; aber ein individueller Zuschnitt unterschied ihn von allen übrigen, die man durchaus für offene redliche Seelen anerkennen mußte. Er hatte nämlich einen entschiedenen Hang zur Intrigue, und zwar zur Intrigue an sich, ohne daß er eigentliche Zwecke, verständige, selbstische, erreichbare Zwecke dabei gehabt hätte; vielmehr pflegte er sich immer etwas Fratzenhaftes vorzusetzen, und eben deswegen diente es ihm zur beständigen Unterhaltung. Auf diese Weise war er zeitlebens ein Schelm in der Einbildung, seine Liebe wie sein Haß waren imaginär, mit seinen Vorstellungen und Gefühlen verfuhr er willkürlich, damit er immerfort etwas zu thun haben möchte. Durch die verkehrtesten Mittel suchte er seinen Neigungen und Abneigungen Realität zu geben und vernichtete sein Werk immer wieder selbst; und so hat er niemanden, den er liebte, jemals genützt, niemanden, den er haßte, jemals geschadet, und im ganzen schien er nur zu sündigen, um sich zu strafen, nur zu intrigieren, um eine neue Fabel auf eine alte pfropfen zu können.

Aus wahrhafter Tiefe, aus unerschöpflicher Produktivität ging sein Talent hervor, in welchem Zartheit, Beweglichkeit und Spitzfindigkeit mit einander wetteiferten, das aber, bei aller seiner Schönheit, durchaus kränkelte, und gerade diese Talente sind am schwersten zu beurteilen. Man konnte in seinen Arbeiten große Züge nicht verkennen; eine liebliche Zärtlichkeit schleicht sich durch zwischen den albernsten und barocksten Fratzen, die man selbst einem so gründlichen und anspruchlosen Humor, einer wahrhaft komischen Gabe kaum verzeihen kann. Seine

Tage waren aus lauter Nichts zusammengesetzt, dem er durch seine Rührigkeit eine Bedeutung zu geben wußte, und er konnte um so mehr viele Stunden verschlendern, als die Zeit, die er zum Lesen anwendete, ihm bei einem glücklichen Gedächtnis immer viel Frucht brachte und seine originelle Denkweise mit mannigfaltigem Stoff bereicherte.

Man hatte ihn mit livländischen Kavalieren nach Straßburg gesendet und einen Mentor nicht leicht unglücklicher wählen können. Der ältere Baron ging für einige Zeit ins Vaterland zurück und hinterließ eine Geliebte, an die er fest geknüpft war. Lenz, um den zweiten Bruder, der auch um dieses Frauenzimmer warb, und andere Liebhaber zurückzudrängen und das kostbare Herz seinem abwesenden Freunde zu erhalten, beschloß nun, selbst sich in die Schöne verliebt zu stellen oder, wenn man will, zu verlieben. Er setzte dieses seine These mit der hartnäckigsten Anhänglichkeit an das Ideal, das er sich von ihr gemacht hatte, durch, ohne gewahr werden zu wollen, daß er so gut als die übrigen ihr nur zum Scherz und zur Unterhaltung diene. Desto besser für ihn! denn bei ihm war es auch nur Spiel, welches desto länger dauern konnte, als sie es ihm gleichfalls spielend erwiderte, ihn bald anzog, bald abstieß, bald hervorrief, bald hintansetzte. Man sei überzeugt, daß, wenn er zum Bewußtsein kam, wie ihm denn das zuweilen zu geschehen pflegte, er sich zu einem solchen Fund recht behaglich Glück gewünscht habe.

Uebrigens lebte er, wie seine Zöglinge, meistens mit Offizieren der Garnison, wobei ihm die wundersamen Anschauungen, die er später in dem Lustspiel Die Soldaten aufstellte, mögen geworden sein. Indessen hatte diese frühe Bekanntschaft mit dem Militär die eigene Folge für ihn, daß er sich für einen großen Kenner des Waffenwesens hielt; auch hatte er wirklich dieses Fach nach und nach so im Detail studiert, daß er einige Jahre später ein großes Memoire an den französischen Kriegsminister aufsetzte, wovon er sich den besten Erfolg versprach. Die Gebrechen jenes Zustandes waren ziemlich gut gesehn, die Heilmittel dagegen lächerlich und unausführbar. Er aber hielt sich überzeugt, daß er dadurch bei Hofe großen Einfluß gewinnen könne, und wußte es den Freunden schlechten Dank, die ihn teils durch Gründe, teils durch thätigen Widerstand abhielten, dieses phantastische Werk, das schon sauber abgeschrieben, mit einem Briefe begleitet, couvertiert und förmlich adressiert war, zurückzuhalten und in der Folge zu verbrennen.

Mündlich und nachher schriftlich hatte er mir die sämtlichen Irrgänge seiner Kreuz- und Querbewegungen in Bezug auf jenes Frauenzimmer vertraut. Die Poesie, die er in das Gemeinste zu legen wußte, setzte mich oft in Erstaunen, so daß ich ihn dringend bat, den Kern dieses weitschweifigen Abenteuers geistreich zu befruchten und einen kleinen Roman daraus zu bilden; aber es war nicht seine Sache, ihm konnte nicht wohl werden, als wenn er sich grenzenlos im einzelnen verfloß und sich an einem unendlichen Faden ohne Absicht hinspann. Vielleicht wird es dereinst möglich, nach diesen Prämissen seinen Lebensgang bis zu der Zeit, da er sich in Wahnsinn verlor, auf irgend eine Weise anschaulich zu machen; gegenwärtig halte ich mich an das Nächste, was eigentlich hierher gehört.

Kaum war Götz von Berlichingen erschienen, als mir Lenz einen weitläuftigen Aufsatz zusendete, auf geringes Konzeptpapier geschrieben, dessen er sich gewöhnlich bediente, ohne den mindesten Rand, weder oben noch unten, noch an den Seiten zu lassen. Diese Blätter waren betitelt: Ueber unsere Ehe, und sie würden, wären sie noch vorhanden, uns gegenwärtig mehr aufklären als mich damals, da ich über ihn und sein Wesen noch sehr im Dunkeln schwebte. Das Hauptabsehen dieser weitläuftigen Schrift war, mein Talent und das seinige neben einander zu stellen; bald schien er sich mir zu subordinieren, bald sich mir gleich zu setzen; das alles aber geschah mit so humoristischen und zierlichen Wendungen, daß ich die Ansicht, die er mir dadurch geben wollte, um so lieber aufnahm, als ich seine Gaben wirklich sehr hoch schätzte und immer nur darauf drang, daß er aus dem formlosen Schweifen sich zusammenzuziehen und die Bildungsgabe, die ihm angeboren war, mit kunstgemäßer Fassung benutzen möchte. Ich erwiderte sein Vertrauen freundlichst, und weil er in seinen Blättern auf die innigste Verbindung drang (wie denn auch schon der wunderliche Titel andeutete), so teilte ich ihm von nun an alles mit, sowohl das schon Gearbeitete, als was ich vorhatte; er sendete mir dagegen nach und nach seine Manuskripte, den Hofmeister, den neuen Menoza, die Soldaten, Nachbildungen des Plautus und jene Uebersetzung des englischen Stücks als Zugabe zu den Anmerkungen über das Theater.

Bei diesen war es mir einigermaßen auffallend, daß er in einem lakonischen Vorberichte sich dahin äußerte, als sei der Inhalt dieses Aufsatzes, der mit Heftigkeit gegen das regelmäßige Theater gerichtet war, schon vor einigen Jahren als Vorlesung einer Gesellschaft von Litteraturfreunden bekannt geworden, zu der Zeit also, wo Götz noch nicht geschrieben gewesen. In Lenzens Straßburger Verhältnissen schien ein litterarischer Zirkel, den ich nicht kennen sollte, etwas problematisch; allein ich ließ es hingehen und verschaffte ihm zu dieser wie zu seinen übrigen Schriften bald Verleger, ohne auch nur im mindesten zu ahnen, daß er mich zum vorzüglichsten Gegenstande seines imaginären Hasses und zum Ziel einer abenteuerlichen und grillenhaften Verfolgung ausersehen hatte.

Vorübergehend will ich nur, der Folge wegen, noch eines guten Gesellen gedenken, der, obgleich von keinen außerordentlichen Gaben, doch auch mitzählte. Er hieß Wagner, erst ein Glied der Straßburger, dann der Frankfurter Gesellschaft; nicht ohne Geist, Talent und Unterricht. Er zeigte sich als ein Strebender, und so war er willkommen. Auch hielt er treulich an mir, und weil ich aus allem, was ich vorhatte, kein Geheimnis machte, so erzählte ich ihm wie andern meine Absicht mit Faust, besonders die Katastrophe von Gretchen. Er faßte das Sujet auf und benutzte es für ein Trauerspiel, die Kindesmörderin. Es war das erste Mal, daß mir jemand etwas von meinen Vorsätzen wegschnappte; es verdroß mich, ohne daß ich's ihm nachgetragen hätte. Ich habe dergleichen Gedankenraub und Vorwegnahmen nachher noch oft genug erlebt und hatte mich, bei meinem Zaudern und Beschwätzen so manches Vorgesetzten und Eingebildeten, nicht mit Recht zu beschweren.

Wenn Redner und Schriftsteller, in Betracht der großen Wirkung, welche dadurch hervorzubringen ist, sich gern der Kontraste bedienen, und sollten sie auch erst aufgesucht und herbeigeholt werden, so muß es dem Verfasser um so angenehmer sein, daß ein entschiedener Gegensatz sich ihm anbietet, indem er nach Lenzen von Klingern zu sprechen hat. Beide waren gleichzeitig, bestrebten sich in ihrer Jugend mit und neben einander. Lenz jedoch, als ein vorübergehendes Meteor, zog nur augenblicklich über den Horizont der deutschen Litteratur hin und verschwand plötzlich, ohne im Leben eine Spur zurückzulassen; Klinger hingegen, als einflußreicher Schriftsteller, als thätiger Geschäftsmann, erhält sich noch bis auf diese Zeit. Von ihm werde ich nun ohne weitere Vergleichung, die sich von selbst ergibt, sprechen, insofern es nötig ist, da er nicht im Verborgenen so manches geleistet und so vieles gewirkt, sondern beides in weiterem und näherem Kreise noch in gutem Andenken und Ansehen steht.

Klingers Aeußeres — denn von diesem beginne ich immer am liebsten — war sehr vorteilhaft. Die Natur hatte ihm eine große, schlanke, wohlgebaute Gestalt und eine regelmäßige Gesichtsbildung gegeben; er hielt auf seine Person, trug sich nett, und man konnte ihn für das hübscheste Mitglied der ganzen kleinen Gesellschaft ansprechen. Sein Betragen war weder zuvorkommend noch abstoßend, und wenn es nicht innerlich stürmte, gemäßigt.

Man liebt an dem Mädchen, was es ist, und an dem Jüngling, was er ankündigt, und so war ich Klingers Freund, sobald ich ihn kennen lernte. Er empfahl sich durch eine reine Gemütlichkeit, und ein unverkennbar entschiedener Charakter erwarb ihm Zutrauen. Auf ein ernstes Wesen war er von Jugend auf hingewiesen; er, nebst einer eben so schönen und wackern Schwester, hatte für eine Mutter zu sorgen, die, als Witwe, solcher Kinder beburfte, um sich aufrecht zu erhalten. Alles, was an ihm war, hatte er sich selbst verschafft und geschaffen, so daß man ihm einen Zug von stolzer Unabhängigkeit, der durch sein Betragen durchging, nicht verargte. Entschiedene natürliche Anlagen, welche allen wohlbegabten Menschen gemein sind, leichte Fassungskraft, vortreffliches Gedächtnis, Sprachengabe besaß er in hohem Grade; aber alles schien er weniger zu achten, als die Festigkeit und Beharrlichkeit, die sich ihm, gleichfalls angeboren, durch Umstände völlig bestätigt hatten.

Einem solchen Jüngling mußten Rousseaus Werke vorzüglich zusagen. Emil war sein Haupt- und Grundbuch, und jene Gesinnungen fruchteten um so mehr bei ihm, als sie über die ganze gebildete Welt allgemeine Wirkung ausübten, ja bei ihm mehr als bei andern. Denn auch er war ein Kind der Natur, auch er hatte von unten auf angefangen; das, was andere wegwerfen sollten, hatte er nie besessen, Verhältnisse, aus welchen sie sich retten sollten, hatten ihn nie beengt, und so konnte er für einen der reinsten Jünger jenes Natur-Evangeliums angesehen werden und in Betracht seines ernsten Bestrebens, seines Betragens als Mensch und Sohn recht wohl ausrufen: alles ist gut, wie es aus den Händen der Natur kommt! — Aber auch den Nachsatz: alles verschlimmert sich unter den Händen der Menschen! drängte ihm eine widerwärtige Erfahrung auf. Er hatte nicht mit sich selbst, aber außer sich mit der Welt des Herkommens zu kämpfen, von deren Fesseln der Bürger von Genf uns zu erlösen gedachte. Weil nun in des Jünglings Lage dieser Kampf oft schwer und sauer ward, so fühlte er sich gewaltsamer in sich zurückgetrieben, als daß er durchaus zu einer frohen und freudigen Ausbildung hätte gelangen können: vielmehr mußte er sich durchstürmen, durchdrängen; daher sich ein bitterer Zug in sein Wesen schlich, den er in der Folge zum Teil gehegt und genährt, mehr aber bekämpft und besiegt hat.

In seinen Produktionen, insofern sie mir gegenwärtig sind, zeigt sich ein strenger Verstand, ein biederer Sinn, eine rege Einbildungskraft, eine glückliche Beobachtung der menschlichen Mannigfaltigkeit und eine charakteristische Nachbildung der generischen Unterschiede. Seine Mädchen und Knaben sind frei und lieblich, seine Jünglinge glühend, seine Männer schlicht und verständig, die Figuren, die er ungünstig darstellt, nicht zu sehr übertrieben; ihm fehlt es nicht an Heiterkeit und guter Laune,

Witz und glücklichen Einfällen; Allegorien und Symbole stehen ihm zu Gebot; er weiß uns zu unterhalten und zu vergnügen, und der Genuß würde noch reiner sein, wenn er sich und uns den heitern bedeutenden Scherz nicht durch ein bitteres Miß= wollen hier und da verkümmerte. Doch dies macht ihn eben zu dem, was er ist, und dadurch wird ja die Gattung der Lebenden und Schreibenden so mannigfaltig, daß ein jeder theoretisch zwischen Erkennen und Irren, praktisch zwischen Be= leben und Vernichten hin und wider wogt.

Klinger gehört unter die, welche sich aus sich selbst, aus ihrem Gemüte und Verstande heraus zur Welt gebildet hatten. Weil nun dieses mit und in einer größeren Masse geschah und sie sich unter einander einer verständlichen, aus der allgemeinen Natur und aus der Volkseigentümlichkeit herfließenden Sprache mit Kraft und Wirkung bedienten, so waren ihnen früher und später alle Schulformen äußerst zuwider, besonders wenn sie, von ihrem lebendigen Ursprung getrennt, in Phrasen ausarteten und so ihre erste frische Bedeutung gänzlich verloren. Wie nun gegen neue Meinungen, Ansichten, Systeme, so erklären sich solche Männer auch gegen neue Ereignisse, hervortretende bedeutende Menschen, welche große Veränderungen ankündigen oder be= wirken: ein Verfahren, das ihnen keineswegs so zu verargen ist, weil sie dasjenige von Grund aus gefährdet sehen, dem sie ihr eignes Dasein und Bildung schuldig geworden.

Jenes Beharren eines tüchtigen Charakters aber wird um desto würdiger, wenn es sich durch das Welt= und Geschäfts= leben durcherhält, und wenn eine Behandlungsart des Vorkomm= lichen, welche manchem schroff, ja gewaltsam scheinen möchte, zur rechten Zeit angewandt, am sichersten zum Ziele führt. Dies geschah bei ihm, da er ohne Biegsamkeit (welches ohnedem die Tugend der geborenen Reichsbürger niemals gewesen), aber desto tüchtiger, fester und redlicher, sich zu bedeutenden Posten erhob, sich darauf zu erhalten wußte und mit Beifall und Gnade seiner höchsten Gönner fortwirkte, dabei aber niemals weder seine alten Freunde, noch den Weg, den er zurückgelegt, vergaß. Ja, er suchte die vollkommenste Stetigkeit des Andenkens durch alle Grade der Abwesenheit und Trennung hartnäckig zu er= halten; wie es denn gewiß angemerkt zu werden verdient, daß er, als ein anderer Willigis, in seinem durch Ordenszeichen ge= schmückten Wappen Merkmale seiner frühesten Zeit zu verewigen nicht verschmähte.

Es dauerte nicht lange, so kam ich auch mit Lavatern in Verbindung. Der Brief des Pastors an seinen Kollegen hatte ihm stellenweise sehr eingeleuchtet: denn manches traf mit seinen Gesinnungen vollkommen überein. Bei seinem unabläßigen

Treiben ward unser Briefwechsel bald sehr lebhaft. Er machte so eben ernstliche Anstalten zu seiner größern Physiognomik, deren Einleitung schon früher in das Publikum gelangt war. Er forderte alle Welt auf, ihm Zeichnungen, Schattenrisse, besonders aber Christusbilder zu schicken, und ob ich gleich so gut wie gar nichts leisten konnte, so wollte er doch von mir ein für allemal auch einen Heiland gezeichnet haben, wie ich mir ihn vorstellte. Dergleichen Forderungen des Unmöglichen gaben mir zu mancherlei Scherzen Anlaß, und ich wußte mir gegen seine Eigenheiten nicht anders zu helfen, als daß ich die meinigen hervorkehrte.

Die Anzahl derer, welche keinen Glauben an die Physiognomik hatten oder doch wenigstens sie für ungewiß und trüglich hielten, war sehr groß, und sogar viele, die es mit Lavatern gut meinten, fühlten einen Kitzel, ihn zu versuchen und ihm wo möglich einen Streich zu spielen. Er hatte sich in Frankfurt bei einem nicht ungeschickten Maler die Profile mehrerer namhaften Menschen bestellt. Der Absender erlaubte sich den Scherz, Bahrdts Porträt zuerst statt des meinigen abzuschicken, wogegen eine zwar muntere, aber donnernde Epistel zurückkam, mit allen Trümpfen und Beteuerungen, daß dies mein Bild nicht sei, und was Lavater sonst alles zu Bestätigung der physiognomischen Lehre bei dieser Gelegenheit mochte zu sagen haben. Mein wirkliches nachgesendetes ließ er eher gelten; aber auch hier schon that sich der Widerstreit hervor, in welchem er sich sowohl mit den Malern als mit den Individuen befand. Jene konnten ihm niemals wahr und genau genug arbeiten; diese, bei allen Vorzügen, welche sie haben mochten, blieben doch immer zu weit hinter der Idee zurück, die er von der Menschheit und den Menschen hegte, als daß er nicht durch das Besondere, wodurch der einzelne zur Person wird, einigermaßen hätte abgestoßen werden sollen.

Der Begriff von der Menschheit, der sich in ihm und an seiner Menschheit herangebildet hatte, war so genau mit der Vorstellung verwandt, die er von Christo lebendig in sich trug, daß es ihm unbegreiflich schien, wie ein Mensch leben und atmen könne, ohne zugleich ein Christ zu sein. Mein Verhältnis zu der christlichen Religion lag bloß in Sinn und Gemüt, und ich hatte von jener physischen Verwandtschaft, zu welcher Lavater sich hinneigte, nicht den mindesten Begriff. Aergerlich war mir daher die heftige Zudringlichkeit eines so geist- als herzvollen Mannes, mit der er auf mich, so wie auf Mendelssohn und andere losging und behauptete, man müsse entweder mit ihm ein Christ, ein Christ nach seiner Art werden, oder man müsse ihn zu sich hinüberziehen, man müsse ihn gleichfalls von demjenigen überzeugen, worin man seine Beruhigung finde. Diese Forderung, so unmittelbar dem liberalen Weltsinn, zu dem ich mich nach und nach auch bekannte, entgegen stehend, that auf mich nicht die beste Wirkung. Alle Bekehrungsversuche, wenn sie nicht gelingen, machen denjenigen, den man zum Proselyten aussersah, starr und verstockt, und dieses war um so mehr mein Fall, als Lavater zuletzt mit dem harten Dilemma hervortrat: „Entweder Christ oder Atheist!" Ich erklärte darauf, daß, wenn er mir mein Christentum nicht lassen wollte, wie ich es bisher gehegt hätte, so könnte ich mich auch wohl zum Atheismus entschließen, zumal da ich sähe, daß niemand recht wisse, was beides eigentlich heißen solle.

Dieses Hin- und Widerschreiben, so heftig es auch war, störte das gute Verhältnis nicht. Lavater hatte eine unglaubliche Geduld, Beharrlichkeit, Ausdauer; er war seiner Lehre gewiß, und bei dem entschiedenen Vorsatz, seine Ueberzeugung in der Welt auszubreiten, ließ er sich's gefallen, was nicht durch Kraft geschehen konnte, durch Abwarten und Milde durchzuführen. Ueberhaupt gehörte er zu den wenigen glücklichen Menschen, deren äußerer Beruf mit dem innern vollkommen übereinstimmt und deren früheste Bildung, stetig zusammenhängend mit der spätern, ihre Fähigkeiten naturgemäß entwickelt. Mit den zartesten sittlichen Anlagen geboren, bestimmte er sich zum Geistlichen. Er genoß des nötigen Unterrichts und zeigte viele Fähigkeiten, ohne sich jedoch zu jener Ausbildung hinzuneigen, die man eigentlich gelehrt nennt. Denn auch er, um so viel früher geboren als wir, ward von dem Freiheits- und Naturgeist der Zeit ergriffen, der jedem sehr schmeichlerisch in die Ohren raunte: man habe, ohne viele äußere Hilfsmittel, Stoff und Gehalt genug in sich selbst, alles komme nur darauf an, daß man ihn gehörig entfalte. Die Pflicht des Geistlichen, sittlich im täglichen Sinne, religiös im höheren auf die Menschen zu wirken, traf mit seiner Denkweise vollkommen überein. Redliche und fromme Gesinnungen, wie er sie fühlte, den Menschen mitzuteilen, sie in ihnen zu erregen, war des Jünglings entschiedenster Trieb, und seine liebste Beschäftigung, wie auf sich selbst, so auf andere zu merken. Jenes ward ihm durch ein inneres Zartgefühl, dieses durch einen scharfen Blick auf das Aeußere erleichtert, ja aufgedrungen. Zur Beschaulichkeit war er jedoch nicht geboren, zur Darstellung im eigentlichen Sinne hatte er keine Gabe; er fühlte sich vielmehr mit allen seinen Kräften zur Thätigkeit, zur Wirksamkeit gedrängt, so daß ich niemand gekannt habe, der ununterbrochener handelte als er. Weil nun aber unser inneres sittliches Wesen in äußeren Bedingungen verkörpert ist, es sei nun, daß wir einer Familie, einem Stande, einer Gilde, einer Stadt oder einem Staate angehören, so mußte er zugleich, insofern er wirken wollte, alle diese Aeußerlichkeiten berühren und in Bewegung setzen, wodurch denn freilich mancher Anstoß, manche Verwickelung entsprang, besonders da das Gemeinwesen, als dessen Glied er geboren war, in der genauesten und bestimmtesten Beschränkung einer löblichen hergebrachten Freiheit genoß. Schon der republikanische Knabe gewöhnt sich, über das öffentliche Wesen zu denken und mitzusprechen. In der ersten Blüte seiner Tage sieht sich der Jüngling, als Zunftgenosse, bald in dem Fall, seine Stimme zu geben und zu versagen. Will er gerecht und selbständig urteilen, so muß er sich von dem Wert seiner Mitbürger vor allen Dingen überzeugen, er muß sie kennen lernen, er muß sich nach ihren Gesinnungen, nach ihren Kräften umthun und so, indem er andere zu erforschen trachtet, immer in seinen eigenen Busen zurückkehren.

In solchen Verhältnissen übte sich Lavater früh, und eben diese Lebensthätigkeit scheint ihn mehr beschäftigt zu haben als Sprachstudien, als jene sondernde Kritik, die mit ihnen verwandt, ihr Grund, so wie ihr Ziel ist. In späteren Jahren, da sich seine Kenntnisse, seine Einsichten unendlich weit ausgebreitet hatten, sprach er doch im Ernst und Scherz oft genug aus, daß er nicht gelehrt sei; und gerade einem solchen Mangel von eindringendem Studium muß man zuschreiben, daß er sich an den Buchstaben der Bibel, ja der Bibelübersetzung hielt und freilich für das, was er suchte und beabsichtigte, hier genugsame Nahrung und Hilfsmittel fand.

Aber gar bald war jener zunft- und gildemäßig langsam bewegte Wirkungskreis dem lebhaften Naturell zu enge. Gerecht zu sein wird dem Jüngling nicht schwer, und ein reines Gemüt verabscheut die Ungerechtigkeit, deren es sich selbst noch nicht schuldig gemacht hat. Die Bedrückungen eines Landvogts lagen offenbar vor den Augen der Bürger, schwerer waren sie vor Gericht zu bringen. Lavater gesellt sich einen Freund zu, und beide bedrohen, ohne sich zu nennen, jenen strafwürdigen Mann. Die Sache wird ruchbar, man sieht sich genötigt, sie zu untersuchen. Der Schuldige wird bestraft, aber die Veranlasser dieser Gerechtigkeit werden getadelt, wo nicht gescholten. In einem wohleingerichteten Staate soll das Rechte selbst nicht auf unrechte Weise geschehn.

Auf einer Reise, die Lavater durch Deutschland macht, setzt er sich mit gelehrten und wohldenkenden Männern in Berührung; allein er befestigt sich dabei nur mehr in seinen eignen Gedanken und Ueberzeugungen; nach Hause zurückgekommen, wirkt er immer freier aus sich selbst. Als ein edler guter Mensch fühlt er in sich einen herrlichen Begriff von der Menschheit,

Dritter Teil. Vierzehntes Buch.

und was diesem allenfalls in der Erfahrung widerspricht, alle die unleugbaren Mängel, die einen jeden von der Vollkommenheit ablenken, sollen ausgeglichen werden durch den Begriff der Gottheit, die sich in der Mitte der Zeiten in die menschliche Natur herabgesenkt, um ihr früheres Ebenbild vollkommen wiederherzustellen.

So viel vorerst von den Anfängen dieses merkwürdigen Mannes, und nun vor allen Dingen eine heitere Schilderung unseres persönlichen Zusammentreffens und Beisammenseins. Denn unser Briefwechsel hatte nicht lange gedauert, als er mir und andern ankündigte, er werde bald, auf einer vorzunehmenden Rheinreise, in Frankfurt einsprechen. Sogleich entstand im Publikum die größte Bewegung; alle waren neugierig, einen so merkwürdigen Mann zu sehen; viele hofften für ihre sittliche und religiöse Bildung zu gewinnen; die Zweifler dachten sich mit bedeutenden Einwendungen hervorzuthun, die Einbildischen waren gewiß, ihn durch Argumente, in denen sie sich selbst bestärkt hatten, zu verwirren und zu beschämen, und was sonst alles Williges und Unwilliges einen bemerkten Menschen erwartet, der sich mit dieser gemischten Welt abzugeben gedenkt.

Unser erstes Begegnen war herzlich; wir umarmten uns aufs freundlichste, und ich fand ihn gleich, wie mir ihn so manche Bilder schon überliefert hatten. Ein Individuum, einzig, ausgezeichnet, wie man es nicht gesehn hat und nicht wieder sehn wird, sah ich lebendig und wirksam vor mir. Er hingegen verriet im ersten Augenblick durch einige sonderbare Ausrufungen, daß er mich anders erwartet habe. Ich versicherte ihm dagegen, nach meinem angebornen und angebildeten Realismus, daß, da es Gott und der Natur nun einmal gefallen habe, mich so zu machen, wir es auch dabei wollten bewenden lassen. Nun kamen zwar sogleich die bedeutendsten Punkte zur Sprache, über die wir uns in Briefen am wenigsten vereinigen konnten; allein dieselben ausführlich zu behandeln, ward uns nicht Raum gelassen, und ich erfuhr, was mir noch nie vorgekommen.

Wir andern, wenn wir uns über Angelegenheiten des Geistes und Herzens unterhalten wollten, pflegten uns von der Menge, ja von der Gesellschaft zu entfernen, weil es, bei der vielfachen Denkweise und den verschiedenen Bildungsstufen schon schwer fällt, sich auch nur mit wenigen zu verständigen. Allein Lavater war ganz anders gesinnt; er liebte seine Wirkungen ins Weite und Breite auszudehnen, ihm ward nicht wohl als in der Gemeine, für deren Belehrung und Unterhaltung er ein besonderes Talent besaß, welches auf jener großen physiognomischen Gabe ruhte. Ihm war eine richtige Unterscheidung der Personen und Geister verliehen, so daß er einem jeden geschwind ansah, wie ihm allen-

falls zu Mute sein möchte. Fügte sich hiezu nun ein aufrichtiges
Bekenntnis, eine treuherzige Frage, so wußte er aus der großen
Fülle innerer und äußerer Erfahrung, zu jedermanns Befriedigung, das Gehörige zu erwidern. Die tiefe Sanftmut
seines Blicks, die bestimmte Lieblichkeit seiner Lippen, selbst der
durch sein Hochdeutsch durchtönende treuherzige Schweizerdialekt,
und wie manches andere, was ihn auszeichnete, gab allen, zu
denen er sprach, die angenehmste Sinnesberuhigung; ja seine,
bei flacher Brust, etwas vorgebogene Körperhaltung trug nicht
wenig dazu bei, die Uebergewalt seiner Gegenwart mit der übrigen Gesellschaft auszugleichen. Gegen Anmaßung und Dünkel
wußte er sich sehr ruhig und geschickt zu benehmen: denn indem
er auszuweichen schien, wendete er auf einmal eine große Ansicht, auf welche der beschränkte Gegner niemals denken konnte,
wie einen diamantnen Schild hervor und wußte denn doch das
daher entspringende Licht so angenehm zu mäßigen, daß dergleichen Menschen, wenigstens in seiner Gegenwart, sich belehrt
und überzeugt fühlten. Vielleicht hat der Eindruck bei manchen
fortgewirkt: denn selbstische Menschen sind wohl zugleich auch
gut; es kommt nur darauf an, daß die harte Schale, die den
fruchtbaren Kern umschließt, durch gelinde Einwirkung aufgelöst
werde.

Was ihm dagegen die größte Pein verursachte, war die
Gegenwart solcher Personen, deren äußere Häßlichkeit sie zu
entschiedenen Feinden jener Lehre von der Bedeutsamkeit der
Gestalten unwiderruflich stempeln mußte. Sie wendeten gewöhnlich einen hinreichenden Menschenverstand, ja sonstige Gaben und
Talente, leidenschaftlich mißwollend und kleinlich zweifelnd, an,
um eine Lehre zu entkräften, die für ihre Persönlichkeit belei-
digend schien: denn es fand sich nicht leicht jemand so groß-
denkend wie Sokrates, der gerade seine faunische Hülle zu Gunsten
einer erworbenen Sittlichkeit gedeutet hätte. Die Härte, die
Verstockung solcher Gegner war ihm fürchterlich, sein Gegenstreben
nicht ohne Leidenschaft, so wie das Schmelzfeuer die widerstre-
benden Erze als lästig und feindselig anhauchen muß.

Unter solchen Umständen war an ein vertrauliches Gespräch,
an ein solches, das Bezug auf uns selbst gehabt hätte, nicht zu
denken, ob ich mich gleich durch Beobachtung der Art, wie er
die Menschen behandelte, sehr belehrt, jedoch nicht gebildet fand:
denn meine Lage war ganz von der seinigen verschieden. Wer
sittlich wirkt, verliert keine seiner Bemühungen: denn es gedeiht
davon weit mehr, als das Evangelium vom Sämanne allzu bescheiden eingesteht; wer aber künstlerisch verfährt, der hat in
jedem Werke alles verloren, wenn es nicht als ein solches anerkannt wird. Nun weiß man, wie ungeduldig meine lieben

teilnehmenden Leser mich zu machen pflegten, und aus welchen
Ursachen ich höchst abgeneigt war, mich mit ihnen zu verständigen.
Nun fühlte ich den Abstand zwischen meiner und der Lavaterschen
Wirksamkeit nur allzu sehr: die seine galt in der Gegenwart,
die meine in der Abwesenheit; wer mit ihm in der Ferne unzufrieden war, befreundete sich ihm in der Nähe; wer mich nach
meinen Werken für liebenswürdig hielt, fand sich sehr getäuscht,
wenn er an einen starren ablehnenden Menschen anstieß.

Merck, der von Darmstadt sogleich herübergekommen war,
spielte den Mephistopheles, spottete besonders über das Zudringen
der Weiblein, und als einige derselben die Zimmer, die man
dem Propheten eingeräumt, und besonders auch das Schlafzimmer,
mit Aufmerksamkeit untersuchten, sagte der Schalk: die frommen
Seelen wollten doch sehen, wo man den Herrn hingelegt habe. —
Mit alle dem mußte er sich so gut wie die andern exorcisieren
lassen: denn Lips, der Lavatern begleitete, zeichnete sein Profil
so ausführlich und brav, wie die Bildnisse bedeutender und un-
bedeutender Menschen, welche dereinst in dem großen Werke der
Physiognomik angehäuft werden sollten.

Für mich war der Umgang mit Lavatern höchst wichtig und
lehrreich: denn seine dringenden Anregungen brachten mein
ruhiges künstlerisch beschauliches Wesen in Umtrieb; freilich nicht
zu meinem augenblicklichen Vorteil, indem die Zerstreuung, die
mich schon ergriffen hatte, sich nur vermehrte; allein es war so
viel unter uns zur Sprache gekommen, daß in mir die größte
Sehnsucht entstand, diese Unterhaltung fortzusetzen. Daher entschloß ich mich, ihn, wenn er nach Ems gehen würde, zu begleiten, um unterwegs, im Wagen eingeschlossen und von der
Welt abgesondert, diejenigen Gegenstände, die uns wechselseitig
am Herzen lagen, frei abzuhandeln.

Sehr merkwürdig und folgereich waren mir indessen die
Unterhaltungen Lavaters und der Fräulein von Klettenberg.
Hier standen nun zwei entschiedene Christen gegen einander über,
und es war ganz deutlich zu sehen, wie sich eben dasselbe Bekenntnis nach den Gesinnungen verschiedener Personen umbildet.
Man wiederholte so oft in jenen toleranten Zeiten, jeder Mensch
habe seine eigne Religion, seine eigne Art von Gottesverehrung.
Ob ich nun gleich dies nicht geradezu behauptete, so konnte ich
doch im gegenwärtigen Fall bemerken, daß Männer und Frauen
einen verschiedenen Heiland bedürfen. Fräulein von Klettenberg
verhielt sich zu dem ihrigen wie zu einem Geliebten, dem man
sich unbedingt hingibt, alle Freude und Hoffnung auf seine Person legt und ihm ohne Zweifel und Bedenken das Schicksal des
Lebens anvertraut. Lavater hingegen behandelte den seinigen
als einen Freund, dem man neidlos und liebevoll nacheifert,

seine Verdienste anerkennt, sie hochpreist und eben deswegen ihm ähnlich, ja gleich zu werden bemüht ist. Welch ein Unterschied zwischen beiderlei Richtung! wodurch im allgemeinen die geistigen Bedürfnisse der zwei Geschlechter ausgesprochen werden. Daraus mag es auch zu erklären sein, daß zärtere Männer sich an die Mutter Gottes gewendet, ihr, als einem Ausbund weiblicher Schönheit und Tugend, wie Sannazar gethan, Leben und Talente gewidmet und allenfalls nebenher mit dem göttlichen Knaben gespielt haben.

Wie meine beiden Freunde zu einander standen, wie sie gegen einander gesinnt waren, erfuhr ich nicht allein aus Gesprächen, denen ich beiwohnte, sondern auch aus Eröffnungen, welche mir beide ingeheim thaten. Ich konnte weder dem einen noch dem andern völlig zustimmen: denn mein Christus hatte auch seine eigne Gestalt nach meinem Sinne angenommen. Weil sie mir aber den meinigen gar nicht wollten gelten lassen, so quälte ich sie mit allerlei Paradoxien und Extremen, und wenn sie ungeduldig werden wollten, entfernte ich mich mit einem Scherze.

Der Streit zwischen Wissen und Glauben war noch nicht an der Tagesordnung, allein die beiden Worte und die Begriffe, die man damit verknüpft, kamen wohl auch gelegentlich vor, und die wahren Weltverächter behaupteten, eins sei so unzuverlässig als das andere. Daher beliebte es mir, mich zu Gunsten beider zu erklären, ohne jedoch den Beifall meiner Freunde gewinnen zu können. Beim Glauben, sagte ich, komme alles darauf an, daß man glaube; was man glaube, sei völlig gleichgültig. Der Glaube sei ein großes Gefühl von Sicherheit für die Gegenwart und Zukunft, und diese Sicherheit entspringe aus dem Zutrauen auf ein übergroßes, übermächtiges und unerforschliches Wesen. Auf die Unerschütterlichkeit dieses Zutrauens komme alles an; wie wir uns aber dieses Wesen denken, dies hänge von unsern übrigen Fähigkeiten, ja von den Umständen ab und sei ganz gleichgültig. Der Glaube sei ein heiliges Gefäß, in welches ein jeder sein Gefühl, seinen Verstand, seine Einbildungskraft, so gut als er vermöge, zu opfern bereit stehe. Mit dem Wissen sei es gerade das Gegenteil; es komme gar nicht darauf an, daß man wisse, sondern was man wisse, wie gut und wie viel man wisse. Daher könne man über das Wissen streiten, weil es sich berichtigen, sich erweitern und verengern lasse. Das Wissen fange vom einzelnen an, sei endlos und gestaltlos und könne niemals, höchstens nur träumerisch, zusammengefaßt werden und bleibe also dem Glauben geradezu entgegengesetzt.

Dergleichen Halbwahrheiten und die daraus entspringenden Irrsale mögen, poetisch dargestellt, aufregend und unterhaltend sein, im Leben aber stören und verwirren sie das Gespräch. Ich ließ daher Lavatern gern mit allen denjenigen allein, die sich an ihm und mit ihm erbauen wollten, und fand mich für diese Entbehrung genugsam entschädigt durch die Reise, die wir zusammen nach Ems antraten. Ein schönes Sommerwetter begleitete uns, Lavater war heiter und allerliebst. Denn bei einer religiösen und sittlichen, keineswegs ängstlichen Richtung seines Geistes, blieb er nicht unempfindlich, wenn durch Lebensvorfälle die Gemüter munter und lustig aufgeregt wurden. Er war teilnehmend, geistreich, witzig und mochte das Gleiche gern an andern, nur daß es innerhalb der Grenzen bliebe, die seine zarten Gesinnungen ihm vorschrieben. Wagte man sich allenfalls darüber hinaus, so pflegte er einem auf die Achsel zu klopfen und den Verwegenen durch ein treuherziges Bisch guet! zur Sitte aufzufordern. Diese Reise gereichte mir zu mancherlei Belehrung und Belebung, die mir aber mehr in der Kenntnis seines Charakters als in der Reglung und Bildung des meinigen zu teil ward. In Ems sah ich ihn gleich wieder von Gesellschaft aller Art umringt und kehrte nach Frankfurt zurück, weil meine kleinen Geschäfte gerade auf der Bahn waren, so daß ich sie kaum verlassen durfte.

Aber ich sollte so bald nicht wieder zur Ruhe kommen: denn Basedow traf ein, berührte und ergriff mich von einer andern Seite. Einen entschiedeneren Kontrast konnte man nicht sehen als diese beiden Männer. Schon der Anblick Basedows deutete auf das Gegenteil. Wenn Lavaters Gesichtszüge sich dem Beschauenden frei hergaben, so waren die Basedowischen zusammengepackt und wie nach innen gezogen. Lavaters Auge klar und fromm, unter sehr breiten Augenlidern, Basedows aber tief im Kopfe, klein, schwarz, scharf, unter struppigen Augenbrauen hervorblinkend, dahingegen Lavaters Stirnknochen von den sanftesten braunen Haarbogen eingefaßt erschien. Basedows heftige rauhe Stimme, seine schnellen und scharfen Aeußerungen, ein gewisses höhnisches Lachen, ein schnelles Herumwerfen des Gespächs, und was ihn sonst noch bezeichnen mochte, alles war den Eigenschaften und dem Betragen entgegengesetzt, durch die uns Lavater verwöhnt hatte. Auch Basedow ward in Frankfurt sehr gesucht und seine großen Geistesgaben bewundert; allein er war nicht der Mann, weder die Gemüter zu erbauen, noch zu lenken. Ihm war einzig darum zu thun, jenes große Feld, das er sich bezeichnet hatte, besser anzubauen, damit die Menschheit künftig bequemer und naturgemäßer darin ihre Wohnung nehmen sollte; und auf diesen Zweck eilte er nur allzu gerade los.

Mit seinen Planen konnte ich mich nicht befreunden, ja mir nicht einmal seine Absichten deutlich machen. Daß er allen Unterricht lebendig und naturgemäß verlangte, konnte mir wohl gefallen; daß die alten Sprachen an der Gegenwart geübt werden sollten, schien mir lobenswürdig, und gern erkannte ich an, was in seinem Vorhaben zu Beförderung der Thätigkeit und einer frischeren Weltanschauung lag: allein mir mißfiel, daß die Zeichnungen seines Elementarwerks noch mehr als die Gegenstände selbst zerstreuten, da in der wirklichen Welt doch immer nur das Mögliche beisammensteht und sie deshalb, ungeachtet aller Mannigfaltigkeit und scheinbarer Verwirrung, immer noch in allen ihren Teilen etwas Geregeltes hat. Jenes Elementarwerk hingegen zersplittert sie ganz und gar, indem das, was in der Weltanschauung keineswegs zusammentrifft, um der Verwandschaft der Begriffe willen neben einander steht; weswegen es auch jener sinnlich-methodischen Vorzüge ermangelt, die wir ähnlichen Arbeiten des Amos Comenius zuerkennen müssen.

Viel wunderbarer jedoch und schwerer zu begreifen als seine Lehre war Basedows Betragen. Er hatte bei dieser Reise die Absicht, das Publikum durch seine Persönlichkeit für sein philanthropisches Unternehmen zu gewinnen, und zwar nicht etwa die Gemüter, sondern geradezu die Beutel aufzuschließen. Er wußte von seinem Vorhaben groß und überzeugend zu sprechen, und jedermann gab ihm gern zu, was er behauptete. Aber auf die unbegreiflichste Weise verletzte er die Gemüter der Menschen, denen er eine Beisteuer abgewinnen wollte, ja er beleidigte sie ohne Not, indem er seine Meinungen und Grillen über religiöse Gegenstände nicht zurückhalten konnte. Auch hierin erschien Basedow als das Gegenstück von Lavater. Wenn dieser die Bibel buchstäblich und mit ihrem ganzen Inhalte, ja Wort vor Wort, bis auf den heutigen Tag für geltend annahm und für anwendbar hielt, so fühlte jener den unruhigsten Kitzel, alles zu verneuen und sowohl die Glaubenslehren als die äußerlichen kirchlichen Handlungen nach eignen einmal gefaßten Grillen umzumodeln. Am unbarmherzigsten jedoch und am unvorsichtigsten verfuhr er mit denjenigen Vorstellungen, die sich nicht unmittelbar aus der Bibel, sondern von ihrer Auslegung herschreiben, mit jenen Ausdrücken, philosophischen Kunstworten oder sinnlichen Gleichnissen, womit die Kirchenväter und Konzilien sich das Unaussprechliche zu verdeutlichen oder die Ketzer zu bestreiten gesucht haben. Auf eine harte und unverantwortliche Weise erklärte er sich vor jedermann als den abgesagtesten Feind der Dreieinigkeit und konnte gar nicht fertig werden, gegen dies allgemein zugestandene Geheimnis zu argumentieren. Auch ich hatte im Privatgespräch von dieser Unterhaltung sehr viel zu leiden und mußte mir die Hypostasis und Ousia, sowie das Prosopon immer wieder vorführen lassen. Dagegen griff ich zu den

Waffen der Paradoxie, überflügelte seine Meinungen und wagte das Verwegne mit Verwegnerem zu bekämpfen. Dies gab meinem Geiste wieder neue Anregung, und weil Basedow viel belesener war, auch die Fechterstreiche des Disputierens gewandter als ich Naturalist zu führen wußte, so hatte ich mich immer mehr anzustrengen, je wichtigere Punkte unter uns abgehandelt wurden.

Eine so herrliche Gelegenheit, mich, wo nicht aufzuklären, doch gewiß zu üben, konnte ich nicht kurz vorübergehen lassen. Ich vermochte Vater und Freunde, die notwendigsten Geschäfte zu übernehmen, und fuhr nun, Basedow begleitend, abermals von Frankfurt ab. Welchen Unterschied empfand ich aber, wenn ich der Anmut gedachte, die von Lavatern ausging! Reinlich, wie er war, verschaffte er sich auch eine reinliche Umgebung. Man ward jungfräulich an seiner Seite, um ihn nicht mit etwas Widrigem zu berühren. Basedow hingegen, viel zu sehr in sich gedrängt, konnte nicht auf sein Aeußeres merken. Schon daß er ununterbrochen schlechten Tabak rauchte, fiel äußerst lästig, um so mehr, als er einen unreinlich bereiteten, schnell Feuer fangenden, aber häßlich dunstenden Schwamm, nach ausgerauchter Pfeife, sogleich wieder aufschlug und jedesmal mit den ersten Zügen die Luft unerträglich verpestete. Ich nannte dieses Präparat Basedowschen Stinkschwamm und wollte ihn unter diesem Titel in der Naturgeschichte eingeführt wissen: woran er großen Spaß hatte, mir die widerliche Bereitung, recht zum Ekel, umständlich aus einander setzte und mit großer Schadenfreude sich an meinem Abscheu behagte. Denn dieses war eine von den tiefgewurzelten üblen Eigenheiten des so trefflich begabten Mannes, daß er gern zu necken und die Unbefangensten tückisch anzustechen beliebte. Ruhen konnte er niemand sehn; durch grinsenden Spott mit heiserer Stimme reizte er auf, durch eine überraschende Frage setzte er in Verlegenheit und lachte bitter, wenn er seinen Zweck erreicht hatte, war es aber wohl zufrieden, wenn man, schnell gefaßt, ihm etwas dagegen abgab.

Um wie viel größer war nun meine Sehnsucht nach Lavatern. Auch er schien sich zu freuen, als er mich wiedersah, vertraute mir manches bisher Erfahrne, besonders was sich auf den verschiedenen Charakter der Mitgäste bezog, unter denen er sich schon viele Freunde und Anhänger zu verschaffen gewußt. Nun fand ich selbst manchen alten Bekannten, und an denen, die ich in Jahren nicht gesehn, fing ich an die Bemerkung zu machen, die uns in der Jugend lange verborgen bleibt, daß die Männer altern und die Frauen sich verändern. Die Gesellschaft nahm täglich zu. Es ward unmäßig getanzt und, weil man sich in den beiden großen Badehäusern ziemlich nahe berührte, bei guter und genauer Bekanntschaft mancherlei Scherz getrieben. Einst verkleidete ich mich in einen Dorfgeistlichen und ein namhafter Freund in dessen Gattin; wir fielen der vornehmen Gesellschaft durch allzu große Höflichkeit ziemlich zur Last, wodurch denn jedermann in guten Humor versetzt wurde. An Abend-, Mitternacht- und Morgenständchen fehlte es auch nicht, und wir Jüngern genossen des Schlafs sehr wenig.

Im Gegensatze zu diesen Zerstreuungen brachte ich immer einen Teil der Nacht mit Basedow zu. Dieser legte sich nie zu Bette, sondern diktierte unaufhörlich. Manchmal warf er sich aufs Lager und schlummerte, indessen sein Tiro, die Feder in der Hand, ganz ruhig sitzen blieb und sogleich bereit war fortzuschreiben, wenn der Halberwachte seinen Gedanken wieder freien Lauf gab. Dies alles geschah in einem dichtverschlossenen, von Tabaks- und Schwammdampf erfüllten Zimmer. So oft ich nun einen Tanz aussetzte, sprang ich zu Basedow hinauf, der gleich über jedes Problem zu sprechen und zu disputieren geneigt war und, wenn ich nach Verlauf einiger Zeit wieder zum Tanze hineilte, noch eh ich die Thür hinter mir anzog, den Faden seiner Abhandlung so ruhig diktierend aufnahm, als wenn weiter nichts gewesen wäre.

Wir machten dann zusammen auch manche Fahrt in die Nachbarschaft, besuchten die Schlösser, besonders abliger Frauen, welche durchaus mehr als die Männer geneigt waren, etwas Geistiges und Geistliches aufzunehmen. Zu Nassau, bei Frau von Stein, einer höchst ehrwürdigen Dame, die der allgemeinsten Achtung genoß, fanden wir große Gesellschaft. Frau von la Roche war gleichfalls gegenwärtig, an jungen Frauenzimmern und Kindern fehlte es auch nicht. Hier sollte nun Lavater in physiognomische Versuchung geführt werden, welche meist darin bestand, daß man ihn verleiten wollte, Zufälligkeiten der Bildung für Grundform zu halten; er war aber beaugt genug, um sich nicht täuschen zu lassen. Ich sollte nach wie vor die Wahrhaftigkeit der Leiden Werthers und den Wohnort Lottens bezeugen, welchem Ansinnen ich mich nicht auf die artigste Weise entzog, dagegen die Kinder um mich versammelte, um ihnen recht seltsame Märchen zu erzählen, welche aus lauter bekannten Gegenständen zusammengesonnen waren; wobei ich den großen Vorteil hatte, daß kein Glied meines Hörkreises mich etwa zudringlich gefragt hätte, was denn wohl daran für Wahrheit oder Dichtung zu halten sein möchte.

Basedow brachte das einzige vor, das Not sei, nämlich eine bessere Erziehung der Jugend; weshalb er die Vornehmen und Begüterten zu ansehnlichen Beiträgen aufforderte. Kaum aber hatte er, durch Gründe sowohl als durch leidenschaftliche Beredsamkeit, die Gemüter, wo nicht sich zugewendet, doch zum guten Willen vorbereitet, als ihn der böse antitrinitarische Geist ergriff und er, ohne das mindeste Gefühl, wo er sich befinde, in die wunderlichsten Reden ausbrach, in seinem Sinne höchst religiös, nach Ueberzeugung der Gesellschaft höchst lästerlich. Lavater durch sanften Ernst, ich durch ableitende Scherze, die Frauen durch zerstreuende Spaziergänge suchten Mittel gegen dieses Unheil; die Verstimmung jedoch konnte nicht geheilt werden. Eine christliche Unterhaltung, die man sich von Lavaters Gegenwart versprochen, eine pädagogische, wie man sie von Basedow erwartete, eine sentimentale, zu der ich mich bereit finden sollte, alles war auf einmal gestört und aufgehoben. Auf dem Heimwege machte Lavater ihm Vorwürfe, ich aber bestrafte ihn auf eine lustige Weise. Es war heiße Zeit, und der Tabaksdampf mochte Basedows Gaumen noch mehr getrocknet haben; sehnlichst verlangte er nach einem Glase Bier, und als er an der Landstraße von weitem ein Wirtshaus erblickte, befahl er höchst gierig dem Kutscher, dort stille zu halten. Ich aber, im Augenblicke, daß derselbe anfahren wollte, rufe ihm mit Gewalt gebieterisch zu, er solle weiter fahren! Basedow, überrascht, konnte kaum mit heiserer Stimme das Gegenteil hervorbringen. Ich trieb den Kutscher nur heftiger an, der mir gehorchte. Basedow verwünschte mich und hätte gern mit Fäusten zugeschlagen; ich aber erwiderte ihm mit der größten Gelassenheit: Vater, seid ruhig! Ihr habt mir großen Dank zu sagen. Glücklicherweise saht Ihr das Vierzeichen nicht! Es ist aus zwei verschränkten Triangeln zusammengesetzt. Nun werdet Ihr über einen Triangel gewöhnlich schon toll; wären Euch die beiden zu Gesicht gekommen, man hätte Euch müssen an Ketten legen. Dieser Spaß brachte ihn zu einem unmäßigen Gelächter, zwischendurch schalt und verwünschte er mich, und Lavater übte seine Geduld an dem alten und jungen Thoren.

Als nun in der Hälfte des Juli Lavater sich zur Abreise bereitete, fand Basedow seinen Vorteil, sich anzuschließen, und ich hatte mich in diese bedeutende Gesellschaft schon so eingewohnt, daß ich es nicht über mich gewinnen konnte, sie zu verlassen. Eine sehr angenehme, Herz und Sinn erfreuende Fahrt hatten wir die Lahn hinab. Beim Anblick einer merkwürdigen Burgruine schrieb ich jenes Lied: „Hoch auf dem alten Turme steht" in Lipsens Stammbuch und, als es wohl aufgenommen wurde, um, nach meiner bösen Art, den Eindruck wieder zu verderben, allerlei Knüttelreime und Possen auf die nächsten Blätter. Ich freute mich, den herrlichen Rhein wiederzusehn, und ergötzte mich an der Ueberraschung derer, die dieses Schauspiel noch nicht genossen hatten. Nun landeten wir in Koblenz;

wohin wir traten, war der Zudrang sehr groß, und jeder von uns dreien erregte nach seiner Art Anteil und Neugierde. Basedow und ich schienen zu wetteifern, wer am unartigsten sein könnte; Lavater benahm sich vernünftig und klug, nur daß er seine Herzensmeinungen nicht verbergen konnte und dadurch, mit dem reinsten Willen, allen Menschen vom Mittelschlag höchst auffallend erschien.

Das Andenken an einen wunderlichen Wirtstisch in Koblenz habe ich in Knüttelversen aufbewahrt, die nun auch, mit ihrer Sippschaft, in meiner neuen Ausgabe stehen mögen. Ich saß zwischen Lavater und Basedow; der erste belehrte einen Landgeistlichen über die Geheimnisse der Offenbarung Johannis, und der andere bemühte sich vergebens, einem hartnäckigen Tanzmeister zu beweisen, daß die Taufe ein veralteter und für unsere Zeiten gar nicht berechneter Gebrauch sei. Und wie wir nun fürder nach Köln zogen, schrieb ich in irgend ein Album:

> Und wie nach Emaus, weiter ging's
> Mit Sturm- und Feuerschritten:
> Prophete rechts, Prophete links,
> Das Weltkind in der Mitten.

Glücklicherweise hatte dieses Weltkind auch eine Seite, die nach dem Himmlischen deutete, welche nun auf eine ganz eigne Weise berührt werden sollte. Schon in Ems hatte ich mich gefreut, als ich vernahm, daß wir in Köln die Gebrüder Jacobi treffen sollten, welche mit andern vorzüglichen und aufmerksamen Männern sich jenen beiden merkwürdigen Reisenden entgegenbewegten. Ich an meinem Teile hoffte von ihnen Vergebung wegen kleiner Unarten zu erhalten, die aus unserer großen, durch Herders scharfen Humor veranlaßten Unart entsprungen waren. Jene Briefe und Gedichte, worin Gleim und Georg Jacobi sich öffentlich an einander erfreuten, hatten uns zu mancherlei Scherzen Gelegenheit gegeben, und wir bedachten nicht, daß eben so viel Selbstgefälligkeit dazu gehöre, andern, die sich behaglich fühlen, wehe zu thun, als sich selbst oder seinen Freunden überflüssiges Gute zu erzeigen. Es war dadurch eine gewisse Mißhelligkeit zwischen dem Ober- und Unterrhein entstanden, aber von so geringer Bedeutung, daß sie leicht vermittelt werden konnte, und hierzu waren die Frauen vorzüglich geeignet. Schon Sophie la Roche gab uns den besten Begriff von diesen edlen Brüdern; Demoiselle Fahlmer, von Düsseldorf nach Frankfurt gezogen und jenem Kreise innig verwandt, gab durch die große Zartheit ihres Gemüts, durch die ungemeine Bildung des Geistes ein Zeugnis von dem Wert der Gesellschaft, in der sie herangewachsen. Sie beschämte uns nach und nach durch ihre

Geduld mit unserer grellen oberdeutschen Manier, sie lehrte uns Schonung, indem sie uns fühlen ließ, daß wir derselben auch wohl bedürften. Die Treuherzigkeit der jüngern Jacobischen Schwester, die große Heiterkeit der Gattin von Fritz Jacobi leiteten unsern Geist und Sinn immer mehr und mehr nach jenen Gegenden. Die Letztgedachte war geeignet, mich völlig einzunehmen: ohne eine Spur von Sentimentalität richtig fühlend, sich munter ausdrückend, eine herrliche Niederländerin, die, ohne Ausdruck von Sinnlichkeit, durch ihr tüchtiges Wesen an die Rubensschen Frauen erinnerte. Genannte Damen hatten, bei längerem und kürzerem Aufenthalt in Frankfurt, mit meiner Schwester die engste Verbindung geknüpft und das ernste, starre, gewissermaßen lieblose Wesen Korneliens aufgeschlossen und erheitert, und so war uns denn ein Düsseldorf, ein Pempelfort dem Geist und Herzen nach in Frankfurt zu teil geworden.

Unser erstes Begegnen in Köln konnte daher sogleich offen und zutraulich sein: denn jener Frauen gute Meinung von uns hatte gleichfalls nach Hause gewirkt; man behandelte mich nicht, wie bisher auf der Reise, bloß als den Dunstschweif jener beiden großen Wandelsterne, sondern man wendete sich auch besonders an mich, um mir manches Gute zu erteilen, und schien geneigt, auch von mir zu empfangen. Ich war meiner bisherigen Thorheiten und Frechheiten müde, hinter denen ich doch eigentlich nur den Unmut verbarg, daß für mein Herz, für mein Gemüt auf dieser Reise so wenig gesorgt werde; es brach daher mein Inneres mit Gewalt hervor, und dies mag die Ursache sein, warum ich mich der einzelnen Vorgänge wenig erinnere. Das, was man gedacht, die Bilder, die man gesehen, lassen sich in dem Verstand und in der Einbildungskraft wieder hervorrufen; aber das Herz ist nicht so gefällig, es wiederholt uns nicht die schönen Gefühle, und am wenigsten sind wir vermögend, uns enthusiastische Momente wieder zu vergegenwärtigen; man wird unvorbereitet davon überfallen und überläßt sich ihnen unbewußt. Andere, die uns in solchen Augenblicken beobachten, haben deshalb davon eine klarere und reinere Ansicht, als wir selbst.

Religiöse Gespräche hatte ich bisher sachte abgelehnt und verständige Anfragen selten mit Bescheidenheit erwidert, weil sie mir gegen das, was ich suchte, nur allzu beschränkt schienen. Wenn man mir seine Gefühle, seine Meinungen über meine eignen Produktionen aufdringen wollte, besonders aber wenn man mich mit den Forderungen des Alltagsverstandes peinigte und mir sehr entschieden vortrug, was ich hätte thun und lassen sollen, dann zerriß der Geduldsfaden, und das Gespräch zerbrach oder zerbröckelte sich, so daß niemand mit einer sonderlich günstigen Meinung von mir scheiden konnte. Viel natürlicher wäre mir gewesen, mich freundlich und zart zu erweisen; aber mein Gemüt wollte nicht geschulmeistert, sondern durch freies Wohlwollen aufgeschlossen und durch wahre Teilnahme zur Hingebung angeregt sein. Ein Gefühl aber, das bei mir gewaltig überhand nahm und sich nicht wundersam genug äußern konnte, war die Empfindung der Vergangenheit und Gegenwart in eins: eine Anschauung, die etwas Gespenstermäßiges in die Gegenwart brachte. Sie ist in vielen meiner größern und kleinern Arbeiten ausgedrückt und wirkt im Gedicht immer wohlthätig, ob sie gleich im Augenblick, wo sie sich unmittelbar am Leben und im Leben selbst ausdrückte, jedermann seltsam, unerklärlich, vielleicht unerfreulich scheinen mußte.

Köln war der Ort, wo das Altertum eine solche unzuberechnende Wirkung auf mich ausüben konnte. Die Ruine des Doms (denn ein nichtfertiges Werk ist einem zerstörten gleich) erregte die von Straßburg her gewohnten Gefühle. Kunstbetrachtungen konnte ich nicht anstellen, mir war zu viel und zu wenig gegeben, und niemand fand sich, der mir aus dem Labyrinth des Geleisteten und Beabsichtigten, der That und des Vorsatzes, des Erbauten und Angedeuteten hätte heraushelfen können, wie es jetzt wohl durch unsere fleißigen beharrlichen Freunde geschieht. In Gesellschaft bewunderte ich zwar diese merkwürdigen Hallen und Pfeiler; aber einsam versenkte ich mich in dieses, mitten in seiner Erschaffung, fern von der Vollendung schon erstarrte Weltgebäude immer mißmutig. Hier war abermals ein ungeheurer Gedanke nicht zur Ausführung gekommen! Scheint es doch, als wäre die Architektur nur da, um uns zu überzeugen, daß durch mehrere Menschen in einer Folge von Zeit nichts zu leisten ist und daß in Künsten und Thaten nur dasjenige zu stande kommt, was, wie Minerva, erwachsen und gerüstet aus des Erfinders Haupt hervorspringt.

In diesen mehr drückenden als herzerhebenden Augenblicken ahnete ich nicht, daß mich das zarteste und schönste Gefühl so ganz nah erwartete. Man führte mich in Jabachs Wohnung, wo mir das, was ich sonst nur innerlich zu bilden pflegte, wirklich und sinnlich entgegentrat. Diese Familie mochte längst ausgestorben sein, aber in dem Untergeschoß, das an einen Garten stieß, fanden wir nichts verändert. Ein durch braunrote Ziegelrauten regelmäßig verziertes Estrich, hohe geschnitzte Sessel mit ausgenähten Sitzen und Rücken, Tischblätter, künstlich eingelegt, auf schweren Füßen, metallene Hängeleuchter, ein ungeheures Kamin und dem angemessenes Feuergeräte, alles mit jenen früheren Tagen übereinstimmend, und in dem ganzen Raume nichts neu, nichts heutig als wir selber. Was nun aber die hiedurch wundersam aufgeregten Empfindungen überschwenglich vermehrte und vollendete, war ein großes Familiengemälde über dem Kamin. Der ehemalige reiche Inhaber dieser Wohnung saß mit seiner Frau, von Kindern umgeben, abgebildet: alle gegenwärtig, frisch und lebendig, wie von gestern, ja von heute, und doch waren sie schon alle vorübergegangen. Auch diese frischen rundbäckigen Kinder hatten gealtert, und ohne diese kunstreiche Abbildung wäre kein Gedächtnis von ihnen übrig geblieben. Wie ich, überwältigt von diesen Eindrücken, mich verhielt und benahm, müßte ich nicht zu sagen. Der tiefste Grund meiner menschlichen Anlagen und dichterischen Fähigkeiten ward durch die unendliche Herzensbewegung aufgedeckt, und alles Gute und Liebevolle, was in meinem Gemüte lag, mochte sich aufschließen und hervorbrechen: denn von dem Augenblick an ward ich, ohne weitere Untersuchung und Verhandlung, der Neigung, des Vertrauens jener vorzüglichen Männer für mein Leben teilhaft.

In Gefolg von diesem Seelen- und Geistesverein, wo alles, was in einem jeden lebte, zur Sprache kam, erbot ich mich, meine neuesten und liebsten Balladen zu recitieren. Der König von Thule, und „Es war ein Bube frech genug" thaten gute Wirkung, und ich trug sie um so gemütlicher vor, als meine Gedichte mir noch ans Herz geknüpft waren und nur selten über die Lippen kamen. Denn mich hinderten leicht gewisse gegenwärtige Personen, denen mein überzartes Gefühl vielleicht Unrecht thun mochte; ich ward manchmal mitten im Recitieren irre und konnte mich nicht wieder zurecht finden. Wie oft bin ich nicht deshalb des Eigensinns und eines wunderlichen grillenhaften Wesens angeklagt worden!

Ob mich nun gleich die dichterische Darstellungsweise am meisten beschäftigte und meinem Naturell eigentlich zujagte, so war mir doch auch das Nachdenken über Gegenstände aller Art nicht fremd und Jacobis originelle, seiner Natur gemäße Richtung gegen das Unerforschliche höchst willkommen und gemütlich. Hier that sich kein Widerstreit hervor, nicht ein christlicher, wie mit Lavater, nicht ein didaktischer, wie mit Basedow. Die Gedanken, die mir Jacobi mitteilte, entsprangen unmittelbar aus seinem Gefühl, und wie eigen war ich durchdrungen, als er mir mit unbedingtem Vertrauen die tiefsten Seelenforderungen nicht verhehlte. Aus einer so wundersamen Vereinigung von Bedürfnis, Leidenschaft und Ideen konnten auch für mich nur Vorahnungen entspringen dessen, was mir vielleicht künftig deutlicher werden sollte. Glücklicherweise hatte ich mich auch schon von dieser Seite, wo nicht gebildet, doch bearbeitet und in mich das Dasein und die Denkweise eines außerordentlichen Mannes aufgenommen, zwar nur unvollständig und wie auf den Raub, aber ich empfand davon doch schon bedeutende Wirkungen.

Dieser Geist, der so entschieden auf mich wirkte und der auf meine ganze Denkweise so großen Einfluß haben sollte, war Spinoza. Nachdem ich mich nämlich in aller Welt um ein Bildungsmittel meines wunderlichen Wesens vergebens umgesehen hatte, geriet ich endlich an die Ethik dieses Mannes. Was ich mir aus dem Werke mag herausgelesen, was ich in dasselbe mag hineingelesen haben, davon wüßte ich keine Rechenschaft zu geben; genug, ich fand hier eine Beruhigung meiner Leidenschaften, es schien sich mir eine große und freie Aussicht über die sinnliche und sittliche Welt aufzuthun. Was mich aber besonders an ihn fesselte, war die grenzenlose Uneigennützigkeit, die aus jedem Satze hervorleuchtete. Jenes wunderliche Wort: „Wer Gott recht liebt, muß nicht verlangen, daß Gott ihn wieder liebe," mit allen den Vordersätzen, worauf es ruht, mit allen den Folgen, die daraus entspringen, erfüllte mein ganzes Nachdenken. Uneigennützig zu sein in allem, am uneigennützigsten in Liebe und Freundschaft, war meine höchste Lust, meine Maxime, meine Ausübung, so daß jenes freche spätere Wort: „Wenn ich dich liebe, was geht's dich an?" mir recht aus dem Herzen gesprochen ist. Uebrigens möge auch hier nicht verkannt werden, daß eigentlich die innigsten Verbindungen nur aus dem Entgegengesetzten folgen. Die alles ausgleichende Ruhe Spinozas kontrastierte mit einem alles aufregenden Streben, seine mathematische Methode war das Widerspiel meiner poetischen Sinnes- und Darstellungsweise, und eben jene geregelte Behandlungsart, die man sittlichen Gegenständen nicht angemessen finden wollte, machte mich zu seinem leidenschaftlichen Schüler, zu seinem entschiedensten Verehrer. Geist und Herz, Verstand und Sinn suchten sich mit notwendiger Wahlverwandtschaft, und durch diese kam die Vereinigung der verschiedensten Wesen zu stande.

Noch war aber alles in der ersten Wirkung und Gegenwirkung, gärend und siedend. Fritz Jacobi, der erste, den ich in dieses Chaos hineinblicken ließ, er, dessen Natur gleichfalls im tiefsten arbeitete, nahm mein Vertrauen herzlich auf, erwiderte dasselbe und suchte mich in seinen Sinn einzuleiten. Auch er empfand ein unaussprechliches geistiges Bedürfnis, auch er wollte es nicht durch fremde Hilfe beschwichtigt, sondern aus sich selbst herausgebildet und aufgeklärt haben. Was er mir von dem Zustande seines Gemütes mitteilte, konnte ich nicht fassen, um so weniger, als ich mir keinen Begriff von meinem eignen machen konnte. Doch er, der in philosophischem Denken, selbst in Betrachtung des Spinoza, mir weit vorgeschritten war, suchte mein dunkles Bestreben zu leiten und aufzuklären. Eine solche reine Geistesverwandtschaft war mir neu und erregte ein leidenschaftliches Verlangen fernerer Mitteilung. Nachts, als wir uns schon

Dritter Teil. Vierzehntes Buch.

getrennt und in die Schlafzimmer zurückgezogen hatten, suchte ich ihn nochmals auf. Der Mondschein zitterte über dem breiten Rheine, und wir, am Fenster stehend, schwelgten in der Fülle des Hin= und Widergebens, das in jener herrlichen Zeit der Entfaltung so reichlich aufquillt.

Doch wüßte ich von jenem Unaussprechlichen gegenwärtig keine Rechenschaft zu liefern; deutlicher ist mir eine Fahrt nach dem Jagdschlosse Bensberg, das, auf der rechten Seite des Rheins gelegen, der herrlichsten Aussicht genoß. Was mich daselbst über die Maßen entzückte, waren die Wandverzierungen durch Weenix. Wohlgeordnet lagen alle Tiere, welche die Jagd nur liefern kann, ringsumher wie auf dem Sockel einer großen Säulenhalle; über sie hinaus sah man eine weite Landschaft. Jene entlebten Geschöpfe zu beleben, hatte der außerordentliche Mann sein ganzes Talent erschöpft und in Darstellung des mannigfaltigsten tierischen Ueberkleides, der Borsten, der Haare, der Federn, des Geweihes, der Klauen, sich der Natur gleichgestellt, in Absicht auf Wirkung sie übertroffen. Hatte man die Kunstwerke im ganzen genugsam bewundert, so ward man genötigt, über die Handgriffe nach= zudenken, wodurch solche Bilder so geistreich als mechanisch her= vorgebracht werden konnten. Man begriff nicht, wie sie durch Menschenhände entstanden seien und durch was für Instrumente. Der Pinsel war nicht hinreichend; man mußte ganz eigene Vor= richtungen annehmen, durch welche ein so Mannigfaltiges möglich geworden. Man näherte, man entfernte sich mit gleichem Er= staunen: die Ursache war so bewundernswert als die Wirkung.

Die weitere Fahrt rheinabwärts ging froh und glücklich von statten. Die Ausbreitung des Flusses ladet auch das Gemüt ein, sich auszubreiten und nach der Ferne zu sehen. Wir ge= langten nach Düsseldorf und von da nach Pempelfort, dem an= genehmsten und heitersten Aufenthalt, wo ein geräumiges Wohn= gebäude, an weite wohlunterhaltene Gärten stoßend, einen sinnigen und sittigen Kreis versammelte. Die Familienglieder waren zahl= reich, und an Fremden fehlte es nie, die sich in diesen reichlichen und angenehmen Verhältnissen gar wohl gefielen.

In der Düsseldorfer Galerie konnte meine Vorliebe für die niederländische Schule reichliche Nahrung finden. Der tüchtigen, derben, von Naturfülle glänzenden Bilder fanden sich ganze Säle, und wenn auch nicht eben meine Einsicht vermehrt wurde, meine Kenntnis ward doch bereichert und meine Liebhaberei bestärkt.

Die schöne Ruhe, Behaglichkeit und Beharrlichkeit, welche den Hauptcharakter dieses Familienvereins bezeichneten, belebten sich gar bald vor den Augen des Gastes, indem er wohl be= merken konnte, daß ein weiter Wirkungskreis von hier ausging und anderwärts eingriff. Die Thätigkeit und Wohlhabenheit benachbarter Städte und Ortschaften trug nicht wenig bei, das Gefühl einer inneren Zufriedenheit zu erhöhen. Wir besuchten Elberfeld und erfreuten uns an der Rührigkeit so mancher wohlbestellten Fabriken. Hier fanden wir unsern Jung, genannt Stilling, wieder, der uns schon in Koblenz entgegengekommen war und der den Glauben an Gott und die Treue gegen die Menschen immer zu seinem köstlichen Geleit hatte. Hier sahen wir ihn in seinem Kreise und freuten uns des Zutrauens, das ihm seine Mitbürger schenkten, die, mit irdischem Erwerb beschäftigt, die himmlischen Güter nicht außer acht ließen. Die betriebsame Gegend gab einen beruhigenden Anblick, weil das Nützliche hier aus Ordnung und Reinlichkeit hervortrat. Wir verlebten in diesen Betrachtungen glückliche Tage.

Kehrte ich dann wieder zu meinem Freunde Jacobi zurück, so genoß ich des entzückenden Gefühls einer Verbindung durch das innerste Gemüt. Wir waren beide von der lebendigsten Hoffnung gemeinsamer Wirkung belebt; dringend forderte ich ihn auf, alles, was in ihm sich rege und bewege, in irgend einer Form kräftig darzustellen. Es war das Mittel, wodurch ich mich aus so viel Verwirrungen herausgerissen hatte; ich hoffte, es solle auch ihm zusagen. Er säumte nicht, es mit Mut zu ergreifen, und wie viel Gutes, Schönes, Herzerfreuendes hat er nicht geleistet! Und so schieden wir endlich in der seligen Empfindung ewiger Vereinigung, ganz ohne Vorgefühl, daß unser Streben eine entgegengesetzte Richtung nehmen werde, wie es sich im Laufe des Lebens nur allzu sehr offenbarte.

Was mir ferner auf dem Rückwege rheinaufwärts begegnet, ist mir ganz aus der Erinnerung verschwunden, teils weil der zweite Anblick der Gegenstände in Gedanken mit dem ersten zu verfließen pflegt, teils auch, weil ich, in mich gekehrt, das Viele, was ich erfahren hatte, zurecht zu legen, das, was auf mich gewirkt, zu verarbeiten trachtete. Von einem wichtigen Resultat, das mir eine Zeitlang viel Beschäftigung gab, indem es mich zum Hervorbringen aufforderte, gedenke ich gegenwärtig zu reden.

Bei meiner überfreien Gesinnung, bei meinem völlig zweck- und planlosen Leben und Handeln konnte mir nicht verborgen bleiben, daß Lavater und Basedow geistige, ja geistliche Mittel zu irdischen Zwecken gebrauchten. Mir, der ich mein Talent und meine Tage absichtslos vergeudete, mußte schnell auffallen, daß beide Männer, jeder auf seine Art, indem sie zu lehren, zu unterrichten und zu überzeugen bemüht waren, doch auch gewisse Absichten im Hinterhalte verbargen, an deren Beförderung ihnen sehr gelegen war. Lavater ging zart und klug, Basedow heftig, frevelhaft, sogar plump zu Werke; auch waren beide von ihren Liebhabereien, Unternehmungen und von der Vortrefflichkeit ihres Treibens so überzeugt, daß man sie für redliche Männer halten, sie lieben und verehren mußte. Lavatern besonders konnte man zum Ruhme nachsagen, daß er wirklich höhere Zwecke hatte und, wenn er weltklug handelte, wohl glauben durfte, der Zweck heilige die Mittel. Indem ich nun beide beobachtete, ja ihnen frei heraus meine Meinung gestand und die ihrige dagegen vernahm, so wurde der Gedanke rege, daß freilich der vorzügliche Mensch das Göttliche, was in ihm ist, auch außer sich verbreiten möchte. Dann aber trifft er auf die rohe Welt, und um auf sie zu wirken, muß er sich ihr gleichstellen; hierdurch aber vergibt er jenen hohen Vorzügen gar sehr, und am Ende begibt er sich ihrer gänzlich. Das Himmlische, Ewige wird in den Körper irdischer Absichten eingesenkt und zu vergänglichen Schicksalen mit fortgerissen. Nun betrachtete ich den Lebensgang beider Männer aus diesem Gesichtspunkt, und sie schienen mir eben so ehrwürdig als bedauernswert: denn ich glaubte vorauszusehn, daß beide sich genötigt finden könnten, das Obere dem Unteren aufzuopfern. Weil ich nun aber alle Betrachtungen dieser Art bis aufs Aeußerste verfolgte und über meine enge Erfahrung hinaus nach ähnlichen Fällen in der Geschichte mich umsah, so entwickelte sich bei mir der Vorsatz, an dem Leben Mahomets, den ich nie als einen Betrüger hatte ansehen können, jene von mir in der Wirklichkeit so lebhaft angeschauten Wege, die anstatt zum Heil, vielmehr zum Verderben führen, dramatisch darzustellen. Ich hatte kurz vorher das Leben des orientalischen Propheten mit großem Interesse gelesen und studiert und war daher, als der Gedanke mir aufging, ziemlich vorbereitet. Das Ganze näherte sich mehr der regelmäßigen Form, zu der ich mich schon wieder hinneigte, ob ich mich gleich der dem Theater einmal errungenen Freiheit, mit Zeit und Ort nach Belieben schalten zu dürfen, mäßig bediente. Das Stück fing mit einer Hymne an, welche Mahomet allein unter dem heiteren Nachthimmel anstimmt. Erst verehrt er die unendlichen Gestirne als eben so viele Götter; dann steigt der freundliche Stern Gad (unser Jupiter) hervor, und nun wird diesem, als dem König der Gestirne, ausschließliche Verehrung gewidmet. Nicht lange, so bewegt sich der Mond herauf und gewinnt Aug' und Herz des Anbetenden, der sodann, durch die hervortretende Sonne herrlich erquickt und gestärkt, zu neuem Preise aufgerufen wird. Aber dieser Wechsel, wie erfreulich er auch sein mag, ist dennoch beunruhigend, das Gemüt empfindet, daß es sich nochmals überbieten muß; es erhebt sich zu Gott, dem Einzigen, Ewigen, Unbegrenzten, dem alle diese begrenzten herrlichen Wesen ihr Dasein zu verdanken haben. Diese Hymne hatte ich mit viel Liebe gedichtet; sie ist verloren gegangen, würde sich aber zum Zweck einer Kantate wohl wiederherstellen lassen und sich dem Musiker durch die Mannigfaltigkeit des Ausdrucks empfehlen. Man müßte sich aber, wie es auch damals schon die Absicht war, den Anführer einer Karawane mit seiner Familie und dem ganzen Stamme denken, und so würde für die Abwechslung der Stimmen und die Macht der Chöre wohl gesorgt sein.

Nachdem sich also Mahomet selbst bekehrt, teilt er diese Gefühle und Gesinnungen den Seinigen mit; seine Frau und Ali fallen ihm unbedingt zu. Im zweiten Akt versucht er selbst, heftiger aber Ali, diesen Glauben in dem Stamme weiter auszubreiten. Hier zeigt sich Beistimmung und Widersetzlichkeit, nach Verschiedenheit der Charakter. Der Zwist beginnt, der Streit wird gewaltsam, und Mahomet muß entfliehn. Im dritten Akt bezwingt er seine Gegner, macht seine Religion zur öffentlichen, reinigt die Kaaba von den Götzenbildern; weil aber doch nicht alles durch Kraft zu thun ist, so muß er auch zur List seine Zuflucht nehmen. Das Irdische wächst und breitet sich aus, das Göttliche tritt zurück und wird getrübt. Im vierten Akte verfolgt Mahomet seine Eroberungen, die Lehre wird mehr Vorwand als Zweck, alle denkbaren Mittel müssen benutzt werden; es fehlt nicht an Grausamkeiten. Eine Frau, deren Mann er hat hinrichten lassen, vergiftet ihn. Im fünften fühlt er sich vergiftet. Seine große Fassung, die Wiederkehr zu sich selbst, zum höheren Sinne machen ihn der Bewunderung würdig. Er reinigt seine Lehre, befestigt sein Reich und stirbt.

So war der Entwurf einer Arbeit, die mich lange im Geist beschäftigte: denn gewöhnlich mußte ich erst etwas im Sinne beisammen haben, eh ich zur Ausführung schritt. Alles, was das Genie durch Charakter und Geist über die Menschen vermag, sollte dargestellt werden, und wie es dabei gewinnt und verliert. Mehrere einzuschaltende Gesänge wurden vorläufig gedichtet; von denen ist allein noch übrig, was, überschrieben **Mahomets Gesang**, unter meinen Gedichten steht. Im Stücke sollte Ali, zu Ehren seines Meisters, auf dem höchsten Punkte des Gelingens diesen Gesang vortragen, kurz vor der Umwendung, die durch das Gift geschieht. Ich erinnere mich auch noch der Intentionen einzelner Stellen, doch würde mich die Entwicklung derselben hier zu weit führen.

Funfzehntes Buch.

Von so vielfachen Zerstreuungen, die doch meist zu ernsten, ja religiösen Betrachtungen Anlaß gaben, kehrte ich immer wieder zu meiner edlen Freundin von Klettenberg zurück, deren Gegenwart meine stürmischen, nach allen Seiten hinstrebenden Neigungen und Leidenschaften, wenigstens für einen Augenblick, beschwichtigte und der ich von solchen Vorsätzen, nach meiner Schwester, am liebsten Rechenschaft gab. Ich hätte wohl merken können, daß von Zeit zu Zeit ihre Gesundheit abnahm, allein ich verhehlte mir's und durfte dies um so eher, als ihre Heiterkeit mit der Krankheit zunahm. Sie pflegte nett und reinlich am Fenster in ihrem Sessel zu sitzen, vernahm die Erzählungen meiner Ausflüge mit Wohlwollen, sowie dasjenige, was ich ihr vorlas. Manchmal zeichnete ich ihr auch etwas hin, um die Gegenden leichter zu beschreiben, die ich gesehn hatte. Eines Abends, als ich mir eben mancherlei Bilder wieder hervorgerufen, kam, bei untergehender Sonne, sie und ihre Umgebung mir wie verklärt vor, und ich konnte mich nicht enthalten, so gut es meine Unfähigkeit zuließ, ihre Person und die Gegenstände des Zimmers in ein Bild zu bringen, das unter den Händen eines kunstfertigen Malers, wie Kersting, höchst anmutig geworden wäre. Ich sendete es an eine auswärtige Freundin und legte als Kommentar und Supplement ein Lied hinzu.

  Sieh in diesem Zauberspiegel
  Einen Traum, wie lieb und gut
  Unter ihres Gottes Flügel
  Unsre Freundin leidend ruht.

  Schaue, wie sie sich hinüber
  Aus des Lebens Woge stritt;
  Sieh dein Bild ihr gegenüber
  Und den Gott, der für euch litt.

  Fühle, was ich in dem Weben
  Dieser Himmelslust gefühlt,
  Als mit ungeduld'gem Streben
  Ich die Zeichnung hingewühlt.

Wenn ich mich in diesen Strophen, wie auch sonst wohl manchmal geschah, als einen Auswärtigen, Fremden, sogar als einen Heiden gab, war ihr dieses nicht zuwider, vielmehr versicherte sie mir, daß ich ihr so lieber sei als früher, da ich mich der christlichen Terminologie bedient, deren Anwendung mir nie recht habe glücken wollen; ja, es war schon hergebracht, wenn ich ihr Missionsberichte vorlas, welche zu hören ihr immer sehr angenehm war, daß ich mich der Völker gegen die Missionarien annehmen und ihren früheren Zustand dem neuern vorziehen durfte. Sie blieb immer freundlich und sanft und schien meiner und meines Heils wegen nicht in der mindesten Sorge zu sein.

 Daß ich mich aber nach und nach immer mehr von jenem

Bekenntnis entfernte, kam daher, weil ich dasselbe mit allzu großem Ernst, mit leidenschaftlicher Liebe zu ergreifen gesucht hatte. Seit meiner Annäherung an die Brüdergemeine hatte meine Neigung zu dieser Gesellschaft, die sich unter der Siegesfahne Christi versammelte, immer zugenommen. Jede positive Religion hat ihren größten Reiz, wenn sie im Werden begriffen ist; deswegen ist es so angenehm, sich in die Zeiten der Apostel zu denken, wo sich alles noch frisch und unmittelbar geistig darstellt, und die Brüdergemeine hatte hierin etwas Magisches, daß sie jenen ersten Zustand fortzusetzen, ja zu verewigen schien. Sie knüpfte ihren Ursprung an die frühsten Zeiten an, sie war niemals fertig geworden, sie hatte sich nur in unbemerkten Ranken durch die rohe Welt hindurchgewunden; nun schlug ein einzelnes Auge, unter dem Schutz eines frommen vorzüglichen Mannes, Wurzel, um sich abermals aus unmerklichen, zufällig scheinenden Anfängen weit über die Welt auszubreiten. Der wichtigste Punkt hierbei war der, daß man die religiöse und bürgerliche Verfassung unzertrennlich in eins zusammenschlang, daß der Lehrer zugleich als Gebieter, der Vater zugleich als Richter dastand; ja, was noch mehr war, das göttliche Oberhaupt, dem man in geistlichen Dingen einen unbedingten Glauben geschenkt hatte, ward auch zu Lenkung weltlicher Angelegenheiten angerufen und seine Antwort, sowohl was die Verwaltung im ganzen, als auch was jeden einzelnen bestimmen sollte, durch den Ausspruch des Loses mit Ergebenheit vernommen. Die schöne Ruhe, wie sie wenigstens das Aeußere bezeugte, war höchst einladend, indem von der andern Seite, durch den Missionsberuf, alle Thatkraft, die in dem Menschen liegt, in Anspruch genommen wurde. Die trefflichen Männer, die ich auf dem Synodus zu Marienborn, wohin mich Legationsrat Moritz, Geschäftsträger der Grafen von Isenburg, mitnahm, kennen lernte, hatte meine ganze Verehrung gewonnen, und es wäre nur auf sie angekommen, mich zu dem Ihrigen zu machen. Ich beschäftigte mich mit ihrer Geschichte, mit ihrer Lehre, der Herkunft und Ausbildung derselben und fand mich in dem Fall, davon Rechenschaft zu geben und mich mit Teilnehmenden darüber zu unterhalten. Ich mußte jedoch bemerken, daß die Brüder so wenig als Fräulein von Klettenberg mich für einen Christen wollten gelten lassen, welches mich anfangs beunruhigte, nachher aber meine Neigung einigermaßen erkältete. Lange konnte ich jedoch den eigentlichen Unterscheidungsgrund nicht auffinden, ob er gleich ziemlich am Tage lag, bis er mir mehr zufällig als durch Forschung entgegendrang. Was mich nämlich von der Brüdergemeine sowie von andern werten Christenseelen absonderte, war dasselbige, worüber die Kirche schon mehr als einmal in Spaltung geraten war. Ein

Teil behauptete, daß die menschliche Natur durch den Sündenfall dergestalt verdorben sei, daß auch bis in ihren innersten Kern nicht das mindeste Gute an ihr zu finden, deshalb der Mensch auf seine eignen Kräfte durchaus Verzicht zu thun und alles von der Gnade und ihrer Einwirkung zu erwarten habe. Der andere Teil gab zwar die erblichen Mängel der Menschen sehr gern zu, wollte aber der Natur inwendig noch einen gewissen Keim zugestehn, welcher, durch göttliche Gnade belebt, zu einem frohen Baume geistiger Glückseligkeit emporwachsen könne. Von dieser letztern Ueberzeugung war ich aufs innigste durchdrungen, ohne es selbst zu wissen, obwohl ich mich mit Mund und Feder zu dem Gegenteile bekannt hatte; aber ich dämmerte so hin, das eigentliche Dilemma hatte ich mir nie ausgesprochen. Aus diesem Traume wurde ich jedoch einst ganz unvermutet gerissen, als ich diese meine, wie mir schien, höchst unschuldige Meinung in einem geistlichen Gespräch ganz unbewunden eröffnete und deshalb eine große Strafpredigt erdulden mußte. Dies sei eben, behauptete man mir entgegen, der wahre Pelagianismus, und gerade zum Unglück der neueren Zeit wolle diese verderbliche Lehre wieder um sich greifen. Ich war hierüber erstaunt, ja erschrocken. Ich ging in die Kirchengeschichte zurück, betrachtete die Lehre und die Schicksale des Pelagius näher und sah nun deutlich, wie diese beiden unvereinbaren Meinungen durch Jahrhunderte hin und her gewogt und von den Menschen, je nachdem sie mehr thätiger oder leidender Natur gewesen, aufgenommen und bekannt worden.

Mich hatte der Lauf der vergangenen Jahre unabläsig zu Uebung eigner Kraft aufgefordert, in mir arbeitete eine rastlose Thätigkeit mit dem besten Willen zu moralischer Ausbildung. Die Außenwelt forderte, daß diese Thätigkeit geregelt und zum Nutzen anderer gebraucht werden sollte, und ich hatte diese große Forderung in mir selbst zu verarbeiten. Nach allen Seiten hin war ich an die Natur gewiesen, sie war mir in ihrer Herrlichkeit erschienen; ich hatte so viel wackere und brave Menschen kennen gelernt, die sich's in ihrer Pflicht, um der Pflicht willen, sauer werden ließen; ihnen, ja mir selbst zu entsagen, schien mir unmöglich; die Kluft, die mich von jener Lehre trennte, ward mir deutlich, ich mußte also auch aus dieser Gesellschaft scheiden, und da mir meine Neigung zu den heiligen Schriften sowie zu dem Stifter und den früheren Bekennern nicht geraubt werden konnte, so bildete ich mir ein Christentum zu meinem Privatgebrauch und suchte dieses durch fleißiges Studium der Geschichte und durch genaue Bemerkung derjenigen, die sich zu meinem Sinne hingeneigt hatten, zu begründen und aufzubauen.

Weil nun aber alles, was ich mit Liebe in mich aufnahm,

sich sogleich zu einer dichterischen Form anlegte, so ergriff ich den wunderlichen Einfall, die Geschichte des ewigen Juden, die sich schon früh durch die Volksbücher bei mir eingedrückt hatte, episch zu behandeln, um an diesem Leitfaden die hervorstehenden Punkte der Religions= und Kirchengeschichte nach Befinden darzustellen. Wie ich mir aber die Fabel gebildet, und welchen Sinn ich ihr untergelegt, gedenke ich nunmehr zu erzählen.

In Jerusalem befand sich ein Schuster, dem die Legende den Namen Ahasverus gibt. Zu diesem hatte mir mein Dresdner Schuster die Grundzüge geliefert. Ich hatte ihn mit eines Handwerksgenossen, mit Hans Sachsens, Geist und Humor bestens ausgestattet und ihn durch eine Neigung zu Christo veredelt. Weil er nun bei offener Werkstatt sich gern mit den Vorbeigehenden unterhielt, sie neckte und, auf sokratische Weise, jeden nach seiner Art anregte, so verweilten die Nachbarn und andre vom Volk gern bei ihm, auch Pharisäer und Sadduzäer sprachen zu, und begleitet von seinen Jüngern, mochte der Heiland selbst wohl auch manchmal bei ihm verweilen. Der Schuster, dessen Sinn bloß auf die Welt gerichtet war, faßte doch zu unserm Herrn eine besondere Neigung, die sich hauptsächlich dadurch äußerte, daß er den hohen Mann, dessen Sinn er nicht faßte, zu seiner eignen Denk= und Handelsweise bekehren wollte. Er lag daher Christo sehr inständig an, doch aus der Beschaulichkeit hervorzutreten, nicht mit solchen Müßiggängern im Lande herumzuziehen, nicht das Volk von der Arbeit hinweg an sich in die Einöde zu locken; ein versammeltes Volk sei immer ein aufgeregtes, und es werde nichts Gutes daraus entstehen.

Dagegen suchte ihn der Herr von seinen höheren Ansichten und Zwecken sinnbildlich zu belehren, die aber bei dem derben Manne nicht fruchten wollten. Daher, als Christus immer bedeutender, ja eine öffentliche Person ward, ließ sich der wohlwollende Handwerker immer schärfer und heftiger vernehmen, stellte vor, daß hieraus notwendig Unruhen und Aufstände erfolgen und Christus selbst genötigt sein würde, sich als Parteihaupt zu erklären, welches doch unmöglich seine Absicht sei. Da nun der Verlauf der Sache, wie wir wissen, erfolgt, Christus gefangen und verurteilt ist, so wird Ahasverus noch heftiger aufgeregt, als Judas, der scheinbar den Herrn verraten, verzweifelnd in die Werkstatt tritt und jammernd seine mißlungene That erzählt. Er sei nämlich, so gut als die klügsten der übrigen Anhänger, fest überzeugt gewesen, daß Christus sich als Regent und Volkshaupt erklären werde, und habe das bisher unüberwindliche Zaudern des Herrn mit Gewalt zur That nötigen wollen und deswegen die Priesterschaft zu Thätlichkeiten aufgereizt, welche auch diese bisher nicht gewagt. Von der Jünger

Seite sei man auch nicht unbewaffnet gewesen, und wahrscheinlicherweise wäre alles gut abgelaufen, wenn der Herr sich nicht selbst ergeben und sie in den traurigsten Zuständen zurückgelassen hätte. Ahasverus, durch diese Erzählung keineswegs zur Milde gestimmt, verbittert vielmehr noch den Zustand des armen Erapostels, so daß diesem nichts übrig bleibt, als in der Eile sich aufzuhängen.

Als nun Jesus vor der Werkstatt des Schusters vorbei zum Tode geführt wird, ereignet sich gerade dort die bekannte Szene, daß der Leidende unter der Last des Kreuzes erliegt und Simon von Cyrene dasselbe weiter zu tragen gezwungen wird. Hier tritt Ahasverus hervor, nach hart verständiger Menschen Art, die, wenn sie jemand durch eigne Schuld unglücklich sehn, kein Mitleid fühlen, ja vielmehr, durch unzeitige Gerechtigkeit gedrungen, das Uebel durch Vorwürfe vermehren; er tritt heraus und wiederholt alle früheren Warnungen, die er in heftige Beschuldigungen verwandelt, wozu ihn seine Neigung für den Leidenden zu berechtigen scheint. Dieser antwortet nicht, aber im Augenblicke bedeckt die liebende Veronika des Heilands Gesicht mit dem Tuche, und da sie es wegnimmt und in die Höhe hält, erblickt Ahasverus darauf das Antlitz des Herrn, aber keineswegs des in Gegenwart Leidenden, sondern eines herrlich Verklärten und himmlisches Leben Ausstrahlenden. Geblendet von dieser Erscheinung, wendet er die Augen weg und vernimmt die Worte: Du wandelst auf Erden, bis du mich in dieser Gestalt wieder erblickst. Der Betroffene kommt erst einige Zeit nachher zu sich selbst zurück, findet, da alles sich zum Gerichtsplatz gedrängt hat, die Straßen Jerusalems öde; Unruhe und Sehnsucht treiben ihn fort, und er beginnt seine Wanderung.

Von dieser und von dem Ereignis, wodurch das Gedicht zwar geendigt, aber nicht abgeschlossen wird, vielleicht ein andermal. Der Anfang, zerstreute Stellen und der Schluß waren geschrieben; aber mir fehlte die Sammlung, mir fehlte die Zeit, die nötigen Studien zu machen, daß ich ihm hätte den Gehalt, den ich wünschte, geben können, und es blieben die wenigen Blätter um desto eher liegen, als sich eine Epoche in mir entwickelte, die sich schon, als ich den Werther schrieb und nachher dessen Wirkungen sah, notwendig anspinnen mußte.

Das gemeine Menschenschicksal, an welchem wir alle zu tragen haben, muß denjenigen am schwersten aufliegen, deren Geisteskräfte sich früher und breiter entwickeln. Wir mögen unter dem Schutz von Eltern und Verwandten emporkommen, wir mögen uns an Geschwister und Freunde anlehnen, durch Bekannte unterhalten, durch geliebte Personen beglückt werden, so ist doch immer das Final, daß der Mensch auf sich zurückgewiesen wird,

und es scheint, es habe sogar die Gottheit sich so zu dem Menschen
gestellt, daß sie dessen Ehrfurcht, Zutrauen und Liebe nicht
immer, wenigstens nicht gerade im dringenden Augenblick, er=
widern kann. Ich hatte jung genug gar oft erfahren, daß in
den hilfsbedürftigsten Momenten uns zugerufen wird: „Arzt,
hilf dir selber!" und wie oft hatte ich nicht schmerzlich ausseufzen
müssen: „Ich trete die Kelter allein!" Indem ich mich also nach
Bestätigung der Selbständigkeit umsah, fand ich als die sicherste
Base derselben mein produktives Talent. Es verließ mich seit
einigen Jahren keinen Augenblick; was ich wachend am Tage
gewahr wurde, bildete sich sogar öfters nachts in regelmäßige
Träume, und wie ich die Augen aufthat, erschien mir entweder
ein wunderliches neues Ganze, oder der Teil eines schon Vor=
handenen. Gewöhnlich schrieb ich alles zur frühesten Tageszeit;
aber auch abends, ja tief in die Nacht, wenn Wein und Gesellig=
keit die Lebensgeister erhöhten, konnte man von mir fordern,
was man wollte; es kam nur auf eine Gelegenheit an, die
einigen Charakter hatte, so war ich bereit und fertig. Wie ich
nun über diese Naturgabe nachdachte und fand, daß sie mir
ganz eigen angehöre und durch nichts Fremdes weder begünstigt
noch gehindert werden könne, so mochte ich gern hierauf mein
ganzes Dasein in Gedanken gründen. Diese Vorstellung ver=
wandelte sich in ein Bild; die alte mythologische Figur des
Prometheus fiel mir auf, der, abgesondert von den Göttern,
von seiner Werkstätte aus eine Welt bevölkerte. Ich fühlte recht
gut, daß sich etwas Bedeutendes nur produzieren lasse, wenn
man sich isoliere. Meine Sachen, die so viel Beifall gefunden
hatten, waren Kinder der Einsamkeit, und seitdem ich zu der
Welt in einem breitern Verhältnis stand, fehlte es nicht an
Kraft und Lust der Erfindung, aber die Ausführung stockte,
weil ich weder in Prosa noch in Versen eigentlich einen Stil
hatte und bei einer jeden neuen Arbeit, je nachdem der Gegen=
stand war, immer wieder von vorne tasten und versuchen mußte.
Indem ich nun hierbei die Hilfe der Menschen abzulehnen, ja
auszuschließen hatte, so sonderte ich mich, nach Prometheischer
Weise, auch von den Göttern ab, um so natürlicher, als bei
meinem Charakter und meiner Denkweise eine Gesinnung jeder=
zeit die übrigen verschlang und abstieß.

 Die Fabel des Prometheus ward in mir lebendig. Das
alte Titanengewand schnitt ich mir nach meinem Wuchse zu und
fing, ohne weiter nachgedacht zu haben, ein Stück zu schreiben
an, worin das Mißverhältnis dargestellt ist, in welches Prome=
theus zu dem Zeus und den neuen Göttern gerät, indem er
auf eigne Hand Menschen bildet, sie durch Gunst der Minerva
belebt und eine dritte Dynastie stiftet. Und wirklich hatten die

jetzt regierenden Götter sich zu beschweren völlig Ursache, weil man sie als unrechtmäßig zwischen die Titanen und Menschen eingeschobene Wesen betrachten konnte. Zu dieser seltsamen Komposition gehört als Monolog jenes Gedicht, das in der deutschen Litteratur bedeutend geworden, weil, dadurch veranlaßt, Lessing über wichtige Punkte des Denkens und Empfindens sich gegen Jacobi erklärte. Es diente zum Zündkraut einer Explosion, welche die geheimsten Verhältnisse würdiger Männer aufdeckte und zur Sprache brachte: Verhältnisse, die, ihnen selbst unbewußt, in einer sonst höchst aufgeklärten Gesellschaft schlummerten. Der Riß war so gewaltsam, daß wir darüber, bei eintretenden Zufälligkeiten, einen unserer würdigsten Männer, Mendelssohn, verloren.

Ob man nun wohl, wie auch geschehn, bei diesem Gegenstande philosophische, ja religiöse Betrachtungen anstellen kann, so gehört er doch ganz eigentlich der Poesie. Die Titanen sind die Folie des Polytheismus, so wie man als Folie des Monotheismus den Teufel betrachten kann; doch ist dieser, so wie der einzige Gott, dem er entgegensteht, keine poetische Figur. Der Satan Miltons, brav genug gezeichnet, bleibt immer in dem Nachteil der Subalternität, indem er die herrliche Schöpfung eines oberen Wesens zu zerstören sucht, Prometheus hingegen im Vorteil, der, zum Trutz höherer Wesen, zu schaffen und zu bilden vermag. Auch ist es ein schöner, der Poesie zusagender Gedanke, die Menschen nicht durch den obersten Weltherrscher, sondern durch eine Mittelfigur hervorbringen zu lassen, die aber doch, als Abkömmling der ältesten Dynastie, hierzu würdig und wichtig genug ist; wie denn überhaupt die griechische Mythologie einen unerschöpflichen Reichtum göttlicher und menschlicher Symbole darbietet.

Der titanisch-gigantische, himmelstürmende Sinn jedoch verlieh meiner Dichtungsart keinen Stoff. Eher ziemte sich mir, darzustellen jenes friedliche, plastische, allenfalls duldende Widerstreben, das die Obergewalt anerkannt, aber sich ihr gleichsetzen möchte. Doch auch die kühneren jenes Geschlechts, Tantalus, Ixion, Sisyphus, waren meine Heiligen. In die Gesellschaft der Götter aufgenommen, mochten sie sich nicht untergeordnet genug betragen, als übermütige Gäste ihres wirtlichen Gönners Zorn verdient und sich eine traurige Verbannung zugezogen haben. Ich bemitleidete sie; ihr Zustand war von den Alten schon als wahrhaft tragisch anerkannt, und wenn ich sie als Glieder einer ungeheuren Opposition im Hintergrunde meiner Iphigenie zeigte, so bin ich ihnen wohl einen Teil der Wirkung schuldig, welche dieses Stück hervorzubringen das Glück hatte.

Zu jener Zeit aber ging bei mir das Dichten und Bilden unaufhaltsam mit einander. Ich zeichnete die Porträte meiner Freunde im Profil auf grau Papier mit weißer und schwarzer Kreide. Wenn ich diktierte oder mir vorlesen ließ, entwarf ich die Stellungen der Schreibenden und Lesenden, mit ihrer Umgebung; die Aehnlichkeit war nicht zu verkennen, und die Blätter wurden gut aufgenommen. Diesen Vorteil haben Dilettanten immer, weil sie ihre Arbeit umsonst geben. Das Unzulängliche dieses Abbildens jedoch fühlend, griff ich wieder zu Sprache und Rhythmus, die mir besser zu Gebote standen. Wie munter, froh und rasch ich dabei zu Werke ging, davon zeugen manche Gedichte, welche, die Kunstnatur und die Naturkunst enthusiastisch verkündend, im Augenblicke des Entstehens sowohl mir als meinen Freunden immer neuen Mut beförderten.

Als ich nun einst in dieser Epoche und so beschäftigt, bei gesperrtem Lichte in meinem Zimmer saß, dem wenigstens der Schein einer Künstlerwerkstatt hierdurch verliehen war, überdies auch die Wände, mit halbfertigen Arbeiten besteckt und behangen, das Vorurteil einer großen Thätigkeit gaben, so trat ein wohlgebildeter schlanker Mann bei mir ein, den ich zuerst in der Halbdämmerung für Fritz Jacobi hielt, bald aber meinen Irrtum erkennend als einen Fremden begrüßte. An seinem freien anständigen Betragen war eine gewisse militärische Haltung nicht zu verkennen. Er nannte mir seinen Namen von Knebel, und aus einer kurzen Eröffnung vernahm ich, daß er, im preußischen Dienste, bei einem längern Aufenthalt in Berlin und Potsdam mit den dortigen Litteratoren und der deutschen Litteratur überhaupt ein gutes und thätiges Verhältnis angeknüpft habe. An Ramlern hatte er sich vorzüglich gehalten und dessen Art, Gedichte zu recitieren, angenommen. Auch war er genau mit allem bekannt, was Götz geschrieben, der unter den Deutschen damals noch keinen Namen hatte. Durch seine Veranlassung war die Mädcheninsel dieses Dichters in Potsdam abgedruckt worden und sogar dem König in die Hände gekommen, welcher sich günstig darüber geäußert haben soll.

Kaum hatten wir diese allgemein deutschen litterarischen Gegenstände durchgesprochen, als ich zu meinem Vergnügen erfuhr, daß er gegenwärtig in Weimar angestellt und zwar dem Prinzen Konstantin zum Begleiter bestimmt sei. Von den dortigen Verhältnissen hatte ich schon manches Günstige vernommen: denn es kamen viele Freunde von daher zu uns, die Zeugen gewesen waren, wie die Herzogin Amalia zu Erziehung ihrer Prinzen die vorzüglichsten Männer berufen; wie die Akademie Jena durch ihre bedeutenden Lehrer zu diesem schönen Zweck gleichfalls das Ihrige beigetragen; wie die Künste nicht nur von

gedachter Fürstin geschützt, sondern selbst von ihr gründlich und
eifrig getrieben würden. Auch vernahm man, daß Wieland in
vorzüglicher Gunst stehe; wie denn auch der deutsche Merkur,
der die Arbeiten so mancher auswärtigen Gelehrten versammelte,
nicht wenig zu dem Rufe der Stadt beitrug, wo er herausgegeben wurde. Eins der besten deutschen Theater war dort
eingerichtet und berühmt durch Schauspieler sowohl als Autoren,
die dafür arbeiteten. Diese schönen Anstalten und Anlagen
schienen jedoch durch den schrecklichen Schloßbrand, der im Mai
desselben Jahres sich ereignet hatte, gestört und mit einer langen
Stockung bedroht; allein das Zutrauen auf den Erbprinzen war
so groß, daß jederman sich überzeugt hielt, dieser Schade werde
nicht allein bald ersetzt, sondern auch dessen ungeachtet jede andere
Hoffnung reichlich erfüllt werden. Wie ich mich nun, gleichsam
als ein alter Bekannter, nach diesen Personen und Gegenständen
erkundigte und den Wunsch äußerte, mit den dortigen Verhältnissen näher bekannt zu sein, so versetzte der Ankömmling gar
freundlich: es sei nichts leichter als dieses, denn so eben lange
der Erbprinz mit seinem Herrn Bruder, dem Prinzen Konstantin,
in Frankfurt an, welche mich zu sprechen und zu kennen wünschten.
Ich zeigte sogleich die größte Bereitwilligkeit, ihnen aufzuwarten,
und der neue Freund versetzte, daß ich damit nicht säumen solle,
weil der Aufenthalt nicht lange dauern werde. Um mich hiezu
anzuschicken, führte ich ihn zu meinen Eltern, die, über seine
Ankunft und Botschaft höchst verwundert, mit ihm sich ganz
vorzüglich unterhielten. Ich eilte nunmehr mit demselben zu
den jungen Fürsten, die mich sehr frei und freundlich empfingen,
so wie auch der Führer des Erbprinzen, Graf Görtz, mich nicht
ungern zu sehen schien. Ob es nun gleich an litterarischer Unterhaltung nicht fehlte, so machte doch ein Zufall die beste Einleitung, daß sie gar bald bedeutend und fruchtbar werden konnte.

Es lagen nämlich Mösers patriotische Phantasien, und
zwar der erste Teil, frisch geheftet und unaufgeschnitten, auf
dem Tische. Da ich sie nun sehr gut, die Gesellschaft sie aber
wenig kannte, so hatte ich den Vorteil, davon eine ausführliche
Relation liefern zu können; und hier fand sich der schicklichste
Anlaß zu einem Gespräch mit einem jungen Fürsten, der den
besten Willen und den festen Vorsatz hatte, an seiner Stelle
entschieden Gutes zu wirken. Mösers Darstellung, so dem
Inhalt als dem Sinne nach, muß einem jeden Deutschen höchst
interessant sein. Wenn man sonst dem Deutschen Reiche Zer-
splitterung, Anarchie und Ohnmacht vorwarf, so erschien aus
dem Möserischen Standpunkte gerade die Menge kleiner Staaten
als höchst erwünscht zu Ausbreitung der Kultur im einzelnen,
nach den Bedürfnissen, welche aus der Lage und Beschaffenheit

der verschiedensten Provinzen hervorgehn; und wenn Möser, von der Stadt, vom Stift Osnabrück ausgehend und über den westfälischen Kreis sich verbreitend, nunmehr dessen Verhältnis zu dem ganzen Reiche zu schildern wußte und bei Beurteilung der Lage, das Vergangene mit dem Gegenwärtigen zusammenknüpfend, dieses aus jenem ableitete und dadurch, ob eine Veränderung lobens- oder tadelnswürdig sei, gar deutlich auseinander setzte: so durfte nur jeder Staatsverweser, an seinem Ort, auf gleiche Weise verfahren, um die Verfassung seines Umkreises und deren Verknüpfung mit Nachbarn und mit dem Ganzen aufs beste kennen zu lernen und sowohl Gegenwart als Zukunft zu beurteilen.

Bei dieser Gelegenheit kam manches aufs Tapet, was den Unterschied der ober- und niedersächsischen Staaten betraf, und wie sowohl die Naturprodukte als die Sitten, Gesetze und Gewohnheiten sich von den frühesten Zeiten her anders gebildet und, nach der Regierungsform und der Religion, bald auf die eine, bald auf die andere Weise gelenkt hatten. Man versuchte die Unterschiede von beiden etwas genauer herauszusetzen, und es zeigte sich gerade daran, wie vorteilhaft es sei, ein gutes Muster vor sich zu haben, welches, wenn man nicht dessen Einzelheiten, sondern die Methode betrachtet, nach welcher es angelegt ist, auf die verschiedensten Fälle angewendet und eben dadurch dem Urteil höchst ersprießlich werden kann.

Bei Tafel wurden diese Gespräche fortgesetzt, und sie erregten für mich ein besseres Vorurteil, als ich vielleicht verdiente. Denn anstatt ich diejenigen Arbeiten, die ich selbst zu liefern vermochte, zum Gegenstand des Gesprächs gemacht, für das Schauspiel, für den Roman eine ungeteilte Aufmerksamkeit gefordert hätte, so schien ich vielmehr in Mösern solche Schriftsteller vorzuziehen, deren Talent aus dem thätigen Leben ausging und in dasselbe unmittelbar nützlich sogleich wieder zurückkehrte, während eigentlich poetische Arbeiten, die über dem Sittlichen und Sinnlichen schweben, erst durch einen Umschweif und gleichsam nur zufällig nützen können. Bei diesen Gesprächen ging es nun wie bei den Märchen der Tausend und einen Nacht: es schob sich eine bedeutende Materie in und über die andere, manches Thema klang nur an, ohne daß man es hätte verfolgen können; und so ward, weil der Aufenthalt der jungen Herrschaften in Frankfurt nur kurz sein konnte, mir das Versprechen abgenommen, daß ich nach Mainz folgen und dort einige Tage zubringen sollte, welches ich denn herzlich gern ablegte und mit dieser vergnügten Nachricht nach Hause eilte, um solche meinen Eltern mitzuteilen.

Meinem Vater wollte es jedoch keineswegs gefallen; denn

nach seinen reichsbürgerlichen Gesinnungen hatte er sich jederzeit von den Großen entfernt gehalten, und obgleich mit den Geschäftsträgern der umliegenden Fürsten und Herren in Verbindung, stand er doch keineswegs in persönlichen Verhältnissen zu ihnen; ja, es gehörten die Höfe unter die Gegenstände, worüber er zu scherzen pflegte, auch wohl gern sah, wenn man ihm etwas entgegensetzte; nur mußte man sich dabei, nach seinem Bedünken, geistreich und witzig verhalten. Hatten wir ihm das Procul a Jove procul a fulmine gelten lassen, doch aber bemerkt, daß beim Blitze nicht sowohl vom Woher als vom Wohin die Rede sei, so brachte er das alte Sprüchlein, mit großen Herren sei Kirschessen nicht gut, auf die Bahn. Wir erwiderten, es sei noch schlimmer, mit genäschigen Leuten aus einem Korbe speisen. Das wollte er nicht leugnen, hatte aber schnell einen andern Spruchreim zur Hand, der uns in Verlegenheit setzen sollte. Denn da Sprichworte und Denkreime vom Volke ausgehn, welches, weil es gehorchen muß, doch wenigstens gern reden mag, die Oberen dagegen durch die That sich zu entschädigen wissen; da ferner die Poesie des sechzehnten Jahrhunderts fast durchaus kräftig didaktisch ist: so kann es in unserer Sprache an Ernst und Scherz nicht fehlen, den man von unten nach oben hinauf ausgeübt hat. Und so übten wir Jüngeren uns nun auch von oben herunter, indem wir, uns was Großes einbildend, auch die Partei der Großen zu nehmen beliebten, von welchen Reden und Gegenreden ich einiges einschalte.

A.

Lang bei Hofe, lang bei Höll!

B.

Dort wärmt sich mancher gute Gesell!

A.

So wie ich bin, bin ich mein eigen;
Mir soll niemand eine Gunst erzeigen.

B.

Was willst du dich der Gunst denn schämen?
Willst du sie geben, mußt du sie nehmen.

A.

Willst du die Not des Hofes schauen:
Da, wo dich's juckt, darfst du nicht krauen!

B.

Wenn der Redner zum Volke spricht,
Da, wo er kraut, da juckt's ihn nicht.

A.

Hat einer Knechtschaft sich erkoren,
Ist gleich die Hälfte des Lebens verloren;

Ergeb' sich, was da will, so denkt' er:
Die andre Hälft' geht auch zum Henker.

B.

Wer sich in Fürsten weiß zu schicken,
Dem wird's heut oder morgen glücken;
Wer sich in den Pöbel zu schicken sucht,
Der hat sein ganzes Jahr verflucht.

A.

Wenn dir der Weizen bei Hofe blüht,
So denke nur, daß nichts geschieht;
Und wenn du denkst, du hättest's in der Scheuer,
Da eben ist es nicht geheuer.

B.

Und blüht der Weizen, so reift er auch,
Das ist immer so ein alter Brauch;
Und schlägt der Hagel die Ernte nieder,
'S andre Jahr trägt der Boden wieder.

A.

Wer ganz will sein eigen sein,
Schließe sich ins Häuschen ein,
Geselle sich zu Frau und Kindern,
Genieße leichten Nebenmost
Und überdies frugale Kost,
Und nichts wird ihn am Leben hindern.

B.

Du willst dem Herrscher dich entziehn?
So sag', wohin willst du denn fliehn?
O, nimm es nur nicht so genau!
Denn es beherrscht dich deine Frau,
Und die beherrscht ihr dummer Bube,
So bist du Knecht in deiner Stube.

So eben, da ich aus alten Denkblättchen die vorstehenden Reime zusammensuche, fallen mir mehr solche lustige Uebungen in die Hände, wo wir alte deutsche Kernworte amplifiziert und ihnen sodann andere Sprüchlein, welche sich in der Erfahrung eben so gut bewahrheiten, entgegengesetzt hatten. Eine Auswahl derselben mag dereinst als Epilog der Puppenspiele zu einem heiteren Denken Anlaß geben.

Durch alle solche Erwiderungen ließ sich jedoch mein Vater von seinen Gesinnungen nicht abwendig machen. Er pflegte gewöhnlich sein stärkstes Argument bis zum Schlusse der Unterhaltung aufzusparen, da er denn Voltaires Abenteuer mit Friedrich dem Zweiten umständlich ausmalte: wie die übergroße Gunst, die Familiarität, die wechselseitigen Verbindlichkeiten auf

einmal aufgehoben und verschwunden und wir das Schauspiel
erlebt, daß jener außerordentliche Dichter und Schriftsteller
durch Frankfurter Stadtsoldaten, auf Requisition des Residenten
Freitag und nach Befehl des Burgemeisters von Fichard, arretiert
und eine ziemliche Zeit im Gasthof zur Rose auf der Zeil ge=
fänglich angehalten worden. Hierauf hätte sich zwar manches
einwenden lassen, unter andern, daß Voltaire selbst nicht ohne
Schuld gewesen; aber wir gaben uns aus kindlicher Achtung
jedesmal gefangen.

Da nun auch bei dieser Gelegenheit auf solche und ähnliche
Dinge angespielt wurde, so wußte ich kaum, wie ich mich be=
nehmen sollte: denn er warnte mich unbewunden und behauptete,
die Einladung sei nur, um mich in eine Falle zu locken und
wegen jenes gegen den begünstigten Wieland verübten Mutwillens
Rache an mir zu nehmen. Wie sehr ich nun auch vom Gegen=
teil überzeugt war, indem ich nur allzu deutlich sah, daß eine
vorgefaßte Meinung, durch hypochondrische Traumbilder auf=
geregt, den würdigen Mann beängstige, so wollte ich gleichwohl
nicht gerade wider seine Ueberzeugung handeln und konnte doch
auch keinen Vorwand finden, unter dem ich, ohne undankbar
und unartig zu erscheinen, mein Versprechen wieder zurücknehmen
durfte. Leider war unsere Freundin von Klettenberg bettlägrig,
auf die wir in ähnlichen Fällen uns zu berufen pflegten. An
ihr und meiner Mutter hatte ich zwei vortreffliche Begleiterinnen;
ich nannte sie nur immer Rat und That: denn wenn jene
einen heitern, ja seligen Blick über die irdischen Dinge warf,
so entwirrte sich vor ihr gar leicht, was uns andere Erdenkinder
verwirrte, und sie wußte den rechten Weg gewöhnlich anzu=
deuten, eben weil sie ins Labyrinth von oben herabsah und nicht
selbst darin befangen war; hatte man sich aber entschieden, so
konnte man sich auf die Bereitwilligkeit und auf die Thatkraft
meiner Mutter verlassen. Wie jener das Schauen, so kam dieser
der Glaube zu Hilfe, und weil sie in allen Fällen ihre Heiterkeit
behielt, fehlte es ihr auch niemals an Hilfsmitteln, das Vor=
gesetzte oder Gewünschte zu bewerkstelligen. Gegenwärtig wurde
sie nun an die kranke Freundin abgesendet, um deren Gutachten
einzuholen, und da dieses für meine Seite günstig ausfiel, so
dann ersucht, die Einwilligung des Vaters zu erlangen, der denn
auch, obgleich ungläubig und ungern, nachgab.

Ich gelangte also in sehr kalter Jahreszeit zur bestimmten
Stunde nach Mainz und wurde von den jungen Herrschaften
und ihren Begleitern, der Einladung gemäß, gar freundlich auf=
genommen. Der in Frankfurt geführten Gespräche erinnerte man
sich, die begonnenen wurden fortgesetzt, und als von der neuesten
deutschen Litteratur und von ihren Kühnheiten die Rede war,

fügte es sich ganz natürlich, daß auch jenes famose Stück, Götter, Helden und Wieland, zur Sprache kam, wobei ich gleich anfangs mit Vergnügen bemerkte, daß man die Sache heiter und lustig betrachtete. Wie es aber mit dieser Posse, welche so großes Aufsehen erregt, eigentlich zugegangen, war ich zu erzählen veranlaßt, und so konnte ich nicht umhin, vor allen Dingen einzugestehn, daß wir, als wahrhaft oberrheinische Gesellen, sowohl der Neigung als Abneigung keine Grenzen kannten. Die Verehrung Shakespeares ging bei uns bis zur Anbetung. Wieland hatte hingegen, bei der entschiedenen Eigenheit, sich und seinen Lesern das Interesse zu verderben und den Enthusiasmus zu verkümmern, in den Noten zu seiner Uebersetzung gar manches an dem großen Autor getadelt, und zwar auf eine Weise, die uns äußerst verdroß und in unsern Augen das Verdienst dieser Arbeit schmälerte. Wir sahen Wielanden, den wir als Dichter so hoch verehrten, der uns als Uebersetzer so großen Vorteil gebracht, nunmehr als Kritiker launisch, einseitig und ungerecht. Hiezu kam noch, daß er sich auch gegen unsere Abgötter, die Griechen, erklärte und dadurch unsern bösen Willen gegen ihn noch schärfte. Es ist genugsam bekannt, daß die griechischen Götter und Helden nicht auf moralischen, sondern auf verklärten physischen Eigenschaften ruhen, weshalb sie auch dem Künstler so herrliche Gestalten anbieten. Nun hatte Wieland in der Alceste Helden und Halbgötter nach moderner Art gebildet; wogegen denn auch nichts wäre zu sagen gewesen, weil ja einem jeden freisteht, die poetischen Traditionen nach seinen Zwecken und seiner Denkweise umzuformen. Allein in den Briefen, die er über gedachte Oper in den Merkur einrückte, schien er uns diese Behandlungsart allzu parteiisch hervorzuheben und sich an den trefflichen Alten und ihrem höhern Stil unverantwortlich zu versündigen, indem er die derbe gesunde Natur, die jenen Produktionen zum Grunde liegt, keinesweges anerkennen wollte. Diese Beschwerden hatten wir kaum in unserer kleinen Societät leidenschaftlich durchgesprochen, als die gewöhnliche Wut, alles zu dramatisieren, mich eines Sonntags nachmittags anwandelte und ich bei einer Flasche guten Burgunders das ganze Stück, wie es jetzt daliegt, in einer Sitzung niederschrieb. Es war nicht sobald meinen gegenwärtigen Mitgenossen vorgelesen und von ihnen mit großem Jubel aufgenommen worden, als ich die Handschrift an Lenz nach Straßburg schickte, welcher gleichfalls davon entzückt schien und behauptete, es müsse auf der Stelle gedruckt werden. Nach einigem Hin- und Widerschreiben gestand ich es zu, und er gab es in Straßburg eilig unter die Presse. Erst lange nachher erfuhr ich, daß dieses einer von Lenzens ersten Schritten gewesen, wodurch er mir zu schaden und mich beim Publikum in üblen Ruf zu setzen die Absicht hatte; wovon ich aber zu jener Zeit nichts spürte noch ahnete.

Und so hatte ich meinen neuen Gönnern mit aller Naivetät diesen arglosen Ursprung des Stücks, so gut wie ich ihn selbst wußte, vorerzählt und, um sie völlig zu überzeugen, daß hiebei keine Persönlichkeit noch eine andere Absicht obwalte, auch die lustige und verwegene Art mitgeteilt, wie wir uns unter einander zu necken und zu verspotten pflegten. Hierauf sah ich die Gemüter völlig erheitert, und man bewunderte uns beinah, daß wir eine so große Furcht hatten, es möge irgend jemand auf seinen Lorbeeren einschlafen. Man verglich eine solche Gesellschaft jenen Flibustiers, welche sich in jedem Augenblick der Ruhe zu verweichlichen fürchteten, weshalb der Anführer, wenn es keine Feinde und nichts zu rauben gab, unter den Gelagtisch eine Pistole losschoß, damit es auch im Frieden nicht an Wunden und Schmerzen fehlen möge. Nach manchen Hin- und Widerreden über diesen Gegenstand ward ich endlich veranlaßt, Wielanden einen freundlichen Brief zu schreiben, wozu ich die Gelegenheit sehr gern ergriff, da er sich schon im Merkur über diesen Jugendstreich sehr liberal erklärt und, wie er es in litterarischen Fehden meist gethan, geistreich abschließend benommen hatte.

Die wenigen Tage des Mainzer Aufenthalts verstrichen sehr angenehm: denn wenn die neuen Gönner durch Visiten und Gastmähler außer dem Hause gehalten wurden, blieb ich bei den Ihrigen, porträtierte manchen und fuhr auch wohl Schlittschuh, wozu die eingefrorenen Festungsgraben die beste Gelegenheit verschafften. Voll von dem Guten, was mir dort begegnet war, kehrte ich nach Hause zurück und stand im Begriff, beim Eintreten mir durch umständliche Erzählung das Herz zu erleichtern; aber ich sah nur verstörte Gesichter, und es blieb mir nicht lange verborgen, daß unsere Freundin Klettenberg von uns geschieden sei. Ich war hierüber sehr betroffen, weil ich ihrer gerade in meiner gegenwärtigen Lage mehr als jemals bedurfte. Man erzählte mir zu meiner Beruhigung, daß ein frommer Tod sich an ein seliges Leben angeschlossen und ihre gläubige Heiterkeit sich bis ans Ende ungetrübt erhalten habe. Noch ein anderes Hindernis stellte sich einer freien Mitteilung entgegen: mein Vater, anstatt sich über den guten Ausgang dieses kleinen Abenteuers zu freuen, verharrte auf seinem Sinne und behauptete, dieses alles sei von jener Seite nur Verstellung, und man gedenke vielleicht in der Folge etwas Schlimmeres gegen mich auszuführen. Ich war daher mit meiner Erzählung zu den jüngern Freunden hingedrängt, denen ich denn freilich die Sache nicht umständlich genug überliefern konnte. Aber auch hier entsprang aus Neigung und gutem Willen eine mir höchst unangenehme Folge: denn kurz darauf erschien eine Flugschrift, Prometheus und seine Rezensenten, gleichfalls in dramatischer Form. Man hatte darin den neckischen Einfall ausgeführt, anstatt der Personennamen kleine Holzschnittfiguren zwischen den Dialog zu setzen und durch allerlei satirische Bilder diejenigen Kritiker zu bezeichnen, die sich über meine Arbeiten, und was ihnen verwandt war, öffentlich hatten vernehmen lassen. Hier stieß der Altonaer Postreiter ohne Kopf ins Horn, hier brummte ein Bär, dort schnatterte eine Gans; der Merkur war auch nicht vergessen, und manches wilde und zahme Geschöpf suchte den Bildner in seiner Werkstatt irre zu machen, welcher aber, ohne sonderlich Notiz zu nehmen, seine Arbeit eifrig fortsetzte und dabei nicht verschwieg, wie er es überhaupt zu halten denke. Dieser unerwartet hervorbrechende Scherz fiel mir sehr auf, weil er dem Stil und Ton nach von jemand aus unserer Gesellschaft sein mußte, ja man hätte das Werklein für meine eigene Arbeit halten sollen. Am unangenehmsten aber war mir, daß Prometheus einiges verlauten ließ, was sich auf den Mainzer Aufenthalt und die dortigen Aeußerungen bezog und was eigentlich niemand als ich wissen sollte. Mir aber bewies es, daß der Verfasser von denjenigen sei, die meinen engsten Kreis bildeten und mich jene Ereignisse und Umstände weitläufig hatten erzählen hören. Wir sahen einer den andern an, und jeder hatte die übrigen im Verdacht: der unbekannte Verfasser wußte sich gut zu verstellen. Ich schalt sehr heftig auf ihn, weil es mir äußerst verdrießlich war, nach einer so günstigen Aufnahme und so bedeutender Unterhaltung, nach meinem an Wieland geschriebenen zutraulichen Briefe hier wieder Anlässe zu neuem Mißtrauen und frische Unannehmlichkeiten zu sehen. Die Ungewißheit hierüber dauerte jedoch nicht lange: denn als ich, in meiner Stube auf und ab gehend, mir das Büchlein laut vorlas, hörte ich an den Einfällen und Wendungen ganz deutlich die Stimme Wagners, und er war es auch. Wie ich nämlich zur Mutter hinunter sprang, ihr meine Entdeckung mitzuteilen, gestand sie mir, daß sie es schon wisse. Der Autor, beängstigt über den schlimmen Erfolg bei einer, wie ihm deuchte, so guten und löblichen Absicht, hatte sich ihr entdeckt und um Fürsprache gebeten, damit meine ausgestoßene Drohung, ich würde mit dem Verfasser wegen mißbrauchten Vertrauens keinen Umgang mehr haben, an ihm nicht erfüllt werden möchte. Hier kam ihm nun sehr zu statten, daß ich es selbst entdeckt hatte und durch das Behagen, wovon ein jedes eigene Gewahrwerden begleitet wird, zur Versöhnung gestimmt war. Der Fehler war verziehen, der zu einem solchen Beweis meiner Spürkraft Gelegenheit gegeben hatte. Indessen war das Publikum so leicht nicht zu überzeugen,

daß Wagner der Verfasser sei und daß ich keine Hand mit im Spiel gehabt habe. Man traute ihm diese Vielseitigkeit nicht zu, weil man nicht bedachte, daß er alles, was in einer geist=
reichen Gesellschaft seit geraumer Zeit bescherzt und verhandelt worden, aufzufassen, zu merken und in einer bekannten Manier wohl darzustellen vermochte, ohne deshalb ein ausgezeichnetes Talent zu besitzen. Und so hatte ich nicht allein meine eigenen Thorheiten, sondern auch den Leichtsinn, die Uebereilung meiner Freunde diesmal und in der Folge sehr oft zu büßen.

Erinnert durch mehrere zusammentreffende Umstände, will ich noch einiger bedeutenden Männer gedenken, die zu ver schiedener Zeit verüber reisend, teils in unserem Hause ge wohnt, teils freundliche Bewirtung angenommen haben. Klop= stock steht hier billig abermals obenan. Ich hatte schon mehrere Briefe mit ihm gewechselt, als er mir anzeigte, daß er nach Karls= ruhe zu gehen und daselbst zu wohnen eingeladen sei; er werde zur bestimmten Zeit in Friedberg eintreffen und wünsche, daß ich ihn daselbst abhole. Ich verfehlte nicht, zur rechten Stunde mich einzufinden; allein er war auf seinem Wege zufällig auf= gehalten worden, und nachdem ich einige Tage vergebens ge= wartet, kehrte ich nach Hause zurück, wo er denn erst nach einiger Zeit eintraf, sein Außenbleiben entschuldigte und meine Bereit= willigkeit, ihm entgegen zu kommen, sehr wohl aufnahm. Er war klein von Person, aber gut gebaut, sein Betragen ernst und ab= gemessen, ohne steif zu sein, seine Unterhaltung bestimmt und angenehm. Im ganzen hatte seine Gegenwart etwas von der eines Diplomaten. Ein solcher Mann unterwindet sich der schweren Aufgabe, zugleich seine eigene Würde und die Würde eines Höheren, dem er Rechenschaft schuldig ist, durchzuführen, seinen eigenen Vorteil neben dem viel wichtigern eines Fürsten, ja ganzer Staaten zu befördern und sich in dieser bedenklichen Lage vor allen Dingen den Menschen gefällig zu machen. Und so schien sich auch Klopstock als Mann von Wert und als Stell= vertreter höherer Wesen, der Religion, der Sittlichkeit und Frei= heit, zu betragen. Eine andere Eigenheit der Weltleute hatte er auch angenommen, nämlich nicht leicht von Gegenständen zu reden, über die man gerade ein Gespräch erwartet und wünscht. Von poetischen und litterarischen Dingen hörte man ihn selten sprechen. Da er aber an mir und meinen Freunden leidenschaft= liche Schlittschuhfahrer fand, so unterhielt er sich mit uns weit= läufig über diese edle Kunst, die er gründlich durchgedacht und, was dabei zu suchen und zu meiden sei, sich wohl überlegt hatte. Ehe wir jedoch seiner geneigten Belehrung teilhaftig werden konnten, mußten wir uns gefallen lassen, über den Ausdruck selbst, den wir verfehlten, zurechtgewiesen zu werden. Wir sprachen nämlich auf gut Oberdeutsch von Schlittschuhen, welches er durchaus nicht wollte gelten lassen: denn das Wort komme keineswegs von Schlitten, als wenn man auf kleinen Kufen dahinführe, sondern von Schreiten, indem man, den Homerischen Göttern gleich, auf diesen geflügelten Sohlen über das zum Boden gewordene Meer hinschritte. Nun kam es an das Werkzeug selbst: er wollte von den hohen hohlgeschliffenen Schrittschuhen nichts wissen, sondern empfahl die niedrigen, breiten, flachgeschliffenen, friesländischen Stähle, als welche zum Schnelllaufen die dienlichsten seien. Von Kunststücken, die man bei dieser Uebung zu machen pflegt, war er kein Freund. Ich schaffte mir nach seinem Gebot so ein Paar flache Schuhe mit langen Schnäbeln und habe solche, obschon mit einiger Unbequemlichkeit, viele Jahre geführt. Auch vom Kunstreiten und sogar vom Bereiten der Pferde wußte er Rechenschaft zu geben und that es gern; und so lehnte er, wie es schien, vorsätzlich, das Gespräch über sein eigen Metier gewöhnlich ab, um über fremde Künste, die er als Liebhaberei trieb, desto unbefangener zu sprechen. Von diesen und andern Eigentümlichkeiten des außerordentlichen Mannes würde ich noch manches erwähnen können, wenn nicht Personen, die länger mit ihm gelebt, uns bereits genugsam hiervon unterrichtet hätten; aber einer Betrachtung kann ich mich nicht erwehren, daß nämlich Menschen, denen die Natur außerordentliche Vorzüge gegeben, sie aber in einen engen oder wenigstens nicht verhältnismäßigen Wirkungskreis gesetzt, gewöhnlich auf Sonderbarkeiten verfallen und, weil sie von ihren Gaben keinen direkten Gebrauch zu machen wissen, sie auf außerordentlichen und wunderlichen Wegen geltend zu machen versuchen.

Zimmermann war gleichfalls eine Zeitlang unser Gast. Dieser, groß und stark gebaut, von Natur heftig und gerade vor sich hin, hatte doch sein Aeußeres und sein Betragen völlig in der Gewalt, so daß er im Umgang als ein gewandter weltmännischer Arzt erschien und seinem innerlich ungebändigten Charakter nur in Schriften und im vertrautesten Umgang einen ungeregelten Lauf ließ. Seine Unterhaltung war mannigfaltig und höchst unterrichtend; und konnte man ihm nachsehen, daß er sich, seine Persönlichkeit, seine Verdienste sehr lebhaft vorempfand, so war kein Umgang wünschenswerter zu finden. Da mich nun überhaupt das, was man Eitelkeit nennt, niemals verletzte und ich mir dagegen auch wieder eitel zu sein erlaubte, das heißt, dasjenige unbedenklich hervorkehrte, was mir an mir selbst Freude machte, so kam ich mit ihm gar wohl überein; wir ließen uns wechselsweise gelten und schalten, und weil er sich durchaus offen und mitteilend erwies, so lernte ich in kurzer Zeit sehr viel von ihm.

Beurteil' ich nun aber einen solchen Mann dankbar, wohlwollend und gründlich, so darf ich nicht einmal sagen, daß er eitel gewesen. Wir Deutschen mißbrauchen das Wort eitel nur allzu oft: denn eigentlich führt es den Begriff von Leerheit mit sich, und man bezeichnet damit billigerweise nur einen, der die Freude an seinem Nichts, die Zufriedenheit mit einer hohlen Existenz nicht verbergen kann. Bei Zimmermann war gerade das Gegenteil, er hatte große Verdienste und kein inneres Behagen; wer sich aber an seinen Naturgaben nicht im stillen erfreuen kann, wer sich bei Ausübung derselben nicht selbst seinen Lohn dahin nimmt, sondern erst darauf wartet und hofft, daß andere das Geleistete anerkennen und es gehörig würdigen sollen, der findet sich in einer übeln Lage, weil es nur allzu bekannt ist, daß die Menschen den Beifall sehr spärlich austeilen, daß sie das Lob verkümmern, ja, wenn es nur einigermaßen thunlich ist, in Tadel verwandeln. Wer, ohne hierauf vorbereitet zu sein, öffentlich auftritt, der kann nichts als Verdruß erwarten: denn wenn er das, was von ihm ausgeht, auch nicht überschätzt, so schätzt er es doch unbedingt, und jede Aufnahme, die wir in der Welt erfahren, wird bedingt sein; und sodann gehört ja für Lob und Beifall auch eine Empfänglichkeit, wie für jedes Vergnügen. Man wende dieses auf Zimmermann an, und man wird auch hier gestehen müssen: was einer nicht schon mitbringt, kann er nicht erhalten.

Will man diese Entschuldigung nicht gelten lassen, so werden wir diesen merkwürdigen Mann wegen eines andern Fehlers noch weniger rechtfertigen können, weil das Glück anderer dadurch gestört, ja vernichtet worden. Es war das Betragen gegen seine Kinder. Eine Tochter, die mit ihm reiste, war, als er sich in der Nachbarschaft umsah, bei uns geblieben. Sie konnte etwa sechzehn Jahr alt sein. Schlank und wohl gewachsen, trat sie auf ohne Zierlichkeit; ihr regelmäßiges Gesicht wäre angenehm gewesen, wenn sich ein Zug von Teilnahme darin aufgethan hätte; aber sie sah immer so ruhig aus wie ein Bild, sie äußerte sich selten, in der Gegenwart ihres Vaters nie. Kaum aber war sie einige Tage mit meiner Mutter allein und hatte die heitere liebevolle Gegenwart dieser teilnehmenden Frau in sich aufgenommen, als sie sich ihr mit aufgeschlossenem Herzen zu Füßen warf und unter tausend Thränen bat, sie da zu behalten. Mit dem leidenschaftlichsten Ausdruck erklärte sie: als Magd, als Sklavin wolle sie zeitlebens im Hause bleiben, nur um nicht zu ihrem Vater zurückzukehren, von dessen Härte und Tyrannei man sich keinen Begriff machen könne. Ihr Bruder sei über diese Behandlung wahnsinnig geworden; sie habe es mit Not so lange getragen, weil sie geglaubt, es sei in jeder Familie

nicht anders, oder nicht viel beſſer; da ſie nun aber eine ſo
liebevolle, heitere, zwangloſe Behandlung erfahren, ſo werde ihr
Zuſtand zu einer wahren Hölle. Meine Mutter war ſehr be=
wegt, als ſie mir dieſen leidenſchaftlichen Erguß hinterbrachte,
ja ſie ging in ihrem Mitleiden ſo weit, daß ſie nicht undeutlich
zu verſtehen gab, ſie würde es wohl zufrieden ſein, das Kind
im Hauſe zu behalten, wenn ich mich entſchließen könnte, ſie zu
heiraten. — Wenn es eine Waiſe wäre, verſetzt' ich, ſo ließe
ſich darüber denken und unterhandeln, aber Gott bewahre mich
vor einem Schwiegervater, der ein ſolcher Vater iſt! Meine
Mutter gab ſich noch viel Mühe mit dem guten Kinde, aber es
ward dadurch nur immer unglücklicher. Man fand zuletzt noch
einen Ausweg, ſie in eine Penſion zu thun. Sie hat übrigens
ihr Leben nicht hoch gebracht.

Dieſer tadelnswürdigen Eigenheit eines ſo verdienſtvollen
Mannes würde ich kaum erwähnen, wenn dieſelbe nicht ſchon
öffentlich wäre zur Sprache gekommen, und zwar als man nach
ſeinem Tode der unſeligen Hypochondrie gedachte, womit er ſich
und andere in ſeinen letzten Stunden gequält. Denn auch jene
Härte gegen ſeine Kinder war Hypochondrie, ein partieller
Wahnſinn, ein fortdauerndes moraliſches Morden, das er, nach=
dem er ſeine Kinder aufgeopfert hatte, zuletzt gegen ſich ſelbſt
kehrte. Wir wollen aber bedenken, daß dieſer ſo rüſtig ſcheinende
Mann in ſeinen beſten Jahren leidend war, daß ein Leibesſchaden
unheilbar den geſchickten Arzt quälte, ihn, der ſo manchem
Kranken geholfen hatte und half. Ja, dieſer brave Mann führte
bei äußerem Anſehen, Ruhm, Ehre, Rang und Vermögen das
traurigſte Leben, und wer ſich davon aus vorhandenen Druck=
ſchriften noch weiter unterrichten will, der wird ihn nicht ver=
dammen, ſondern bedauern.

Erwartet man nun aber, daß ich von der Wirkung dieſes
bedeutenden Mannes auf mich nähere Rechenſchaft gebe, ſo muß
ich im allgemeinen jener Zeit abermals gedenken. Die Epoche,
in der wir lebten, kann man die fordernde nennen: denn
man machte an ſich und andere Forderungen auf das, was noch
kein Menſch geleiſtet hatte. Es war nämlich vorzüglichen, den=
kenden und fühlenden Geiſtern ein Licht aufgegangen, daß die
unmittelbare originelle Anſicht der Natur und ein darauf ge=
gründetes Handeln das Beſte ſei, was der Menſch ſich wünſchen
könne, und nicht einmal ſchwer zu erlangen. Erfahrung war
alſo abermals das allgemeine Loſungswort, und jedermann that
die Augen auf, ſo gut er konnte: eigentlich aber waren es die
Aerzte, die am meiſten Urſache hatten, darauf zu bringen, und
Gelegenheit, ſich darnach umzuthun. Hier leuchtete ihnen nun
aus alter Zeit ein Geſtirn entgegen, welches als Beiſpiel alles

Wünschenswerten gelten konnte. Die Schriften, die uns unter dem Namen Hippokrates zugekommen waren, gaben das Muster, wie der Mensch die Welt anschauen und das Gesehene, ohne sich selbst hinein zu mischen, überliefern sollte. Allein niemand bedachte, daß wir nicht sehen können wie die Griechen, und daß wir niemals wie sie dichten, bilden und heilen werden. Zugegeben aber auch, daß man von ihnen lernen könne, so war unterdessen unendlich viel und nicht immer so rein erfahren worden, und gar oft hatten sich die Erfahrungen nach den Meinungen gebildet. Dieses aber sollte man auch wissen, unterscheiden und sichten; abermals eine ungeheure Forderung; dann sollte man auch, persönlich umherblickend und handelnd, die gesunde Natur selbst kennen lernen, eben als wenn sie zum erstenmal beachtet und behandelt würde; hiebei sollte denn nur das Echte und Rechte geschehen. Allein weil sich die Gelahrtheit überhaupt nicht wohl ohne Polyhistorie und Pedanterie, die Praxis aber wohl schwerlich ohne Empirie und Charlatanerie denken läßt, so entstand ein gewaltiger Konflikt, indem man den Mißbrauch vom Gebrauch sondern und der Kern die Oberhand über die Schale gewinnen sollte. Wie man nun auch hier zur Ausübung schritt, so sah man, am kürzesten sei zuletzt aus der Sache zu kommen, wenn man das Genie zu Hilfe riefe, das durch seine magische Gabe den Streit schlichten und die Forderungen leisten würde. Der Verstand mischte sich indessen auch in die Sache, alles sollte auf klare Begriffe gebracht und in logischer Form dargelegt werden, damit jedes Vorurteil beseitigt und aller Aberglaube zerstört werde. Weil nun wirklich einige außerordentliche Menschen, wie Boerhave und Haller, das Unglaubliche geleistet, so schien man sich berechtigt, von ihren Schülern und Nachkömmlingen noch mehr zu fordern. Man behauptete, die Bahn sei gebrochen, da doch in allen irdischen Dingen selten von Bahn die Rede sein kann; denn wie das Wasser, das durch ein Schiff verdrängt wird, gleich hinter ihm wieder zusammenstürzt, so schließt sich auch der Irrtum, wenn vorzügliche Geister ihn beiseite gedrängt und sich Platz gemacht haben, hinter ihnen sehr geschwind wieder naturgemäß zusammen.

Aber hievon wollte sich der brave Zimmermann ein für allemal keinen Begriff machen; er wollte nicht eingestehen, daß das Absurde eigentlich die Welt erfülle. Bis zur Wut ungeduldig, schlug er auf alles los, was er für unrecht erkannte und hielt. Ob er sich mit dem Krankenwärter oder mit Paracelsus, mit einem Harnpropheten oder Chimisten balgte, war ihm gleich; er hieb ein wie das andere Mal zu, und wenn er sich außer Atem gearbeitet hatte, war er höchlich erstaunt, daß die sämtlichen Köpfe dieser Hydra, die er mit Füßen zu treten geglaubt, ihm schon wieder ganz frisch von unzähligen Hälsen die Zähne wiesen.

Wer seine Schriften, besonders sein tüchtiges Werk über die Erfahrung liest, wird bestimmter einsehen, was zwischen diesem trefflichen Manne und mir verhandelt worden; welches auf mich um so kräftiger wirken mußte, da er zwanzig Jahr älter war denn ich. Als berühmter Arzt war er vorzüglich in den höheren Ständen beschäftigt, und hier kam die Verderbnis der Zeit, durch Verweichlichung und Uebergenuß, jeden Augenblick zur Sprache; und so drängten auch seine ärztlichen Reden, wie die der Philosophen und meiner dichterischen Freunde, mich wieder auf die Natur zurück. Seine leidenschaftliche Verbesserungswut konnte ich vollends nicht mit ihm teilen. Ich zog mich vielmehr, nachdem wir uns getrennt, gar bald wieder in mein eigentümliches Fach zurück und suchte die von der Natur mir verliehenen Gaben mit mäßiger Anstrengung anzuwenden und in heiterem Widerstreit gegen das, was ich mißbilligte, mir einigen Raum zu verschaffen, unbesorgt, wie weit meine Wirkungen reichen und wohin sie mich führen könnten.

Von Salis, der in Marschlins die große Pensionsanstalt errichtete, ging ebenfalls bei uns vorüber, ein ernster verständiger Mann, der über die genialisch tolle Lebensweise unserer kleinen Gesellschaft gar wunderliche Anmerkungen im stillen wird gemacht haben. Ein Gleiches mag Sulzern, der uns auf seiner Reise nach dem südlichen Frankreich berührte, begegnet sein; wenigstens scheint eine Stelle seiner Reisebeschreibung, worin er mein gedenkt, dahin zu deuten.

Diese so angenehmen als förderlichen Besuche waren aber auch mit solchen durchwebt, die man lieber abgelehnt hätte. Wahrhaft Dürftige und unverschämte Abenteurer wendeten sich an den zutraulichen Jüngling, ihre dringenden Forderungen durch wirkliche wie durch vorgebliche Verwandtschaften oder Schicksale unterstützend. Sie borgten mir Geld ab und setzten mich in den Fall, wieder borgen zu müssen, so daß ich mit begüterten und wohlwollenden Freunden darüber in das unangenehmste Verhältnis geriet. Wünschte ich nun solche Zudringliche allen Raben zur Beute, so fühlte sich mein Vater gleichfalls in der Lage des Zauberlehrlings, der wohl sein Haus gerne rein gewaschen sähe, sich aber entsetzt, wenn die Flut über Schwellen und Stufen unaufhaltsam einhergestürzt kommt. Denn es war durch das allzu viele Gute der mäßige Lebensplan, den sich mein Vater für mich ausgedacht hatte, Schritt für Schritt verrückt, verschoben und von einem Tag zum andern wider Erwarten umgestaltet. Der Aufenthalt zu Regensburg und Wien war so gut als aufgegeben, aber doch sollte auf dem Wege nach Italien eine Durchreise stattfinden, damit man wenigstens eine allgemeine Uebersicht gewönne. Dagegen aber waren andere Freunde, die einen so großen Umweg, ins thätige Leben zu gelangen, nicht billigen konnten, der Meinung, man solle den Augenblick, wo so manche Gunst sich aufthat, benutzen und an eine bleibende Einrichtung in der Vaterstadt denken. Denn ob ich gleich erst durch den Großvater, sodann aber durch den Oheim von dem Rate ausgeschlossen war, so gab es doch noch manche bürgerliche Stellen, an die man Anspruch machen, sich einstweilen festsetzen und die Zukunft erwarten konnte. Manche Agentschaften gaben zu thun genug, und ehrenvoll waren die Residentenstellen. Ich ließ mir davon vorreden und glaubte wohl auch, daß ich mich dazu schicke, ohne mich geprüft zu haben, ob eine solche Lebens- und Geschäftsweise, welche fordert, daß man am liebsten in der Zerstreuung zweckmäßig thätig sei, für mich passen möchte; und nun gesellte sich zu diesen Vorschlägen und Vorsätzen noch eine zarte Neigung, welche zu bestimmter Häuslichkeit aufzufordern und jenen Entschluß zu beschleunigen schien.

Die früher erwähnte Gesellschaft nämlich von jungen Männern und Frauenzimmern, welche meiner Schwester, wo nicht den Ursprung, doch die Konsistenz verdankte, war nach ihrer Verheiratung und Abreise noch immer bestanden, weil man sich einmal an einander gewöhnt hatte und einen Abend in der Woche nicht besser als in diesem freundschaftlichen Zirkel zuzubringen wußte. Auch jener wunderliche Redner, den wir schon aus dem sechsten Buche kennen, war nach mancherlei Schicksalen gescheiter und verkehrter zu uns zurückgewandert und spielte abermals den Gesetzgeber des kleinen Staats. Er hatte sich in Gefolg von jenen frühern Scherzen etwas Aehnliches ausgedacht: es sollte nämlich alle acht Tage gelost werden, nicht um, wie vormals, liebende Paare, sondern wahrhafte Ehegatten zu bestimmen. Wie man sich gegen Geliebte betrage, das sei uns bekannt genug; aber wie sich Gatte und Gattin in Gesellschaft zu nehmen hätten, das sei uns unbewußt und müsse nun, bei zunehmenden Jahren, vor allen Dingen gelernt werden. Er gab die Regeln an im allgemeinen, welche bekanntlich darin bestehen, daß man thun müsse, als wenn man einander nicht angehöre; man dürfe nicht neben einander sitzen, nicht viel mit einander sprechen, viel weniger sich Liebkosungen erlauben: dabei aber habe man nicht allein alles zu vermeiden, was wechselseitig Verdacht und Unannehmlichkeit erregen könnte, ja man würde im Gegenteil das größte Lob verdienen, wenn man seine Gattin auf eine ungezwungene Weise zu verbinden wisse.

Das Los wurde hierauf zur Entscheidung herbeigeholt, über einige barocke Paarungen, die es beliebt, gelacht und gescherzt und die allgemeine Ehestandskomödie mit gutem Humor begonnen und jedesmal am achten Tage wiederum erneuert.

Hier traf es sich nun wunderbar genug, daß mir das Los gleich von Anfang eben dasselbe Frauenzimmer zweimal bestimmte, ein sehr gutes Wesen, gerade von der Art, die man sich als Frau gerne denken mag. Ihre Gestalt war schön und regelmäßig, ihr Gesicht angenehm, und in ihrem Betragen waltete eine Ruhe, die von der Gesundheit ihres Körpers und ihres Geistes zeugte. Sie war sich zu allen Tagen und Stunden völlig gleich. Ihre häusliche Thätigkeit wurde höchlich gerühmt. Ohne daß sie gesprächig gewesen wäre, konnte man an ihren Aeußerungen einen geraden Verstand und eine natürliche Bildung erkennen. Nun war es leicht, einer solchen Person mit Freundlichkeit und Achtung zu begegnen; schon vorher war ich gewohnt, es aus allgemeinem Gefühl zu thun; jetzt wirkte bei mir ein herkömmliches Wohlwollen als gesellige Pflicht. Wie uns nun aber das Los zum drittenmale zusammenbrachte, so erklärte der neckische Gesetzgeber feierlichst: der Himmel habe gesprochen, und wir könnten nunmehr nicht geschieden werden. Wir ließen es uns beiderseits gefallen und fügten uns wechselsweise so hübsch in die offenbaren Ehestandspflichten, daß wir wirklich für ein Muster gelten konnten. Da nun, nach der allgemeinen Verfassung, die sämtlichen für den Abend vereinten Paare sich auf die wenigen Stunden mit Du anreden mußten, so waren wir dieser traulichen Anrede durch eine Reihe von Wochen so gewohnt, daß auch in der Zwischenzeit, wenn wir uns begegneten, das Du gemütlich hervorsprang. Die Gewohnheit ist aber ein wunderliches Ding: wir beide fanden nach und nach nichts natürlicher als dieses Verhältnis; sie ward mir immer werter, und ihre Art, mit mir zu sein, zeugte von einem schönen ruhigen Vertrauen, so daß wir uns wohl gelegentlich, wenn ein Priester zugegen gewesen wäre, ohne vieles Bedenken auf der Stelle hätten zusammengeben lassen.

Weil nun bei jeder unserer geselligen Zusammenkünfte etwas Neues vorgelesen werden mußte, so brachte ich eines Abends, als ganz frische Neuigkeit, das Memoire des Beaumarchais gegen den Clavigo im Original mit. Es erwarb sich sehr vielen Beifall; die Bemerkungen, zu denen es auffordert, blieben nicht aus, und nachdem man viel darüber hin und wider gesprochen hatte, sagte mein lieber Partner: Wenn ich deine Gebieterin und nicht deine Frau wäre, so würde ich dich ersuchen, dieses Memoire in ein Schauspiel zu verwandeln; es scheint mir ganz dazu geeignet zu sein. — Damit du siehst, meine Liebe, antwortete ich, daß Gebieterin und Frau auch in einer Person vereinigt sein können, so verspreche ich, heute über acht Tage den

Gegenstand dieses Heftes als Theaterstück vorzulesen, wie es jetzt mit diesen Blättern geschehen. Man verwunderte sich über ein so kühnes Versprechen, und ich säumte nicht, es zu erfüllen. Denn, was man in solchen Fällen Erfindung nennt, war bei mir augenblicklich; und gleich, als ich meine Titulargattin nach Hause führte, war ich still; sie fragte, was mir sei? — Ich sinne, versetzte ich, schon das Stück aus und bin mitten drin; ich wünsche, dir zu zeigen, daß ich dir gerne etwas zuliebe thue. Sie drückte mir die Hand, und als ich sie dagegen eifrig küßte, sagte sie: Du mußt nicht aus der Rolle fallen! Zärtlich zu sein, meinen die Leute, schicke sich nicht für Ehegatten. — Laß sie meinen, versetzte ich, wir wollen es auf uns're Weise halten.

Ehe ich, freilich durch einen großen Umweg, nach Hause kam, war das Stück schon ziemlich herangedacht; damit dies aber nicht gar zu großsprecherisch scheine, so will ich gestehen, daß schon beim ersten und zweiten Lesen der Gegenstand mir dramatisch, ja theatralisch vorgekommen, aber ohne eine solche Anregung wäre das Stück, wie so viele andere, auch bloß unter den möglichen Geburten geblieben. Wie ich dabei verfahren, ist bekannt genug. Der Bösewichter müde, die aus Rache, Haß oder kleinlichen Absichten sich einer edlen Natur entgegensetzen und sie zu Grunde richten, wollt' ich in Karlos den reinen Weltverstand mit wahrer Freundschaft gegen Leidenschaft, Neigung und äußere Bedrängnis wirken lassen, um auch einmal auf diese Weise eine Tragödie zu motivieren. Berechtigt durch unsern Altvater Shakespeare, nahm ich nicht einen Augenblick Anstand, die Hauptszene und die eigentlich theatralische Darstellung wörtlich zu übersetzen. Um zuletzt abzuschließen, entlehnt' ich den Schluß einer englischen Ballade, und so war ich immer noch eher fertig, als der Freitag herankam. Die gute Wirkung, die ich beim Vorlesen erreichte, wird man mir leicht zugestehen. Meine gebietende Gattin erfreute sich nicht wenig daran, und es war, als wenn unser Verhältnis, wie durch eine geistige Nachkommenschaft, durch diese Produktion sich enger zusammenzöge und befestigte.

Mephistopheles Merck aber that mir zum erstenmal hier einen großen Schaden. Denn als ich ihm das Stück mitteilte, erwiderte er: Solch einen Quark mußt du mir künftig nicht mehr schreiben; das können die andern auch. Und doch hatt' er hierin unrecht. Muß ja doch nicht alles über alle Begriffe hinausgehen, die man nun einmal gefaßt hat; es ist auch gut, wenn manches sich an den gewöhnlichen Sinn anschließt. Hätte ich damals ein Dutzend Stücke der Art geschrieben, welches mir bei einiger Aufmunterung ein Leichtes gewesen wäre, so hätten sich vielleicht drei oder vier davon auf dem Theater erhalten. Jede

Direktion, die ihr Repertorium zu schätzen weiß, kann sagen, was das für ein Vorteil wäre.

Durch solche und andere geistreiche Scherze ward unser wunderliches Mariagespiel, wo nicht zum Stadt-, doch zum Familienmärchen, das den Müttern unserer Schönen gar nicht unangenehm in die Ohren klang. Auch meiner Mutter war ein solcher Zufall nicht zuwider: sie begünstigte schon früher das Frauenzimmer, mit dem ich in ein so seltsames Verhältnis gekommen war, und mochte ihr zutrauen, daß sie eine eben so gute Schwiegertochter als Gattin werden könnte. Jenes unbestimmte Rumoren, in welchem ich mich schon seit geraumer Zeit herumtrieb, wollte ihr nicht behagen, und wirklich hatte sie auch die größte Beschwerde davon. Sie war es, welche die zuströmenden Gäste reichlich bewirten mußte, ohne sich für die litterarische Einquartierung anders als durch die Ehre, die man ihrem Sohne anthat, ihn zu beschmausen, entschädigt zu sehen. Ferner war es ihr klar, daß so viele junge Leute, sämtlich ohne Vermögen, nicht allein zum Wissen und Dichten, sondern auch zum lustigen Leben versammelt, sich unter einander und zuletzt am sichersten mir, dessen leichtsinnige Freigebigkeit und Verbürgungslust sie kannte, zur Last und zum Schaden gereichen würden.

Sie hielt daher die schon längst bezweckte italienische Reise, die der Vater wieder in Anregung brachte, für das sicherste Mittel, alle diese Verhältnisse auf einmal durchzuschneiden. Damit aber ja nicht wieder in der weiten Welt sich neues Gefährliche anschließen möge, so dachte sie, vorher die schon eingeleitete Verbindung zu befestigen, damit eine Rückkehr ins Vaterland wünschenswerter und eine endliche Bestimmung entschieden werde. Ob ich ihr diesen Plan nur unterlege, oder ob sie ihn deutlich, vielleicht mit der seligen Freundin, entworfen, möchte ich nicht entscheiden: genug, ihre Handlungen schienen auf einen bedachten Vorsatz gegründet. Denn ich hatte manchmal zu vernehmen, unser Familienkreis sei nach Verheiratung Korneliens doch gar zu eng; man wollte finden, daß mir eine Schwester, der Mutter eine Gehilfin, dem Vater ein Lehrling abgehe; und bei diesen Reden blieb es nicht. Es ergab sich wie von ungefähr, daß meine Eltern jenem Frauenzimmer auf einem Spaziergang begegneten, sie in den Garten einluden und sich mit ihr längere Zeit unterhielten. Hierüber ward nun beim Abendtische gescherzt und mit einem gewissen Behagen bemerkt, daß sie dem Vater wohlgefallen, indem sie die Haupteigenschaften, die er als ein Kenner von einem Frauenzimmer fordere, sämtlich besitze.

Hierauf ward im ersten Stock eins und das andere veranstaltet, eben als wenn man Gäste zu erwarten habe, das Leinwandgeräte gemustert und auch an einigen bisher vernachläsigten Hausrat gedacht. Da überraschte ich nun einst meine Mutter, als sie in einer Bodenkammer die alten Wiegen betrachtete, worunter eine übergroße von Nußbaum, mit Elfenbein und Ebenholz eingelegt, die mich ehemals geschwenkt hatte, besonders hervorstach. Sie schien nicht ganz zufrieden, als ich ihr bemerkte, daß solche Schaukelkasten nunmehr völlig aus der Mode seien, und daß man die Kinder mit freien Gliedern in einem artigen Körbchen, an einem Bande über die Schulter, wie andre kurze Ware, zur Schau trage.

Genug, dergleichen Vorboten zu erneuernder Häuslichkeit zeigten sich öfter; und da ich mich dabei ganz leidend verhielt, so verbreitete sich durch den Gedanken an einen Zustand, der fürs Leben dauern sollte, ein solcher Friede über unser Haus und dessen Bewohner, dergleichen es lange nicht genossen hatte.

Vierter Teil.

Nemo contra deum nisi deus ipse.

Vorwort.

Bei Behandlung einer mannigfaltig vorschreitenden Lebensgeschichte, wie die ist, die wir zu unternehmen gewagt haben, kommen wir, um gewisse Ereignisse faßlich und lesbar zu machen, in den Fall, einiges, was in der Zeit sich verschlingt, notwendig zu trennen, anderes, was nur durch eine Folge begriffen werden kann, in sich selbst zusammen zu ziehen und so das Ganze in Teile zusammenzustellen, die man sinnig überschauend beurteilen und sich davon manches zueignen mag.

Mit dieser Betrachtung eröffnen wir den gegenwärtigen Band, damit sie zu Rechtfertigung unsers Verfahrens beitrage, und fügen die Bitte hinzu, unsre Leser möchten bedenken, daß sich diese hier fortgesetzte Erzählung nicht gerade aus Ende des vorigen Buches anschließt, sondern daß sie die Hauptfäden sämtlich nach und nach wieder aufzunehmen und sowohl Personen als Gesinnungen und Handlungen in einer redlich gründlichen Folge vorzuführen die Absicht hat.

Sechzehntes Buch.

Wie man zu sagen pflegt: daß kein Unglück allein komme, so läßt sich auch wohl bemerken, daß es mit dem Glück ähnlicherweise beschaffen sei; ja auch mit andern Umständen, die sich auf eine harmonische Weise um uns versammeln; es sei nun, daß ein Schicksal dergleichen auf uns lege, oder daß der Mensch die Kraft habe, das, was zusammen gehört, an sich heranzuziehen.

Wenigstens machte ich diesmal die Erfahrung, daß alles übereinstimmte, um einen äußeren und inneren Frieden hervorzubringen. Jener ward mir zu teil, indem ich den Ausgang dessen gelassen abwartete, was man für mich im Sinne hegte und vornahm; zu diesem aber sollte ich durch erneute Studien gelangen.

Ich hatte lange nicht an Spinoza gedacht, und nun ward ich durch Widerrede zu ihm getrieben. In unsrer Bibliothek fand ich ein Büchlein, dessen Autor gegen jenen eigenen Denker heftig kämpfte und, um dabei recht wirksam zu Werke zu gehen, Spinozas Bildnis dem Titel gegenüber gesetzt hatte mit der Unterschrift: Signum reprobationis in vultu gerens, daß er nämlich das Zeichen der Verwerfung und Beworfenheit im Angesicht trage. Dieses konnte man freilich bei Erblickung des Bildes nicht leugnen; denn der Kupferstich war erbärmlich schlecht und eine vollkommene Fratze; wobei mir denn jene Gegner einfallen mußten, die irgend jemand, dem sie mißwollen, zuvörderst entstellen und dann als ein Ungeheuer bekämpfen.

Dieses Büchlein jedoch machte keinen Eindruck auf mich, weil ich überhaupt Kontroversen nicht liebte, indem ich immer vorzog, von dem Menschen zu erfahren, wie er dachte, als von einem andern zu hören, wie er hätte denken sollen. Doch führte mich die Neugierde auf den Artikel Spinoza in Bayles Wörterbuch, einem Werke, das wegen Gelehrsamkeit und Scharfsinn eben so schätzbar und nützlich, als wegen Klätscherei und Salbaderei lächerlich und schädlich ist.

Der Artikel Spinoza erregte in mir Unbehagen und Mißtrauen. Zuerst sogleich wird der Mann als Atheist und seine Meinungen als höchst verwerflich angegeben; sodann aber zugestanden, daß er ein ruhig nachdenkender und seinen Studien obliegender Mann, ein guter Staatsbürger, ein mitteilender Mensch, ein ruhiger Partikulier gewesen; und so schien man ganz das evangelische Wort vergessen zu haben: An ihren Früchten sollt ihr sie erkennen! — denn wie will doch ein Menschen und Gott gefälliges Leben aus verderblichen Grundsätzen entspringen?

Ich erinnerte mich noch gar wohl, welche Beruhigung und Klarheit über mich gekommen, als ich einst die nachgelassenen Werke jenes merkwürdigen Mannes durchblättert. Diese Wirkung war mir noch ganz deutlich, ohne daß ich mich des Einzelnen hätte erinnern können; ich eilte daher abermals zu den Werken, denen ich so viel schuldig geworden, und dieselbe Friedensluft wehte mich wieder an. Ich ergab mich dieser Lektüre und glaubte, indem ich in mich selbst schaute, die Welt niemals so deutlich erblickt zu haben.

Da über diesen Gegenstand so viel und auch in der neuern Zeit gestritten worden, so wünschte ich, nicht mißverstanden zu werden, und will hier einiges über jene so gefürchtete, ja verabscheute Vorstellungsart einzurücken nicht unterlassen.

Unser physisches sowohl als geselliges Leben, Sitten, Gewohnheiten, Weltklugheit, Philosophie, Religion, ja so manches zufällige Ereignis, alles ruft uns zu: daß wir entsagen sollen. So manches, was uns innerlich eigenst angehört, sollen wir nicht nach außen hervorbilden; was wir von außen zu Ergänzung unsres Wesens bedürfen, wird uns entzogen, dagegen aber so vieles aufgedrungen, das uns so fremd als lästig ist. Man beraubt uns des mühsam Erworbenen, des freundlich Gestatteten, und ehe wir hierüber recht ins klare sind, finden wir uns genötigt, unsere Persönlichkeit erst stückweis und dann völlig aufzugeben. Dabei ist es aber hergebracht, daß man denjenigen nicht achtet, der sich deshalb ungebärdig stellt; vielmehr soll man, je bittrer der Kelch ist, eine desto süßere Miene machen, damit ja der gelassene Zuschauer nicht durch irgend eine Grimasse beleidigt werde.

Diese schwere Aufgabe jedoch zu lösen, hat die Natur den Menschen mit reichlicher Kraft, Thätigkeit und Zähigkeit ausgestattet. Besonders aber kommt ihm der Leichtsinn zu Hilfe, der ihm unzerstörlich verliehen ist. Hiedurch wird er fähig, dem Einzelnen in jedem Augenblick zu entsagen, wenn er nur im nächsten Moment nach etwas Neuem greifen darf; und so stellen wir uns unbewußt unser ganzes Leben immer wieder her. Wir setzen eine Leidenschaft an die Stelle der andern; Beschäftigungen, Neigungen, Liebhabereien, Steckenpferde, alles probieren wir durch, um zuletzt auszurufen, daß alles eitel sei. Niemand entsetzt sich vor diesem falschen, ja gottesläfterlichen Spruch; ja, man glaubt etwas Weises und Unwiderlegliches gesagt zu haben. Nur wenige Menschen gibt es, die solche unerträgliche Empfindung vorausahnen und, um allen partiellen Resignationen auszuweichen, sich ein für allemal im ganzen resignieren.

Diese überzeugen sich von dem Ewigen, Notwendigen, Gesetzlichen und suchen sich solche Begriffe zu bilden, welche unverwüſtlich ſind, ja durch die Betrachtung des Vergänglichen nicht aufgehoben, ſondern vielmehr beſtätigt werden. Weil aber hierin wirklich etwas Uebermenſchliches liegt, ſo werden ſolche Perſonen gewöhnlich für Unmenſchen gehalten, für gott= und weltloſe; ja, man weiß nicht, was man ihnen alles für Hörner und Klauen andichten ſoll.

Mein Zutrauen auf Spinoza ruhte auf der friedlichen Wir=kung, die er in mir hervorbrachte, und es vermehrte ſich nur, als man meine werten Myſtiker des Spinozismus anklagte, als ich erfuhr, daß Leibniz ſelbſt dieſem Vorwurf nicht entgehen können, ja daß Boerhave, wegen gleicher Geſinnungen verdächtig, von der Theologie zur Medizin übergehen müſſen.

Denke man aber nicht, daß ich ſeine Schriften hätte unter=ſchreiben und mich dazu buchſtäblich bekennen mögen. Denn daß niemand den andern verſteht; daß keiner bei denſelben Worten dasſelbe, was der andere, denkt; daß ein Geſpräch, eine Lektüre bei verſchiedenen Perſonen verſchiedene Gedankenfolgen aufregt, hatte ich ſchon allzu deutlich eingeſehen, und man wird dem Ver=faſſer von Werther und Fauſt wohl zutrauen, daß er, von ſolchen Mißverſtändniſſen tief durchdrungen, nicht ſelbſt den Dünkel ge=hegt, einen Mann vollkommen zu verſtehen, der als Schüler von Descartes durch mathematiſche und rabbiniſche Kultur ſich zu dem Gipfel des Denkens hervorgehoben, der bis auf den heutigen Tag noch das Ziel aller ſpekulativen Bemühungen zu ſein ſcheint.

Was ich mir aber aus ihm zugeeignet, würde ſich deutlich genug darſtellen, wenn der Beſuch, den der ewige Jude bei Spinoza abgelegt und den ich als ein wertes Ingredienz zu jenem Gedichte mir ausgedacht hatte, niedergeſchrieben übrig geblieben wäre. Ich gefiel mir aber in dem Gedanken ſo wohl und beſchäftigte mich im ſtillen ſo gern damit, daß ich nicht dazu gelangte, etwas aufzuſchreiben; dadurch erweiterte ſich aber der Einfall, der als vorübergehender Scherz nicht ohne Verdienſt geweſen wäre, dergeſtalt, daß er ſeine Anmut verlor und ich ihn als läſtig aus dem Sinne ſchlug. Inwiefern mir aber die Hauptpunkte jenes Verhältniſſes zu Spinoza unvergeßlich geblieben ſind, indem ſie eine große Wirkung auf die Folge meines Lebens ausübten, will ich ſo kurz und bündig als möglich eröffnen und darſtellen.

Die Natur wirkt nach ewigen, notwendigen, dergeſtalt gött=lichen Geſetzen, daß die Gottheit ſelbſt daran nichts ändern könnte. Alle Menſchen ſind hierin unbewußt vollkommen einig. Man bedenke, wie eine Naturerſcheinung, die auf Verſtand, Vernunft, ja auch nur auf Willkür deutet, uns Erſtaunen, ja Entſetzen bringt.

Wenn sich in Tieren etwas Vernunftähnliches hervortut, so können wir uns von unserer Verwunderung nicht erholen; denn ob sie uns gleich so nahe stehen, so scheinen sie doch durch eine unendliche Kluft von uns getrennt und in das Reich der Notwendigkeit verwiesen. Man kann es daher jenen Denkern nicht übel nehmen, welche die unendlich kunstreiche, aber doch genau beschränkte Technik jener Geschöpfe für ganz maschinenmäßig erklärten.

Wenden wir uns zu den Pflanzen, so wird unsre Behauptung noch auffallender bestätigt. Man gebe sich Rechenschaft von der Empfindung, die uns ergreift, wenn die berührte Mimosa ihre gefiederten Blätter paarweise zusammenfaltet und endlich das Stielchen wie an einem Gewerbe niederklappt. Noch höher steigt jene Empfindung, der ich keinen Namen geben will, bei Betrachtung des Hedysarum gyrans, das seine Blättchen, ohne sichtlich äußere Veranlassung, auf und nieder senkt und mit sich selbst wie mit unsern Begriffen zu spielen scheint. Teile man sich einen Pisang, dem diese Gabe zugeteilt wäre, so daß er die ungeheuern Blätterschirme für sich selbst wechselsweise niedersenkte und aufhübe, jedermann, der es zum erstenmale sähe, würde vor Entsetzen zurücktreten. So eingewurzelt ist bei uns der Begriff unsrer eignen Vorzüge, daß wir ein für allemal der Außenwelt keinen Teil daran gönnen mögen, ja daß wir dieselben, wenn es nur anginge, sogar unsresgleichen gerne verkümmerten.

Ein ähnliches Entsetzen überfällt uns dagegen, wenn wir den Menschen unvernünftig gegen allgemein anerkannte sittliche Gesetze, unverständig gegen seinen eignen und fremden Vorteil handeln sehen. Um das Grauen loszuwerden, das wir dabei empfinden, verwandeln wir es sogleich in Tadel, in Abscheu, und wir suchen uns von einem solchen Menschen entweder wirklich oder in Gedanken zu befreien.

Diesen Gegensatz, welchen Spinoza so kräftig heraushebt, wendete ich aber auf mein eignes Wesen sehr wunderlich an, und das Vorhergesagte soll eigentlich nur dazu dienen, um das, was folgt, begreiflich zu machen.

Ich war dazu gelangt, das mir inwohnende dichterische Talent ganz als Natur zu betrachten, um so mehr, als ich darauf gewiesen war, die äußerliche Natur als den Gegenstand desselben anzusehen. Die Ausübung dieser Dichtergabe konnte zwar durch Veranlassung erregt und bestimmt werden; aber am freudigsten und reichlichsten trat sie unwillkürlich, ja wider Willen hervor.

Durch Feld und Wald zu schweifen,
Mein Liedchen wegzupfeifen,
So ging's den ganzen Tag.

Auch beim nächtlichen Erwachen trat derselbe Fall ein, und ich hatte oft Lust, wie einer meiner Vorgänger, mir ein ledernes Wams machen zu lassen und mich zu gewöhnen, im Finstern durchs Gefühl das, was unvermutet hervorbrach, zu fixieren. Ich war so gewohnt, mir ein Liedchen vorzusagen, ohne es wieder zusammenfinden zu können, daß ich einigemal an den Pult rannte und mir nicht die Zeit nahm, einen quer liegenden Bogen zurecht zu rücken, sondern das Gedicht von Anfang bis zu Ende, ohne mich von der Stelle zu rühren, in der Diagonale herunterschrieb. In eben diesem Sinne griff ich weit lieber zu dem Bleistift, welcher williger die Züge hergab: denn es war mir einigemal begegnet, daß das Schnarren und Spritzen der Feder mich aus meinem nachtwandlerischen Dichten aufweckte, mich zerstreute und ein kleines Produkt in der Geburt erstickte. Für solche Poesien hatte ich eine besondere Ehrfurcht, weil ich mich doch ungefähr gegen dieselben verhielt, wie die Henne gegen die Küchlein, die sie ausgebrütet um sie her piepsen sieht. Meine frühere Lust, diese Dinge nur durch Vorlesungen mitzuteilen, erneute sich wieder; sie aber gegen Geld umzutauschen, schien mir abscheulich.

Hiebei will ich eines Falles gedenken, der zwar später eintrat. Als nämlich meinen Arbeiten immer mehr nachgefragt, ja eine Sammlung derselben verlangt wurde, jene Gesinnungen aber mich abhielten, eine solche selbst zu veranstalten, so benutzte Himburg mein Zaudern, und ich erhielt unerwartet einige Exemplare meiner zusammengedruckten Werke. Mit großer Frechheit wußte sich dieser unberufene Verleger eines solchen dem Publikum erzeigten Dienstes gegen mich zu rühmen und erbot sich, mir dagegen, wenn ich es verlangte, etwas Berliner Porzellan zu senden. Bei dieser Gelegenheit mußte mir einfallen, daß die Berliner Juden, wenn sie sich verheirateten, eine gewisse Partie Porzellan zu nehmen verpflichtet waren, damit die königliche Fabrik einen sichern Absatz hätte. Die Verachtung, welche daraus gegen den unverschämten Nachdrucker entstand, ließ mich den Verdruß übertragen, den ich bei diesem Raub empfinden mußte. Ich antwortete ihm nicht, und indessen er sich an meinem Eigentum gar wohl behaben mochte, rächte ich mich im stillen mit folgenden Versen:

   Holde Zeugen süß verträumter Jahre,
   Falbe Blumen, abgeweihte Haare,
   Schleier, leicht geknickt, verblichne Bänder,
   Abgellungner Liebe Trauerpfänder,
   Schon gewidmet meines Herdes Flammen,
   Rafft der freche Sosius zusammen,
   Eben als wenn Dichterwerk und -Ehre
   Ihm durch Erbschaft zugefallen wäre;

Und mit Lebendem soll sein Betragen
Wohl am Thee- und Kaffeetisch behagen?
Weg das Porzellan, das Zuckerbrot!
Für die Himburgs bin ich tot.

Da jedoch eben die Natur, die dergleichen größere und kleinere Werke unaufgefordert in mir hervorbrachte, manchmal in großen Pausen ruhte und ich in einer langen Zeitstrecke selbst mit Willen nichts hervorzubringen im stande war und daher öfters Langeweile empfand, so trat mir bei jenem strengen Gegensatz der Gedanke entgegen, ob ich nicht von der andern Seite das, was menschlich, vernünftig und verständig an mir sei, zu meinem und anderer Nutzen und Vorteil gebrauchen und die Zwischenzeit, wie ich es ja auch schon gethan und wie ich immer stärker aufgefordert wurde, den Weltgeschäften widmen und dergestalt nichts von meinen Kräften ungebraucht lassen sollte. Ich fand dieses, was aus jenen allgemeinen Begriffen hervorzugehen schien, mit meinem Wesen, mit meiner Lage so übereinstimmend, daß ich den Entschluß faßte, auf diese Weise zu handeln und mein bisheriges Schwanken und Zaudern dadurch zu bestimmen. Sehr angenehm war mir zu denken, daß ich für wirkliche Dienste von den Menschen auch reellen Lohn fordern, jene liebliche Naturgabe dagegen als ein Heiliges uneigennützig auszuspenden fortfahren dürfte. Durch diese Betrachtung rettete ich mich von der Bitterkeit, die sich in mir hätte erzeugen können, wenn ich bemerken mußte, daß gerade das so sehr gesuchte und bewunderte Talent in Deutschland als außer dem Gesetz und vogelfrei behandelt werde. Denn nicht allein in Berlin hielt man den Nachdruck für etwas Zulässiges, ja Lustiges, sondern der ehrwürdige, wegen seiner Regententugenden gepriesene Markgraf von Baden, der zu so vielen Hoffnungen berechtigende Kaiser Joseph begünstigten, jener seinen Macklot, dieser seinen Edlen von Trattner, und es war ausgesprochen, daß die Rechte, so wie das Eigentum des Genies dem Handwerker und Fabrikanten unbedingt preisgegeben seien.

Als wir uns einst hierüber bei einem besuchenden Badener beklagten, erzählte er uns folgende Geschichte: Die Frau Markgräfin, als eine thätige Dame, habe auch eine Papierfabrik angelegt, die Ware sei aber so schlecht geworden, daß man sie nirgends habe unterbringen können. Darauf habe Buchhändler Macklot den Vorschlag gethan, die deutschen Dichter und Prosaisten auf dieses Papier abzudrucken, um dadurch seinen Wert in etwas zu erhöhen. Mit beiden Händen habe man dieses angenommen.

Wir erklärten zwar diese böse Nachrede für ein Märchen, ergötzten uns aber doch daran. Der Name Macklot ward zu gleicher Zeit für einen Schimpfnamen erklärt und bei schlechten Begebenheiten wiederholt gebraucht. Und so fand sich eine leichtsinnige Jugend, welche gar manchmal borgen mußte, indeß die Niederträchtigkeit sich an ihren Talenten bereicherte, durch ein paar gute Einfälle hinreichend entschädigt.

Glückliche Kinder und Jünglinge wandeln in einer Art von Trunkenheit vor sich hin, die sich dadurch besonders bemerklich macht, daß die Guten, Unschuldigen das Verhältniß der jedesmaligen Umgebung kaum zu bemerken, noch weniger anzuerkennen wissen. Sie sehen die Welt als einen Stoff an, den sie bilden, als einen Vorrat, dessen sie sich bemächtigen sollen. Alles gehört ihnen an, ihrem Willen scheint alles durchdringlich; gar oft verlieren sie sich deshalb in einem wilden wüsten Wesen. Bei den Bessern jedoch entfaltet sich diese Richtung zu einem sittlichen Enthusiasmus, der sich nach Gelegenheit zu irgend einem wirklichen oder scheinbaren Guten aus eignem Triebe hinbewegt, sich aber auch öfters leiten, führen und verführen läßt.

Der Jüngling, von dem wir uns unterhalten, war in einem solchen Falle, und wenn er den Menschen auch seltsam vorkam, so erschien er doch gar manchem willkommen. Gleich bei dem ersten Zusammentreten fand man einen unbedingten Freisinn, eine heitere Offenherzigkeit im Gespräch und ein gelegentliches Handeln ohne Bedenken. Von letzterem einige Geschichtchen.

In der sehr eng in einander gebauten Judengasse war ein heftiger Brand entstanden. Mein allgemeines Wohlwollen, die daraus entspringende Lust zu thätiger Hilfe trieb mich, gut angekleidet, wie ich ging und stand, dahin. Man hatte von der Allerheiligengasse her durchgebrochen; an diesen Zugang verfügt' ich mich. Ich fand daselbst eine große Anzahl Menschen mit Wassertragen beschäftigt, mit vollen Eimern sich hindrängend, mit leeren herwärts. Ich sah gar bald, daß, wenn man eine Gasse bildete, wo man die Eimer herauf- und herabreichte, die Hilfe die doppelte sein würde. Ich ergriff zwei volle Eimer und blieb stehen, rief andere an mich heran; dem Kommenden wurde die Last abgenommen, und die Rückkehrenden reihten sich auf der andern Seite. Die Anstalt fand Beifall, mein Zureden und persönliche Teilnahme ward begünstigt, und die Gasse, vom Eintritt bis zum brennenden Ziele, ward bald vollendet und geschlossen. Kaum aber hatte die Heiterkeit, womit dieses geschehen, eine frohe, man kann sagen eine lustige Stimmung in dieser lebendigen zweckmäßig wirkenden Maschine angeregt, als der Mutwille sich schon hervorthat und der Schadenfreude Raum gab. Armselige Flüchtende, ihre jammervolle Habe auf dem

Rücken schleppend, mußten, einmal in die bequeme Gasse geraten, unausweichlich hindurch und blieben nicht unangefochten. Mutwillige Knaben-Jünglinge spritzten sie an und fügten Verachtung und Unart noch dem Elend hinzu. Gleich aber, durch mäßiges Zureden und rednerische Strafworte, mit Rücksicht wahrscheinlich auf meine reinlichen Kleider, die ich vernachlässigte, ward der Frevel eingestellt.

Neugierige meiner Freunde waren herangetreten, den Unfall zu beschauen, und schienen verwundert, ihren Gesellen in Schuhen und seidenen Strümpfen — denn anders ging man damals nicht — in diesem feuchten Geschäfte zu sehen. Wenige konnt' ich heranziehen, andere lachten und schüttelten die Köpfe. Wir hielten lange stand, denn bei manchen Abtretenden verstanden sich auch manche dazu, sich anzuschließen; viele Schaulustige folgten auf einander, und so ward mein unschuldiges Wagnis allgemein bekannt, und die wunderliche Lizenz mußte zur Stadtgeschichte des Tags werden.

Ein solcher Leichtsinn im Handeln nach irgend einer gutmütigen heitern Grille, hervortretend aus einem glücklichen Selbstgefühl, was von den Menschen leicht als Eitelkeit getadelt wird, machte unsern Freund auch noch durch andere Wunderlichkeiten bemerklich.

Ein sehr harter Winter hatte den Main völlig mit Eis bedeckt und in einen festen Boden verwandelt. Der lebhafteste, notwendige und lustig-gesellige Verkehr regte sich auf dem Eise. Grenzenlose Schrittschuhbahnen, glattgefrorene weite Flächen wimmelten von bewegter Versammlung. Ich fehlte nicht vom frühen Morgen an und war also, wie späterhin meine Mutter, dem Schauspiel zuzusehen, angefahren kam, als leichtgekleidet wirklich durchgefroren. Sie saß im Wagen in ihrem roten Sammetpelze, der, auf der Brust mit starken goldenen Schnüren und Quasten zusammengehalten, ganz stattlich aussah. „Geben Sie mir, liebe Mutter, Ihren Pelz!" rief ich aus dem Stegreife, ohne mich weiter besonnen zu haben; „mich friert grimmig." Auch sie bedachte nichts weiter; im Augenblicke hatte ich den Pelz an, der, purpurfarb, bis an die Waden reichend, mit Zobel verbrämt, mit Gold geschmückt, zu der braunen Pelzmütze, die ich trug, gar nicht übel kleidete. So fuhr ich sorglos auf und ab; auch war das Gedränge so groß, daß man die seltene Erscheinung nicht einmal sonderlich bemerkte, obschon einigermaßen: denn man rechnete mir sie später unter meinen Anomalien im Ernst und Scherze wohl einmal wieder vor.

Nach solchen Erinnerungen eines glücklichen unbedachten Handelns schreiten wir an dem eigentlichen Faden unserer Erzählung fort.

Ein geistreicher Franzos hat schon gesagt: wenn irgend ein guter Kopf die Aufmerksamkeit des Publikums durch ein verdienstliches Werk auf sich gezogen hat, so thut man das Möglichste, um zu verhindern, daß er jemals dergleichen wieder hervorbringt.

Es ist so wahr: irgend etwas Gutes, Geistreiches wird in stiller abgesonderter Jugend hervorgebracht, der Beifall wird erworben, aber die Unabhängigkeit verloren; man zerrt das konzentrierte Talent in die Zerstreuung, weil man denkt, man könne von seiner Persönlichkeit etwas abzupfen und sich zueignen.

In diesem Sinne erhielt ich manche Einladungen, oder nicht so wohl Einladungen: ein Freund, ein Bekannter schlug mir vor, gar oft mehr als dringend, mich da oder dort einzuführen.

Der quasi-Fremde, angekündigt als Bär, wegen oftmaligen unfreundlichen Abweisens, dann wieder als Hurone Voltaires, Cumberlands Westindier, als Naturkind bei so vielen Talenten, erregte die Neugierde, und so beschäftigte man sich in verschiedenen Häusern mit schicklichen Negotiationen, ihn zu sehen.

Unter andern ersuchte mich ein Freund eines Abends, mit ihm ein kleines Konzert zu besuchen, welches in einem angesehenen reformierten Handelshause gegeben wurde. Es war schon spät; doch weil ich alles aus dem Stegreife liebte, folgte ich ihm, wie gewöhnlich anständig angezogen. Wir treten in ein Zimmer gleicher Erde, in das eigentliche geräumige Wohnzimmer. Die Gesellschaft war zahlreich; ein Flügel stand in der Mitte, an den sich sogleich die einzige Tochter des Hauses niedersetzte und mit bedeutender Fertigkeit und Anmut spielte. Ich stand am unteren Ende des Flügels, um ihre Gestalt und Wesen nahe genug bemerken zu können; sie hatte etwas Kindartiges in ihrem Betragen; die Bewegungen, wozu das Spiel sie nötigte, waren ungezwungen und leicht.

Nach geendigter Sonate trat sie ans Ende des Pianos gegen mir über; wir begrüßten uns ohne weitere Rede, denn ein Quartett war schon angegangen. Am Schlusse trat ich etwas näher und sagte einiges Verbindliche: wie sehr es mich freue, daß die erste Bekanntschaft mich auch zugleich mit ihrem Talent bekannt gemacht habe. Sie wußte sehr artig meine Worte zu erwidern, behielt ihre Stellung und ich die meinige. Ich konnte bemerken, daß sie mich aufmerksam betrachtete und daß ich ganz eigentlich zur Schau stand, welches ich mir wohl konnte gefallen lassen, da man auch mir etwas gar Anmutiges zu schauen gab. Indessen blickten wir einander an, und ich will nicht leugnen, daß ich eine Anziehungskraft von der sanftesten Art zu empfinden glaubte. Das Hin- und Herwogen der Gesellschaft und ihrer Leistungen verhinderte jedoch jede andere Art von Annäherung diesen Abend. Doch muß ich eine angenehme Empfindung gestehen, als die Mutter beim Abschied zu erkennen gab, sie hofften mich bald wiederzusehen, und die Tochter mit einiger Freundlichkeit einzustimmen schien. Ich verfehlte nicht, nach schicklichen Pausen, meinen Besuch zu wiederholen, da sich denn ein heiteres verständiges Gespräch bildete, welches kein leidenschaftliches Verhältnis zu weissagen schien.

Indessen brachte die einmal eingeleitete Gastfreiheit unseres Hauses den guten Eltern und mir selbst manche Unbequemlichkeit; in meiner Richtung, die immer darauf hinging, das Höhere gewahr zu werden, es zu erkennen, es zu fördern und wo möglich solches nachbildend zu gestalten, war ich dadurch in nichts weiter gebracht. Die Menschen, insofern sie gut waren, waren fromm, und insofern sie thätig waren, unklug und oft ungeschickt. Jenes konnte mir nichts helfen, und dieses verwirrte mich. Einen merkwürdigen Fall habe ich sorgfältig niedergeschrieben.

Im Anfang des Jahres 1775 meldete Jung, nachher Stilling genannt, vom Niederrhein, daß er nach Frankfurt komme, berufen, eine bedeutende Augenkur daselbst vorzunehmen; er war mir und meinen Eltern willkommen, und wir boten ihm das Quartier an.

Herr von Lersner, ein würdiger Mann in Jahren, durch Erziehung und Führung fürstlicher Kinder, verständiges Betragen bei Hof und auf Reisen überall geschätzt, erduldete schon lange das Unglück einer völligen Blindheit; doch konnte seine Sehnsucht nach Hilfe nicht ganz erlöschen. Nun hatte Jung seit einigen Jahren mit gutem Mut und frommer Dreistigkeit viele Staroperationen am Niederrhein vollbracht und sich dadurch einen ausgebreiteten Ruf erworben. Redlichkeit seiner Seele, Zuverlässigkeit des Charakters und reine Gottesfurcht bewirkten ihm ein allgemeines Zutrauen; dieses verbreitete sich stromaufwärts auf dem Wege vielfacher Handelsverbindungen. Herr von Lersner und die Seinigen, beraten von einem einsichtigen Arzte, entschlossen sich, den glücklichen Augenarzt kommen zu lassen, wenn schon ein Frankfurter Kaufmann, an dem die Kur mißglückt war, ernstlich abriet. Aber was bewies auch ein einzelner Fall gegen so viele gelungene! Doch Jung kam, nunmehr angelockt durch eine bedeutende Belohnung, deren er gewöhnlich bisher entbehrt hatte; er kam, seinen Ruf zu vermehren, getrost und freudig, und wir wünschten uns Glück zu einem so wackern und heitern Tischgenossen.

Nach mehreren ärztlichen Vorbereitungen ward nun endlich der Star auf beiden Augen gestochen; wir waren höchst gespannt; es hieß: der Patient habe nach der Operation sogleich gesehen, bis der Verband das Tageslicht wieder abgehalten. Allein es ließ sich bemerken, daß Jung nicht heiter war und daß ihm etwas auf dem Herzen lag; wie er mir denn auch auf weiteres Nachforschen bekannte, daß er wegen Ausgang der Kur in Sorgen sei. Gewöhnlich, und ich hatte selbst in Straßburg mehrmals zugesehen, schien nichts leichter in der Welt zu sein; wie es denn auch Stillingen hundertmal gelungen war. Nach vollbrachtem schmerzlosem Schnitt durch die unempfindliche Hornhaut sprang bei dem gelindesten Druck die trübe Linse von selbst heraus, der Patient erblickte sogleich die Gegenstände und mußte sich nur mit verbundenen Augen gedulden, bis eine vollbrachte Kur ihm erlaubte, sich des köstlichen Organs nach Willen und Bequemlichkeit zu bedienen. Wie mancher Arme, dem Jung dieses Glück verschafft, hatte dem Wohlthäter Gottes Segen und Belohnung von oben herab gewünscht, welche nun durch diesen reichen Mann abgetragen werden sollte.

Jung bekannte, daß es diesmal so leicht und glücklich nicht hergegangen: die Linse sei nicht herausgesprungen, er habe sie holen und zwar, weil sie angewachsen, ablösen müssen; dies sei nun nicht ohne einige Gewalt geschehen. Nun machte er sich Vorwürfe, daß er auch das andere Auge operiert habe. Allein man hatte sich fest vorgesetzt, beide zugleich vorzunehmen, an eine solche Zufälligkeit hatte man nicht gedacht und, da sie eingetreten, sich nicht sogleich erholt und besonnen. Genug, die zweite Linse kam nicht von selbst, sie mußte auch mit Unstalten abgelöst und herausgeholt werden.

Wie übel ein so gutmütiger, wohlgesinnter, gottesfürchtiger Mann in einem solchen Falle dran sei, läßt keine Beschreibung noch Entwicklung zu; etwas Allgemeines über eine solche Sinnesart steht vielleicht hier am rechten Platze.

Auf eigene moralische Bildung loszuarbeiten, ist das Einfachste und Thunlichste, was der Mensch vornehmen kann; der Trieb dazu ist ihm angeboren; er wird durch Menschenverstand und Liebe dazu im bürgerlichen Leben geleitet, ja gedrängt.

Stilling lebte in einem sittlich religiösen Liebesgefühl; ohne Mitteilung, ohne guten Gegenwillen konnte er nicht existieren: er forderte wechselseitige Neigung; wo man ihn nicht kannte, war er still; wo man den Bekannten nicht liebte, war er traurig; deswegen befand er sich am besten mit solchen wohlgesinnten Menschen, die in einem beschränkten ruhigen Berufskreise mit einiger Bequemlichkeit sich zu vollenden beschäftigt sind.

Diesen gelingt nun wohl, die Eitelkeit abzuthun, dem Bestreben nach äußerer Ehre zu entsagen, Behutsamkeit im Sprechen sich anzueignen, gegen Genossen und Nachbarn ein freundliches gleiches Betragen auszuüben.

Oft liegt hier eine dunkle Geistesform zum Grunde, durch Individualität modifiziert; solche Personen, zufällig angeregt, legen große Wichtigkeit auf ihre empirische Laufbahn; man hält alles für übernatürliche Bestimmung, mit der Ueberzeugung, daß Gott unmittelbar einwirke.

Dabei ist im Menschen eine gewisse Neigung, in seinem Zustand zu verharren, zugleich aber auch sich stoßen und führen zu lassen, und eine gewisse Unentschlossenheit, selbst zu handeln. Diese vermehrt sich bei Mißlingen der verständigsten Pläne, sowie durch zufälliges Gelingen günstig zusammentreffender unvorhergesehener Umstände.

Wie nun durch eine solche Lebensweise ein aufmerksames männliches Betragen verkümmert wird, so ist die Art, in einen solchen Zustand zu geraten, gleichfalls bedenklich und der Betrachtung wert.

Wovon sich dergleichen Sinnesverwandte am liebsten unterhalten, sind die sogenannten Erweckungen, Sinnesveränderungen, denen wir ihren psychologischen Wert nicht absprechen. Es sind eigentlich, was wir in wissenschaftlichen und poetischen Angelegenheiten Aperçus nennen: das Gewahrwerden einer großen Maxime, welches immer eine genialische Geistesoperation ist; man kommt durch Anschauen dazu, weder durch Nachdenken noch durch Lehre oder Ueberlieferung. Hier ist es das Gewahrwerden der moralischen Kraft, die im Glauben ankert und so in stolzer Sicherheit mitten auf den Wogen sich empfinden wird.

Ein solches Aperçu gibt dem Entdecker die größte Freude, weil es auf originelle Weise nach dem Unendlichen hindeutet; es bedarf keiner Zeitfolge zur Ueberzeugung: es entspringt ganz und vollendet im Augenblick, daher das gutmütige altfranzösische Reimwort:

    En peu d'heure
    Dieu labeure.

Aeußere Anstöße bewirken oft das gewaltsame Losbrechen solcher Sinnesänderung, man glaubt Zeichen und Wunder zu schauen.

Zutrauen und Liebe verband mich aufs herzlichste mit Stilling; ich hatte doch auch gut und glücklich auf seinen Lebensgang eingewirkt, und es war ganz seiner Natur gemäß, alles, was für ihn geschah, in einem dankbaren feinen Herzen zu behalten; aber sein Umgang war mir in meinem damaligen Lebensgange weder erfreulich noch förderlich. Zwar überließ ich gern einem jeden, wie er sich das Rätsel seiner Tage zurechtlegen und ausbilden wollte; aber die Art, auf einem abenteuerlichen Lebensgange alles, was uns vernünftigerweise Gutes begegnet, einer unmittelbaren göttlichen Einwirkung zuzuschreiben, schien mir doch zu anmaßlich, und die Vorstellungsart, daß alles, was aus unserm Leichtsinn und Dünkel, übereilt oder vernachlässigt, schlimme, schwer zu ertragende Folgen hat, gleichfalls für eine göttliche Pädagogik zu halten, wollte mir auch nicht in den Sinn. Ich konnte also den guten Freund nur anhören, ihm aber nichts Erfreuliches erwidern; doch ließ ich ihn, wie so viele andere, gern gewähren und schützte ihn, später wie früher, wenn man, gar zu weltlich gesinnt, sein zartes Wesen zu verletzen sich nicht scheute. Daher ich ihm auch den Einfall eines schalkischen Mannes nicht zu Ohren kommen ließ, der einmal ganz ernsthaft ausrief: „Nein, fürwahr, wenn ich mit Gott so gut stünde, wie Jung, so würde ich das höchste Wesen nicht um Geld bitten, sondern um Weisheit und guten Rat, damit ich nicht so viel dumme Streiche machte, die Geld kosten und elende Schuldenjahre nach sich ziehen."

Denn freilich war zu solchem Scherz und Frevel jetzt nicht die Zeit. Zwischen Furcht und Hoffnung gingen mehrere Tage hin; jene wuchs, diese schwand und verlor sich gänzlich; die Augen des braven, geduldigen Mannes entzündeten sich, und es blieb kein Zweifel, daß die Kur mißlungen sei.

Der Zustand, in den unser Freund dadurch geriet, läßt keine Schilderung zu; er wehrte sich gegen die innerste tiefste Verzweiflung von der schlimmsten Art. Denn was war nicht in diesem Falle verloren! zuvörderst der größte Dank des zum Lichte wieder Genesenen, das Herrlichste, dessen sich der Arzt nur erfreuen kann; das Zutrauen so vieler andern Hilfsbedürftigen; der Kredit, indem die gestörte Ausübung dieser Kunst eine Familie im hilflosen Zustande zurückließ. Genug, wir spielten das unerfreuliche Drama Hiobs von Anfang bis zu Ende durch, da denn der treue Mann die Rolle der scheltenden Freunde selbst übernahm. Er wollte diesen Vorfall als Strafe bisheriger Fehler ansehen; es schien ihm, als habe er die ihm zufällig überkommenen Augenmittel frevelhaft als göttlichen Beruf zu diesem Geschäft betrachtet; er warf sich vor, dieses höchste wichtige Fach nicht durch und durch studiert, sondern seine Kuren nur so obenhin auf gut Glück behandelt zu haben; ihm kam augenblicklich vor die Seele, was Mißwollende ihm nachgeredet; er geriet in Zweifel, ob dies auch nicht Wahrheit sei? und dergleichen schmerzte um so tiefer, als er sich den für fromme Menschen so gefährlichen Leichtsinn, leider auch wohl Dünkel und Eitelkeit, in seinem Lebensgange mußte zu schulden kommen lassen. In solchen Augenblicken verlor er sich selbst, und wie wir uns auch verständigen mochten, wir gelangten doch nur zuletzt auf das vernünftig notwendige Resultat: daß Gottes Ratschlüsse unerforschlich seien.

In meinem vorstrebend heitern Sinne wäre ich noch mehr verletzt gewesen, hätte ich nicht, nach herkömmlicher Weise, diese Seelenzustände ernster freundlicher Betrachtung unterworfen und sie mir nach meiner Weise zurecht gelegt; nur betrübte es mich, meine gute Mutter für ihre Sorgfalt und häusliche Bemühung so übel belohnt zu sehen; sie empfand es jedoch nicht bei ihrem unablässig thätigen Gleichmut. Der Vater dauerte mich am meisten. Um meinetwillen hatte er einen streng geschlossenen Haushalt mit Anstand erweitert und genoß besonders bei Tisch, wo die Gegenwart von Fremden auch einheimische Freunde und immer wieder sonstige Durchreisende heranzog, sehr gern eines muntern, ja paradoxen Gespräches, da ich ihm denn durch allerlei dialektisches Klopffechten großes Behagen und ein freundliches Lächeln bereitete: denn ich hatte die gottlose Art, alles zu bestreiten, aber nur insofern hartnäckig, daß derjenige, der Recht behielt, auf alle Fälle lächerlich wurde. Hieran war nun in den letzten Wochen gar nicht zu denken; denn die glücklichsten heitersten Ereignisse, veranlaßt durch wohlgelungene Nebenkuren des durch die Hauptkur so unglücklichen Freundes, konnten nicht greifen, viel weniger der traurigen Stimmung eine andere Wendung geben.

Denn so machte uns im einzelnen ein alter blinder Betteljude aus dem Isenburgischen zu lachen, der, in dem höchsten Elend nach Frankfurt geführt, kaum ein Obdach, kaum eine kümmerliche Nahrung und Wartung finden konnte, dem aber die zähe orientalische Natur so gut nachhalf, daß er vollkommen und ohne die mindeste Beschwerde sich mit Entzücken geheilt sah. Als man ihn fragte, ob die Operation geschmerzt habe, so sagte er nach der hyperbolischen Weise: „Wenn ich eine Million Augen hätte, so wollte ich sie jedesmal für ein halb Kopfstück sämtlich nach und nach operieren lassen." Bei seinem Abwandern betrug er sich in der Fahrgasse eben so exzentrisch; er dankte Gott auf gut alttestamentlich, pries den Herrn und den Wundermann, seinen Gesandten. So schritt er in dieser langen, gewerbreichen Straße langsam der Brücke zu. Verkäufer und Käufer traten aus den Läden heraus, überrascht durch einen so seltenen frommen, leidenschaftlich vor aller Welt ausgesprochenen Enthusiasmus; alle waren angeregt zur Teilnahme, dergestalt, daß er, ohne irgend zu fordern oder zu heischen, mit reichlichen Gaben zur Wegezehrung beglückt wurde.

Eines solchen heitern Vorfalls durfte man in unserm Kreise

aber kaum erwähnen; denn wenn der Aermste in seiner sandigen Heimat über Main, in häuslichem Elend höchst glücklich gedacht werden konnte, so vermißte dagegen ein Wohlhabender, Würdiger diesseits das unschätzbare, zunächst gehoffte Behagen.

Kränkend war daher für unsern guten Jung der Empfang der tausend Gulden, die, auf jeden Fall bedungen, von großmütigen Menschen edel bezahlt wurden. Diese Barschaft sollte bei seiner Rückkehr einen Teil der Schulden auslöschen, die auf traurigen, ja unseligen Zuständen lasteten.

Und so schied er trostlos von uns: denn er sah zurückkehrend den Empfang einer sorglichen Frau, das veränderte Begegnen von wohldenkenden Schwiegereltern, die sich, als Bürgen für so manche Schulden des allzu zuversichtlichen Mannes, in der Wahl eines Lebensgefährten für ihre Tochter vergriffen zu haben glauben konnten. Hohn und Spott der ohnehin im Glücke schon Mißwollenden konnte er in diesem und jenem Hause, aus diesem und jenem Fenster schon voraussehen; eine durch seine Abwesenheit schon verkümmerte, durch diesen Unfall in ihren Wurzeln bedrohte Praxis mußte ihn äußerst ängstigen.

So entließen wir ihn, von unserer Seite jedoch nicht ganz ohne Hoffnung, denn seine tüchtige Natur, gestützt auf den Glauben an übernatürliche Hilfe, mußte seinen Freunden eine still bescheidene Zuversicht einflößen.

Siebzehntes Buch.

Wenn ich die Geschichte meines Verhältnisses zu Lili wieder aufnehme, so hab' ich mich zu erinnern, daß ich die angenehmsten Stunden teils in Gegenwart ihrer Mutter, teils allein mit ihr zubrachte. Man traute mir aus meinen Schriften Kenntnis des menschlichen Herzens, wie man es damals nannte, zu, und in diesem Sinne waren unsere Gespräche sittlich interessant auf jede Weise.

Wie wollte man sich aber von dem Innern unterhalten, ohne sich gegenseitig aufzuschließen? Es währte daher nicht lange, daß Lili mir in ruhiger Stunde die Geschichte ihrer Jugend erzählte. Sie war im Genuß aller geselligen Vorteile und Weltvergnügungen aufgewachsen. Sie schilderte mir ihre Brüder, ihre Verwandten, so wie die nächsten Zustände; nur ihre Mutter blieb in einem ehrwürdigen Dunkel.

Auch kleiner Schwächen wurde gedacht, und so konnte sie nicht leugnen, daß sie eine gewisse Gabe, anzuziehen, an sich habe bemerken müssen, womit zugleich eine gewisse Eigenschaft,

fahren zu lassen, verbunden sei. Hiedurch gelangten wir im
Hin- und Widerreden auf den bedenklichen Punkt, daß sie diese
Gabe auch an mir geübt habe, jedoch bestraft worden sei, indem
sie auch von mir angezogen worden.

Diese Geständnisse gingen aus einer so reinen kindhaften
Natur hervor, daß sie mich dadurch aufs allerstrengste sich zu
eigen machte.

Ein wechselseitiges Bedürfnis, eine Gewohnheit, sich zu sehen,
trat nun ein; wie hätt' ich aber manchen Tag, manchen Abend
bis in die Nacht hinein entbehren müssen, wenn ich mich nicht
hätte entschließen können, sie in ihren Zirkeln zu sehen! Hieraus
erwuchs mir mannigfaltige Pein.

Mein Verhältnis zu ihr war von Person zu Person, zu
einer schönen, liebenswürdigen, gebildeten Tochter; es glich meinen
früheren Verhältnissen und war noch höherer Art. An die Äußer-
lichkeiten jedoch, an das Mischen und Wiedermischen eines geselligen Zustandes hatte ich nicht gedacht. Ein unbezwingliches
Verlangen war herrschend geworden; ich konnte nicht ohne sie,
sie nicht ohne mich sein; aber in den Umgebungen und bei den
Einwirkungen einzelner Glieder ihres Kreises, was ergaben sich
da oft für Mißtage und Fehlstunden!

Die Geschichte von Lustpartien, die zur Unlust ausliefen;
ein retardierender Bruder, mit dem ich nachfahren sollte, welcher
seine Geschäfte erst mit der größten Gelassenheit, ich weiß nicht
ob mit Schadenfreude, langsamst vollendete und dadurch die
ganze wohldurchdachte Verabredung verdarb; auch sonstiges An-
treffen und Verfehlen, Ungeduld und Entbehrung, alle diese
Peinen, die, in irgend einem Roman umständlicher mitgeteilt,
gewiß teilnehmende Leser finden würden, muß ich hier beseitigen.
Um aber doch diese betrachtende Darstellung einer lebendigen
Anschauung, einem jugendlichen Mitgefühl anzunähern, mögen
einige Lieder, zwar bekannt, aber vielleicht besonders hier ein-
drücklich, eingeschaltet stehen.

>   Herz, mein Herz, was soll das geben?
>   Was bedränget dich so sehr?
>   Welch ein fremdes, neues Leben!
>   Ich erkenne dich nicht mehr.
>   Weg ist alles, was du liebtest,
>   Weg, warum du dich betrübtest,
>   Weg dein Fleiß und deine Ruh —
>   Ach, wie kamst du nur dazu?
>
>   Fesselt dich die Jugendblüte,
>   Diese liebliche Gestalt,
>   Dieser Blick voll Treu' und Güte
>   Mit unendlicher Gewalt?

Will ich rasch mich ihr entziehen,
Mich ermannen, ihr entfliehen,
Führet mich im Augenblick,
Ach, mein Weg zu ihr zurück.

Und an diesem Zauberfädchen,
Das sich nicht zerreißen läßt,
Hält das liebe, lose Mädchen
Mich so wider Willen fest;
Muß in ihrem Zauberkreise
Leben nun auf ihre Weise.
Die Veränd'rung, ach, wie groß!
Liebe, Liebe, laß mich los!

———

Warum ziehst du mich unwiderstehlich,
Ach, in jene Pracht?
War ich guter Junge nicht so selig
In der öden Nacht?

Heimlich in mein Zimmerchen verschlossen,
Lag im Mondenschein
Ganz von seinem Schauerlicht umflossen,
Und ich dämmert' ein;

Träumte da von vollen goldnen Stunden
Ungemischter Lust,
Hatte schon dein liebes Bild empfunden
Tief in meiner Brust.

Bin ich's noch, den du bei so viel Lichtern
An dem Spieltisch hältst?
Oft so unerträglichen Gesichtern
Gegenüber stellst?

Reizender ist mir des Frühlings Blüte
Nun nicht auf der Flur;
Wo du, Engel, bist, ist Lieb' und Güte,
Wo du bist, Natur.

———

Hat man sich diese Lieder aufmerksam vorgelesen, lieber noch mit Gefühl vorgesungen, so wird ein Hauch jener Fülle glücklicher Stunden gewiß vorüber wehen.

Doch wollen wir aus jener größeren, glänzenden Gesellschaft nicht eilig abscheiden, ohne vorher noch einige Bemerkungen hinzuzufügen; besonders den Schluß des zweiten Gedichtes zu erläutern.

Diejenige, die ich nur im einfachen, selten gewechselten Hauskleide zu sehen gewohnt war, trat mir im eleganten Modeputz nun glänzend entgegen, und doch war es ganz dieselbe. Ihre Anmut, ihre Freundlichkeit blieb sich gleich, nur möcht' ich sagen,

Vierter Teil. Siebzehntes Buch.

ihre Anziehungsgabe that sich mehr hervor; es sei nun, weil
sie hier gegen viele Menschen stand, daß sie sich lebhafter zu
äußern, sich von mehreren Seiten, je nachdem ihr dieser oder
jener entgegenkam, zu vermannigfaltigen Ursache fand; genug,
ich konnte mir nicht leugnen, daß diese Fremden mir zwar einer-
seits unbequem fielen, daß ich aber doch um vieles der Freude
nicht entbehrt hätte, ihre geselligen Tugenden kennen zu lernen
und einzusehen, sie sei auch weiteren und allgemeineren Zuständen
gewachsen.

War es doch derselbige nun durch Putz verhüllte Busen, der
sein Inneres mir geöffnet hatte, und in den ich so klar wie in
den meinigen hineinsah; waren es doch dieselben Lippen, die mir
so früh den Zustand schilderten, in dem sie herangewachsen, in dem
sie ihre Jahre verbracht hatte. Jeder wechselseitige Blick, jedes
begleitende Lächeln sprach ein verborgenes edles Verständnis
aus, und ich staunte selbst hier in der Menge über die geheime
unschuldige Verabredung, die sich auf das menschlichste, auf das
natürlichste gefunden hatte.

Doch sollte bei eintretendem Frühling eine anständige ländliche Freiheit dergleichen Verhältnisse enger knüpfen. Offenbach
am Main zeigte schon damals bedeutende Anfänge einer Stadt,
die sich in der Folge zu bilden versprach. Schöne, für die da-
malige Zeit prächtige Gebäude hatten sich schon hervorgethan;
Onkel Bernard, wie ich ihn gleich mit seinem Familientitel
nennen will, bewohnte das größte; weitläuftige Fabrikgebäude
schlossen sich an; d'Orville, ein jüngerer lebhafter Mann von
liebenswürdigen Eigenheiten, wohnte gegenüber. Anstoßende
Gärten, Terrassen, bis an den Main reichend, überall freien
Ausgang nach der holden Umgegend erlaubend, setzten den Eintretenden und Verweilenden in ein stattliches Behagen. Der
Liebende konnte für seine Gefühle keinen erwünschteren Raum
finden.

Ich wohnte bei Johann Andre, und indem ich diesen
Mann, der sich nachher genugsam bekannt gemacht, hier zu nennen
habe, muß ich mir eine kleine Abschweifung erlauben, um von
dem damaligen Opernwesen einigen Begriff zu geben.

In Frankfurt dirigierte zu der Zeit Marchand das
Theater und suchte durch seine eigne Person das Mögliche zu
leisten. Es war ein schöner, groß und wohlgestalteter Mann in
den besten Jahren; das Behagliche, Weichliche erschien bei ihm
vorwaltend; seine Gegenwart auf dem Theater war daher angenehm genug. Er mochte so viel Stimme haben, als man
damals zu Ausführung musikalischer Werke wohl allenfalls bedurfte; deshalb er denn die kleineren und größeren französischen
Opern herüber zu bequemen bemüht war.

Der Vater in der Gretryschen Oper: die Schöne bei dem Ungeheuer, gelang ihm besonders wohl, wo er sich in der hinter dem Flor veranstalteten Vision gar ausdrücklich zu gebärden mußte.

Diese in ihrer Art wohlgelungene Oper näherte sich jedoch dem edlen Stil und war geeignet, die zartesten Gefühle zu erregen. Dagegen hatte sich ein realistischer Dämon des Operntheaters bemächtigt; Zustands- und Handwerksopern thaten sich hervor. Die Jäger, der Faßbinder, und ich weiß nicht was alles, waren vorausgegangen: André wählte sich den Töpfer. Er hatte sich das Gedicht selbst geschrieben und in den Text, der ihm angehörte, sein ganzes musikalisches Talent verwendet.

Ich war bei ihm einquartiert und will von diesem allzeit fertigen Dichter und Komponisten nur so viel sagen, als hier gefordert wird.

Er war ein Mann von angebornem lebhaftem Talente, eigentlich als Techniker und Fabrikant in Offenbach ansässig; er schwebte zwischen dem Kapellmeister und Dilettanten. In Hoffnung, jenes Verdienst zu erreichen, bemühte er sich ernstlich, in der Musik gründlichen Fuß zu fassen; als letzterer war er geneigt, seine Kompositionen ins Unendliche zu wiederholen.

Unter den Personen, welche damals den Kreis zu füllen und zu beleben sich höchst thätig erwiesen, ist der Pfarrer Ewald zu nennen, der, geistreich heiter in Gesellschaft, die Studien seiner Pflichten, seines Standes im stillen für sich durchzuführen wußte, wie er denn auch in der Folge innerhalb des theologischen Feldes sich ehrenvoll bekannt gemacht; er muß in dem damaligen Kreise als unentbehrlich, auffassend und erwidernd, mitgedacht werden.

Lilis Pianospiel fesselte unsern guten André vollkommen an unsre Gesellschaft; als unterrichtend, meisternd, ausführend, waren wenige Stunden des Tags und der Nacht, wo er nicht in das Familienwesen, in die gesellige Tagesreihe mit eingriff.

Bürgers Lenore, damals ganz frisch bekannt und mit Enthusiasmus von den Deutschen aufgenommen, war von ihm komponiert; er trug sie gern und wiederholt vor.

Auch ich, der viel lebhaft und recitierend vortrug, war sie zu deklamieren bereit; man langweilte sich damals noch nicht an wiederholtem Einerlei. War der Gesellschaft die Wahl gelassen, welchen von uns beiden sie hören wolle, so fiel die Entscheidung oft zu meinen Gunsten.

Dieses alles aber, wie es auch sei, diente den Liebenden nur zur Verlängerung des Zusammenseins; sie wissen kein Ende zu finden, und der gute Johann André war durch wechselsweise Verfügung der beiden gar leicht in ununterbrochene Bewegung zu setzen, um bis nach Mitternacht seine Musik wiederholend zu verlängern. Die beiden Liebenden versicherten sich dadurch einer werten unentbehrlichen Gegenwart.

Trat man am Morgen in aller Frühe aus dem Hause, so fand man sich in der freiesten Luft, aber nicht eigentlich auf dem Lande. Ansehnliche Gebäude, die zu jener Zeit einer Stadt Ehre gemacht hätten; Gärten, parterreartig übersehbar; mit flachen Blumen= und sonstigen Prunkbeeten; freie Uebersicht über den Fluß bis ans jenseitige Ufer; oft schon früh eine thätige Schiffahrt von Flößen und gelenken Marktschiffen und Kähnen; eine sanft hingleitende lebendige Welt, mit liebevollen zarten Empfindungen im Einklang. Selbst das einsame Vorüberwogen und Schilfgeflüster eines leise bewegten Stromes ward höchst erquicklich und verfehlte nicht, einen entschieden beruhigenden Zauber über den Herantretenden zu verbreiten. Ein heiterer Himmel der schönsten Jahreszeit überwölbte das Ganze, und wie angenehm mußte sich eine traute Gesellschaft, von solchen Szenen umgeben, morgendlich wiederfinden!

Sollte jedoch einem ernsten Leser eine solche Lebensweise gar zu lose, zu leichtfertig erscheinen, so möge er bedenken, daß zwischen dasjenige, was hier, des Vortrags halben, wie im Zu= sammenhange geschildert ist, sich Tage und Wochen des Ent= behrens, andere Bestimmungen und Thätigkeiten, sogar uner= trägliche Langeweile widerwärtig einstellten.

Männer und Frauen waren in ihrem Pflichtkreise eifrig beschäftigt. Auch ich versäumte nicht, in Betracht der Gegenwart und Zukunft, das mir Obliegende zu besorgen, und fand noch Zeit genug, dasjenige zu vollbringen, wohin mich Talent und Leidenschaft unwiderstehlich hindrängten.

Die frühesten Morgenstunden war ich der Dichtkunst schuldig; der wachsende Tag gehörte den weltlichen Geschäften, die auf eine ganz eigne Art behandelt wurden. Mein Vater, ein gründ= licher, ja eleganter Jurist, führte seine Geschäfte selbst, die ihm sowohl die Verwaltung seines Vermögens als die Verbindung mit wertgeschätzten Freunden auferlegte; und ob ihm gleich sein Charakter als kaiserlicher Rat zu praktizieren nicht erlaubte, so war er doch manchem Vertrauten als Rechtsfreund zur Hand, indem die ausgefertigten Schriften von einem ordinierten Ad= vokaten unterzeichnet wurden, dem denn jede solche Signatur ein Billiges einbrachte.

Diese seine Thätigkeit war nur lebhafter geworden durch mein Herantreten, und ich konnte gar wohl bemerken, daß er mein Talent höher schätzte als meine Praxis und deswegen alles that, um mir Zeit genug zu meinen poetischen Studien und Arbeiten zu lassen. Gründlich und tüchtig, aber von langsamer

Konzeption und Ausführung, studierte er die Akten als geheimer Referendar, und wenn wir zusammentraten, legte er mir die Sache vor, und die Ausfertigung ward von mir mit solcher Leichtigkeit vollbracht, daß es ihm zur höchsten Vaterfreude gedieh und er auch wohl einmal auszusprechen nicht unterließ: „wenn ich ihm fremd wäre, er würde mich beneiden."

Diese Angelegenheiten noch mehr zu erleichtern, hatte sich ein Schreiber zu uns gesellt, dessen Charakter und Wesen, wohl durchgeführt, leicht einen Roman fördern und schmücken könnte. Nach wohlgenutzten Schuljahren, worin er des Lateins völlig mächtig geworden, auch sonstige gute Kenntnisse erlangt hatte, unterbrach ein allzu leichtfertiges akademisches Leben den übrigen Gang seiner Tage; er schleppte sich eine Weile mit siechem Körper in Dürftigkeit hin und kam erst später in bessere Umstände durch Hilfe einer sehr schönen Handschrift und Rechnungsfertigkeit. Von einigen Advokaten unterhalten, ward er nach und nach mit den Förmlichkeiten des Rechtsganges genau bekannt und erwarb sich alle, denen er diente, durch Rechtlichkeit und Pünktlichkeit zu Gönnern. Auch unserm Hause hatte er sich verpflichtet und war in allen Rechts= und Rechnungssachen bei der Hand.

Dieser hielt nun von seiner Seite unser sich immer mehr ausdehnendes Geschäft, das sich sowohl auf Rechtsangelegenheiten, als auf mancherlei Aufträge, Bestellungen und Speditionen bezog. Auf dem Rathause wußte er alle Wege und Schliche; in den beiden burgemeisterlichen Audienzen war er auf seine Weise gelitten; und da er manchen neuen Ratsherrn, worunter einige gar bald zu Schöffen herangestiegen waren, von seinem ersten Eintritt ins Amt her, in seinem noch unsichern Benehmen wohl kannte, so hatte er sich ein gewisses Vertrauen erworben, das man wohl eine Art von Einfluß nennen konnte. Das alles wußte er zum Nutzen seiner Gönner zu verwenden, und da ihn seine Gesundheit nötigte, seine Thätigkeit mit Maß zu üben, so fand man ihn immer bereit, jeden Auftrag, jede Bestellung sorgfältig auszurichten.

Seine Gegenwart war nicht unangenehm, von Körper schlank und regelmäßiger Gesichtsbildung; sein Betragen nicht zudringlich, aber doch mit einem Ausdruck von Sicherheit seiner Ueberzeugung, was zu thun sei, auch wohl heiter und gewandt bei wegzuräumenden Hindernissen. Er mochte stark in den Vierzigen sein, und es reut mich noch (ich darf das Obengesagte wiederholen), daß ich ihn nicht als Triebrad in den Mechanismus irgend einer Novelle mit eingefügt habe.

In Hoffnung, meine ernsten Leser durch das Vorgetragene einigermaßen befriedigt zu haben, darf ich mich wohl wieder zu denen glänzenden Tagespunkten hinwenden, wo Freundschaft und Liebe sich in ihrem schönsten Lichte zeigten.

Daß Geburtstage sorgfältig, froh und mit mancher Abwechslung gefeiert wurden, liegt in der Natur solcher Verbindungen; dem Geburtstage des Pfarrers Ewald zu Gunsten ward das Lied gedichtet:

> In allen guten Stunden,
> Erhöht von Lieb' und Wein,
> Soll dieses Lied verbunden
> Von uns gesungen sein!
> Uns hält der Gott zusammen,
> Der uns hierher gebracht,
> Erneuert unsre Flammen,
> Er hat sie angefacht.

Da dies Lied sich bis auf den heutigen Tag erhalten hat und nicht leicht eine muntere Gesellschaft beim Gastmahl sich versammelt, ohne daß es freudig wieder aufgefrischt werde, so empfehlen wir es auch unsern Nachkommen und wünschen allen, die es aussprechen und singen, gleiche Lust und Behagen von innen heraus, wie wir damals, ohne irgend einer weitern Welt zu gedenken, uns im beschränkten Kreise zu einer Welt ausgedehnt empfanden.

Nun aber wird man erwarten, daß Lilis Geburtstag, welcher den 23. Juni 1775 sich zum siebenzehntenmal wiederholte, besonders sollte gefeiert werden. Sie hatte versprochen, am Mittag nach Offenbach zu kommen, und ich muß gestehen, daß die Freunde mit glücklicher Uebereinkunft von diesem Feste alle herkömmlichen Verzierungsphrasen abgelehnt und sich nur allein mit Herzlichkeiten, die ihrer würdig wären, zu Empfang und Unterhaltung vorbereitet hatten.

Mit solchen angenehmen Pflichten beschäftigt, sah ich die Sonne untergehen, die einen folgenden heitern Tag verkündigte und unserm Fest ihre frohe glänzende Gegenwart versprach, als Lilis Bruder George, der sich nicht verstellen konnte, ziemlich ungebärdig ins Zimmer trat und ohne Schonung zu erkennen gab, daß unser morgendes Fest gestört sei; er wisse selbst weder wie noch wodurch; aber die Schwester lasse sagen, daß es ihr völlig unmöglich sei, morgen mittag nach Offenbach zu kommen und an dem ihr zugedachten Feste teilzunehmen; erst gegen Abend hoffe sie ihre Ankunft bewirken zu können. Nun fühle und wisse sie recht gut, wie unangenehm es mir und unsern Freunden fallen müsse, bitte mich aber so herzlich dringend, als sie könne, etwas zu erfinden, wodurch das Unangenehme dieser Nachricht, die sie mir überlasse hinauszumelden, gemildert, ja versöhnt werde; sie wolle mir's zum allerbesten danken.

Ich schwieg einen Augenblick, hatte mich auch sogleich gefaßt und wie durch himmlische Eingebung gefunden, was zu thun war. „Eile," rief ich, „George! sag' ihr, sie solle sich ganz beruhigen, möglich machen, daß sie gegen Abend komme; ich verspräche: gerade dieses Unheil solle zum Fest werden!" Der Knabe war neugierig und wünschte zu wissen, wie? Dies wurde ihm standhaft verweigert, ob er gleich alle Künste und Gewalt zu Hilfe rief, die ein Bruder unserer Geliebten auszuüben sich anmaßt.

Kaum war er weg, so ging ich mit sonderbarer Selbstgefälligkeit in meiner Stube auf und ab, und mit dem frohen, freien Gefühl, daß hier Gelegenheit sei, mich als ihren Diener auf eine glänzende Weise zu zeigen, heftete ich mehrere Bogen mit schöner Seide, wie es dem Gelegenheitsgedicht ziemt, zusammen und eilte, den Titel zu schreiben:

„Sie kommt nicht!

„ein jammervolles Familienstück, welches, geklagt sei es Gott, den 23. Juni 1775 in Offenbach am Main auf das allernatürlichste wird aufgeführt werden. Die Handlung dauert vom Morgen bis auf'n Abend."

Da von diesem Scherze weder Konzept noch Abschrift vorhanden, habe ich mich oft darnach erkundigt, aber nie etwas davon wieder erfahren können; ich muß daher es wieder aufs neue zusammendichten, welches im allgemeinen nicht schwer fällt.

Der Schauplatz ist d'Orvilles Haus und Garten in Offenbach; die Handlung eröffnet sich durch die Domestiken, wobei jedes genau seine Rolle spielt und die Anstalten zum Fest vollkommen deutlich werden. Die Kinder mischen sich drein, nach dem Leben gebildet; dann der Herr, die Frau mit eigentümlichen Thätigkeiten und Einwirkungen; dann kommt, indem alles sich in einer gewissen hastigen Geschäftigkeit durcheinander treibt, der unermüdliche Nachbar Komponist Hans André; er setzt sich an den Flügel und ruft alles zusammen, sein eben fertig gewordenes Festlied anzuhören und durchzuprobieren. Das ganze Haus zieht er heran, aber alles macht sich wieder fort, dringenden Geschäften nachzugehen; eins wird vom andern abgerufen, eins bedarf des andern, und die Dazwischenkunft des Gärtners macht aufmerksam auf die Garten- und Wasserszenen; Kränze, Banderolen mit Inschriften zierlichster Art, nichts ist vergessen.

Als man sich nun eben um die erfreulichsten Gegenstände versammelt, tritt ein Bote herein, der, als eine Art von lustigem Hin- und Widerträger, berechtigt war, auch eine Charakterrolle mitzuspielen, und der durch manches allzu gute Trinkgeld wohl ungefähr merken konnte, was für Verhältnisse obwalteten. Er thut sich auf sein Paket etwas zu gute, hofft ein Glas Wein und Semmelbrot und übergibt nun nach einigem schallhaften Weigern die Depesche. Dem Hausherrn sinken die Arme, die Papiere fallen zu Boden, er ruft: „Laßt mich zum Tisch! laßt mich zur Kommode, damit ich nur streichen kann."

Das geistreiche Zusammensein lebelustiger Menschen zeichnet sich vor allem aus durch eine Sprach- und Gebärdensymbolik. Es entsteht eine Art Gaunrridiom, welches, indem es die Eingeweihten höchst glücklich macht, den Fremden unbemerkt bleibt oder, bemerkt, verdrießlich wird.

Es gehörte zu Lilis anmutigsten Eigenheiten eine, die hier durch Wort und Gebärde als Streichen ausgedrückt ist und welche stattfand, wenn etwas Anstößiges gesagt oder gesprochen wurde, besonders indem man bei Tische saß oder in der Nähe von einer Fläche sich befand.

Es hatte dieses seinen Ursprung von einer unendlich lieblichen Unart, die sie einmal begangen, als ein Fremder, bei Tafel neben ihr sitzend, etwas Unziemliches vorbrachte. Ohne das holde Gesicht zu verändern, strich sie mit ihrer rechten Hand gar lieblich über das Tischtuch weg und schob alles, was sie mit dieser sanften Bewegung erreichte, gelassen auf den Boden. Ich weiß nicht was alles, Messer, Gabel, Brot, Salzfaß, auch etwas zum Gebrauch ihres Nachbars gehörig; es war jedermann erschreckt: die Bedienten liefen zu, niemand wußte, was das heißen sollte, als die Umsichtigen, die sich erfreuten, daß sie eine Unschicklichkeit auf eine so zierliche Weise erwidert und ausgelöscht.

Hier war nun also ein Symbol gefunden für das Ablehnen eines Widerwärtigen, was doch manchmal in tüchtiger, braver, schätzenswerter, wohlgesinnter, aber nicht durch und durch gebildeter Gesellschaft vorzukommen pflegt. Die Bewegung mit der rechten Hand als ablehnend erlaubten wir uns alle; das wirkliche Streichen der Gegenstände hatte sie selbst in der Folge sich nur mäßig und mit Geschmack erlaubt.

Wenn der Dichter nun also dem Hausherrn diese Begierde zu streichen, eine uns zur Natur gewordene Gewohnheit, als Mimik aufgibt, so sieht man das Bedeutende, das Effektvolle; denn indem er alles von allen Flächen herunter zu streichen droht, so hält ihn alles ab; man sucht ihn zu beruhigen, bis er sich endlich ganz ermattet in den Sessel wirft.

„Was ist begegnet?" ruft man aus. „Ist sie krank? Ist jemand gestorben?" Lest! Lest! ruft d'Orville, dort liegt's auf der Erde. Die Depesche wird aufgehoben, man liest, man ruft: Sie kommt nicht!

Der große Schreck hatte auf einen größern vorbereitet; —

aber sie war doch wohl! — es war ihr nichts begegnet! Niemand von der Familie hatte Schaden genommen; Hoffnung blieb auf den Abend.

André, der indessen immerfort musiziert hatte, kam doch endlich auch herbeigelaufen, tröstete und suchte sich zu trösten. Pfarrer Ewald und seine Gattin traten gleichfalls charakteristisch ein, mit Verdruß und Verstand, mit unwilligem Entbehren und gemäßigtem Zurechtlegen. Alles ging aber noch bunt durcheinander, bis der musterhaft ruhige Onkel Bernard endlich herankommt, ein gutes Frühstück, ein löblich Mittagsfest erwartend, und der einzige ist, der die Sache aus dem rechten Gesichtspunkte ansieht, beschwichtigende, vernünftige Reden äußert und alles ins Gleiche bringt, völlig wie in der griechischen Tragödie ein Gott die Verworrenheiten der größten Helden mit wenigen Worten aufzulösen weiß.

Dies alles ward während eines Teiles der Nacht mit laufender Feder niedergeschrieben und einem Boten übergeben, der am nächsten Morgen Punkt zehn Uhr mit der Depesche in Offenbach einzutreffen unterrichtet war.

Den hellsten Morgen erblickend, wacht' ich auf, mit Vorsatz und Einrichtung, genau mittags gleichfalls in Offenbach anzulangen.

Ich ward empfangen mit dem wunderlichsten Charivari von Entgegnungen; das gestörte Fest verlautete kaum; sie schalten und schimpften, daß ich sie so gut getroffen hätte. Die Dienerschaft war zufrieden, mit der Herrschaft auf gleichem Theater aufgetreten zu sein; nur die Kinder, als die entschiedensten unbestechbarsten Realisten, versicherten hartnäckig: so hätten sie nicht gesprochen, und es sei überhaupt alles ganz anders gewesen, als wie es hier geschrieben stünde. Ich beschwichtigte sie mit einigen Vorgaben des Nachtisches, und sie hatten mich wie immer lieb. Ein fröhliches Mittagsmahl, eine Mäßigung aller Feierlichkeiten gab uns die Stimmung, Lili ohne Prunk, aber vielleicht um desto lieblicher zu empfangen. Sie kam und ward von heitern, ja lustigen Gesichtern bewillkommt, beinah betroffen, daß ihr Außenbleiben so viel Heiterkeit erlaube. Man erzählte ihr alles, man trug ihr alles vor, und sie, nach ihrer lieben und süßen Art, dankte mir, wie sie allein nur konnte.

Es bedurfte keines sonderlichen Scharfsinns, um zu bemerken, daß ihr Ausbleiben von dem ihr gewidmeten Feste nicht zufällig, sondern durch Hin- und Herreden über unser Verhältnis verursacht war. Indessen hatte dies weder auf unsre Gesinnungen, noch auf unser Betragen den mindesten Einfluß.

Ein vielfacher geselliger Zudrang aus der Stadt konnte in dieser Jahreszeit nicht fehlen. Oft kam ich nur spät des Abends

Vierter Teil. Siebzehntes Buch.

zur Gesellschaft und fand sie dem Scheine nach teilnehmend, und da ich nur oft auf wenige Stunden erschien, so mocht' ich ihr gern in irgend etwas nützlich sein, indem ich ihr Größeres oder Kleineres besorgt hatte oder irgend einen Auftrag zu übernehmen kam. Und es ist wohl diese Dienstschaft das Erfreulichste, was einem Menschen begegnen kann; wie uns die alten Ritterromane dergleichen zwar auf eine dunkle, aber kräftige Weise zu überliefern verstehen. Daß sie mich beherrsche, war nicht zu verbergen, und sie durfte sich dieses Stolz gar wohl erlauben; hier triumphieren Ueberwinder und Ueberwundene, und beide behagen sich in gleichem Stolze.

Dies mein wiederholtes, oft nur kurzes Einwirken war aber immer desto kräftiger. Johann André hatte immer Musikvorrat; auch ich brachte fremdes und eignes Neue; poetische und musikalische Blüten regneten herab. Es war eine durchaus glänzende Zeit; eine gewisse Exaltation waltete in der Gesellschaft, man traf niemals auf nüchterne Momente. Ganz ohne Frage teilte sich dies den übrigen aus unserm Verhältnisse mit. Denn wo Neigung und Leidenschaft in ihrer eignen kühnen Natur hervortreten, geben sie verschüchterten Gemütern Mut, die nunmehr nicht begreifen, warum sie ihre gleichen Rechte verheimlichen sollten. Daher gewahrte man mehr oder weniger versteckte Verhältnisse, die sich nunmehr ohne Scheu durchschlangen; andere, die sich nicht gut bekennen ließen, schlichen doch behaglich unter der Decke mit durch.

Konnt' ich denn auch wegen vermannigfaltigter Geschäfte die Tage dort draußen bei ihr nicht zubringen, so gaben die heiteren Abende Gelegenheit zu verlängertem Zusammensein im Freien. Liebende Seelen werden nachstehendes Ereignis mit Wohlgefallen aufnehmen.

Es war ein Zustand, von welchem geschrieben steht: „ich schlafe, aber mein Herz wacht;" die hellen wie die dunkeln Stunden waren einander gleich; das Licht des Tages konnte das Licht der Liebe nicht überscheinen, und die Nacht wurde durch den Glanz der Neigung zum hellsten Tage.

Wir waren beim klarsten Sternhimmel bis spät in der freien Gegend umherspaziert; und nachdem ich sie und die Gesellschaft von Thüre zu Thüre nach Hause begleitet und von ihr zuletzt Abschied genommen hatte, fühlte ich mir so wenig Schlaf, daß ich eine frische Spazierwanderung anzutreten nicht säumte. Ich ging die Landstraße nach Frankfurt zu, mich meinen Gedanken und Hoffnungen zu überlassen; ich setzte mich auf eine Bank, in der reinsten Nachtstille, unter dem blendenden Sternhimmel mir selbst und ihr anzugehören.

Bemerkenswert schien mir ein schwer zu erklärender Ton,

ganz nahe bei mir; es war kein Rascheln, kein Rauschen, und bei näherer Aufmerksamkeit entdeckte ich, daß es unter der Erde und das Arbeiten von kleinem Getier sei. Es mochten Igel oder Wieseln sein, oder was in solcher Stunde dergleichen Geschäft vornimmt.

Ich war darauf weiter nach der Stadt zu gegangen und an den Röderberg gelangt, wo ich die Stufen, welche nach den Weingärten hinaufführen, an ihrem kalkweißen Scheine erkannte. Ich stieg hinauf, setzte mich nieder und schlief ein.

Als ich wieder aufwachte, hatte die Dämmerung sich schon verbreitet; ich sah mich gegen dem hohen Wall über, welcher in frühern Zeiten als Schutzwehr wider die hüben stehenden Berge aufgerichtet war. Sachsenhausen lag vor mir, leichte Nebel deuteten den Weg des Flusses an; es war frisch, mir willkommen.

Da verharrt' ich, bis die Sonne nach und nach hinter mir aufgehend das Gegenüber erleuchtete. Es war die Gegend, wo ich die Geliebte wiedersehen sollte, und ich kehrte langsam in das Paradies zurück, das sie, die noch Schlafende, umgab.

Je mehr aber, um des wachsenden Geschäftskreises willen, den ich aus Liebe zu ihr zu erweitern und zu beherrschen trachtete, meine Besuche in Offenbach sparsamer werden und dadurch eine gewisse peinliche Verlegenheit hervorbringen mußten, so ließ sich wohl bemerken, daß man eigentlich um der Zukunft willen das Gegenwärtige hintansetze und verliere.

Wie nun meine Aussichten sich nach und nach verbesserten, hielt ich sie für bedeutender, als sie wirklich waren, und dachte um so mehr auf eine baldige Entscheidung, als ein so öffentliches Verhältnis nicht länger ohne Mißbehagen fortzuführen war. Und wie es in solchen Fällen zu gehen pflegt, sprachen wir es nicht ausdrücklich gegen einander aus; aber das Gefühl eines wechselseitigen unbedingten Behagens, die volle Ueberzeugung, eine Trennung sei unmöglich, das in einander gleichmäßig gesetzte Vertrauen, — das alles brachte einen solchen Ernst hervor, daß ich, der ich mir fest vorgenommen hatte, kein schleppendes Verhältnis wieder anzuknüpfen, und mich doch in dieses, ohne Sicherheit eines günstigen Erfolges, wieder verschlungen fand, wirklich von einem Stumpfsinn befangen war, von dem ich mich zu retten, mich immer mehr in gleichgültige weltliche Geschäfte verwickelte, aus denen ich auch nur wieder Vorteil und Zufriedenheit an der Hand der Geliebten zu gewinnen hoffen durfte.

In diesem wunderlichen Zustande, dergleichen doch auch mancher peinlich empfunden haben mag, kam uns eine Hausfreundin zu Hilfe, welche die sämtlichen Bezüge der Personen und Zustände sehr wohl durchsah. Man nannte sie Demoiselle Delf;

sie stand mit ihrer ältern Schwester einem kleinen Handelshaus in Heidelberg vor und war der größern Frankfurter Wechselhandlung bei verschiedenen Vorfällen vielen Dank schuldig geworden. Sie kannte und liebte Lili von Jugend auf; es war eine eigne Person, ernsten männlichen Ansehens und gleichen, derben, hastigen Schrittes vor sich hin. Sie hatte sich in die Welt besonders zu fügen Ursache gehabt und kannte sie daher wenigstens in gewissem Sinne. Man konnte sie nicht intrigant nennen; sie pflegte den Verhältnissen lange zuzusehen und ihre Absichten stille mit sich fortzutragen; dann aber hatte sie die Gabe, die Gelegenheit zu ersehen, und wenn sie die Gesinnungen der Personen zwischen Zweifel und Entschluß schwanken sah, wenn alles auf Entschiedenheit ankam, so wußte sie eine solche Kraft der Charaktertüchtigkeit einzusetzen, daß es ihr nicht leicht mißlang, ihr Vorhaben auszuführen. Eigentlich hatte sie keine egoistischen Zwecke; etwas gethan, etwas vollbracht, besonders eine Heirat gestiftet zu haben, war ihr schon Belohnung. Unsern Zustand hatte sie längst durchblickt, bei wiederholtem Hiersein durchforscht, so daß sie sich endlich überzeugte: diese Neigung sei zu begünstigen, diese Vorsätze, redlich, aber nicht genugsam verfolgt und angegriffen, müßten unterstützt und dieser kleine Roman fördersamst abgeschlossen werden.

Seit vielen Jahren hatte sie das Vertrauen von Lilis Mutter. In meinem Hause durch mich eingeführt, hatte sie sich den Eltern angenehm zu machen gewußt; denn gerade dieses barsche Wesen ist in einer Reichsstadt nicht widerwärtig und, mit Verstand im Hintergrunde, sogar willkommen. Sie kannte sehr wohl unsre Wünsche, unsre Hoffnungen; ihre Lust zu wirken sah darin einen Auftrag; kurz, sie unterhandelte mit den Eltern. Wie sie es begonnen, wie sie die Schwierigkeiten, die sich ihr entgegenstellen mochten, beseitigt, genug, sie tritt eines Abends zu uns und bringt die Einwilligung. „Gebt euch die Hände!" rief sie mit ihrem pathetisch gebieterischen Wesen. Ich stand gegen Lili über und reichte meine Hand dar; sie legte die ihre, zwar nicht zaudernd, aber doch langsam hinein. Nach einem tiefen Atemholen fielen wir einander lebhaft bewegt in die Arme.

Es war ein seltsamer Beschluß des hohen über uns Waltenden, daß ich in dem Verlaufe meines wundersamen Lebensganges doch auch erfahren sollte, wie es einem Bräutigam zu Mute sei.

Ich darf wohl sagen, daß es für einen gesitteten Mann die angenehmste aller Erinnerungen sei. Es ist erfreulich, sich jene Gefühle zu wiederholen, die sich schwer aussprechen und kaum erklären lassen. Der vorhergehende Zustand ist durchaus verändert; die schroffsten Gegensätze sind gehoben, der hartnäckigste

Zwiespalt geschlichtet, die vordringliche Natur, die ewig warnende Vernunft, die tyrannisierenden Triebe, das verständige Gesetz, welche sonst in immerwährendem Zwist uns bestritten, alle diese treten nunmehr in freundlicher Einigkeit heran, und bei allgemein gefeiertem frommen Feste wird das Verbotene gefordert und das Verpönte zur unerläßlichen Pflicht erhoben.

Mit sittlichem Beifall aber wird man vernehmen, daß von dem Augenblick an eine gewisse Sinnesveränderung in mir vorging. War die Geliebte mir bisher schön, anmutig, anziehend vorgekommen, so erschien sie mir nun als würdig und bedeutend. Sie war eine doppelte Person; ihre Anmut und Liebenswürdigkeit gehörten mein, das fühlt' ich wie sonst; aber der Wert ihres Charakters, die Sicherheit in sich selbst, ihre Zuverlässigkeit in allem, das blieb ihr eigen. Ich schaute es, ich durchblickte es und freute mich dessen als eines Kapitals, von dem ich zeitlebens die Zinsen mitzugenießen hätte.

Es ist schon längst mit Grund und Bedeutung ausgesprochen: auf dem Gipfel der Zustände hält man sich nicht lange. Die ganz eigentlich durch Demoiselle Delf eroberte Zustimmung beiderseitiger Eltern ward nunmehr als obwaltend anerkannt, stillschweigend und ohne weitere Förmlichkeit. Denn sobald etwas Ideelles, wie man ein solches Verlöbnis wirklich nennen kann, in die Wirklichkeit eintritt, so entsteht, wenn man völlig abgeschlossen zu haben glaubt, eine Krise. Die Außenwelt ist durchaus unbarmherzig, und sie hat recht, denn sie muß sich ein für allemal selbst behaupten; die Zuversicht der Leidenschaft ist groß, aber wir sehen sie doch gar oft an dem ihr entgegenstehenden Wirklichen scheitern. Junge Gatten, die, besonders in der spätern Zeit, mit nicht genugsamen Gütern versehen, in diese Zustände sich einlassen, mögen ja sich keine Honigmonde versprechen; unmittelbar droht ihnen eine Welt mit unverträglichen Forderungen, welche, nicht befriedigt, ein junges Ehepaar absurd erscheinen lassen.

Die Unzulänglichkeit der Mittel, die ich zur Erreichung meines Zwecks mit Ernst ergriffen hatte, konnte ich früher nicht gewahr werden, weil sie bis auf einen gewissen Punkt zugereicht hätten; nun der Zweck näher heranrückte, wollte es hüben und drüben nicht vollkommen passen.

Der Trugschluß, den die Leidenschaft so bequem findet, trat nun in seiner völligen Inkongruenz nach und nach hervor. Mit einiger Nüchternheit mußte mein Haus, meine häusliche Lage in ihrem ganz Besondern betrachtet werden. Das Bewußtsein, das Ganze sei auf eine Schwiegertochter eingerichtet, lag freilich zu Grunde; aber auf ein Frauenzimmer welcher Art war dabei gerechnet?

Wir haben die Mäßige, Liebe, Verständige, Schöne, Tüchtige, sich immer Gleiche, Neigungsvolle und Leidenschaftlose zu Ende des dritten Teils kennen lernen; sie war der passende Schlußstein zu einem schon aufgemauerten zugerundeten Gewölbe; aber hier hatte man bei ruhiger unbefangener Betrachtung sich nicht leugnen können, daß, um diese neue Geworbene in solche Funktion gleichfalls einzusetzen, man ein neues Gewölbe hätte zurichten müssen.

Indessen war mir dies noch nicht deutlich geworden und ihr eben so wenig. Betrachtete ich nun aber mich in meinem Hause und gedacht' ich sie hereinzuführen, so schien sie mir nicht zu passen, wie ich ja schon in ihren Zirkeln zu erscheinen, um gegen die Tags- und Modemenschen nicht abzustechen, meine Kleidung von Zeit zu Zeit verändern, ja wieder verändern mußte. Das konnte aber doch mit einer häuslichen Einrichtung nicht geschehen, wo in einem neugebauten, stattlichen Bürgerhause ein nunmehr veralteter Prunk gleichsam rückwärts die Einrichtung geleitet hatte.

So hatte sich auch, selbst nach dieser gewonnenen Einwilligung, kein Verhältnis der Eltern unter einander bilden und einleiten können, kein Familienzusammenhang. Andere Religionsgebräuche, andere Sitten! und wollte die Liebenswürdige einigermaßen ihre Lebensweise fortsetzen, so fand sie in dem anständig geräumigen Hause keine Gelegenheit, keinen Raum.

Hatte ich bisher von allem diesem abgesehen, so waren mir zur Beruhigung und Stärkung von außen her schöne Aussichten eröffnet, zu irgend einer gedeihlichen Anstellung zu gelangen. Ein rühriger Geist faßt überall Fuß; Fähigkeiten, Talente erregen Vertrauen; jedermann denkt, es komme ja nur auf eine veränderte Richtung an. Zudringliche Jugend findet Gunst; dem Genie traut man alles zu, da es doch nur ein Gewisses vermag.

Das deutsche geistig-litterarische Terrain war damals ganz eigentlich als ein Neubruch anzusehen. Es fanden sich unter den Geschäftsleuten kluge Menschen, die für den neu aufzuwühlenden Boden tüchtige Anbauer und kluge Haushälter wünschten. Selbst die angesehene wohlgegründete Freimaurerloge, mit deren vornehmsten Gliedern ich eben durch mein Verhältnis zu Lili bekannt geworden war, mußte auf schickliche Weise meine Annäherung einzuleiten; ich aber, aus einem Unabhängigkeitsgefühl, welches mir später als Verrücktheit erschien, lehnte jede nähere Verknüpfung ab, nicht gewahrend, daß diese Männer, wenn schon in höherem Sinne verbunden, mir doch bei meinen, den ihrigen so nah verwandten Zwecken hätten förderlich sein müssen.

Ich gehe zu dem Besondersten zurück.

In solchen Städten wie Frankfurt gibt es kollektive Stellen: Residentschaften, Agentschaften, die sich durch Thätigkeit grenzenlos erweitern lassen. Dergleichen bot sich auch mir dar, beim ersten Anblick vorteilhaft und ehrenvoll zugleich. Man setzte voraus, daß ich für sie passe; es wäre auch gegangen unter der Bedingung jener geschilderten Kanzleidreiheit. Man verschweigt sich die Zweifel, man teilt sich das Günstige mit, man überwindet jedes Schwanken durch gewaltsame Thätigkeit; es kommt dadurch etwas Unwahres in den Zustand, ohne daß die Leidenschaft deshalb gemildert werde.

In Friedenszeiten ist für die Menge wohl kein erfreulicheres Lesen als die öffentlichen Blätter, welche uns von den neuesten Weltereignissen eilige Nachricht geben. Der ruhige, wohlbehaltene Bürger übt daran auf eine unschuldige Weise den Parteigeist, den wir in unserer Beschränktheit weder loswerden können noch sollen. Jeder behagliche Mensch erschafft sich alsdann, wie bei einer Wette, ein willkürliches Interesse, unwesentlichen Gewinn und Verlust und nimmt, wie im Theater, einen sehr lebhaften, jedoch nur imaginären Teil an fremdem Glück und Unglück. Diese Teilnahme erscheint oft willkürlich, jedoch beruht sie auf sittlichen Gründen. Denn bald geben wir löblichen Absichten einen verdienten Beifall; bald aber, von glänzendem Erfolg hingerissen, wenden wir uns zu demjenigen, dessen Vorsätze wir würden getadelt haben. Zu allem diesem verschaffte uns jene Zeit reichlichen Stoff.

Friedrich der Zweite, auf seiner Kraft ruhend, schien noch immer das Schicksal Europens und der Welt abzuwiegen; Katharina, eine große Frau, die sich selbst des Thrones würdig gehalten, gab tüchtigen hochbegünstigten Männern einen großen Spielraum, der Herrscherin Macht immer weiter auszubreiten; und da dies über die Türken geschah, denen wir die Verachtung, mit welcher sie auf uns herniederblicken, reichlich zu vergelten gewohnt sind, so schien es, als wenn keine Menschen aufgeopfert würden, indem diese Unchristen zu Tausenden fielen. Die brennende Flotte in dem Hafen von Tschesme verursachte ein allgemeines Freudenfest über die gebildete Welt, und jedermann nahm teil an dem siegerischen Uebermut, als man, um ein wahrhaftes Bild jener großen Begebenheit übrig zu behalten, zum Behuf eines künstlerischen Studiums auf der Reede von Livorno sogar ein Kriegsschiff in die Luft sprengte. Nicht lange darauf ergreift ein junger nordischer König, gleichfalls aus eigner Gewalt, die Zügel des Regiments. Die Aristokraten, die er unter=

drückt, werden nicht bedauert, denn die Aristokratie überhaupt hatte keine Gunst bei dem Publikum, weil sie ihrer Natur nach im stillen wirkt und um desto sicherer ist, je weniger sie von sich reden macht; und in diesem Falle dachte man von dem jungen König um desto besser, weil er, um dem obersten Stande das Gleichgewicht zu halten, die unteren begünstigen und an sich knüpfen mußte.

Noch lebhafter aber war die Welt interessiert, als ein ganzes Volk sich zu befreien Miene machte. Schon früher hatte man demselben Schauspiel im kleinen gern zugesehen; Korsika war lange der Punkt gewesen, auf den sich aller Augen richteten; Paoli, als er, sein patriotisches Vorhaben nicht weiter durchzusetzen im stande, durch Deutschland nach England ging, zog aller Herzen an sich; es war ein schöner, schlanker, blonder Mann voll Anmut und Freundlichkeit; ich sah ihn in dem Bethmannschen Hause, wo er kurze Zeit verweilte und den Neugierigen, die sich zu ihm drängten, mit heiterer Gefälligkeit begegnete. Nun aber sollten sich in dem entfernteren Weltteil ähnliche Auftritte wiederholen; man wünschte den Amerikanern alles Glück, und die Namen Franklin und Washington fingen an, am politischen und kriegerischen Himmel zu glänzen und zu funkeln. Manches zur Erleichterung der Menschheit war geschehen, und als nun gar ein neuer wohlwollender König von Frankreich die besten Absichten zeigte, sich selbst zu Beseitigung so mancher Mißbräuche und zu den edelsten Zwecken zu beschränken, eine regelmäßig auslangende Staatswirtschaft einzuführen, sich aller willkürlichen Gewalt zu begeben und durch Ordnung wie durch Recht allein zu herrschen, so verbreitete sich die heiterste Hoffnung über die ganze Welt, und die zutrauliche Jugend glaubte sich und ihrem ganzen Zeitgeschlechte eine schöne, ja herrliche Zukunft versprechen zu dürfen.

An allen diesen Ereignissen nahm ich jedoch nur insofern teil, als sie die größere Gesellschaft interessierten; ich selbst und mein engerer Kreis besaßten uns nicht mit Zeitungen und Neuigkeiten; uns war darum zu thun, den Menschen kennen zu lernen; die Menschen überhaupt ließen wir gern gewähren.

Der beruhigte Zustand des deutschen Vaterlandes, in welchem sich auch meine Vaterstadt schon über hundert Jahre eingefügt sah, hatte sich trotz manchen Kriegen und Erschütterungen in seiner Gestalt vollkommen erhalten. Einem gewissen Behagen günstig war, daß von dem Höchsten bis zu dem Tiefsten, von dem Kaiser bis zu dem Juden herunter, die mannigfaltigste Abstufung alle Persönlichkeiten, anstatt sie zu trennen, zu verbinden schien. Wenn dem Kaiser sich Könige subordinierten, so gab diesen ihr Wahlrecht und die dabei erworbenen und behaupteten

Gerechtsame ein entschiedenes Gleichgewicht. Nun aber war der hohe Adel in die erste königliche Reihe verschränkt, so daß er, seiner bedeutenden Vorrechte gedenkend, sich ebenbürtig mit dem Höchsten achten konnte, ja im gewissen Sinne noch höher, indem ja die geistlichen Kurfürsten allen andern vorangingen und als Sprößlinge der Hierarchie einen unangefochtenen ehrwürdigen Raum behaupteten.

Gedenke man nun der außerordentlichen Vorteile, welche diese altgegründeten Familien zugleich und außerdem in Stiftern, Ritterorden, Ministerien, Vereinigungen und Verbrüderungen genossen haben, so wird man leicht denken können, daß diese große Masse von bedeutenden Menschen, welche sich zugleich als subordiniert und als koordiniert fühlten, in höchster Zufriedenheit und geregelter Weltthätigkeit ihre Tage zubrachten und ein gleiches Behagen ihren Nachkommen ohne besondere Mühe vorbereiteten und überließen. Auch fehlte es dieser Klasse nicht an geistiger Kultur; denn schon seit hundert Jahren hatte sich erst die hohe Militär- und Geschäftsbildung bedeutend hervorgethan und sich des ganzen vornehmen, sowie des diplomatischen Kreises bemächtigt, zugleich aber auch durch Litteratur und Philosophie die Geister zu gewinnen und auf einen hohen, der Gegenwart nicht allzu günstigen Standpunkt zu versetzen gewußt.

In Deutschland war es noch kaum jemand eingefallen, jene ungeheure privilegierte Masse zu beneiden, oder ihr die glücklichen Weltvorzüge zu mißgönnen. Der Mittelstand hatte sich ungestört dem Handel und den Wissenschaften gewidmet und hatte freilich dadurch, sowie durch die nahverwandte Technik sich zu einem bedeutenden Gegengewicht erhoben; ganz oder halb freie Städte begünstigten diese Thätigkeit, so wie die Menschen darin ein gewisses ruhiges Behagen empfanden. Wer seinen Reichtum vermehrt, seine geistige Thätigkeit besonders im juristischen und Staatsfache gesteigert sah, der konnte sich überall eines bedeutenden Einflusses erfreuen. Setzte man doch bei den höchsten Reichsgerichten und auch wohl sonst der adligen Bank eine Gelehrtenbank gegenüber; die freiere Uebersicht der einen mochte sich mit der tiefern Einsicht der andern gerne befreunden, und man hatte im Leben durchaus keine Spur von Rivalität; der Adel war sicher in seinen unerreichbaren, durch die Zeit geheiligten Vorrechten, und der Bürger hielt es unter seiner Würde, durch eine seinem Namen vorgesetzte Partikel nach dem Schein derselben zu streben. Der Handelsmann, der Techniker hatte genug zu thun, um mit den schneller vorschreitenden Nationen einigermaßen zu wetteifern. Wenn man die gewöhnlichen Schwankungen des Tages nicht beachten will, so durfte man wohl sagen, es war im ganzen eine Zeit eines reinen Bestrebens, wie sie früher nicht erschienen, noch auch in der Folge wegen äußerer und innerer Steigerungen sich lange erhalten konnte.

In dieser Zeit war meine Stellung gegen die obern Stände sehr günstig. Wenn auch im Werther die Unannehmlichkeiten an der Grenze zweier bestimmter Verhältnisse mit Ungeduld ausgesprochen sind, so ließ man das in Betracht der übrigen Leidenschaftlichkeiten des Buches gelten, indem jedermann wohl fühlte, daß es hier auf keine unmittelbare Wirkung abgesehen sei.

Durch Götz von Berlichingen aber war ich gegen die obern Stände sehr gut gestellt; was auch an Schicklichkeiten bisheriger Litteratur mochte verletzt sein, so war doch auf eine kenntnisreiche und tüchtige Weise das altdeutsche Verhältnis, den unverletzbaren Kaiser an der Spitze, mit manchen andern Stufen und ein Ritter dargestellt, der im allgemein gesetzlosen Zustande als einzelner Privatmann, wo nicht gesetzlich, doch rechtlich zu handeln dachte und dadurch in sehr schlimme Lagen gerät. Dieser Komplex aber war nicht aus der Luft gegriffen, sondern durchaus heiter lebendig und deshalb auch wohl hie und da ein wenig modern, aber doch immer in dem Sinne vorgeführt, wie der wackere tüchtige Mann sich selbst, und also wohl zu leidlichen Gunsten, in eigner Erzählung dargestellt hatte.

Die Familie blühte noch; ihr Verhältnis zu der fränkischen Ritterschaft war in ihrer Integrität geblieben, wenn gleich diese Beziehungen, wie manches andere jener Zeit, bleicher und unwirksamer mochten geworden sein.

Nun erhielt auf einmal das Flüßlein Jagst, die Burg Jagsthausen eine poetische Bedeutung; sie wurden besucht, so wie das Rathaus zu Heilbronn.

Man wußte, daß ich noch andere Punkte jener Zeitgeschichte mir in den Sinn genommen hatte, und manche Familie, die sich aus jener Zeit noch tüchtig herschrieb, hatte die Aussicht, ihren Aeltervater gleichsam ans Tageslicht hervorgezogen zu sehen.

Es entsteht ein eignes allgemeines Behagen, wenn man einer Nation ihre Geschichte auf eine geistreiche Weise wieder zur Erinnerung bringt; sie erfreut sich der Tugenden ihrer Vorfahren und belächelt die Mängel derselben, welche sie längst überwunden zu haben glaubt. Teilnahme und Beifall kann daher einer solchen Darstellung nicht fehlen, und ich hatte mich in diesem Sinne einer vielfachen Wirkung zu erfreuen.

Merkwürdig möchte es jedoch sein, daß unter den zahlreichen Annäherungen und in der Menge der jungen Leute, die sich an mich anschlossen, sich kein Edelmann befand; aber dagegen waren manche, die, schon in die Dreißig gelangt, mich aufsuchten, besuchten und in deren Wollen und Bestreben eine freudige Hoff=

nung sich durchzog, sich in vaterländischem und allgemein menschlicherem Sinne ernstlich auszubilden.

Zu dieser Zeit war denn überhaupt die Richtung nach der Epoche zwischen dem funfzehnten und sechzehnten Jahrhundert eröffnet und lebendig. Die Werke Ulrichs von Hutten kamen mir in die Hände, und es schien wundersam genug, daß in unsern neuern Tagen sich das Aehnliche, was dort hervorgetreten, hier gleichfalls wieder zu manifestieren schien.

Folgender Brief Ulrichs von Hutten an Billibald Pirkheimer dürfte demnach hier eine schickliche Stelle finden.

„Was uns das Glück gegeben, nimmt es meist wieder weg, und das nicht allein; auch alles andere, was sich an den Menschen von außen anschließt, sehen wir dem Zufall unterworfen. Nun aber streb' ich nach Ehren, die ich ohne Mißgunst zu erlangen wünschte, in welcher Weise es auch sei; denn es besitzt mich ein heftiger Durst nach dem Ruhm, daß ich so viel als möglich geadelt zu sein wünschte. Es würde schlecht mit mir stehen, teurer Billibald, wenn ich mich schon jetzt für einen Edelmann hielte, ob ich gleich in diesem Rang, dieser Familie, von solchen Eltern geboren worden, wenn ich mich nicht durch eigenes Bestreben geadelt hätte. Ein so großes Werk hab' ich im Sinn! ich denke höher! nicht etwa daß ich mich in einen vornehmeren, glänzendern Stand versetzt sehen möchte, sondern anderwärts möcht' ich eine Quelle suchen, aus der ich einen besondern Adel schöpfte und nicht unter die wahnhaften Edelleute gezählt würde, zufrieden mit dem, was ich von meinen Voreltern empfangen; sondern daß ich zu jenen Gütern noch etwas selbst hinzugefügt hätte, was von mir auf meine Nachkommen hinüberginge.

„Daher ich denn mit meinen Studien und Bemühungen mich dahin wende und bestrebe, entgegengesetzt in Meinung denjenigen, die alles das, was ist, für genug achten; denn mir ist nichts dergleichen genug, wie ich dir denn meinen Ehrgeiz dieser Art bekannt habe. Und so gesteh' ich denn, daß ich diejenigen nicht beneide, die, von den untersten Ständen ausgegangen, über meine Zustände hinausgeschritten sind; und hier bin ich mit den Männern meines Standes keineswegs übereindenkend, welche Personen eines niedrigen Ursprungs, die sich durch Tüchtigkeit hervorgethan haben, zu schimpfen pflegen. Denn mit vollkommenem Rechte werden diejenigen uns vorgezogen, welche den Stoff des Ruhms, den wir selbst vernachlässigt, für sich ergriffen und in Besitz genommen; sie mögen Söhne von Walkern oder Gerbern sein, haben sie doch mit mehr Schwierigkeit, als wir gefunden hätten, dergleichen zu erlangen gewußt. Nicht allein ein Thor ist der Ungelehrte zu nennen, welcher den beneidet, der durch Kenntnisse sich hervorgethan, sondern unter die Elenden, ja unter die Elendesten zu zählen; und an diesem Fehler kranket unser Adel ganz besonders, daß er solche Zieraten quer ansehe. Denn was, bei Gott! heißt es, den beneiden, der das besitzt, was wir vernachlässigten? Warum haben wir uns der Gesetze nicht befleißiget? die schöne Gelahrtheit, die besten Künste warum nicht selbst gelernt? Da sind uns nun Walker, Schuster und Wagner vorgelaufen. Warum haben wir die Stellung verlassen, warum die freiesten Studien den Dienstleuten und, schändlich für uns! ihrem Schmutz überlassen? Ganz rechtmäßig hat das Erbteil des Adels, das wir verschmähten, ein jeder Gewandter, Fleißiger in Besitz nehmen und durch Thätigkeit benutzen können. Wir Elenden, die das vernachläsigen, was einem jeden Untersten sich über uns zu erheben genügt; hören wir doch auf, zu beneiden, und suchen dasjenige auch zu erlangen, was, zu unserer schimpflichen Beschämung, andere sich anmaßen.

„Jedes Verlangen nach Ruhm ist ehrbar, aller Kampf um das Tüchtige lobenswürdig. Mag doch jedem Stand seine eigene Ehre bleiben, ihm eine eigene Zierde gewährt sein! Jene Ahnenbilder will ich nicht verachten, so wenig als die wohl ausgestatteten Stammbäume; aber was auch deren Wert sei, ist nicht unser eigen, wenn wir es nicht durch Verdienste erst eigen machen; auch kann es nicht bestehen, wenn der Adel nicht Sitten, die ihm geziemen, annimmt. Vergebens wird ein fetter und beleibter jener Hausväter die Standbilder seiner Vorfahren dir aufzeigen, indes er selbst unthätig eher einem Klotz ähnlich, als daß er jenen, die ihm mit Tüchtigkeit voranleuchteten, zu vergleichen wäre.

„So viel hab' ich dir von meinem Ehrgeiz und seiner Beschaffenheit so weitläuftig als aufrichtig vertrauen wollen."

Wenn auch nicht in solchem Flusse des Zusammenhangs, so hatte ich doch von meinen vornehmeren Freunden und Bekannten dergleichen tüchtige und kräftige Gesinnungen zu vernehmen, von welchen der Erfolg sich in einer redlichen Thätigkeit erwies. Es war zum Credo geworden, man müsse sich einen persönlichen Adel erwerben, und zeigte sich in jenen schönen Tagen irgend eine Rivalität, so war es von oben herunter.

Wir andern dagegen hatten, was wir wollten: freien und gebilligten Gebrauch unsrer von der Natur verliehenen Talente, wie er wohl allenfalls mit unsern bürgerlichen Verhältnissen bestehen konnte.

Denn meine Vaterstadt hatte darin eine ganz eigene nicht genugsam beachtete Lage. Wenn die nordischen freien Reichsstädte auf einen ausgebreiteten Handel und die südlichern, bei zurücktretenden Handelsverhältnissen, auf Kunst und Technik gegründet standen, so war in Frankfurt am Main ein gewisser Komplex zu bemerken, welcher aus Handel, Kapitalvermögen,

Haus- und Grundbesitz, aus Wissen- und Sammler-Lust zusammengeflochten schien.

Die lutherische Konfession führte das Regiment: die alte Ganerbschaft, vom Hause Limburg den Namen führend; das Haus Frauenstein, mit seinen Anfängen nur ein Klub, bei den Erschütterungen, durch die untern Stände herbeigeführt, dem Verständigen getreu; der Jurist, der sonstige Wohlhabende und Wohldenkende, niemand war von der Magistratur ausgeschlossen; selbst diejenigen Handwerker, welche zu bedenklicher Zeit an der Ordnung gehalten, waren ratsfähig, wenn auch nur stationär auf ihrem Platze. Die andern verfassungsmäßigen Gegengewichte, formelle Einrichtungen, und was sich alles an eine solche Verfassung anschließt, gaben vielen Menschen einen Spielraum zur Thätigkeit, indem Handel und Technik bei einer glücklich örtlichen Lage sich auszubreiten in keinem Sinne gehindert waren.

Der höhere Adel wirkte für sich unbeneidet, und fast unbemerkt; ein zweiter sich annähernder Stand mußte schon strebsamer sein, und auf alten vermögenden Familienfundamenten beruhend, suchte er sich durch rechtliche und Staatsgelehrsamkeit bemerklich zu machen.

Die sogenannten Reformierten bildeten, wie auch an andern Orten die Refugiés, eine ausgezeichnete Klasse, und selbst wenn sie zu ihrem Gottesdienst in Bockenheim Sonntags in schönen Equipagen hinausfuhren, war es immer eine Art von Triumph über die Bürgerabteilung, welche berechtigt war, bei gutem wie bei schlechtem Wetter in die Kirche zu Fuße zu gehen.

Die Katholiken bemerkte man kaum; aber auch sie waren die Vorteile gewahr geworden, welche die beiden andern Konfessionen sich zugeeignet hatten.

Achtzehntes Buch.

Zu litterarischen Angelegenheiten zurückkehrend, muß ich einen Umstand hervorheben, der auf die deutsche Poesie der damaligen Epoche großen Einfluß hatte und besonders zu beachten ist, weil eben diese Einwirkung in dem ganzen Verlauf unsrer Dichtkunst bis zum heutigen Tag gedauert hat und auch in der Zukunft sich nicht verlieren kann.

Die Teutschen waren von den älteren Zeiten her an den Reim gewöhnt; er brachte den Vorteil, daß man auf eine sehr naive Weise verfahren und fast nur die Silben zählen durfte. Achtete man bei fortschreitender Bildung mehr oder weniger instinktmäßig, auch auf Sinn und Bedeutung der Silben, so

verdiente man Lob, welches sich manche Dichter anzueignen
wußten. Der Reim zeigte den Abschluß des poetischen Satzes,
bei kürzeren Zeilen waren sogar die kleineren Einschnitte merklich, und ein natürlich wohlgebildetes Ohr sorgte für Abwechslung und Anmut. Nun aber nahm man auf einmal den Reim
weg, ohne zu bedenken, daß über den Silbenwert noch nicht entschieden, ja schwer zu entscheiden war. Klopstock ging voran.
Wie sehr er sich bemüht und was er geleistet, ist bekannt. Jedermann fühlte die Unsicherheit der Sache, man wollte sich nicht
gerne wagen, und aufgefordert durch jene Naturtendenz, griff
man nach einer poetischen Prosa. Geßners höchst liebliche
Idyllen öffneten eine unendliche Bahn. Klopstock schrieb den
Dialog von Hermanns Schlacht in Prosa, sowie den Tod Adams.
Durch die bürgerlichen Trauerspiele, sowie durch die Dramen
bemächtigte sich ein empfindungsvoller höherer Stil des Theaters und umgekehrt zog der fünffüßige Jambus, der sich durch
Einfluß der Engländer bei uns verbreitete, die Poesie zur Prosa
herunter. Allein die Forderungen an Rhythmus und Reim
konnte man im allgemeinen nicht aufgeben. Ramler, obgleich
nach unsichern Grundsätzen, streng gegen seine eigenen Sachen,
konnte nicht unterlassen, diese Strenge auch gegen fremde Werke
geltend zu machen. Er verwandelte Prosa in Verse, veränderte
und verbesserte die Arbeit anderer, wodurch er sich wenig Dank
verdiente und die Sache noch mehr verwirrte. Am besten aber
gelang es denen, die sich des herkömmlichen Reims mit einer gewissen Beobachtung des Silbenwertes bedienten und, durch natürlichen Geschmack geleitet, unausgesprochene und unentschiedene
Gesetze beobachteten; wie z. B. Wieland, der, obgleich unnach-
ahmlich, eine lange Zeit mäßigern Talenten zum Muster diente.

Unsicher aber blieb die Ausübung auf jeden Fall, und es
war keiner, auch der Besten, der nicht augenblicklich irre geworden wäre. Daher entstand das Unglück, daß die eigentliche
geniale Epoche unsrer Poesie weniges hervorbrachte, was man
in seiner Art korrekt nennen könnte; denn auch hier war die
Zeit strömend, fordernd und thätig, aber nicht betrachtend und
sich selbst genugthuend.

Um jedoch einen Boden zu finden, worauf man poetisch
fußen, um ein Element zu entdecken, in dem man freisinnig
atmen könnte, war man einige Jahrhunderte zurückgegangen,
wo sich aus einem chaotischen Zustande ernste Tüchtigkeiten
glänzend hervorthaten, und so befreundete man sich auch mit
der Dichtkunst jener Zeiten. Die Minnesänger lagen zu weit
von uns ab; die Sprache hätte man erst studieren müssen, und
das war nicht unsre Sache, wir wollten leben und nicht lernen.

Hans Sachs, der wirklich meisterliche Dichter, lag uns

am nächsten. Ein wahres Talent, freilich nicht wie jene Ritter und Hofmänner, sondern ein schlichter Bürger, wie wir uns auch zu sein rühmten. Ein didaktischer Realism sagte uns zu, und wir benutzten den leichten Rhythmus, den sich willig anbietenden Reim bei manchen Gelegenheiten. Es schien diese Art so bequem zur Poesie des Tages, und deren bedurften wir jede Stunde.

Wenn nun bedeutende Werke, welche eine jahrelange, ja eine lebenslängliche Aufmerksamkeit und Arbeit erforderten, auf so verwegenem Grunde, bei leichtsinnigen Anlässen, mehr oder weniger aufgebaut wurden, so kann man sich denken, wie freventlich mitunter andere vorübergehende Produktionen sich gestalteten, z. B. die poetischen Episteln, Parabeln und Invektiven aller Formen, womit wir fortfuhren, uns innerlich zu bekriegen und nach außen Händel zu suchen.

Außer dem schon Abgedruckten ist nur weniges davon übrig; es mag erhalten bleiben. Kurze Notizen mögen Ursprung und Absicht denkenden Männern etwas deutlicher enthüllen. Tiefer Eindringende, denen diese Dinge künftig zu Gesicht kommen, werden doch geneigt bemerken, daß allen solchen Exzentrizitäten ein redliches Bestreben zu Grunde lag. Aufrichtiges Wollen streitet mit Anmaßung, Natur gegen Herkömmlichkeiten, Talent gegen Formen, Genie mit sich selbst, Kraft gegen Weichlichkeit, unentwickeltes Tüchtiges gegen entfaltete Mittelmäßigkeit, so daß man jenes ganze Betragen als ein Vorpostengefecht ansehen kann, das auf eine Kriegserklärung folgt und eine gewaltsame Fehde verkündigt. Denn genau besehen, so ist der Kampf in diesen funfzig Jahren noch nicht ausgekämpft, er setzt sich noch immer fort, nur in einer höhern Region.

Ich hatte, nach Anleitung eines ältern deutschen Puppen- und Budenspiels, ein tolles Fratzenwesen ersonnen, welches den Titel: Hanswursts Hochzeit führen sollte. Das Schema war folgendes: Hanswurst, ein reicher elternloser Bauerssohn, welcher so eben mündig geworden, will ein reiches Mädchen, Namens Ursel Blandine, heiraten. Sein Vormund, Kilian Brustfleck, und ihre Mutter Ursel 2c. sind es höchlich zufrieden. Ihr vieljähriger Plan, ihre höchsten Wünsche werden dadurch endlich erreicht und erfüllt. Hier findet sich nicht das mindeste Hindernis, und das Ganze beruht eigentlich nur darauf, daß das Verlangen der jungen Leute, sich zu besitzen, durch die Anstalten der Hochzeit und dabei vorwaltenden unerläßlichen Umständlichkeiten hingehalten wird. Als Prologus tritt der Hochzeitbitter auf, hält seine herkömmliche banale Rede und endigt mit den Reimen:

Bei dem Wirt zur goldnen Laus,
Da wird sein der Hochzeitschmaus.

Um dem Vorwurf der verletzten Einheit des Orts zu entgehen, war im Hintergrunde des Theaters gedachtes Wirtshaus mit seinen Insignien glänzend zu sehen, aber so, als wenn es, auf einem Zapfen umgedreht, nach allen vier Seiten könnte vorgestellt werden; wobei sich jedoch die vordern Kulissen des Theaters schicklich zu verändern hatten.

Im ersten Akt stand die Vorderseite nach der Straße zu, mit den goldnen nach dem Sonnenmikroskop gearbeiteten Insignien; im zweiten Akt die Seite nach dem Hausgarten; die dritte nach einem Wäldchen; die vierte nach einem nahe liegenden See; wodurch denn geweissagt war, daß in folgenden Zeiten es dem Dekorateur geringe Mühe machen werde, einen Wellenschlag über das ganze Theater bis an das Souffleurloch zu führen.

Durch alles dieses aber ist das eigentliche Interesse des Stücks noch nicht ausgesprochen; denn der gründliche Scherz ward bis zur Tollheit gesteigert, daß das sämtliche Personal des Schauspiels aus lauter deutsch herkömmlichen Schimpf- und Ekelnamen bestand, wodurch der Charakter der einzelnen sogleich ausgesprochen und das Verhältnis zu einander gegeben war.

Da wir hoffen dürfen, daß Gegenwärtiges in guter Gesellschaft, auch wohl in anständigem Familienkreise vorgelesen werde, so dürfen wir nicht einmal, wie doch auf jedem Theateranschlag Sitte ist, unsre Personen hier der Reihe nach nennen, noch auch die Stellen, wo sie sich am klarsten und eminentesten beweisen, hier am Ort aufführen, obgleich auf dem einfachsten Wege heitere, neckische, unverfängliche Beziehungen und geistreiche Scherze sich hervorthun müßten. Zum Versuche legen wir ein Blatt bei, unsern Herausgebern die Zulässigkeit zu beurteilen anheim stellend.

Vetter Schuft hatte das Recht, durch sein Verhältnis zur Familie, zu dem Fest geladen zu werden; niemand hatte dabei etwas zu erinnern; denn wenn er auch gleich durchaus im Leben untauglich war, so war er doch da, und weil er da war, konnte man ihn schicklich nicht verleugnen; auch durfte man an so einem Festtage sich nicht erinnern, daß man zuweilen unzufrieden mit ihm gewesen wäre.

Mit Herrn Schurke war es schon eine bedenklichere Sache; er hatte der Familie wohl genutzt, wenn es ihm gerade auch nutzte; dagegen ihr auch wieder geschadet, vielleicht zu seinem eignen Vorteil, vielleicht auch, weil er es eben gelegen fand. Die mehr oder minder Klugen stimmten für seine Zulässigkeit, die wenigen, die ihn wollten ausgeschlossen haben, wurden überstimmt.

Nun aber war noch eine dritte Person, über die sich schwerer entscheiden ließ; in der Gesellschaft ein ordentlicher Mensch, nicht weniger als andere, nachgiebig, gefällig und zu mancherlei zu gebrauchen; er hatte den einzigen Fehler, daß er seinen Namen nicht hören konnte und, sobald er ihn vernahm, in eine Heldenwut, wie der Norde sie Berserkerwut benennt, augenblicklich geriet, alles rechts und links totzuschlagen drohte und in solchem Raptus teils beschädigte, teils beschädigt ward: wie denn auch der zweite Akt des Stücks durch ihn ein sehr verworrenes Ende nahm.

Hier konnte nun der Anlaß unmöglich versäumt werden, den räuberischen Macklot zu züchtigen. Er geht nämlich hausieren mit seiner Macklotur, und wie er die Anstalten zur Hochzeit gewahr wird, kann er dem Triebe nicht widerstehen, auch hier zu schmarutzen und auf anderer Leute Kosten seine ausgehungerten Gedärme zu erquicken. Er meldet sich; Kilian Brustfleck untersucht seine Ansprüche, muß ihn aber abweisen, denn alle Gäste, heißt es, seien anerkannte öffentliche Charaktere, woran der Supplikant doch keinen Anspruch machen könne. Macklot versucht sein möglichstes, um zu beweisen, daß er eben so berühmt sei als jene. Da aber Kilian Brustfleck als strenger Zeremonienmeister sich nicht will bewegen lassen, nimmt sich jener Nichtgenannte, der von seiner Berserkerwut am Schlusse des zweiten Akts sich wieder erholt hat, des ihm so nahe verwandten Nachdruckers so nachdrücklich an, daß dieser unter die übrigen Gäste schließlich aufgenommen wird.

Um diese Zeit meldeten sich die Grafen Stolberg an, die, auf einer Schweizerreise begriffen, bei uns einsprechen wollten. Ich war durch das frühste Auftauchen meines Talents im Göttinger Musenalmanach mit ihnen und sämtlichen jungen Männern, deren Wesen und Wirken bekannt genug ist, in ein gar freundliches Verhältnis geraten. Zu der damaligen Zeit hatte man sich ziemlich wunderliche Begriffe von Freundschaft und Liebe gemacht. Eigentlich war es eine lebhafte Jugend, die sich gegen einander aufknöpfte und ein talentvolles, aber ungebildetes Innere hervorkehrte. Einen solchen Bezug gegen einander, der freilich wie Vertrauen aussah, hielt man für Liebe, für wahrhafte Neigung; ich betrog mich darin so gut wie die andern und habe davon viele Jahre auf mehr als eine Weise gelitten. Es ist noch ein Brief von Bürgern aus jener Zeit vorhanden, woraus zu ersehen ist, daß von sittlich Aesthetischem unter diesen Gesellen keineswegs die Rede war. Jeder fühlte sich aufgeregt und glaubte gar wohl, hiernach handeln und dichten zu dürfen.

Die Gebrüder kamen an, Graf Haugwitz mit ihnen. Von mir wurden Sie mit offner Brust empfangen, mit gemütlicher Schicklichkeit. Sie wohnten im Gasthofe, waren zu Tische jedoch

meistens bei uns. Das erste heitere Zusammensein zeigte sich höchst
erfreulich; allein gar bald traten exzentrische Aeußerungen hervor.
Zu meiner Mutter machte sich ein eigenes Verhältnis. Sie
mußte in ihrer tüchtigen graden Art sich gleich ins Mittelalter
zurückzusetzen, um als Aja bei irgend einer lombardischen oder
byzantinischen Prinzessin angestellt zu sein. Nicht anders als
Frau Aja ward sie genannt, und sie gefiel sich in dem Scherze
und ging so eher in die Phantastereien der Jugend mit ein, als
sie schon in Götz von Berlichingens Hausfrau ihr Ebenbild zu
erblicken glaubte.

Doch hiebei sollte es nicht lange bleiben; denn man hatte
nur einigemale zusammen getafelt, als schon nach ein und der
andern genossenen Flasche Wein der poetische Tyrannenhaß zum
Vorschein kam und man nach dem Blute solcher Wüteriche lech-
zend sich erwies. Mein Vater schüttelte lächelnd den Kopf; meine
Mutter hatte in ihrem Leben kaum von Tyrannen gehört, doch
erinnerte sie sich in Gottfrieds Chronik dergleichen Unmenschen
in Kupfer abgebildet gesehen zu haben: den König Kambyses,
der in Gegenwart des Vaters das Herz des Söhnchens mit dem
Pfeil getroffen zu haben triumphiert, wie ihr solches noch im
Gedächtnis geblieben war. Diese und ähnliche, aber immer
heftiger werdende Aeußerungen ins Heitere zu wenden, verfügte
sie sich in ihren Keller, wo ihr von den ältesten Weinen wohlunterhaltene große Fässer verwahrt lagen. Nicht geringere befanden sich daselbst, als die Jahrgänge 1706, 19, 26, 48, von
ihr selbst gewartet und gepflegt, selten und nur bei feierlich-
bedeutenden Gelegenheiten angesprochen.

Indem sie nun in geschliffener Flasche den hochfarbigen Wein
hinsetzte, rief sie aus: Hier ist das wahre Tyrannenblut! Daran
ergötzt euch, aber alle Mordgedanken laßt mir aus dem Hause!

„Ja wohl, Tyrannenblut!" rief ich aus; „keinen größeren
Tyrannen gibt es, als den, dessen Herzblut man euch vorsetzt.
Labt euch daran, aber mäßig! denn ihr müßt befürchten, daß er
euch durch Wohlgeschmack und Geist unterjoche. Der Weinstock
ist der Universal-Tyrann, der ausgerottet werden sollte; zum
Patron sollten wir deshalb den heiligen Lykurgus, den Thracier,
wählen und verehren; er griff das fromme Werk kräftig an, aber,
vom bethörenden Dämon Bacchus verblendet und verderbt, verdient er in der Zahl der Märtyrer obenan zu stehen.

„Dieser Weinstock ist der allerschlimmste Tyrann, zugleich
Heuchler, Schmeichler und Gewaltsamer. Die ersten Züge seines
Blutes munden euch, aber ein Tropfen lockt den andern unaufhaltsam nach; sie folgen sich wie eine Perlenschnur, die man zu
zerreißen fürchtet."

Wenn ich hier, wie die besten Historiker gethan, eine fingierte Rede statt jener Unterhaltung einzuschieben in Verdacht geraten könnte, so darf ich den Wunsch aussprechen, es möchte gleich ein Geschwindschreiber diese Peroration aufgefaßt und uns überliefert haben. Man würde die Motive genau dieselbigen und den Fluß der Rede vielleicht anmutiger und einladender finden. Ueberhaupt fehlt dieser gegenwärtigen Darstellung im ganzen die weitläuftige Redseligkeit und Fülle einer Jugend, die sich fühlt und nicht weiß, wo sie mit Kraft und Vermögen hinaus soll.

In einer Stadt wie Frankfurt befindet man sich in einer wunderlichen Lage; immer sich kreuzende Fremde deuten nach allen Weltgegenden hin und erwecken Reiselust. Früher war ich schon bei manchem Anlaß mobil geworden, und gerade jetzt im Augenblicke, wo es darauf ankam, einen Versuch zu machen, ob ich Lili entbehren könne, wo eine gewisse peinliche Unruhe mich zu allem bestimmten Geschäft unfähig machte, war mir die Aufforderung der Stolberge, sie nach der Schweiz zu begleiten, willkommen. Begünstigt durch das Zureden meines Vaters, welcher eine Reise in jener Richtung sehr gerne sah und mir empfahl, einen Uebergang nach Italien, wie es sich fügen und schicken wollte, nicht zu versäumen, entschloß ich mich daher schnell, und es war bald gepackt. Mit einiger Andeutung, aber ohne Abschied, trennt' ich mich von Lili; sie war mir so ins Herz gewachsen, daß ich mich gar nicht von ihr zu entfernen glaubte.

In wenigen Stunden sah ich mich mit meinen lustigen Gefährten in Darmstadt. Bei Hofe daselbst sollte man sich noch ganz schicklich betragen; hier hatte Graf Haugwitz eigentlich die Führung und Leitung. Er war der jüngste von uns, wohlgestaltet, von zartem, edlem Ansehen, weichen, freundlichen Zügen, sich immer gleich, teilnehmend, aber mit solchem Maße, daß er gegen die andern als impassibel abstach. Er mußte deshalb von ihnen allerlei Spottreden und Benamsungen erdulden. Dies mochte gelten, solange sie glaubten, als Naturkinder sich zeigen zu können; wo es aber denn doch auf Schicklichkeit ankam und man, nicht ungern, genötigt war, wieder einmal als Graf aufzutreten, da wußte er alles einzuleiten und zu schlichten, daß wir, wenn nicht mit dem besten, doch mit leidlichem Rufe davon kamen.

Ich brachte unterdessen meine Zeit bei Merck zu, welcher meine vorgenommene Reise mephistophelisch querblickend ansah und meine Gefährten, die ihn auch besucht hatten, mit schonungsloser Verständigkeit zu schildern wußte. Er kannte mich nach seiner Art durchaus, die unüberwindliche naive Gutmütigkeit meines Wesens war ihm schmerzlich; das ewige Geltenlassen, das Leben und Lebenlassen war ihm ein Greuel. „Daß du mit diesen Burschen ziehst," rief er aus, „ist ein dummer Streich;" und er schilderte sie sodann treffend, aber nicht ganz richtig.

Durchaus fehlte ein Wohlwollen, daher ich glauben konnte, ihn zu übersehen, obschon ich ihn nicht sowohl übersah, als nur die Seiten zu schätzen wußte, die außer seinem Gesichtskreise lagen.

„Du wirst nicht lange bei ihnen bleiben!" das war das Resultat seiner Unterhaltungen. Dabei erinnere ich mich eines merkwürdigen Wortes, das er mir später wiederholte, das ich mir selbst wiederholte und oft im Leben bedeutend fand. „Dein Bestreben," sagte er, „deine unablenkbare Richtung ist, dem Wirklichen eine poetische Gestalt zu geben; die andern suchen das sogenannte Poetische, das Imaginative zu verwirklichen, und das gibt nichts wie dummes Zeug." Faßt man die ungeheure Differenz dieser beiden Handlungsweisen, hält man sie fest und wendet sie an, so erlangt man viel Aufschluß über tausend andere Dinge.

Unglücklicherweise, eh sich die Gesellschaft von Darmstadt loslöste, gab es noch Anlaß, Mercks Meinung unumstößlich zu bekräftigen.

Unter die damaligen Verrücktheiten, die aus dem Begriff entstanden: man müsse sich in einen Naturzustand zu versetzen suchen, gehörte denn auch das Baden im freien Wasser, unter offenem Himmel; und unsre Freunde konnten auch hier, nach allenfalls überstandener Schicklichkeit, auch dieses Unschickliche nicht unterlassen. Darmstadt, ohne fließendes Gewässer, in einer sandigen Fläche gelegen, mag doch einen Teich in der Nähe haben, von dem ich nur bei dieser Gelegenheit gehört. Die heiß genaturten und sich immer mehr erhitzenden Freunde suchten Labsal in diesem Weiher; nackte Jünglinge bei hellem Sonnenschein zu sehen, mochte wohl in dieser Gegend als etwas Besonderes erscheinen; es gab Skandal auf alle Fälle. Merck schärfte seine Konklusionen, und ich leugne nicht, ich beeilte unsre Abreise.

Schon auf dem Wege nach Mannheim zeigte sich, ungeachtet aller guten und edlen gemeinsamen Gefühle, doch schon eine gewisse Differenz in Gesinnung und Betragen. Leopold Stolberg äußerte mit Leidenschaft: wie er genötigt worden, ein herzliches Liebesverhältnis mit einer schönen Engländerin aufzugeben, und deswegen eine so weite Reise unternommen habe. Wenn man ihm nun dagegen teilnehmend entdeckte, daß man solchen Empfindungen auch nicht fremd sei, so brach bei ihm das grenzenlose Gefühl der Jugend heraus: seiner Leidenschaft, seinen Schmerzen, so wie der Schönheit und Liebenswürdigkeit seiner Geliebten dürfe sich in der Welt nichts gleichstellen. Wollte man solche Behauptung, wie es sich unter guten Gesellen wohl ziemt, durch mäßige Rede ins Gleichgewicht bringen, so schien sich die Sache nur zu verschlimmern, und Graf Haugwitz wie auch ich mußten zuletzt geneigt werden, dieses Thema fallen zu lassen. Angelangt in Mannheim, bezogen wir schöne Zimmer

eines anständigen Gasthofes, und beim Dessert des ersten Mittags=
essens, wo der Wein nicht war geschont worden, forderte uns
Leopold auf, seiner Schönen Gesundheit zu trinken, welches denn
unter ziemlichem Getöse geschah. Nach geleerten Gläsern rief er
aus: „Nun aber ist aus solchen geheiligten Bechern kein Trunk
mehr erlaubt; eine zweite Gesundheit wäre Entweihung, deshalb
vernichten wir diese Gefäße!" und warf sogleich sein Stengelglas
hinter sich wider die Wand. Wir andern folgten, und ich bildete
mir denn doch ein, als wenn mich Merck am Kragen zupfte.

Allein die Jugend nimmt das aus der Kindheit mit herüber,
daß sie guten Gesellen nichts nachträgt, daß eine unbefangene
Wohlgewogenheit zwar unangenehm berührt werden kann, aber
nicht zu verletzen ist.

Nachdem die nunmehr als englisch angesprochenen Gläser
unsre Zeche verstärkt hatten, eilten wir nach Karlsruhe getrost
und heiter, um uns zutraulich und sorglos in einen neuen Kreis
zu begeben. Wir fanden Klopstock daselbst, welcher seine alte
sittliche Herrschaft über die ihn so hoch verehrenden Schüler
gar anständig ausübte, dem ich denn auch mich gern unterwarf,
so daß ich, mit den andern nach Hof gebeten, mich für einen
Neuling ganz leidlich mag betragen haben. Auch ward man ge=
wissermaßen aufgefordert, natürlich und doch bedeutend zu sein.

Der regierende Herr Markgraf, als einer der fürstlichen
Senioren, besonders aber wegen seiner vortrefflichen Regierungs=
zwecke unter den deutschen Regenten hoch verehrt, unterhielt
sich gern von staatswirtlichen Angelegenheiten. Die Frau Markgräfin, in Künsten und mancherlei guten Kenntnissen thätig und
bewandert, wollte auch mit anmutigen Reden eine gewisse Teil=
nahme beweisen; wogegen wir uns zwar dankbar verhielten,
konnten aber doch zu Hause ihre schlechte Papierfabrikation und
Begünstigung des Nachdruckers Macklot nicht ungeneckt lassen.

Am bedeutendsten war für mich, daß der junge Herzog von
Sachsen=Weimar mit seiner edlen Braut, der Prinzessin Luise
von Hessen=Darmstadt, hier zusammenkamen, um ein förmliches
Ehebündnis einzugehen; wie denn auch deshalb Präsident von
Moser bereits hier angelangt war, um so bedeutende Verhält=
nisse ins klare zu setzen und mit dem Oberhofmeister Grafen
Görtz völlig abzuschließen. Meine Gespräche mit beiden hohen
Personen waren die gemütlichsten, und sie schlossen sich bei der
Abschiedsaudienz wiederholt mit der Versicherung: es würde
ihnen beiderseits angenehm sein, mich bald in Weimar zu sehen.

Einige besondere Gespräche mit Klopstock erregten gegen
ihn, bei der Freundlichkeit, die er mir erwies, Offenheit und
Vertrauen; ich teilte ihm die neuesten Szenen des Faust mit,
die er wohl aufzunehmen schien, sie auch, wie ich nachher ver=

nahm, gegen andere Personen mit entschiedenem Beifall, der sonst nicht leicht in seiner Art war, beehrt und die Vollendung des Stücks gewünscht hatte.

Jenes ungebildete, damals mitunter genial genannte Betragen ward in Karlsruhe, auf einem anständigen, gleichsam heiligen Boden, einigermaßen beschwichtigt. Ich trennte mich von meinen Gesellen, indem ich einen Seitenweg einzuschlagen hatte, um nach Emmendingen zu gehen, wo mein Schwager Oberamtmann war. Ich achtete diesen Schritt, meine Schwester zu sehen, für eine wahrhafte Prüfung. Ich wußte, sie lebte nicht glücklich, ohne daß man es ihr, ihrem Gatten oder den Zuständen hätte schuld geben können. Sie war ein eigenes Wesen, von dem schwer zu sprechen ist; wir wollen suchen, das Mitteilbare hier zusammenzufassen.

Ein schöner Körperbau begünstigte sie; nicht so die Gesichtszüge, welche, obgleich Güte, Verstand, Teilnahme deutlich genug ausdrückend, doch einer gewissen Regelmäßigkeit und Anmut ermangelten.

Dazu kam noch, daß eine hohe stark gewölbte Stirn durch die leidige Mode, die Haare aus dem Gesicht zu streichen und zu zwängen, einen gewissen unangenehmen Eindruck machte, wenn sie gleich für die sittlichen und geistigen Eigenschaften das beste Zeugnis gab. Ich kann mir denken, daß, wenn sie, wie es die neuere Zeit eingeführt hat, den oberen Teil ihres Gesichtes mit Locken umwölken, ihre Schläfe und Wangen mit gleichen Ringeln hätte bekleiden können, sie vor dem Spiegel sich angenehmer würde befunden haben, ohne Besorgnis, andern zu mißfallen wie sich selbst. Rechne man hiezu noch das Unheil, daß ihre Haut selten rein war, ein Uebel, das sich durch ein dämonisches Mißgeschick schon von Jugend auf gewöhnlich an Festtagen einzufinden pflegte, an Tagen von Konzerten, Bällen und sonstigen Einladungen.

Diese Zustände hatte sie nach und nach durchgekämpft, indes ihre übrigen herrlichen Eigenschaften sich immer mehr und mehr ausbildeten.

Ein fester, nicht leicht bezwinglicher Charakter, eine teilnehmende, Teilnahme bedürfende Seele, vorzügliche Geistesbildung, schöne Kenntnisse, so wie Talente; einige Sprachen, eine gewandte Feder, so daß, wäre sie von außen begünstigt worden, sie unter den gesuchtesten Frauen ihrer Zeit würde gegolten haben.

Zu allem diesem ist noch ein Wundersames zu offenbaren: in ihrem Wesen lag nicht die mindeste Sinnlichkeit. Sie war neben mir herangewachsen und wünschte ihr Leben in dieser geschwisterlichen Harmonie fortzusetzen und zuzubringen. Wir waren nach meiner Rückkunft von der Akademie unzertrennlich geblieben; im innersten Vertrauen hatten wir Gedanken, Empfindungen und Grillen, die Eindrücke alles Zufälligen in Gemeinschaft. Als ich nach Wetzlar ging, schien ihr die Einsamkeit unerträglich; mein Freund Schlosser, der Guten weder unbekannt noch zuwider, trat in meine Stelle. Leider verwandelte sich bei ihm die Brüderlichkeit in eine entschiedene und, bei seinem strengen gewissenhaften Wesen, vielleicht erste Leidenschaft. Hier fand sich, wie man zu sagen pflegt, eine sehr gütliche erwünschte Partie, welche sie, nachdem sie verschiedene bedeutende Anträge, aber von unbedeutenden Männern, von solchen, die sie verabscheute, standhaft ausgeschlagen hatte, endlich anzunehmen sich, ich darf wohl sagen, bereden ließ.

Aufrichtig habe ich zu gestehen, daß ich mir, wenn ich manchmal über ihr Schicksal phantasierte, sie nicht gern als Hausfrau, wohl aber als Aebtissin, als Vorsteherin einer edlen Gemeinde gar gern denken mochte. Sie besaß alles, was ein solcher höherer Zustand verlangt; ihr fehlte, was die Welt unerläßlich fordert. Ueber weibliche Seelen übte sie durchaus eine unwiderstehliche Gewalt; junge Gemüter zog sie liebevoll an und beherrschte sie durch den Geist innerer Vorzüge. Wie sie nun die allgemeine Duldung des Guten, Menschlichen, mit allen seinen Wunderlichkeiten, wenn es nur nicht ins Verkehrte ging, mit mir gemein hatte, so brauchte nichts Eigentümliches, wodurch irgend ein bedeutendes Naturell ausgezeichnet war, sich vor ihr zu verbergen oder sich vor ihr zu genieren; weswegen unsere Geselligkeiten, wie wir schon früher gesehen, immer mannigfaltig, frei, artig, wenn auch gleich manchmal aus Kühne heran, sich bewegen mochten. Die Gewohnheit, mit jungen Frauenzimmern anständig und verbindlich umzugehen, ohne daß sogleich eine entscheidende Beschränkung und Aneignung erfolgt wäre, hatte ich nur ihr zu danken. Nun aber wird der einsichtige Leser, welcher fähig ist, zwischen diesen Zeilen hineinzulesen, was nicht geschrieben steht, aber angedeutet ist, sich eine Ahnung der ernsten Gefühle gewinnen, mit welchen ich damals Emmendingen betrat.

Allein beim Abschiede nach kurzem Aufenthalte lag es mir noch schwerer auf dem Herzen, daß meine Schwester mir auf das ernsteste eine Trennung von Lili empfohlen, ja befohlen hatte. Sie selbst hatte an einem langwierigen Brautstande viel gelitten; Schlosser, nach seiner Redlichkeit, verlobte sich nicht eher mit ihr, als bis er seiner Anstellung im Großherzogtum Baden gewiß, ja, wenn man es so nehmen wollte, schon angestellt war. Die eigentliche Bestimmung aber verzögerte sich auf eine undenkliche Weise. Soll ich meine Vermutung hierüber eröffnen, so war der wackere Schlosser, wie tüchtig er zum Geschäft sein mochte, doch wegen seiner schroffen Rechtlichkeit weder dem Fürsten als unmittelbar berührender Diener, noch weniger den Ministern als naher Mitarbeiter wünschenswert. Seine gehoffte und dringend gewünschte Anstellung in Karlsruhe kam nicht zu stande. Mir aber klärte sich diese Zögerung auf, als die Stelle eines Oberamtmanns in Emmendingen ledig ward und man ihn alsobald dahin versetzte. Es war ein stattliches einträgliches Amt nunmehr ihm übertragen, dem er sich völlig gewachsen zeigte. Seinem Sinn, seiner Handlungsweise deuchte es ganz gemäß, hier allein zu stehen, nach Ueberzeugung zu handeln und über alles, man mochte ihn loben oder tadeln, Rechenschaft zu geben.

Dagegen ließ sich nichts einwenden, meine Schwester mußte ihm folgen, freilich nicht in eine Residenz, wie sie gehofft hatte, sondern an einen Ort, der ihr eine Einsamkeit, eine Einöde scheinen mußte; in eine Wohnung, zwar geräumig, amtsherrlich, stattlich, aber aller Geselligkeit entbehrend. Einige junge Frauenzimmer, mit denen sie früher Freundschaft gepflogen, folgten ihr nach, und da die Familie Gerock mit Töchtern gesegnet war, wechselten diese ab, so daß sie wenigstens bei so vieler Entbehrung eines längst vertrauten Umgangs genoß.

Diese Zustände, diese Erfahrungen waren es, wodurch sie sich berechtigt glaubte, mir aufs ernsteste eine Trennung von Lili zu befehlen. Es schien ihr hart, ein solches Frauenzimmer, von dem sie sich die höchsten Begriffe gemacht hatte, aus einer, wo nicht glänzenden, doch lebhaft bewegten Existenz herauszuzerren in unser zwar löbliches, aber doch nicht zu bedeutenden Gesellschaften eingerichtetes Haus, zwischen einen wohlwollenden, ungesprächigen, aber gern didaktischen Vater und eine in ihrer Art höchst häuslich thätige Mutter, welche doch nach vollbrachtem Geschäft bei einer bequemen Handarbeit nicht gestört sein wollte in einem gemütlichen Gespräch mit jungen herangezogenen und auserwählten Persönlichkeiten.

Dagegen setzte sie mir Lilis Verhältnisse lebhaft ins klare; denn ich hatte ihr teils schon in Briefen, teils aber in leidenschaftlich geschwätziger Vertraulichkeit alles haarklein vorgetragen.

Leider war ihre Schilderung nur eine umständliche wohlgesinnte Ausführung dessen, was ein Ohrenbläser von Freund, dem man nach und nach nichts Gutes zutraute, mit wenigen charakteristischen Zügen einzuflüstern bemüht gewesen.

Versprechen konnt' ich ihr nichts, ob ich gleich gestehen mußte, sie habe mich überzeugt. Ich ging mit dem rätselhaften Gefühl im Herzen, woran die Leidenschaft sich fortnährt: denn Amor, das Kind, hält sich noch hartnäckig fest am Kleide der Hoffnung, eben als sie schon starken Schrittes sich zu entfernen den Anlauf nimmt.

Das einzige, was ich mir zwischen da und Zürich noch deutlich erinnere, ist der Rheinfall bei Schaffhausen. Hier wird durch einen mächtigen Stromsturz merklich die erste Stufe bezeichnet, die ein Bergland andeutet, in das wir zu treten gewillet sind; wo wir denn nach und nach, Stufe für Stufe immer in wachsendem Verhältnis, die Höhen mühsam erreichen sollen.

Der Anblick des Züricher Sees, von dem Thore des Schwertes genossen, ist mir auch noch gegenwärtig; ich sage von dem Thore des Gasthauses, denn ich trat nicht hinein, sondern ich eilte zu Lavatern. Der Empfang war heiter und herzlich, und man muß gestehen, anmutig ohnegleichen; zutraulich, schonend, segnend, erhebend, anders konnte man sich seine Gegenwart nicht denken. Seine Gattin, mit etwas sonderbaren, aber friedlichen, zart-frommen Zügen, stimmte völlig, wie alles andere um ihn her, in seine Sinnes- und Lebensweise.

Unsre nächste und fast ununterbrochene Unterhaltung war seine Physiognomik. Der erste Teil dieses seltsamen Werkes war, wenn ich nicht irre, schon völlig abgedruckt, oder wenigstens seiner Vollständigkeit nahe. Man darf es wohl als genial-empirisch, als methodisch-kollektiv ansprechen. Ich hatte dazu das sonderbarste Verhältnis. Lavater wollte die ganze Welt zu Mitarbeitern und Teilnehmern; schon hatte er auf seiner Rheinreise so viel bedeutende Menschen porträtieren lassen, um durch ihre Persönlichkeit sie in das Interesse eines Werks zu ziehen, in welchem sie selbst auftreten sollten. Eben so verfuhr er mit Künstlern; er rief einen jeden auf, ihm für seine Zwecke Zeichnungen zu senden. Sie kamen an und taugten nicht entschieden zu ihrer Bestimmung. Gleicherweise ließ er rechts und links in Kupfer stechen, und auch dieses gelang selten charakteristisch. Eine große Arbeit war von seiner Seite geleistet, mit Geld und Anstrengung aller Art ein bedeutendes Werk vorgearbeitet, der Physiognomik alle Ehre geboten; und wie nun daraus ein Band werden sollte, die Physiognomik, durch Lehre gegründet, durch Beispiele belegt, sich der Würde einer Wissenschaft nähern sollte, so sagte keine Tafel, was sie zu sagen hatte; alle Platten mußten getadelt, bedingt, nicht einmal gelobt, nur zugegeben, manche gar durch die Erklärungen weggelöscht werden. Es war für mich, der, eh er fortschritt, immer Fuß zu fassen suchte, eine der penibelsten Aufgaben, die meiner Thätigkeit auferlegt werden konnte. Man urteile selbst. Das Manuskript mit den zum Text eingeschobenen Plattenabdrücken ging an mich nach Frankfurt. Ich hatte das Recht, alles zu tilgen, was mir mißfiel, zu ändern und einzuschalten, was mir beliebte, wovon ich freilich sehr mäßig Gebrauch machte. Ein einzigmal hatte er eine gewisse leidenschaftliche Kontrovers gegen einen ungerechten Tadler eingeschoben, die ich wegließ und ein heiteres Naturgedicht dafür einlegte, weswegen er mich schalt, jedoch später, als er abgekühlt war, mein Verfahren billigte.

Wer die vier Bände der Physiognomik durchblättert und, was ihn nicht reuen wird, durchliest, mag bedenken, welches Interesse unser Zusammensein gehabt habe, indem die meisten der darin vorkommenden Blätter schon gezeichnet und ein Teil gestochen waren, vorgelegt und beurteilt wurden und man die geistreichen Mittel überlegte, womit selbst das Untaugliche in diesem Falle lehrreich und also tauglich gemacht werden könnte.

Geh' ich das Lavaterische Werk nochmals durch, so macht es mir eine komisch-heitere Empfindung; es ist mir, als sähe ich die Schatten mir ehemals sehr bekannter Menschen vor mir, über die ich mich schon einmal geärgert und über die ich mich jetzt nicht erfreuen sollte.

Die Möglichkeit aber, so vieles unschicklich Gebildete einigermaßen zusammenzuhalten, lag in dem schönen und entschiedenen Talente des Zeichners und Kupferstechers Lips; er war in der That zur freien prosaischen Darstellung des Wirklichen geboren, worauf es denn doch eigentlich hier ankam. Er arbeitete unter dem wunderlich fordernden Physiognomisten und mußte deshalb genau aufpassen, um sich den Forderungen seines Meisters anzunähern; der talentreiche Bauernknabe fühlte die ganze Verpflichtung, die er einem geistlichen Herrn aus der so hoch privilegierten Stadt schuldig war, und besorgte sein Geschäft aufs beste.

In getrennter Wohnung von meinen Gesellen lebend, ward ich täglich, ohne daß wir im geringsten Arges davon gehabt hätten, denselben immer fremder; unsre Landpartien paßten nicht mehr zusammen, obgleich in der Stadt noch einiger Verkehr übrig geblieben war. Sie hatten sich mit allem jugendlich gräflichen Uebermut auch bei Lavatern gemeldet, welchem gewandten Physiognomisten sie freilich etwas anders vorkamen als der übrigen Welt. Er äußerte sich gegen mich darüber, und ich erinnere mich ganz deutlich, daß er, von Leopold Stolberg sprechend, ausrief: „Ich weiß nicht, was ihr alle wollt; es ist ein edler, trefflicher, talentvoller Jüngling, aber sie haben mir ihn als einen Heroen, als einen Herkules beschrieben, und ich habe in meinem Leben keinen weichern, zarteren und, wenn es darauf ankommt, bestimmbareren jungen Mann gesehen. Ich bin noch weit von sicherer physiognomischer Einsicht entfernt, aber wie es mit euch und der Menge aussieht, ist doch gar zu betrübt."

Seit der Reise Lavaters an den Niederrhein hatte sich das Interesse an ihm und seinen physiognomischen Studien sehr lebhaft gesteigert; vielfache Gegenbesuche drängten sich zu ihm, so daß er sich einigermaßen in Verlegenheit fühlte, als der erste geistlicher und geistreicher Männer angesehen und als einer betrachtet

zu werden, der die Fremden allein nach sich hinzöge; daher er
denn, um allem Neid und Mißgunst auszuweichen, alte diejenigen,
die ihn besuchten, zu erinnern und anzutreiben wußte, auch die üb=
rigen bedeutenden Männer freundlich und ehrerbietig anzugehen.

Der alte Bodmer ward hiebei vorzüglich beachtet, und wir
mußten uns auf den Weg machen, ihn zu besuchen und jugend=
lich zu verehren. Er wohnte in einer Höhe über der am rechten
Ufer, wo der See seine Wasser als Limmat zusammendrängt,
gelegenen größern oder alten Stadt; diese durchkreuzten wir und
erstiegen zuletzt auf immer steileren Pfaden die Höhe hinter den
Wällen, wo sich zwischen den Festungswerken und der alten
Stadtmauer gar anmutig eine Vorstadt, teils in aneinander ge=
schlossenen, teils einzelnen Häusern, halb ländlich gebildet hatte.
Hier nun stand Bodmers Haus, der Aufenthalt seines ganzen
Lebens, in der freiesten, heitersten Umgebung, die wir bei der
Schönheit und Klarheit des Tages schon vor dem Eintritt höchst
vergnüglich zu überschauen hatten.

Wir wurden eine Stiege hoch in ein rings getäfeltes Zim=
mer geführt, wo uns ein munterer Greis von mittlerer Statur
entgegenkam. Er empfing uns mit einem Gruße, mit dem er
die besuchenden Jüngern anzusprechen pflegte: wir würden es
ihm als eine Artigkeit anrechnen, daß er mit seinem Abscheiden
aus dieser Zeitlichkeit so lange gezögert habe, um uns noch
freundlich aufzunehmen, uns kennen zu lernen, sich an unsern
Talenten zu erfreuen und Glück auf unsern fernern Lebensgang
zu wünschen.

Wir dagegen priesen uns glücklich, daß er als Dichter, der
patriarchalischen Welt angehörig und doch in der Nähe der höchst
gebildeten Stadt, eine wahrhaft idyllische Wohnung zeitlebens
besessen und in hoher freier Luft sich einer solchen Fernsicht mit
stetem Wohlbehagen der Augen so lange Jahre erfreut habe.

Es schien ihm nicht unangenehm, daß wir eine Uebersicht
aus seinem Fenster zu nehmen uns ausbaten, welche denn wirk=
lich bei heiterem Sonnenschein in der besten Jahreszeit ganz
unvergleichlich erschien. Man übersah vieles von dem, was sich
von der großen Stadt nach der Tiefe senkte, die kleinere Stadt
über der Limmat, sowie die Fruchtbarkeit des Sihl=Feldes gegen
Abend. Rückwärts links einen Teil des Züricksees mit seiner
glänzend bewegten Fläche und seiner unendlichen Mannigfaltig=
keit von abwechselnden Berg= und Thalufern, Erhöhungen, dem
Auge unfaßlichen Mannigfaltigkeiten; worauf man denn, ge=
blendet von allem diesem, in der Ferne die blaue Reihe der
höheren Gebirgsrücken, deren Gipfel zu benamsen man sich ge=
traute, mit größter Sehnsucht zu schauen hatte.

Die Entzückung junger Männer über das Außerordentliche,

was ihm so viele Jahre her täglich geworden war, schien ihm
zu behagen; er ward, wenn man so sagen darf, ironisch teil=
nehmend, und wir schieden als die besten Freunde, wenn schon
in unsern Geistern die Sehnsucht nach jenen blauen Gebirgshöhen
die Ueberhand gewonnen hatte.

Indem ich nun im Begriffe stehe, mich von unserem wür=
digen Patriarchen zu beurlauben, so merk' ich erst, daß ich von
seiner Gestalt und Gesichtsbildung, von seinen Bewegungen und
seiner Art, sich zu benehmen, noch nichts ausgesprochen.

Ueberhaupt zwar finde ich nicht ganz schicklich, daß Reisende
einen bedeutenden Mann, den sie besuchen, gleichsam signalisieren,
als wenn sie Stoff zu einem Steckbriefe geben wollten. Niemand
bedenkt, daß es eigentlich nur ein Augenblick ist, wo er, vor=
getreten, neugierig beobachtet und doch nur auf seine eigene
Weise; und so kann der Besuchte bald wirklich, bald scheinbar als
stolz oder demütig, als schweigsam oder gesprächig, als heiter oder
verdrießlich erscheinen. In diesem besondern Falle aber möcht' ich
mich damit entschuldigen, daß Bodmers ehrwürdige Person, in
Worten geschildert, keinen gleich günstigen Eindruck machen dürfte.
Glücklicherweise existiert das Bild nach Graff von Bause, welches
vollkommen den Mann darstellt, wie er auch uns erschienen, und
zwar mit seinem Blick der Beschauung und Betrachtung.

Ein besonderes, zwar nicht unerwartetes, aber höchst er=
wünschtes Vergnügen empfing mich in Zürich, als ich meinen
jungen Freund Passavant daselbst antraf. Sohn eines an=
gesehenen reformierten Hauses meiner Vaterstadt, lebte er in der
Schweiz, an der Quelle derjenigen Lehre, die er bereinst als
Prediger verkündigen sollte. Nicht von großer, aber gewandter
Gestalt, versprach sein Gesicht und sein ganzes Wesen eine an=
mutige rasche Entschlossenheit. Schwarzes Haar und Bart, leb=
hafte Augen. Im ganzen eine teilnehmende mäßige Geschäftigkeit.

Kaum hatten wir, uns umarmend, die ersten Grüße ge=
wechselt, als er mir gleich den Vorschlag that, die kleinen
Kantone zu besuchen, die er schon mit großem Entzücken durch=
wandert habe und mit deren Anblick er mich nun ergötzen und
entzücken wolle.

Indes ich mit Lavatern die nächsten und wichtigsten Gegen=
stände durchgesprochen und wir unsere gemeinschaftlichen An=
gelegenheiten beinah erschöpft hatten, waren meine muntern
Reisegesellen schon auf mancherlei Wegen ausgezogen und hatten
nach ihrer Weise sich in der Gegend umgethan. Passavant,
mich mit herzlicher Freundschaft umfangend, glaubte dadurch
ein Recht zu dem ausschließlichen Besitz meines Umgangs er=
worben zu haben und wußte daher, in Abwesenheit jener, mich
um so eher in die Gebirge zu locken, als ich selbst entschieden

geneigt war, in größter Ruhe und auf meine eigne Weise diese
längst ersehnte Wanderung zu vollbringen. Wir schifften uns ein
und fuhren an einem glänzenden Morgen den herrlichen See hinauf.

Möge ein eingeschaltetes Gedicht von jenen glücklichen Momenten einige Ahnung herüberbringen:

    Und frische Nahrung, neues Blut
    Saug' ich aus freier Welt;
    Wie ist Natur so hold und gut,
    Die mich am Busen hält!
    Die Welle wieget unsern Kahn
    Im Rudertakt hinauf,
    Und Berge, wolkig himmelan,
    Begegnen unserm Lauf.

    Aug', mein Aug', was sinkst du nieder?
    Goldne Träume, kommt ihr wieder?
    Weg, du Traum! so Gold du bist;
    Hier auch Lieb' und Leben ist.

    Auf der Welle blinken
    Tausend schwebende Sterne;
    Weiche Nebel trinken
    Rings die türmende Ferne;
    Morgenwind umflügelt
    Die beschattete Bucht,
    Und im See bespiegelt
    Sich die reifende Frucht.

Wir landeten in Richterschwyl, wo wir an Doktor Hotze durch Lavater empfohlen waren. Er besaß als Arzt, als höchst verständiger wohlwollender Mann ein ehrwürdiges Ansehen an seinem Orte und in der ganzen Gegend, und wir glauben sein Andenken nicht besser zu ehren, als wenn wir auf eine Stelle in Lavaters Physiognomik hinweisen, die ihn bezeichnet.

Aufs beste bewirtet, aufs anmutigste und nützlichste auch über die nächsten Stationen unsrer Wanderung unterhalten, erstiegen wir die dahinter liegenden Berge. Als wir in das Thal von Schindelleggi wieder hinabsteigen sollten, kehrten wir uns nochmals um, die entzückende Aussicht über den Züricher See in uns aufzunehmen.

Wie mir zu Mute gewesen, deuten folgende Zeilen an, wie sie, damals geschrieben, noch in einem Gedenkheftchen aufbewahrt sind:

    Wenn ich, liebe Lili, dich nicht liebte,
    Welche Wonne gäb' mir dieser Blick!
    Und doch, wenn ich, Lili, dich nicht liebte,
    Wär', was wär' mein Glück?

Ausdrucksvoller find' ich hier diese kleine Interjektion, als wie sie in der Sammlung meiner Gedichte abgedruckt ist.

Die rauhen Wege, die von da nach Maria Einsiedeln führten, konnten unserm guten Mut nichts anhaben. Eine Anzahl von Wallfahrern, die, schon unten am See von uns bemerkt, mit Gebet und Gesang regelmäßig fortschritten, hatten uns eingeholt; wir ließen sie begrüßend vorbei, und sie belebten, indem sie uns zur Einstimmung in ihre frommen Zwecke beriefen, diese öden Höhen anmutig charakteristisch. Wir sahen lebendig den schlängelnden Pfad bezeichnet, den auch wir zu wandern hatten, und schienen freudiger zu folgen; wie denn die Gebräuche der römischen Kirche dem Protestanten durchaus bedeutend und imposant sind, indem er nur das Erste, Innere, wodurch sie hervorgerufen, das Menschliche, wodurch sie sich von Geschlecht zu Geschlecht fortpflanzen, und also auf den Kern dringend, anerkennt, ohne sich gerade in dem Augenblick mit der Schale, der Fruchthülle, ja dem Baume selbst, seinen Zweigen, Blättern, seiner Rinde und seinen Wurzeln zu befassen.

Nun sahen wir in einem öden baumlosen Thale die prächtige Kirche hervorsteigen, das Kloster, von weitem, ansehnlichem Umfang, in der Mitte von reinlicher Ansiedelung, um so eine große und mannigfaltige Anzahl von Gästen einigermaßen schicklich aufzunehmen.

Das Kirchlein in der Kirche, die ehemalige Einsiedlerwohnung des Heiligen, mit Marmor inkrustiert und so viel als möglich zu einer anständigen Kapelle verwandelt, war etwas Neues, von mir noch nie Gesehenes, dieses kleine Gefäß, umbaut und überbaut von Pfeilern und Gewölben. Es mußte ernste Betrachtungen erregen, daß ein einzelner Funke von Sittlichkeit und Gottesfurcht hier ein immer brennendes leuchtendes Flämmchen angezündet, zu welchem gläubige Scharen mit großer Beschwerlichkeit heranpilgern sollten, um an dieser heiligen Flamme auch ihr Kerzlein anzuzünden. Wie dem auch sei, so deutet es auf ein grenzenloses Bedürfnis der Menschheit nach gleichem Licht, gleicher Wärme, wie es jener erste im tiefsten Gefühl und sicherster Ueberzeugung gehegt und genossen. Man führte uns in die Schatzkammer, welche, reich und imposant genug, vor allen lebensgroße, wohl gar kolossale Büsten von Heiligen und Ordensstiftern dem staunenden Auge darbot.

Doch ganz andere Aufmerksamkeit erregte der Anblick eines darauf eröffneten Schrankes. Er enthielt altertümliche Kostbarkeiten, hierher gewidmet und verehrt. Verschiedene Kronen von merkwürdiger Goldschmiedsarbeit hielten meinen Blick fest, unter denen wieder eine ausschließlich betrachtet wurde. Eine Zackenkrone im Kunstsinne der Vorzeit, wie man wohl ähnliche auf den Häuptern altertümlicher Königinnen gesehen, aber von so geschmackvoller Zeichnung, von solcher Ausführung einer unermüdeten Arbeit, selbst die eingefugten farbigen Steine mit solcher Wahl und Geschicklichkeit verteilt und gegen einander gestellt, genug, ein Werk der Art, daß man es bei dem ersten Anblick für vollkommen erklärte, ohne diesen Eindruck kunstmäßig entwickeln zu können.

Auch ist in solchen Fällen, wo die Kunst nicht erkannt, sondern gefühlt wird, Geist und Gemüt zur Anwendung geneigt; man möchte das Kleinod besitzen, um damit Freude zu machen. Ich erbat mir die Erlaubnis, das Krönchen hervorzunehmen, und als ich solches in der Hand anständig haltend in die Höhe hob, dacht' ich mir nicht anders, als ich müßte es Lili auf die hellglänzenden Locken aufdrücken, sie vor den Spiegel führen und ihre Freude über sich selbst und das Glück, das sie verbreitet, gewahr werden. Ich habe mir nachher oft gedacht, diese Szene, durch einen talentvollen Maler verwirklicht, müßte einen höchst sinn- und gemütvollen Anblick geben. Da wäre es wohl der Mühe wert, der junge König zu sein, der sich auf diese Weise eine Braut und ein neues Reich erwürbe.

Um uns die Besitztümer des Klosters vollständig sehen zu lassen, führte man uns in ein Kunst-, Kuriositäten- und Naturalienkabinett. Ich hatte damals von dem Wert solcher Dinge wenig Begriff; noch hatte mich die zwar höchst löbliche, aber doch den Eindruck der schönen Erdoberfläche vor dem Anschauen des Geistes zerstückelnde Geognosie nicht angelockt, noch weniger eine phantastische Geologie mich in ihre Irrsale verschlungen; jedoch nötigte mich der herumführende Geistliche, einem fossilen, von Kennern, wie er sagte, höchst geschätzten, in einem blauen Schieferthon wohl erhaltenen kleinen wilden Schweinskopf einige Aufmerksamkeit zu schenken, der auch, schwarz, wie er war, für alle Folgezeit in der Einbildungskraft geblieben ist. Man hatte ihn in der Gegend von Rapperschwyl gefunden, in einer Gegend, die, morastig von Urzeiten her, gar wohl dergleichen Mumien für die Nachwelt aufnehmen und bewahren konnte.

Ganz anders aber zog mich unter Rahmen und Glas ein Kupferstich von Martin Schön an, das Abscheiden der Maria vorstellend. Freilich kann nur ein vollkommenes Exemplar uns einen Begriff von der Kunst eines solchen Meisters geben, aber alsdann werden wir auch, wie von dem Vollkommenen in jeder Art, dergestalt ergriffen, daß wir die Begierde, das Gleiche zu besitzen, den Anblick immer wiederholen zu können — es mag noch so viel Zeit dazwischen verfließen — nicht wieder loswerden. Warum sollt' ich nicht vorgreifen und hier gestehn, daß ich später nicht eher nachließ, als bis ich ebenfalls zu einem trefflichen Abdruck dieses Blattes gelangt war?

Am 16. Juli 1775, denn hier find' ich zuerst das Datum

verzeichnet, traten wir einen beschwerlichen Weg an; wilde steinige Höhen mußten überstiegen werden, und zwar in vollkommener Einsamkeit und Oede. Abends drei Viertel auf achte standen wir den Schwyzer Haken gegenüber, zweien Berggipfeln, die neben einander mächtig in die Luft ragen. Wir fanden auf unsern Wegen zum erstenmal Schnee, und an jenen zackigen Felsgipfeln hing er noch vom Winter her. Ernsthaft und fürchterlich füllte ein uralter Fichtenwald die unabsehlichen Schluchten, in die wir hinab sollten. Nach kurzer Rast, frisch und mit mutwilliger Behendigkeit, sprangen wir den von Klippe zu Klippe, von Platte zu Platte in die Tiefe sich stürzenden Fußpfad hinab und gelangten um zehn Uhr nach Schwyz. Wir waren zugleich müde und munter geworden, hinfällig und aufgeregt; wir löschten gählings unsern heftigen Durst und fühlten uns noch mehr begeistert. Man denke sich den jungen Mann, der etwa vor zwei Jahren den Werther schrieb, einen jüngern Freund, der sich schon an dem Manuskript jenes wunderbaren Werks entzündet hatte, beide ohne Wissen und Wollen gewissermaßen in einen Naturzustand versetzt, lebhaft gedenkend vorübergegangener Leidenschaften, nachhängend den gegenwärtigen, folgelose Pläne bildend, im Gefühl behaglicher Kraft das Reich der Phantasie durchschwelgend: dann nähert man sich der Vorstellung jenes Zustandes, den ich nicht zu schildern wüßte, stünde nicht im Tagebuche: „Lachen und Jauchzen dauerte bis um Mitternacht."

Den 17ten morgens sahen wir die Schwyzer Haken vor unsern Fenstern. An diesen ungeheuren unregelmäßigen Naturpyramiden stiegen Wolken nach Wolken hinauf. Um ein Uhr nachmittags von Schwyz weg, gegen den Rigi zu; um zwei Uhr auf dem Lauerzer See herrlicher Sonnenschein. Vor lauter Wonne sah man gar nichts. Zwei tüchtige Mädchen führten das Schiff; das war anmutig, wir ließen es geschehen. Auf der Insel langten wir an, wo sie sagen: hier habe der ehemalige Zwingherr gehaust; wie ihm auch sei, jetzt zwischen die Ruinen hat sich die Hütte des Waldbruders eingeschoben.

Wir bestiegen den Rigi; um halb achte standen wir bei der Mutter Gottes im Schnee; sodann an der Kapelle, am Kloster vorbei, im Wirtshaus zum Ochsen.

Den 18ten Sonntags früh die Kapelle vom Ochsen aus gezeichnet. Um zwölf Uhr nach dem kalten Bad oder zum Dreischwestern-Brunnen. Ein Viertel nach zwei hatten wir die Höhe erstiegen; wir fanden uns in Wolken, diesmal uns doppelt unangenehm, als die Aussicht hindernd und als niedergehender Nebel netzend. Aber als sie hie und da aus einander rissen und uns, von wallenden Rahmen umgeben, eine klare, herrliche, sonnenbeschienene Welt als vortretende und wechselnde Bilder sehen ließen, bedauerten wir nicht mehr diese Zufälligkeiten; denn es war ein nie gesehener, nie wieder zu schauender Anblick, und wir verharrten lange in dieser gewissermaßen unbequemen Lage, um durch die Ritzen und Klüfte der immer bewegten Wolkenballen einen kleinen Zipfel besonnter Erde, einen schmalen Uferzug und ein Endchen See zu gewinnen.

Um acht Uhr abends waren wir wieder vor der Wirtshausthüre zurück und stellten uns an gebackenen Fischen und Eiern und genugsamem Wein wieder her.

Wie es denn nun dämmerte und allmählich nachtete, beschäftigten ahnungsvoll zusammenstimmende Töne unser Ohr; das Glockengebimmel der Kapelle, das Plätschern des Brunnens, das Säuseln wechselnder Lüftchen, in der Ferne Waldhörner — es waren wohlthätige, beruhigende, einlullende Momente.

Am 19ten früh halb sieben erst aufwärts, dann hinab an den Waldstätter See, nach Fitznau; von da zu Wasser nach Gersau. Mittags im Wirtshaus am See. Gegen zwei Uhr dem Grütli gegenüber, wo die drei Tellen schwuren, darauf an der Platte, wo der Held aussprang und wo ihm zu Ehren die Legende seines Daseins und seiner Thaten durch Malerei verewigt ist. Um drei Uhr in Flüelen, wo er eingeschifft ward, um vier Uhr in Altorf, wo er den Apfel abschoß.

An diesem poetischen Faden schlingt man sich billig durch das Labyrinth dieser Felsenwände, die, steil bis in das Wasser hinabreichend, uns nichts zu sagen haben. Sie, die Unerschütterlichen, stehen so ruhig da, wie die Kulissen eines Theaters; Glück oder Unglück, Lust oder Trauer ist bloß den Personen zugedacht, die heute auf dem Zettel stehen.

Dergleichen Betrachtungen jedoch waren gänzlich außer dem Gesichtskreis jener Jünglinge; das Kurzvergangene hatten sie aus dem Sinne geschlagen, und die Zukunft lag so wunderbar unerforschlich vor ihnen, wie das Gebirg, in das sie hineinstrebten.

Am 20sten brachen wir nach Amsteg auf, wo man uns gebackene Fische gar schmackhaft bereitete. Hier nun, an diesem schon genugsam wilden Angebirge, wo die Reuß aus schrofferen Felsklüften hervordrang und das frische Schneewasser über die reinlichen Kiesbänke hinspielte, enthielt ich mich nicht, die gewünschte Gelegenheit zu nützen und mich in den rauschenden Wellen zu erquicken.

Um drei Uhr gingen wir von da weiter; eine Reihe Saumrosse zog vor uns her, wir schritten mit ihr über eine breite Schneemasse und erfuhren erst nachher, daß sie unten hohl sei. Hier hatte sich der Winterschnee in eine Bergschlucht eingelegt, um die man sonst herumziehen mußte, und diente nunmehr zu einem geraden verkürzten Wege. Die unten durchströmenden

Wasser hatten sie nach und nach ausgehöhlt, durch die milde Sommerluft war das Gewölb immer mehr abgeschmolzen, so daß sie nunmehr als ein breiter Brückenbogen das Hüben und Drüben natürlich zusammenhielt. Wir überzeugten uns von diesem wundersamen Naturereignis, indem wir uns etwas oberhalb hinunter in die breitere Schlucht wagten.

Wie wir uns nun immer weiter erhuben, blieben Fichtenwälder im Abgrund, durch welche die schäumende Reuß über Felsenstürze sich von Zeit zu Zeit sehen ließ.

Um halb acht Uhr gelangten wir nach Wasen, wo wir, uns mit dem roten, schweren, sauren lombardischen Wein zu erquicken, erst mit Wasser nachhelfen und mit vielem Zucker das Ingredienz ersetzen mußten, was die Natur in der Traube auszukochen versagt hatte. Der Wirt zeigte schöne Kristalle vor; ich war aber damals so entfernt von solchen Naturstudien, daß ich mich nicht einmal für den geringen Preis mit diesen Bergerzeugnissen beschweren mochte.

Den 21sten halb sieben Uhr aufwärts; die Felsen wurden immer mächtiger und schrecklicher; der Weg bis zum Teufelsstein, bis zum Anblick der Teufelsbrücke immer mühseliger. Meinem Gefährten beliebte es, hier auszuruhen; er munterte mich auf, die bedeutenden Ansichten zu zeichnen. Die Umrisse mochten mir gelingen, aber es trat nichts hervor, nichts zurück; für dergleichen Gegenstände hatte ich keine Sprache. Wir mußten uns weiter; das ungeheure Wilde schien sich immer zu steigern, Platten wurden zu Gebirgen und Vertiefungen zu Abgründen. So geleitete mich mein Führer bis ans Urserner Loch, durch welches ich gewissermaßen verdrießlich hindurchging; was man bisher gesehen, war doch erhaben, diese Finsternis hob alles auf.

Aber freilich hatte sich der schelmische Führer das freudige Erstaunen voraus vorgestellt, das mich beim Austritt überraschen mußte. Der mäßig schäumende Fluß schlängelte sich hier milde durch ein flaches, von Bergen zwar umschlossenes, aber doch genugsam weites, zur Bewohnung einladendes Thal. Ueber dem reinlichen Oertchen Urseren und seiner Kirche, die uns auf ebenem Boden entgegenstanden, erhob sich ein Fichtenwäldchen, heilig geachtet, weil es die am Fuße Angesiedelten vor höher herabrollenden Schneelawinen schützte. Die grünenden Wiesen des Thales waren wieder am Fluß her mit kurzen Weiden geschmückt; man erfreute sich hier einer lange vermißten Vegetation. Die Beruhigung war groß; man fühlte auf flachen Pfaden die Kräfte wieder belebt und mein Reisegefährte that sich nicht wenig zu gute auf die Ueberraschung, die er so schicklich eingeleitet hatte.

An der Matte fand sich der berühmte Urserner Käse, und

die exaltierten jungen Leute ließen sich einen leiblichen Wein trefflich schmecken, um ihr Behagen noch mehr zu erhöhen und ihren Projekten einen phantastischeren Schwung zu verleihen.

Den 22sten halb vier Uhr verließen wir unsere Herberge, um aus dem glatten Urserner Thal ins steinichte Liviner Thal einzutreten. Auch hier ward sogleich alle Fruchtbarkeit vermißt; nackte wie bemooste Felsen mit Schnee bedeckt, ruckweiser Sturmwind, Wolken heran- und vorbeiführend, Geräusch der Wasserfälle, das Klingeln der Saumrosse in der höchsten Oede, wo man weder die Herankommenden noch die Scheidenden erblickte. Hier kostet es der Einbildungskraft nicht viel, sich Drachennester in den Klüften zu denken. Aber doch erheitert und erhoben fühlte man sich durch einen der schönsten, am meisten zum Bilde sich eignenden, in allen Abstufungen grandios mannigfaltigen Wasserfall, der, gerade in dieser Jahreszeit vom geschmolzenen Schnee überreich begabt, von Wolken bald verhüllt, bald enthüllt, uns geraume Zeit an die Stelle fesselte.

Endlich gelangten wir an kleine Nebeleen, wie ich sie nennen möchte, weil sie von den atmosphärischen Streifen kaum zu unterscheiden waren. Nicht lange, so trat aus dem Dunste ein Gebäude entgegen: es war das Hospiz, und wir fühlten große Zufriedenheit, uns zunächst unter seinem gastlichen Dache schirmen zu können.

Neunzehntes Buch.

Durch das leichte Kläffen eines uns entgegenkommenden Hündchens angemeldet, wurden wir von einer ältlichen, aber rüstigen Frauensperson an der Thüre freundlich empfangen. Sie entschuldigte den Herrn Pater, welcher nach Mailand gegangen sei, jedoch diesen Abend wieder erwartet werde; alsdann aber sorgte sie, ohne viel Worte zu machen, für Bequemlichkeit und Bedürfnis. Eine warme geräumige Stube nahm uns auf; Brot, Käse und trinkbarer Wein wurden aufgesetzt, auch ein hinreichendes Abendessen versprochen. Nun wurden die Ueberraschungen des Tags wieder aufgenommen, und der Freund that sich höchlich darauf zu gute, daß alles so wohl gelungen und ein Tag zurückgelegt sei, dessen Eindrücke weder Poesie noch Prosa wiederherzustellen im stande.

Bei spät eintretender Dämmerung trat endlich der ansehnliche Pater herein, begrüßte mit freundlich vertraulicher Würde seine Gäste und empfahl mit wenigen Worten der Köchin alle mögliche Aufmerksamkeit. Als wir unsre Bewunderung nicht zurückhielten, daß er hier oben, in so völliger Wüste, entfernt von aller Gesellschaft, sein Leben zubringen gewollt, versicherte er: an Gesellschaft fehle es ihm nie, wie wir denn ja auch gekommen wären, ihn mit unserm Besuche zu erfreuen. Gar stark sei der wechselseitige Warentransport zwischen Italien und Deutschland. Dieser immer fortwährende Speditionswechsel setze ihn mit den ersten Handelshäusern in Verhältnis. Er steige oft nach Mailand hinab, komme seltener nach Luzern, von woher ihm aber aus den Häusern, welche das Postgeschäft dieser Hauptstraße zu besorgen hätten, zum öftern junge Leute zugeschickt würden, die hier oben auf dem Scheidepunkt mit allen in diese Angelegenheiten eingreifenden Umständen und Vorfallenheiten bekannt werden sollten.

Unter solchen mannigfaltigen Gesprächen ging der Abend hin, und wir schliefen eine ruhige Nacht in etwas kurzen, an der Wand befestigten, eher an Repositorien als Bettstellen erinnernden Schlafstätten.

Früh aufgestanden, befand ich mich bald zwar unter freiem Himmel, jedoch in engen, von hohen Gebirgskuppen umschlossenen Räumen. Ich hatte mich an den Fußpfad, der nach Italien hinunterging, niedergelassen und zeichnete, nach Art der Dilettanten, was nicht zu zeichnen war und was noch weniger ein Bild geben konnte: die nächsten Gebirgskuppen, deren Seiten der herabschmelzende Schnee mit weißen Furchen und schwarzen Rücken sehen ließ. Indessen ist mir durch diese fruchtlose Bemühung jenes Bild im Gedächtnis unauslöschlich geblieben.

Mein Gefährte trat mutig zu mir und begann: „Was sagst du zu der Erzählung unsres geistlichen Wirts von gestern abend? Hast du nicht, wie ich, Lust bekommen, dich von diesem Drachengipfel hinab in jene entzückenden Gegenden zu begeben? Die Wanderung durch diese Schluchten hinab muß herrlich sein und mühelos; und wann sich's dann bei Bellinzona öffnen mag, was würde das für eine Lust sein! Die Inseln des großen Sees sind mir durch die Worte des Paters wieder lebendig in die Seele getreten. Man hat seit Keyßlers Reisen so viel davon gehört und gesehen, daß ich der Versuchung nicht widerstehen kann.

„Ist dir's nicht auch so?" fuhr er fort; „du sitzest gerade am rechten Fleck; schon einmal stand ich hier und hatte nicht den Mut, hinabzuspringen. Geh voran ohne weiteres, in Airolo wartest du auf mich; ich komme mit dem Boten nach, wenn ich vom guten Pater Abschied genommen und alles berichtigt habe."

So ganz aus dem Stegreif ein solches Unternehmen will mir doch nicht gefallen, antwortete ich. — „Was soll da viel Bedenken!" rief jener; „Geld haben wir genug, nach Mailand zu kommen; Kredit wird sich finden, mir sind von unsern Messen her dort mehr als ein Handelsfreund bekannt." Er ward noch dringender. Geh! sagte ich; mach' alles zum Abschied fertig, entschließen wollen wir uns alsdann.

Mir kommt vor, als wenn der Mensch in solchen Augenblicken keine Entschiedenheit in sich fühlte, vielmehr von früheren Eindrücken regiert und bestimmt werde. Die Lombardie und Italien lag als ein ganz Fremdes vor mir; Deutschland als ein Bekanntes, Liebwertes, voller freundlichen einheimischen Aussichten, und, sei es nur gestanden: das, was mich so lange ganz umfangen, meine Existenz getragen hatte, blieb auch jetzt das unentbehrlichste Element, aus dessen Grenzen zu treten ich mich nicht getraute. Ein goldnes Herzchen, das ich in schönsten Stunden von ihr erhalten hatte, hing noch an demselben Bändchen, an welchem sie es umknüpfte, lieberwärmt an meinem Halse. Ich faßte es an und küßte es; mag ein dadurch veranlaßtes Gedicht auch hier eingeschaltet sein:

> Angedenken du verklungner Freude,
> Das ich immer noch am Halse trage,
> Hältst du länger als das Seelenband uns beide?
> Verlängerst du der Liebe kurze Tage?
>
> Flieh' ich, Lili, vor dir! Muß noch an deinem Bande
> Durch fremde Lande,
> Durch ferne Thäler und Wälder wallen!
> Ach, Lilis Herz konnte sobald nicht
> Von meinem Herzen fallen.
>
> Wie ein Vogel, der den Faden bricht
> Und zum Walde kehrt,
> Er schleppt, des Gefängnisses Schmach,
> Noch ein Stückchen des Fadens nach;
> Er ist der alte freigeborne Vogel nicht,
> Er hat schon jemand angehört.

Schnell stand ich auf, damit ich von der schroffen Stelle wegkäme und der mit dem resttragenden Boten heraufstürmende Freund mich in den Abgrund nicht mit fortrisse. Auch ich begrüßte den frommen Pater und wendete mich, ohne ein Wort zu verlieren, dem Pfade zu, woher wir gekommen waren. Etwas zaudernd folgte mir der Freund, und ungeachtet seiner Liebe und Anhänglichkeit an mich, blieb er eine Zeitlang eine Strecke zurück, bis uns endlich jener herrliche Wasserfall wieder zusammenbrachte, zusammenhielt und das einmal Beschlossene endlich auch für gut und heilsam gelten sollte.

Von dem Herabstieg sag' ich nichts weiter, als daß wir jene Schneebrücke, über die wir in schwerbeladener Gesellschaft vor wenig Tagen ruhig hinzogen, völlig zusammengestürzt fanden und nun, da wir einen Umweg durch die eröffnete Bucht machen mußten, die kolossalen Trümmer einer natürlichen Baukunst anzustaunen und zu bewundern hatten.

Ganz konnte mein Freund die rückgängige Wanderung nach Italien nicht verschmerzen; er mochte sich solche früher ausgedacht und mit liebevoller Arglist mich an Ort und Stelle zu überraschen gehofft haben. Deshalb ließ sich die Rückkehr nicht so heiter vollführen; ich aber war auf meinen stummen Pfaden um desto anhaltender beschäftigt, das Ungeheure, das sich in unserem Geiste mit der Zeit zusammenzuziehen pflegt, wenigstens in seinen faßlichen charakteristischen Einzelheiten festzuhalten.

Nicht ohne manche neue wie erneuerte Empfindungen und Gedanken gelangten wir durch die bedeutenden Höhen des Vierwaldstätter Sees nach Küßnacht, wo wir, landend und unsre Wanderung fortsetzend, die am Wege stehende Tellenkapelle zu begrüßen und jenen der ganzen Welt als heroisch-patriotisch-rühmlich geltenden Meuchelmord zu gedenken hatten. Eben so fuhren wir über den Zuger See, den wir schon vom Rigi herab aus der Ferne hatten kennen lernen. In Zug erinnere ich mich nur einiger, im Gasthofzimmer nicht gar großer, aber in ihrer Art vorzüglicher in die Fensterflügel eingefügter gemalter Scheiben. Dann ging unser Weg über den Albis in das Sihlthal, wo wir einen jungen, in der Einsamkeit sich gefallenden Hannoveraner, von Lindau, besuchten, um seinen Verdruß zu beschwichtigen, den er früher in Zürich über eine von mir nicht aufs freundlichste und schicklichste abgelehnte Begleitung empfunden hatte. Die eifersüchtige Freundschaft des trefflichen Passavant war eigentlich Ursache an dem Ablehnen einer zwar lieben, aber doch unbequemen Gegenwart.

Ehe wir aber von diesen herrlichen Höhen wieder zum See und zur freundlich liegenden Stadt hinabsteigen, muß ich noch eine Bemerkung machen über meine Versuche, durch Zeichnen und Skizzieren der Gegend etwas abzugewinnen. Die Gewohnheit, von Jugend auf die Landschaft als Bild zu sehen, verführte mich zu dem Unternehmen, wenn ich in der Natur die Gegend als Bild erblickte, sie fixieren, mir ein sichres Andenken von solchen Augenblicken festhalten zu wollen. Sonst nur an beschränkten Gegenständen mich einigermaßen übend, fühlt' ich in einer solchen Welt gar bald meine Unzulänglichkeit.

Drang und Eile zugleich nötigten mich zu einem wunderbaren Hilfsmittel; kaum hatte ich einen interessanten Gegenstand gefaßt und ihn mit wenigen Strichen im allgemeinsten auf dem Papier angedeutet, so führte ich das Detail, das ich mit dem Bleistift nicht erreichen noch durchführen konnte, in Worten gleich darneben aus und gewann mir auf diese Weise eine solche innere Gegenwart von dergleichen Ansichten, daß eine jede Lokalität, wie ich sie nachher in Gedicht oder Erzählung nur etwa brauchen mochte, mir alsobald vorschwebte und zu Gebote stand.

Bei meiner Rückkunft in Zürich fand ich die Stolberge nicht mehr; ihr Aufenthalt in dieser Stadt hatte sich auf eine wunderliche Weise verkürzt.

Gestehen wir überhaupt, daß Reisende, die sich aus ihrer häuslichen Beschränkung entfernen, gewissermaßen in eine nicht nur fremde, sondern völlig freie Natur einzutreten glauben, welchen Wahn man damals um so eher hegen konnte, als man noch nicht durch polizeiliche Untersuchung der Pässe, durch Zollabgaben und andere dergleichen Hindernisse jeden Augenblick erinnert wurde, es sei draußen noch bedingter und schlimmer als zu Hause.

Vergegenwärtige man sich zunächst jene unbedingte Richtung nach einer verwirklichten Naturfreiheit, so wird man den jungen Gemütern verzeihen, welche die Schweiz gerade als das rechte Lokal ansahen, ihre frische Jünglingsnatur zu idyllisieren. Hatten doch Geßners zarte Gedichte sowie seine allerliebsten Radierungen hiezu am entschiedensten berechtigt.

In der Wirklichkeit nun scheint sich für solche poetische Aeußerungen das Baden in unbeengten Gewässern am allerersten zu qualifizieren. Schon unterwegs wollten dergleichen Naturübungen nicht gut zu den modernen Sitten paßlich erscheinen; man hatte sich ihrer auch einigermaßen enthalten. In der Schweiz aber, beim Anblick und Feuchtgefühl des rinnenden, laufenden, stürzenden, in der Fläche sich sammelnden, nach und nach zum See sich ausbreitenden Gewässers, war der Versuchung nicht zu widerstehen. Ich selbst will nicht leugnen, daß ich mich, im klaren See zu baden, mit meinen Gesellen vereinte, und wie es schien, weit genug von allen menschlichen Blicken. Nackte Körper jedoch leuchten weit, und wer es auch mochte gesehen haben, nahm Aergernis daran.

Die guten harmlosen Jünglinge, welche gar nichts Anstößiges fanden, halb nackt wie ein poetischer Schäfer oder ganz nackt wie eine heidnische Gottheit sich zu sehen, wurden von Freunden erinnert, dergleichen zu unterlassen. Man machte ihnen begreiflich, sie weseten nicht in der uranfänglichen Natur, sondern in einem Lande, das für gut und nützlich erachtet habe, an älteren, aus der Mittelzeit sich herschreibenden Einrichtungen und Sitten festzuhalten. Sie waren nicht abgeneigt, dies einzusehen, besonders da vom Mittelalter die Rede war, welches ihnen als eine zweite Natur verehrlich schien. Sie verließen daher die allzu taghasten Seeufer und fanden auf ihren Spaziergängen durch das Gebirg so klare, rauschende, erfrischende Gewässer, daß in der Mitte Juli es ihnen unmöglich schien, einer solchen Erquickung zu widerstehen. So waren sie auf ihren weitschweifenden Spaziergängen in das düstere Thal gelangt, wo hinter dem Albis die Sihl strömend herabschießt, um sich unterhalb Zürich in die Limmat zu ergießen. Entfernt von aller Wohnung, ja von allem betretenen Fußpfad, fanden sie es hier ganz unverfänglich, die Kleider abzuwerfen und sich kühnlich den schäumenden Stromwellen entgegenzusetzen; dies geschah freilich nicht ohne Geschrei, nicht ohne ein wildes, teils von der Kühlung, teils von dem Behagen aufgeregtes Lustjauchzen, wodurch sie diese düster bewaldeten Felsen zur idyllischen Szene einzuweihen den Begriff hatten.

Allein, ob ihnen frühere Mißwollende nachgeschlichen, oder ob sie sich durch diesen dichterischen Tumult in der Einsamkeit selbst Gegner aufgerufen, ist nicht zu bestimmen. Genug, sie mußten aus dem oberen stummen Gebüsch herab Steinwurf auf Steinwurf erfahren, ungewiß, ob von wenigen oder mehrern, ob zufällig oder absichtlich, und sie fanden daher für das klügste, das erquickende Element zu verlassen und ihre Kleider zu suchen.

Keiner war getroffen, Ueberraschung und Verdruß war die geistige Beschädigung, die sie erlitten hatten, und sie wußten, als lebenslustige Jünglinge, die Erinnerung daran leicht abzuschütteln.

Auf Lavatern jedoch erstreckten sich die unangenehmsten Folgen, daß er junge Leute von dieser Frechheit bei sich freundlich aufgenommen, mit ihnen Spazierfahrten angestellt und sie sonst begünstigt, deren wildes, unbändiges, unchristliches, ja heidnisches Naturell einen solchen Skandal in einer gesitteten, wohlgeregelten Gegend anrichte.

Der geistliche Freund jedoch, wohlverstehend, solche Vorkommenheiten zu beschwichtigen, wußte dies auch beizulegen, und nach Abzug dieser meteorisch Reisenden war schon bei unsrer Rückkehr alles ins Gleiche gebracht.

In dem Fragment von Werthers Reisen, welches in dem XVI. Bande meiner Werke neuerlich wieder mit abgedruckt ist, habe ich diesen Gegensatz der schweizerischen löblichen Ordnung und gesetzlichen Beschränkung mit einem solchen im jugendlichen Wahn geforderten Naturleben zu schildern gesucht. Weil man aber alles, was der Dichter unbewunden darstellt, gleich als entschiedene Meinung, als didaktischen Tadel anzunehmen pflegt, so waren die Schweizer deshalb sehr unwillig, und ich unterließ die intentionierte Fortsetzung, welche das Herankommen Werthers bis zur Epoche, wo seine Leiden geschildert sind, einigermaßen darstellen und dadurch gewiß den Menschenkennern willkommen sein sollte.

In Zürich angelangt, gehörte ich Lavatern, dessen Gastfreundschaft ich wieder ansprach, die meiste Zeit ganz allein. Die Physiognomik lag mit allen ihren Gebilden und Unbilden dem trefflichen Manne mit immer sich vermehrenden Lasten auf den

Schultern. Wir verhandelten alles den Umständen nach gründlich genug, und ich versprach ihm dabei nach meiner Rückkehr die bisherige Teilnahme.

Hiezu verleitete mich das jugendlich unbedingte Vertrauen auf eine schnelle Fassungskraft, mehr noch das Gefühl der willigsten Bildsamkeit; denn eigentlich war die Art, womit Lavater die Physiognomien zergliederte, nicht in meinem Wesen. Der Eindruck, den der Mensch beim ersten Begegnen auf mich machte, bestimmte gewissermaßen mein Verhältnis zu ihm; obgleich das allgemeine Wohlwollen, das in mir wirkte, gesellt zu dem Leichtsinn der Jugend, eigentlich immer vorwaltete und mich die Gegenstände in einer gewissen dämmernden Atmosphäre schauen ließ.

Lavaters Geist war durchaus imposant; in seiner Nähe konnte man sich einer entscheidenden Einwirkung nicht erwehren, und so mußt' ich mir denn gefallen lassen, Stirn und Nase, Augen und Mund einzeln zu betrachten und eben so ihre Verhältnisse und Bezüge zu erwägen. Jener Seher that dies notgedrungen, um sich von dem, was er so klar anschaute, vollkommene Rechenschaft zu geben; mir kam es immer als eine Tücke, als ein Spionieren vor, wenn ich einen gegenwärtigen Menschen in seine Elemente zerlegen und seinen sittlichen Eigenschaften dadurch auf die Spur kommen wollte. Lieber hielt ich mich an sein Gespräch, in welchem er nach Belieben sich selbst enthüllte. Hiernach will ich denn nicht leugnen, daß es in Lavaters Nähe gewissermaßen bänglich war: denn indem er sich auf physiognomischem Wege unsrer Eigenschaften bemächtigte, so war er in der Unterredung Herr unserer Gedanken, die er im Wechsel des Gesprächs mit einigem Scharfsinn gar leicht erraten konnte.

Wer eine Synthese recht prägnant in sich fühlt, der hat eigentlich das Recht, zu analysieren, weil er am äußeren Einzelnen sein inneres Ganze prüft und legitimiert. Wie Lavater sich hiebei benommen, sei nur ein Beispiel gegeben.

Sonntags nach der Predigt hatte er als Geistlicher die Verpflichtung, den kurzgestielten Sammetbeutel jedem Heraustretenden vorzuhalten und die milde Gabe segnend zu empfangen. Nun setzte er sich z. B. diesen Sonntag die Aufgabe, keine Person anzusehen, sondern nur auf die Hände zu achten und ihre Gestalt sich auszulegen. Aber nicht allein die Form der Finger, sondern auch die Miene derselben beim Niederlassen der Gabe entging nicht seiner Aufmerksamkeit und er hatte mir viel davon zu eröffnen. Wie belehrend und aufregend mußten mir solche Unterhaltungen werden, mir, der ich doch auch auf dem Wege war, mich zum Menschenmaler zu qualifizieren?

Manche Epoche meines nachherigen Lebens ward ich veranlaßt, über diesen Mann zu denken, welcher unter die Vorzüglichsten gehört, mit denen ich zu einem so vertrauten Verhältnis gelangte. Und so sind nachstehende Aeußerungen über ihn zu verschiedenen Zeiten geschrieben. Nach unsern aus einander strebenden Richtungen mußten wir uns allmählich ganz und gar fremd werden, und doch wollt' ich mir den Begriff von seinem vorzüglichen Wesen nicht verkümmern lassen. Ich vergegenwärtigte mir ihn mehrmals, und so entstanden diese Blätter ganz unabhängig von einander, in denen man Wiederholung, aber hoffentlich keinen Widerspruch finden wird.

Lavater war eigentlich ganz real gesinnt und kannte nichts Ideelles als unter der moralischen Form; wenn man diesen Begriff festhält, wird man sich über einen seltenen und seltsamen Mann am ersten aufklären.

Seine Aussichten in die Ewigkeit sind eigentlich nur Fortsetzungen des gegenwärtigen Daseins, unter leichteren Bedingungen, als die sind, welche wir hier zu erdulden haben. Seine Physiognomik ruht auf der Ueberzeugung, daß die sinnliche Gegenwart mit der geistigen durchaus zusammenfalle, ein Zeugniß von ihr ablege, ja sie selbst vorstelle.

Mit den Kunstidealen konnte er sich nicht leicht befreunden, weil er bei seinem scharfen Blick solchen Wesen die Unmöglichkeit, lebendig organisiert zu sein, nur allzu sehr ansah und sie daher ins Fabelreich, ja in das Reich des Monstrosen verwies. Seine unaufhaltsame Neigung, das Ideelle verwirklichen zu wollen, brachte ihn in den Ruf eines Schwärmers, ob er sich gleich überzeugt fühlte, daß niemand mehr auf das Wirkliche dringe, als er; deswegen er denn auch den Mißgriff in seiner Denk- und Handelsweise niemals entdecken konnte.

Nicht leicht war jemand leidenschaftlicher bemüht, anerkannt zu werden, als er, und vorzüglich dadurch eignete er sich zum Lehrer; gingen aber seine Bemühungen auch wohl auf Sinnes- und Sittenbesserung anderer, so war doch dies keineswegs das Letzte, worauf er hinarbeitete.

Um die Verwirklichung der Person Christi war es ihm am meisten zu thun; daher jenes beinahe unsinnige Treiben, ein Christusbild nach dem andern fertigen, kopieren, nachbilden zu lassen, wovon ihm denn, wie natürlich, keines genug that.

Seine Schriften sind schon jetzt schwer zu verstehen, denn nicht leicht kann jemand eindringen in das, was er eigentlich will. Niemand hat so viel aus der Zeit und in die Zeit geschrieben als er; seine Schriften sind wahre Tagesblätter, welche die eigentlichste Erläuterung aus der Zeitgeschichte fordern; sie sind in einer Koteriesprache geschrieben, die man kennen muß, um gerecht gegen sie zu sein, sonst wird dem verständigen Leser manches ganz toll und abgeschmackt erscheinen; wie denn auch dem Manne schon bei seinem Leben und nach demselben hierüber genugsame Vorwürfe gemacht wurden.

So hatten wir ihm z. B. mit unserm Dramatisieren den Kopf so warm gemacht, indem wir alles Vorkömmliche nur unter dieser Form darstellten und keine andere wollten gelten lassen, daß er, hierdurch aufgeregt, in seinem Pontius Pilatus mit Heftigkeit zu zeigen bemüht ist: es gebe doch kein dramatischeres Werk als die Bibel; besonders aber die Leidensgeschichte Christi sei für das Drama aller Dramen zu erklären.

In diesem Kapitel des Büchleins, ja in dem ganzen Werke überhaupt, erscheint Lavater dem Pater Abraham von Santa Clara sehr ähnlich; denn in diese Manier muß jeder Geistreiche verfallen, der auf den Augenblick wirken will. Er hat sich nach den gegenwärtigen Neigungen, Leidenschaften, nach Sprache und Terminologie zu erkundigen, um solche alsdann zu seinen Zwecken zu brauchen und sich der Masse anzunähern, die er an sich heranziehen will.

Da er nun Christum buchstäblich auffaßte, wie ihn die Schrift, wie ihn manche Ausleger geben, so diente ihm diese Vorstellung dergestalt zum Supplement seines eignen Wesens, daß er den Gottmenschen seiner individuellen Menschheit so lange ideell einverleibte, bis er zuletzt mit demselben wirklich in eins zusammengeschmolzen, mit ihm vereinigt, ja eben derselbe zu sein wähnen durfte.

Durch diesen entschiedenen bibelbuchstäblichen Glauben mußte er auch eine völlige Ueberzeugung gewinnen, daß man eben so gut noch heutzutage als zu jener Zeit Wunder müsse ausüben können, und da es ihm vollends schon früh gelungen war, in bedeutenden und dringenden Angelegenheiten durch brünstiges, ja gewaltsames Gebet im Augenblick eine günstige Umwendung schwer bedrohender Unfälle zu erzwingen, so konnte ihn keine kalte Verstandeseinwendung im mindesten irre machen. Durchdrungen ferner von dem großen Werte der durch Christum wiederhergestellten und einer glücklichen Ewigkeit gewidmeten Menschheit, aber zugleich auch bekannt mit den mannigfaltigen Bedürfnissen des Geistes und Herzens, mit dem grenzenlosen Verlangen nach Wissen, selbst fühlend jene Lust, sich ins Unendliche auszudehnen, wozu uns der gestirnte Himmel sogar sinnlich einladet, entwarf er seine Aussichten in die Ewigkeit, welche indes dem größten Teil der Zeitgenossen sehr wunderlich vorkommen mochten.

Alles dieses Streben jedoch, alle Wünsche, alles Unternehmen ward von dem physiognomischen Genie überwogen, das ihm die Natur zugeteilt hatte. Denn wie der Probierstein durch Schwärze und rauhglatte Eigenschaft seiner Oberfläche den Unterschied der aufgestrichenen Metalle anzuzeigen am geschicktesten ist, so war auch er durch den reinen Begriff der Menschheit, den er in sich trug, und durch die scharf-zarte Bemerkungsgabe, die er erst aus Naturtrieb, nur obenhin, zufällig, dann mit Überlegung, vorsätzlich und geregelt ausübte, im höchsten Grade geeignet, die Eigenheiten einzelner Menschen zu gewahren, zu kennen, zu unterscheiden, ja auszusprechen.

Jedes Talent, das sich auf eine entschiedene Naturanlage gründet, scheint uns etwas Magisches zu haben, weil wir weder es selbst, noch seine Wirkungen einem Begriffe unterordnen können. Und wirklich ging Lavaters Einsicht in die einzelnen Menschen über alle Begriffe; man erstaunte, ihn zu hören, wenn man über diesen oder jenen vertraulich sprach, ja, es war furchtbar in der Nähe des Mannes zu leben, dem jede Grenze deutlich erschien, in welche die Natur uns Individuen einzuschränken beliebt hat.

Jedermann glaubt dasjenige mitteilbar, was er selbst besitzt, und so wollte Lavater nicht nur für sich von dieser großen Gabe Gebrauch machen, sondern sie sollte auch in andern aufgefunden, angeregt, sie sollte sogar auf die Menge übertragen werden. Zu welchen dunklen und boshaften Mißdeutungen, zu welchen albernen Späßen und niederträchtigen Verspottungen diese auffallende Lehre reichlichen Anlaß gegeben, ist wohl noch in einiger Menschen Gedächtnis, und es geschah dieses nicht ganz ohne Schuld des vorzüglichen Mannes selbst. Denn ob zwar die Einheit seines innern Wesens auf einer hohen Sittlichkeit ruhte, so konnte er doch mit seinen mannigfaltigen Bestrebungen nicht zur äußern Einheit gelangen, weil in ihm sich weder Anlage zur philosophischen Sinnesweise noch zum Künstlertalent finden wollte.

Er war weder Denker noch Dichter, ja nicht einmal Redner im eigentlichen Sinne. Keineswegs im stande, etwas methodisch anzufassen, griff er das Einzelne einzeln sicher auf, und so stellte er es auch kühn neben einander. Sein großes physiognomisches Werk ist hiervon ein auffallendes Beispiel und Zeugnis. In ihm selbst mochte wohl der Begriff des sittlichen und sinnlichen Menschen ein Ganzes bilden; aber außer sich wußte er diesen Begriff nicht darzustellen, als nur wieder praktisch im einzelnen, so wie er das Einzelne im Leben aufgefaßt hatte.

Eben jenes Werk zeigt uns zum Bedauern, wie ein so scharfsinniger Mann in der gemeinsten Erfahrung umhertappt, alle lebenden Künstler und Pfuscher aufruft, für charakterlose Zeichnungen und Kupfer ein unglaubliches Geld ausgibt, um hinterdrein im Buche zu sagen, daß diese und jene Platte mehr oder weniger mißlungen, unbedeutend und unnütz sei. Freilich schärfte er dadurch sein Urteil und das Urteil anderer; allein es beweist auch, daß ihn seine Neigung trieb, Erfahrungen mehr anzuhäufen, als sich in ihnen Luft und Licht zu machen. Eben daher konnte er niemals auf Resultate losgehn, um die ich ihn öfters und dringend bat. Was er als solche in späterer Zeit Freunden vertraulich mitteilte, waren für mich keine; denn sie bestanden aus einer Sammlung von gewissen Linien und Zügen, ja Warzen und Leberflecken, mit denen er bestimmte sittliche, öfters unsittliche Eigenschaften verbunden gesehn. Es waren darunter Bemerkungen zum Entsetzen; allein es machte keine Reihe, alles stand vielmehr zufällig durch einander. Nirgends war eine Anleitung zu sehn, oder eine Rückweisung zu finden. Eben so wenig schriftstellerische Methode oder Künstlersinn herrschte in seinen übrigen Schriften, welche vielmehr stets eine leidenschaftlich heftige Darstellung seines Denkens und Wollens enthielten und das, was sie im ganzen nicht leisteten, durch die herzlichsten, geistreichsten Einzelheiten jederzeit ersetzten.

Nachfolgende Betrachtungen möchten wohl, gleichfalls auf jene Zustände bezüglich, hier am rechten Orte eingeschaltet stehen.

Niemand räumt gern andern einen Vorzug ein, solang er ihn nur einigermaßen leugnen kann. Naturvorzüge aller Art sind am wenigsten zu leugnen, und doch gestand der gemeine Redegebrauch damaliger Zeit nur dem Dichter Genie zu. Nun aber schien auf einmal eine andere Welt aufzugehen: man verlangte Genie vom Arzt, vom Feldherrn, vom Staatsmann und bald von allen Menschen, die sich theoretisch oder praktisch hervorzuthun dachten. Zimmermann vorzüglich hatte diese Forderungen zur Sprache gebracht. Lavater in seiner Physiognomik mußte notwendig auf eine allgemeinere Verteilung der Geistesgaben aller Art hinweisen; das Wort Genie ward eine allgemeine Losung, und weil man es so oft aussprechen hörte, so dachte man auch, das, was es bedeuten sollte, sei gewöhnlich vorhanden. Da nun aber jedermann Genie von andern zu fordern berechtigt war, so glaubte er es auch endlich selbst besitzen zu müssen. Es war noch lange hin bis zu der Zeit, wo ausgesprochen werden konnte: daß Genie diejenige Kraft des Menschen sei, welche durch Handeln und Thun Gesetz und Regel gibt. Damals manifestierte sich's nur, indem es die vorhandenen Gesetze überschritt, die eingeführten Regeln umwarf und sich für grenzenlos erklärte. Daher war es leicht, genialisch zu sein, und nichts natürlicher, als daß der Mißbrauch in Wort und That alle geregelten Menschen aufrief, sich einem solchen Unwesen zu widersetzen.

Wenn einer zu Fuße, ohne recht zu wissen, warum und wohin, in die Welt lief, so hieß dies eine Geniereise, und wenn einer etwas Verkehrtes ohne Zweck und Nutzen unternahm, ein Geniestreich. Jüngere lebhafte, oft wahrhaft begabte Menschen verloren sich ins Grenzenlose; ältere verständige, vielleicht aber talent- und geistlose, wußten dann mit höchster Schadenfreude ein gar mannigfaltiges Mißlingen vor den Augen des Publikums lächerlich darzustellen.

Und so fand ich mich fast mehr gehindert, mich zu entwickeln und zu äußern, durch falsche Mit- und Einwirkung der Sinnesverwandten, als durch den Widerstand der Entgegengesinnten. Worte, Beiworte, Phrasen zu Ungunsten der höchsten Geistesgaben verbreiteten sich unter der geistlos nachsprechenden Menge dergestalt, daß man sie noch jetzt im gemeinen Leben hie und da von Ungebildeten vernimmt, ja daß sie sogar in die Wörterbücher eindrangen und das Wort Genie eine solche Mißdeutung erlitt, aus der man die Notwendigkeit ableiten wollte, es gänzlich aus der deutschen Sprache zu verbannen.

Und so hätten sich die Deutschen, bei denen überhaupt das Gemeine weit mehr überhand zu nehmen Gelegenheit findet, als bei andern Nationen, um die schönste Blüte der Sprache, um das nur scheinbar fremde, aber allen Völkern gleich angehörige Wort vielleicht gebracht, wenn nicht der durch eine tiefere Philosophie wieder neu gegründete Sinn fürs Höchste und Beste sich wieder glücklich hergestellt hätte.

In dem Vorhergehenden ist von dem Jünglingsalter zweier Männer die Rede gewesen, deren Andenken aus der deutschen Litteratur- und Sittengeschichte sich nimmer verlieren wird. In gemeldeter Epoche jedoch lernen wir sie gewissermaßen nur aus ihren Irrschritten kennen, zu denen sie durch eine falsche Tagsmaxime in Gesellschaft ihrer gleichjährigen Zeitgenossen verleitet worden. Nunmehr aber ist nichts billiger, als daß wir ihre natürliche Gestalt, ihr eigentliches Wesen geschätzt und geehrt vorführen, wie solches eben damals in unmittelbarer Gegenwart von dem durchdringenden Lavater geschehen; deshalb wir denn, weil die schweren und teuren Bände des großen physiognomischen Werkes nur wenigen unsrer Leser gleich zur Hand sein möchten, die merkwürdigen Stellen, welche sich auf beide beziehen, aus dem zweiten Teile gedachten Werkes und dessen dreißigstem Fragmente Seite 244 hier einzurücken kein Bedenken tragen.

„Die Jünglinge, deren Bilder und Silhouetten wir hier vor uns haben, sind die ersten Menschen, die mir zur physiognomischen Beschreibung saßen und standen, wie, wer sich malen läßt, dem Maler sitzt.

„Ich kannte sie sonst, die edeln — und ich machte den ersten Versuch, nach der Natur und mit aller sonstigen Kenntnis ihren Charakter zu beobachten und zu beschreiben. —

„Hier ist die Beschreibung des ganzen Menschen —

„Erstlich des jüngeren.

„Siehe den blühenden Jüngling von 25 Jahren! das leichtschwebende, schwimmende, elastische Geschöpfe! Es liegt nicht; es steht nicht; es stemmt sich nicht; es fliegt nicht; es schwebt oder schwimmt. Zu lebendig, um zu ruhen; zu locker, um fest zu stehen; zu schwer und zu weich, um zu fliegen.

„Ein Schwebendes also, das die Erde nicht berührt! In seinem ganzen Umrisse keine völlig schlaffe Linie, aber auch keine gerade, keine gespannte, keine festgewölbte, hart gebogene; — kein eckigter Einschnitt, kein selsigtes Vorgebirge der Stirn; keine Härte; keine Steifigkeit; keine zürnende Roheit; keine drohende Obermacht; kein eiserner Mut — elastisch reizbarer wohl, aber kein eiserner; kein fester, forschender Tiefsinn; keine langsame Ueberlegung, oder kluge Bedächtlichkeit; nirgends der Raisonneur mit der festgehaltenen Wagschale in der einen, dem Schwerte in der andern Hand, und doch auch nicht die mindeste Steifheit im Blicke und Urteile! und doch die völligste Geradheit des Verstandes, oder vielmehr der unbefleckteste Wahrheitssinn! Immer der innige Empfinder; nie der tiefe Ausdenker; nie der Erfinder; nie der prüfende Entwickler der so schnellerblickten, schnellerkannten, schnellgeliebten, schnellergriffenen Wahrheit.... Ewiger Schweber! Seher! Idealisierer! Verschönerer! — Gestalter aller seiner Ideen! Immer halbtrunkener Dichter, der sieht, was er sehen will; — nicht der trübsinnig schmachtende — nicht der hartzermalmende; — aber der hohe, edle, gewaltige! der mit gemäßigtem ‚Sonnendurst‘ in den Regionen der Luft hin und her wallt, über sich strebt, und wieder — nicht zur Erde sinkt! zur Erde sich stürzt in des ‚Felsenstromes‘ Fluten sich taucht und sich wiegt ‚im Donner der hallenden Felsen umher‘ — Sein Blick nicht Flammenblick des Adlers! seine Stirn und Nase nicht Mut des Löwen! seine Brust — nicht Festigkeit des Streit wiehernden Pferdes! Im ganzen aber viel von der schwebenden Gelenksamkeit des Elefanten....

„Die Aufgezogenheit seiner vorragenden Oberlippe gegen die unbeschnittene, uneckige, vorhängende Nase zeigt, bei dieser Beschlossenheit des Mundes, viel Geschmack und feine Empfindsamkeit; der untere Teil des Gesichtes viel Sinnlichkeit, Trägheit, Achtlosigkeit. Der ganze Umriß des Halbgesichtes Offenheit, Redlichkeit, Menschlichkeit, aber zugleich leichte Verführbarkeit und einen hohen Grad von gutherziger Unbedachtsamkeit.

die niemanden als ihm selber schadet. Die Mittellinie des
Mundes ist in seiner Ruhe eines geraden, planlosen, weichge-
schaffenen, guten; in seiner Bewegung eines zärtlichen, feinfühlen-
den, äußerst reizbaren, gütigen, edlen Menschen. Im Bogen
der Augenlider und im Glanze der Augen sitzt nicht Homer,
aber der tiefste, innigste, schnellste Empfinder, Ergreifer Homers;
nicht der epische, aber der Odendichter; Genie, das quillt, um-
schafft, veredelt, bildet, schwebt, alles in Heldengestalt zaubert,
alles vergöttlicht. — Die halbsichtbaren Augenlider, von einem
solchen Bogen, sind immer mehr feinfühlender Dichter, als nach
Plan schaffender, als langsam arbeitender Künstler; mehr der
verliebten, als der strengen. — Das ganze Angesicht des Jünglings ist viel einnehmender und anziehender, als das um etwas
zu lockere, zu gedehnte Halbgesicht; das Vordergesicht zeugt bei
der geringsten Bewegung von empfindsamer, sorgfältiger, erfin-
dender, ungelernter, innerer Güte und sanft zitternder, Unrecht
verabscheuender Freiheit — dürstender Lebendigkeit. Es kann
nicht den geringsten Eindruck von den vielen verbergen, die es
auf einmal, die es unaufhörlich empfängt — jeder Gegenstand,
der ein nahes Verhältnis zu ihm hat, treibt das Geblüt in die
Wangen und Nase; die jungfräulichste Schamhaftigkeit in dem
Punkte der Ehre verbreitet sich mit der Schnelle des Blitzes über
die zart bewegliche Haut. —

„Die Gesichtsfarbe, sie ist nicht die blasse des alles er-
schaffenden und alles verzehrenden Genius; nicht die wildglühende
des verachtenden Zertreters; nicht die milchweiße des Blöden;
nicht die gelbe des Harten und Zähen; nicht die bräunliche des
langsam fleißigen Arbeiters; aber die weißrötliche, violette, so
sprechend und so unter einander wallend, so glücklich gemischt
wie die Stärke und Schwäche des ganzen Charakters. — Die
Seele des Ganzen und eines jeden besondern Zuges ist Freiheit,
ist elastische Betriebsamkeit, die leicht fortstößt und leicht zurück-
gestoßen wird. Großmut und aufrichtige Heiterkeit leuchten aus
dem ganzen Vordergesichte und der Stellung des Kopfes. —
Unverderblichkeit der Empfindung, Freiheit des Geschmacks,
Reinheit des Geistes, Güte und Adel der Seele, betriebsame
Kraft, Gefühl von Kraft und Schwäche scheinen so allzu durch-
dringend im ganzen Gesichte durch, daß das sonst mutige Selbstgefühl sich dadurch in edle Bescheidenheit auflöst und der natürliche Stolz und die Jünglingseitelkeit sich ohne Zwang und Kunst
in diesem herrlich spielenden All liebenswürdig verdämmert. —
Das weißliche Haar, die Länge und Unbehaglichkeit der Gestalt, die sanfte Leichtigkeit des Auftritts, das Hin- und Her-
schweben des Ganges, die Fläche der Brust, die weiße faltenlose
Stirn und noch verschiedene andere Ausdrücke verbreiten über

den ganzen Menschen eine gewisse Weiblichkeit, wodurch die innere Schnellkraft gemäßigt und dem Herzen jede vorsätzliche Beleidigung und Niederträchtigkeit ewig unmöglich gemacht, zugleich aber auch offenbar wird, daß der mut= und feuervolle Poet, mit allem seinem unaffektierten Durste nach Freiheit und Befreiung, nicht bestimmt ist, für sich allein ein fester, Plan durchsetzender, ausharrender Geschäftsmann, oder in der blutigen Schlacht unsterblich zu werden. Und nun erst am Ende merk' ich, daß ich von dem Auffallendsten noch nichts gesagt; nichts von der edlen, von aller Affektation reinen Simplizität! Nichts von der Kindheit des Herzens! Nichts von dem gänzlichen Nicht= gefühle seines äußerlichen Adels! Nichts von der unaussprech= lichen Bonhomie, mit welcher er Warnung und Tadel, sogar Vorwürfe und Unrecht annimmt und duldet. —

„Doch, wer will ein Ende finden, von einem guten Menschen, in dem so viele reine Menschheit ist, alles zu sagen, was an ihm wahrgenommen oder empfunden wird!

„Beschreibung des älteren.

„Was ich von dem jüngern Bruder gesagt — wie viel davon kann auch von diesem gesagt werden! Das Vornehmste, das ich anmerken kann, ist dies:

„Diese Figur und dieser Charakter sind mehr gepackt und weniger gedehnt, als die vorige. Dort alles länger und flächer; hier alles kürzer, breiter, gewölbter, gebogener; dort alles lockerer, hier beschnittener. So die Stirn; so die Nase; so die Brust; zusammengedrängter, lebendiger, weniger verbreitete, mehr zielende Kraft und Lebendigkeit! Sonst dieselbe Liebenswürdigkeit und Bonhomie! Nicht die auffallende Offenheit; mehr Verschlagenheit, aber im Grunde, oder vielmehr in der That, eben dieselbe Ehr= lichkeit. Derselbe unbezwingbare Abscheu gegen Unrecht und Bosheit; dieselbe Unversöhnlichkeit mit allem, was Ränk' und Tücke heißt; dieselbe Unerbittlichkeit gegen Tyrannei und De= spotismus; dasselbe reine, unbestechliche Gefühl für alles Edle, Gute, Große; dasselbe Bedürfnis der Freundschaft und Freiheit; dieselbe Empfindsamkeit und edle Ruhmbegierde; dieselbe Allge= meinheit des Herzens für alle gute, weise, einfältige, kraftvolle, berühmte oder unberühmte, gekannte oder mißkannte Menschen; — und — dieselbe leichtsinnige Unbedachtsamkeit. Nein! nicht gerade dieselbe. Das Gesicht ist beschnittener, angezogener, fester; hat mehr innere, sich leicht entwickelnde Geschicklichkeit zu Ge= schäften und praktischen Beratschlagungen; mehr durchsetzenden Mut, der sich besonders in den stark vordringenden, stumpf ab= gerundeten Knochen der Augen zeigt. Nicht das ausquillende, reiche, reine, hohe Dichtergefühl; nicht die schnelle Leichtigkeit der produktiven Kraft des andern. Aber, dennoch, wiewohl in tiefern Regionen, lebendig, richtig, innig. Nicht das lustige, in morgenrötlichem Himmel dahin schwebende, Gestalten bildende Lichtgenie — Mehr innere Kraft, vielleicht weniger Ausdruck! mehr gewaltig und furchtbar — weniger prächtig und rund; obgleich seinem Pinsel weder Färbung noch Zauber fehlt. — Mehr Witz und rasende Laune; drolligter Satyr; Stirn, Nase, Blick — alles so herab, so vorhängend; recht entscheidend für originellen, allbelebenden Witz, der nicht von außen her einsammelt, sondern von innen heraus wirft. Ueberhaupt ist alles an diesem Charakter vorbringender, eckiger, angreisender, stürmender! — Nirgends Plattheit, nirgends Erschlaffung, ausgenommen im zusinkenden Auge, wo Wollust, wie in Stirn und Nase — hervorspringt. Sonst selbst in dieser Stirne, dieser Gedrängtheit von allem — diesem Blicke sogar — untrüglicher Ausdruck von ungelernter Größe; Stärke; Drang der Menschheit; Ständigkeit; Einfachheit; Bestimmtheit!" —

Nachdem ich sodann in Darmstadt Mercken seinen Triumph gönnen müssen, daß er die baldige Trennung von der fröhlichen Gesellschaft vorausgesagt hatte, fand ich mich wieder in Frankfurt, wohlempfangen von jedermann, auch von meinem Vater, ob dieser gleich seine Mißbilligung, daß ich nicht nach Airolo hinabgestiegen, ihm meine Ankunft in Mailand gemeldet habe, zwar nicht ausdrücklich, aber stillschweigend merken ließ, besonders auch keine Teilnahme an jenen wilden Felsen, Nebelseen und Drachennestern im mindesten beweisen konnte. Nicht im Gegensatz, aber gelegentlich, ließ er doch merken, was denn eigentlich an allem dem zu haben sei; wer Neapel nicht gesehen, habe nicht gelebt.

Ich vermied nicht und konnte nicht vermeiden, Lili zu sehen; es war ein schonender, zarter Zustand zwischen uns beiden. Ich war unterrichtet, man habe sie in meiner Abwesenheit völlig überzeugt, sie müsse sich von mir trennen, und dieses sei um so notwendiger, ja thunlicher, weil ich durch meine Reise und eine ganz willkürliche Abwesenheit mich genugsam selbst erklärt habe. Dieselben Lokalitäten jedoch in Stadt und auf dem Land, dieselben Personen, mit allem Bisherigen vertraut, ließen denn doch kaum die beiden noch immer Liebenden, obgleich auf eine wundersame Weise aus einander Gezogenen, ohne Berührung. Es war ein verwünschter Zustand, der sich in einem gewissen Sinne dem Hades, dem Zusammensein jener glücklich-unglücklichen Abgeschiedenen, verglich.

Es waren Augenblicke, wo die vergangenen Tage sich wiederherzustellen schienen, aber gleich wie wetterleuchtende Gespenster verschwanden.

Wohlwollende hatten mir vertraut, Lili habe geäußert, indem alle die Hindernisse unsrer Verbindung ihr vorgetragen worden: sie unternehme wohl, aus Neigung zu mir alle dermaligen Zustände und Verhältnisse aufzugeben und mit nach Amerika zu gehen. Amerika war damals vielleicht noch mehr als jetzt das Eldorado derjenigen, die in ihrer augenblicklichen Lage sich bedrängt fanden.

Aber eben das, was meine Hoffnungen hätte beleben sollen, drückte sie nieder. Mein schönes väterliches Haus, nur wenig hundert Schritte von dem ihrigen, war doch immer ein leidlicherer, zu gewinnender Zustand, als die über das Meer entfernte ungewisse Umgebung; aber ich leugne nicht, in ihrer Gegenwart traten alle Hoffnungen, alle Wünsche wieder hervor, und neue Unsicherheiten bewegten sich in mir.

Freilich sehr verbietend und bestimmt waren die Gebote meiner Schwester; sie hatte mir mit allem verständigen Gefühl, dessen sie fähig war, die Lage nicht nur ins klare gesetzt, sondern ihre wahrhaft schmerzlich mächtigen Briefe verfolgten immer mit kräftigerer Ausführung denselben Text. „Gut," sagte sie, „wenn ihr's nicht vermeiden könntet, so müßtet ihr's ertragen; dergleichen muß man dulden, aber nicht wählen." Einige Monate gingen hin in dieser unseligsten aller Lagen, alle Umgebungen hatten sich gegen diese Verbindung gestimmt; in ihr allein, glaubt' ich, wußt' ich, lag eine Kraft, die das alles überwältigt hätte.

Beide Liebende, sich ihres Zustandes bewußt, vermieden sich allein zu begegnen; aber herkömmlicherweise konnte man nicht umgehen, sich in Gesellschaft zu finden. Da war mir denn die stärkste Prüfung auferlegt, wie eine edel fühlende Seele einstimmen wird, wenn ich mich näher erkläre.

Gestehen wir im allgemeinen, daß bei einer neuen Bekanntschaft, einer neu sich anknüpfenden Neigung über das Vorhergegangene der Liebende gern einen Schleier zieht. Die Neigung kümmert sich um keine Antecedenzien, und wie sie blitzschnell genialisch hervortritt, so mag sie weder von Vergangenheit noch Zukunft wissen. Zwar hatte sich meine nähere Vertraulichkeit zu Lili gerade dadurch eingeleitet, daß sie mir von ihrer frühern Jugend erzählte: wie sie von Kind auf durchaus manche Neigung und Anhänglichkeit, besonders auch in fremden ihr lebhaftes Haus Besuchenden, erregt und sich daran ergötzt habe, obgleich ohne weitere Folge und Verknüpfung.

Wahrhaft Liebende betrachten alles, was sie bisher empfunden, nur als Vorbereitung zu ihrem gegenwärtigen Glück, nur als Base, worauf sich erst ihr Lebensgebäude erheben soll. Vergangene Neigungen erscheinen wie Nachtgespenster, die sich vor dem anbrechenden Tage wegschleichen.

Aber was ereignete sich! Die Messe kam, und so erschien

Vierter Teil. Neunzehntes Buch.

der Schwarm jener Gespenster in ihrer Wirklichkeit; alle Handels=
freunde des bedeutenden Hauses kamen nach und nach heran, und
es offenbarte sich schnell, daß keiner einen gewissen Anteil an
der liebenswürdigen Tochter völlig aufgeben wollte noch konnte.
Die Jüngeren, ohne zudringlich zu sein, erschienen doch als
Wohlbekannte; die Mittleren, mit einem gewissen verbindlichen Anstand, wie solche, die sich beliebt machen und allenfalls mit höheren
Ansprüchen hervortreten möchten. Es waren schöne Männer dar=
unter, mit dem Behagen eines gründlichen Wohlstandes.

Nun aber die alten Herren waren ganz unerträglich mit
ihren Onkelsmanieren, die ihre Hände nicht im Zaum hielten
und bei widerwärtigem Tätscheln sogar einen Kuß verlangten,
welchem die Wange nicht versagt wurde. Ihr war so natürlich,
dem allem anständig zu genügen. Allein auch die Gespräche er=
regten manches bedenkliche Erinnern. Von jenen Lustfahrten
wurde gesprochen zu Wasser und zu Lande, von mancherlei Fähr=
lichkeiten mit heiterem Ausgang, von Bällen und Abendprome=
naden, von Verspottung lächerlicher Werber, und was nur eifer=
süchtigen Aerger in dem Herzen des trostlos Liebenden anregen
konnte, der gleichsam das Facit so vieler Jahre auf eine Zeit=
lang an sich gerissen hatte. Aber unter diesem Zudrang, in
dieser Bewegung versäumte sie den Freund nicht, und wenn sie
sich zu ihm wendete, so wußte sie mit wenigem das Zarteste zu
äußern, was der gegenseitigen Lage völlig geeignet schien.

Doch wenden wir uns von dieser noch in der Erinnerung
beinahe unerträglichen Qual zur Poesie, wodurch einige geistreich-
herzliche Linderung in den Zustand eingeleitet wurde.

Lilis Park mag ungefähr in diese Epoche gehören; ich füge
das Gedicht hier nicht ein, weil es jenen zarten empfindlichen
Zustand nicht ausdrückt, sondern nur mit genialer Heftigkeit das
Widerwärtige zu erhöhen und durch komisch ärgerliche Bilder
das Entsagen in Verzweiflung umzuwandeln trachtet.

Nachstehendes Lied drückt eher die Anmut jenes Unglücks
aus und sei deshalb hier eingeschaltet.

  Ihr verblühet, süße Rosen,
  Meine Liebe trug euch nicht;
  Blühtet, ach, dem Hoffnungslosen,
  Dem der Gram die Seele bricht!

  Jener Tage denk' ich trauernd,
  Als ich, Engel, an dir hing,
  Auf das erste Knöspchen lauernd
  Früh zu meinem Garten ging;

  Alle Blüten, alle Früchte
  Noch zu deinen Füßen trug
  Und vor deinem Angesichte
  Hoffnung in dem Herzen schlug.

> Ihr verblühet, süße Rosen,
> Meine Liebe trug euch nicht;
> Blühtet, ach, dem Hoffnungslosen,
> Dem der Gram die Seele bricht!

Die Oper Erwin und Elmire war aus Goldsmiths liebenswürdiger, im Landprediger von Wakefield eingefügter Romanze entstanden, die uns in den besten Zeiten vergnügt hatte, wo wir nicht ahneten, daß uns etwas Aehnliches bevorstehe.

Schon früher hab' ich einige poetische Erzeugnisse jener Epoche eingeschaltet und wünschte nur, es hätten sich alle zusammen erhalten. Eine fortwährende Aufregung in glücklicher Liebeszeit, gesteigert durch eintretende Sorge, gab Anlaß zu Liedern, die durchaus nichts Ueberspanntes, sondern immer das Gefühl des Augenblicks aussprachen. Von geselligen Festliedern bis zur kleinsten Geschenksgabe, alles war lebendig, mitgefühlt von einer gebildeten Gesellschaft; erst froh, dann schmerzlich, und zuletzt kein Gipfel des Glücks, kein Abgrund des Wehes, dem nicht ein Laut wäre gewidmet gewesen.

Alle diese innern und äußern Ereignisse, insofern sie meinen Vater hätten unangenehm berühren können, welcher jene erste, ihm anmutig zusagende Schwiegertochter immer weniger hoffen konnte in sein Haus eingeführt zu sehen, wußte meine Mutter auf das klügste und thätigste abzuwenden. Diese Staatsdame aber, wie er sie im Vertrauen gegen seine Gattin zu nennen pflegte, wollte ihn keineswegs anmuten.

Indessen ließ er dem Handel seinen Gang und setzte seine kleine Kanzlei recht emsig fort. Der junge Rechtsfreund, sowie der gewandte Schreiber gewannen unter seiner Firma immer mehr Ausdehnung des Bodens. Da nun, wie bekannt, der Abwesende nicht vermißt wird, so gönnten sie mir meine Pfade und suchten sich immer mehr auf einem Boden festzusetzen, auf dem ich nicht gedeihen sollte.

Glücklicherweise trafen meine Rüstungen mit des Vaters Gesinnungen und Wünschen zusammen. Er hatte einen so großen Begriff von meinem dichterischen Talent, so viel eigene Freude an der Gunst, die meine ersten Arbeiten erworben hatten, daß er mich oft unterhielt über Neues und fernerhin Vorzunehmendes. Hingegen von diesen geselligen Scherzen, leidenschaftlichen Dichtungen durft' ich ihn nichts merken lassen.

Nachdem ich im Götz von Berlichingen das Symbol einer bedeutenden Weltepoche nach meiner Art abgespiegelt hatte, sah ich mich nach einem ähnlichen Wendepunkt der Staatengeschichte sorgfältig um. Der Aufstand der Niederlande gewann meine Aufmerksamkeit. In Götz war es ein tüchtiger Mann, der untergeht in dem Wahn: zu Zeiten der Anarchie sei der wohlwollende Kräftige von einiger Bedeutung. In Egmont waren es festgegründete Zustände, die sich vor strenger, gut berechneter Despotie nicht halten können. Meinen Vater hatte ich davon auf das lebhafteste unterhalten, was zu thun sei, was ich thun wolle, daß ihm dies so unüberwindliches Verlangen gab, dieses in meinem Kopf schon fertige Stück auf dem Papiere, es gedruckt, es bewundert zu sehen.

Hatt' ich in den frühern Zeiten, da ich noch hoffte, Lili mir zuzueignen, meine ganze Thätigkeit auf Einsicht und Ausübung bürgerlicher Geschäfte gewendet, so traf es gerade jetzt, daß ich die fürchterliche Lücke, die mich von ihr trennte, durch Geistreiches und Seelenvolles auszufüllen hatte. Ich fing also wirklich Egmont zu schreiben an, und zwar nicht wie den ersten Götz von Berlichingen in Reih und Folge, sondern ich griff nach der ersten Einleitung gleich die Hauptszene an, ohne mich um die allenfallsigen Verbindungen zu bekümmern. Damit gelangte ich weit, indem ich bei meiner läßlichen Art zu arbeiten von meinem Vater, es ist nicht übertrieben, Tag und Nacht angespornt wurde, da er das so leicht Entstehende auch leicht vollendet zu sehen glaubte.

Zwanzigstes Buch.

So fuhr ich denn am Egmont zu arbeiten fort, und wenn dadurch in meinen leidenschaftlichen Zustand einige Beschwichtigung eintrat, so half mir auch die Gegenwart eines wackern Künstlers über manche böse Stunden hinweg, und ich verdankte hier, wie schon so oft, einem unsichern Streben nach praktischer Ausbildung einen heimlichen Frieden der Seele in Tagen, wo er sonst nicht wäre zu hoffen gewesen.

Georg Melchior Kraus, in Frankfurt geboren, in Paris gebildet, kam eben von einer kleinen Reise ins nördliche Deutschland zurück; er suchte mich auf, und ich fühlte sogleich Trieb und Bedürfnis, mich ihm anzuschließen. Er war ein heiterer Lebemann, dessen leichtes erfreuliches Talent in Paris die rechte Schule gefunden hatte.

Für den Deutschen gab es zu jener Zeit daselbst ein angenehmes Unterkommen. Philipp Hackert lebte dort in gutem Ansehen und Wohlstand; das treue deutsche Verfahren, womit er Landschaften nach der Natur zeichnend in Gouache- und Oelfarbe glücklich ausführte, war als Gegensatz einer praktischen Manier, der sich die Franzosen hingegeben hatten, sehr willkommen. Wille, hochgeehrt als Kupferstecher, gab dem deutschen Verdienste Grund und Boden; Grimm, schon einflußreich, nützte seinen Landsleuten nicht wenig. Angenehme Fußreisen, um unmittelbar nach der Natur zu zeichnen, wurden unternommen und so manches Gute geleistet und vorbereitet.

Boucher und Wateau, zwei wahrhaft geborne Künstler, deren Werke, wenn schon verflatternd im Geist und Sinn der Zeit, doch immer noch höchst respektabel gefunden werden, waren der neuen Erscheinung geneigt und selbst, obgleich nur zu Scherz und Versuch, thätig eingreifend. Greuze, im Familienkreise still für sich hinlebend, dergleichen bürgerliche Szenen gern darstellend, von seinen eigenen Werken entzückt, erfreute sich eines ehrenhaften leichten Pinsels.

Alles dergleichen konnte unser Kraus in sein Talent sehr wohl aufnehmen; er bildete sich an der Gesellschaft zur Gesellschaft und wußte gar zierlich häusliche freundschaftliche Vereine porträtmäßig darzustellen; nicht weniger glückten ihm landschaftliche Zeichnungen, die sich durch reinliche Umrisse, massenhafte Tusche, angenehmes Kolorit dem Auge freundlich empfahlen; dem innern Sinn genügte eine gewisse naive Wahrheit, und besonders dem Kunstfreund sein Geschick, alles, was er selbst nach der Natur zeichnete, sogleich zum Tableau einzuleiten und einzurichten.

Er selbst war der angenehmste Gesellschafter: gleichmütige Heiterkeit begleitete ihn durchaus; dienstfertig ohne Demut, gehalten ohne Stolz, fand er sich überall zu Hause, überall beliebt, der thätigste und zugleich der bequemste aller Sterblichen. Mit solchem Talent und Charakter begabt, empfahl er sich bald in höhern Kreisen und war besonders in dem freiherrlichen von Steinschen Schlosse zu Nassau an der Lahn wohl aufgenommen, eine talentvolle, höchst liebenswürdige Tochter in ihrem künstlerischen Bestreben unterstützend und zugleich die Geselligkeit auf mancherlei Weise belebend.

Nach Verheiratung dieser vorzüglichen jungen Dame an den Grafen von Werthern nahm das neue Ehepaar den Künstler mit auf ihre bedeutenden Güter in Thüringen, und so gelangte er auch nach Weimar. Hier ward er bekannt, anerkannt und von dem dasigen hochgebildeten Kreise sein Bleiben gewünscht.

Wie er nun überall zuthätig war, so förderte er bei seiner nunmehrigen Rückkehr nach Frankfurt meine bisher nur sammelnde Kunstliebe zu praktischer Uebung. Dem Dilettanten ist die Nähe des Künstlers unerläßlich, denn er sieht in diesem das Komplement seines eigenen Daseins; die Wünsche des Liebhabers erfüllen sich im Artisten.

Durch eine gewisse Naturanlage und Uebung gelang mir wohl ein Umriß, auch gestaltete sich leicht zum Bilde, was ich in der Natur vor mir sah; allein es fehlte mir die eigentliche plastische Kraft, das tüchtige Bestreben, dem Umriß Körper zu verleihen durch wohlabgestuftes Hell und Dunkel. Meine Nachbildungen waren mehr ferne Ahnungen irgend einer Gestalt, und meine Figuren glichen den leichten Luftwesen in Dantes Purgatorio, die, keine Schatten werfend, vor dem Schatten wirklicher Körper sich entsetzen.

Durch Lavaters physiognomische Hetzerei – denn so darf man die ungestüme Anregung wohl nennen, womit er alle Menschen nicht allein zur Kontemplation der Physiognomien, sondern auch zur künstlerischen oder pfuscherhaften praktischen Nachbildung der Gesichtsformen zu nötigen bemüht war – hatte ich mir eine Uebung verschafft, die Porträte von Freunden auf grau Papier mit schwarzer und weißer Kreide darzustellen. Die Aehnlichkeit war nicht zu verkennen, aber es bedurfte die Hand meines künstlerischen Freundes, um sie aus dem düstern Grunde hervortreten zu machen.

Beim Durchblättern und Durchschauen der reichlichen Portefeuilles, welche der gute Kraus von seinen Reisen mitgebracht hatte, war die liebste Unterhaltung, wenn er landschaftliche oder persönliche Darstellungen vorlegte, der Weimarische Kreis und dessen Umgebung. Auch ich verweilte sehr gerne dabei, weil es dem Jüngling schmeicheln mußte, so viele Bilder nur als Text zu betrachten von einer umständlichen wiederholten Ausführung: daß man mich dort zu sehen wünsche. Sehr anmutig wußte er seine Grüße, seine Einladungen durch nachgebildete Persönlichkeit zu beleben. Ein wohlgelungenes Oelbild stellte den Kapellmeister Wolf am Flügel und seine Frau hinter ihm zum Singen sich bereitend vor; der Künstler selbst wußte zugleich gar dringend auszulegen, wie freundlich dieses werte Paar mich empfangen würde. Unter seinen Zeichnungen fanden sich mehrere bezüglich auf die Wald- und Berggegend um Bürgel. Ein wackerer Forstmann hatte daselbst, vielleicht mehr seinen anmutigen Töchtern als sich selbst zuliebe, rauhgestaltete Felspartien, Gebüsch und Waldstrecken durch Brücken, Geländer und sanfte Pfade gesellig wandelbar gemacht; man sah die Frauenzimmer in weißen Kleidern auf anmutigen Wegen nicht ohne Begleitung. An dem einen jungen Manne sollte man Bertuch erkennen, dessen ernste Absichten auf die älteste nicht gelengnet wurden, und Kraus nahm nicht übel, wenn man einen zweiten jungen Mann auf ihn und seine aufkeimende Neigung für die Schwester zu beziehen wagte.

Bertuch, als Zögling Wielands, hatte sich in Kenntnissen und Thätigkeit dergestalt hervorgethan, daß er, als Geheimsekretär des Herzogs schon angestellt, das Allerbeste für die Zukunft erwarten ließ. Von Wielands Rechtlichkeit, Heiterkeit, Gutmütigkeit war durchaus die Rede; auf seine schönen litterarischen und poetischen Vorsätze ward schon ausführlich hingedeutet und die Wirkung des Merkur durch Deutschland besprochen; gar manche Namen in litterarischer, staatsgeschäftlicher und geselliger Hinsicht hervorgehoben und in solchem Sinne Musäus, Kirms, Berendis und Ludecus genannt. Von Frauen war Wolfs Gattin und eine Witwe Kotzebue, mit einer liebenswürdigen Tochter und einem heitern Knaben, nebst manchen andern rühmlich und charakteristisch bezeichnet. Alles deutete auf ein frisch thätiges litterarisches und Künstlerleben.

Und so schilderte sich nach und nach das Element, worauf der junge Herzog nach seiner Rückkehr wirken sollte; einen solchen Zustand hatte die Frau Obervormünderin vorbereitet; was aber die Ausführung wichtiger Geschäfte betraf, war, wie es unter solchen provisorischen Verwaltungen Pflicht ist, der Ueberzeugung, der Thatkraft des künftigen Regenten überlassen. Die durch den Schloßbrand gewirkten greulichen Ruinen betrachtete man schon als Anlaß zu neuen Thätigkeiten. Das in Stocken geratene Bergwerk zu Ilmenau, dem man durch kostspielige Unterhaltung des tiefen Stollens eine mögliche Wiederaufnahme zu sichern gewußt, die Akademie Jena, die hinter dem Zeitsinn einigermaßen zurückgeblieben und mit dem Verlust gerade sehr tüchtiger Lehrer bedroht war, wie so vieles andere, regte einen edlen Gemeinsinn auf. Man blickte nach Persönlichkeiten umher, die in dem aufstrebenden Deutschland so mannigfaches Gute zu fördern berufen sein könnten, und so zeigte sich durchaus eine frische Aussicht, wie eine kräftige und lebhafte Jugend sie nur wünschen konnte. Und schien es traurig zu sein, eine junge Fürstin ohne die Würde eines schicklichen Gebäudes in eine sehr mäßige, zu ganz andern Zwecken erbaute Wohnung einzuladen, so gaben die schön gelegenen wohleingerichteten Landhäuser Ettersburg, Belvedere und andere vorteilhafte Lustsitze Genuß des Gegenwärtigen und Hoffnung, auch in diesem damals zur Notwendigkeit gewordenen Naturleben sich produktiv und angenehm thätig zu erweisen.

Man hat im Verlaufe dieses biographischen Vortrags umständlich gesehen, wie das Kind, der Knabe, der Jüngling sich auf verschiedenen Wegen dem Uebersinnlichen zu nähern gesucht; erst mit Neigung nach einer natürlichen Religion hingeblickt, dann mit Liebe sich an eine positive festgeschlossen; ferner durch Zusammenziehung in sich selbst seine eignen Kräfte versucht und sich endlich dem allgemeinen Glauben freudig hingegeben. Als er in den Zwischenräumen dieser Regionen hin und wider wanderte, suchte, sich umsah, begegnete ihm manches, was zu keiner von allen gehören mochte, und er glaubte mehr und mehr einzusehen, daß es besser sei, den Gedanken von dem Ungeheuren, Unfaßlichen abzuwenden.

Er glaubte in der Natur, der belebten und unbelebten, der beseelten und unbeseelten, etwas zu entdecken, das sich nur in Widersprüchen manifestierte und deshalb unter keinen Begriff, noch viel weniger unter ein Wort gefaßt werden könnte. Es war nicht göttlich, denn es schien unvernünftig; nicht menschlich, denn es hatte keinen Verstand; nicht teuflisch, denn es war wohlthätig; nicht englisch, denn es ließ oft Schadenfreude merken. Es glich dem Zufall, denn es bewies keine Folge; es ähnelte der Vorsehung, denn es deutete auf Zusammenhang. Alles, was uns begrenzt, schien für dasselbe durchdringbar; es schien mit den notwendigen Elementen unsres Daseins willkürlich zu schalten; es zog die Zeit zusammen und dehnte den Raum aus. Nur im Unmöglichen schien es sich zu gefallen und das Mögliche mit Verachtung von sich zu stoßen.

Dieses Wesen, das zwischen alle übrigen hineinzutreten, sie zu sondern, sie zu verbinden schien, nannte ich dämonisch, nach dem Beispiel der Alten und derer, die etwas Aehnliches gewahrt hatten. Ich suchte mich vor diesem furchtbaren Wesen zu retten, indem ich mich nach meiner Gewohnheit hinter ein Bild flüchtete.

Unter die einzelnen Teile der Weltgeschichte, die ich sorgfältiger studierte, gehörten auch die Ereignisse, welche die nachher vereinigten Niederlande so berühmt gemacht. Ich hatte die Quellen fleißig erforscht und mich möglichst unmittelbar zu unterrichten und mir alles lebendig zu vergegenwärtigen gesucht. Höchst dramatisch waren mir die Situationen erschienen, und als Hauptfigur, um welche sich die übrigen am glücklichsten versammeln ließen, war mir Graf Egmont aufgefallen, dessen menschlich ritterliche Größe mir am meisten behagte.

Allein zu meinem Gebrauche mußte ich ihn in einen Charakter umwandeln, der solche Eigenschaften besaß, die einen Jüngling besser zieren als einen Mann in Jahren, einen Unbeweibten besser als einen Hausvater, einen Unabhängigen mehr als einen, der, noch so frei gesinnt, durch mancherlei Verhältnisse begrenzt ist.

Als ich ihn nun so in meinen Gedanken verjüngt und von allen Bedingungen losgebunden hatte, gab ich ihm die ungemessene Lebenslust, das grenzenlose Zutrauen zu sich selbst, die Gabe, alle Menschen an sich zu ziehen (attrativa), und so die Gunst des Volks, die stille Neigung einer Fürstin, die ausgesprochene eines Naturmädchens, die Teilnahme eines Staatsklugen zu gewinnen, ja selbst den Sohn seines größten Widersachers für sich einzunehmen.

Die persönliche Tapferkeit, die den Helden auszeichnet, ist

die Baſe, auf der ſein ganzes Weſen ruht, der Grund und Boden, aus dem es hervorſproßt. Er kennt keine Gefahr und verblendet ſich über die größte, die ſich ihm nähert. Durch Feinde, die uns umzingeln, ſchlagen wir uns allenfalls durch; die Netze der Staatsklugheit ſind ſchwerer zu durchbrechen. Das Dämoniſche, was von beiden Seiten im Spiel iſt, in welchem Konflikt das Liebenswürdige untergeht und das Gehaßte triumphiert, ſodann die Ausſicht, daß hieraus ein drittes hervorgehe, das dem Wunſch aller Menſchen entſprechen werde, dieſes iſt es wohl, was dem Stücke, freilich nicht gleich bei ſeiner Erſcheinung, aber doch ſpäter und zur rechten Zeit die Gunſt verſchafft hat, deren es noch jetzt genießt; und ſo will ich denn auch hier, um mancher geliebten Leſer willen, mir ſelbſt vorgreifen und, weil ich nicht weiß, ob ich ſobald wieder zur Rede gelange, etwas ausſprechen, wovon ich mich erſt viel ſpäter überzeugte.

Obgleich jenes Dämoniſche ſich in allem Körperlichen und Unkörperlichen manifeſtieren kann, ja bei den Tieren ſich aufs merkwürdigſte ausſpricht, ſo ſteht es vorzüglich mit dem Menſchen im wunderbarſten Zuſammenhang und bildet eine der moraliſchen Weltordnung, wo nicht entgegengeſetzte, doch ſie durchkreuzende Macht, ſo daß man die eine für den Zettel, die andere für den Einſchlag könnte gelten laſſen.

Für die Phänomene, welche hiedurch hervorgebracht werden, gibt es unzählige Namen: denn alle Philoſophien und Religionen haben proſaiſch und poetiſch dieſes Rätſel zu löſen und die Sache ſchließlich abzuthun geſucht, welches ihnen noch fernerhin unbenommen bleibe.

Am furchtbarſten aber erſcheint dieſes Dämoniſche, wenn es in irgend einem Menſchen überwiegend hervortritt. Während meines Lebensganges habe ich mehrere teils in der Nähe, teils in der Ferne beobachten können. Es ſind nicht immer die vorzüglichſten Menſchen, weder an Geiſt noch an Talenten, ſelten durch Herzensgüte ſich empfehlend: aber eine ungeheure Kraft geht von ihnen aus, und ſie üben eine unglaubliche Gewalt über alle Geſchöpfe, ja ſogar über die Elemente, und wer kann ſagen, wie weit ſich eine ſolche Wirkung erſtrecken wird? Alle vereinten ſittlichen Kräfte vermögen nichts gegen ſie; vergebens, daß der hellere Teil der Menſchen ſie als Betrogene oder als Betrüger verdächtig machen will, die Maſſe wird von ihnen angezogen. Selten oder nie finden ſich Gleichzeitige ihresgleichen, und ſie ſind durch nichts zu überwinden, als durch das Univerſum ſelbſt, mit dem ſie den Kampf begonnen; und aus ſolchen Bemerkungen mag wohl jener ſonderbare, aber ungeheure Spruch entſtanden ſein: Nemo contra deum nisi deus ipse.

Von dieſen höheren Betrachtungen kehre ich wieder in mein

kleines Leben zurück, dem aber doch auch seltsame Ereignisse, wenigstens mit einem dämonischen Schein begleitet, bevorstanden. Ich war von dem Gipfel des Gotthard, Italien den Rücken wendend, nach Hause gekehrt, weil ich Lili nicht entbehren konnte. Eine Neigung, die auf die Hoffnung eines wechselseitigen Besitzes, eines dauernden Zusammenlebens gegründet ist, stirbt nicht auf einmal ab; ja, sie nährt sich an der Betrachtung rechtmäßiger Wünsche und redlicher Hoffnungen, die man hegt.

Es liegt in der Natur der Sache, daß sich in solchen Fällen das Mädchen eher bescheidet, als der Jüngling. Als Abkömmlingen Pandorens ist den schönen Kindern die wünschenswerte Gabe verliehen, anzureizen, anzulocken und mehr durch Natur mit Halbvorsatz, als durch Neigung, ja mit Frevel um sich zu versammeln, wobei sie denn oft in Gefahr kommen, wie jener Zauberlehrling, vor dem Schwall der Verehrer zu erschrecken. Und dann soll zuletzt denn doch hier gewählt sein, einer soll ausschließlich vorgezogen werden, einer die Braut nach Hause führen.

Und wie zufällig ist es, was hier der Wahl eine Richtung gibt, die Auswählende bestimmt! Ich hatte auf Lili mit Ueberzeugung Verzicht gethan, aber die Liebe machte mir diese Ueberzeugung verdächtig. Lili hatte in gleichem Sinne von mir Abschied genommen, und ich hatte die schöne zerstreuende Reise angetreten; aber sie bewirkte gerade das Umgekehrte.

Solange ich abwesend war, glaubte ich an die Trennung, glaubte nicht an die Scheidung. Alle Erinnerungen, Hoffnungen und Wünsche hatten ein freies Spiel. Nun kam ich zurück, und wie das Wiedersehen der frei und freudig Liebenden ein Himmel ist, so ist das Wiedersehen von zwei nur durch Vernunftgründe getrennten Personen ein unleidliches Fegefeuer, ein Vorhof der Hölle. Als ich in die Umgebung Lilis zurückkam, fühlte ich alle jene Mißhelligkeiten doppelt, die unser Verhältnis gestört hatten; als ich wieder vor sie selbst hintrat, fiel mir's hart aufs Herz, daß sie für mich verloren sei.

Ich entschloß mich daher abermals zur Flucht, und es konnte mir deshalb nichts erwünschter sein, als daß das junge herzoglich Weimarische Paar von Karlsruhe nach Frankfurt kommen und ich, früheren und späteren Einladungen gemäß, ihnen nach Weimar folgen sollte. Von seiten jener Herrschaften hatte sich ein gnädiges, ja zutrauliches Betragen immer gleich erhalten, das ich von meiner Seite mit leidenschaftlichem Danke erwiderte. Meine Anhänglichkeit an den Herzog von dem ersten Augenblicke an; meine Verehrung gegen die Prinzessin, die ich schon so lange, obgleich nur von Ansehen, kannte; mein Wunsch, Wielanden, der sich so liberal gegen mich betragen hatte, persönlich etwas Freundliches zu erzeigen und an Ort und Stelle meine halb unmutwilligen, halb zufälligen Unarten wieder gut zu machen, waren Beweggründe genug, die auch einen leidenschaftslosen Jüngling hätten anfreizen, ja antreiben sollen. Nun kam aber noch hinzu, daß ich, auf welchem Wege es wolle, vor Lili flüchten mußte, es sei nun nach Süden, wo mir die täglichen Erzählungen meines Vaters den herrlichsten Kunst= und Naturhimmel vorbildeten, oder nach Norden, wo mich ein so bedeutender Kreis vorzüglicher Menschen einlud.

Das junge fürstliche Paar erreichte nunmehr auf seinem Rückwege Frankfurt. Der herzoglich Meiningische Hof war zu gleicher Zeit daselbst, und auch von diesem und dem die jungen Prinzen geleitenden Geheimerat von Dürkheim ward ich aufs freundlichste aufgenommen. Damit aber ja, nach jugendlicher Weise, es nicht an einem seltsamen Ereignis fehlen möchte, so setzte mich ein Mißverständnis in eine unglaubliche, obgleich ziemlich heitere Verlegenheit.

Die Weimarischen und Meiningischen Herrschaften wohnten in einem Gasthof. Ich ward zur Tafel gebeten. Der Weimarische Hof lag mir dergestalt im Sinne, daß mir nicht einfiel, mich näher zu erkundigen, weil ich auch nicht einmal einbildisch genug war, zu glauben, man wolle von Meiningischer Seite auch einige Notiz von mir nehmen. Ich gehe wohlangezogen in den Römischen Kaiser, finde die Zimmer der Weimarischen Herrschaften leer, und da es heißt, sie wären bei den Meiningischen, verfüge ich mich dorthin und werde freundlich empfangen. Ich denke, dies sei ein Besuch vor Tafel oder man speise vielleicht zusammen, und erwarte den Ausgang. Allein auf einmal setzt sich die Weimarische Suite in Bewegung, der ich denn auch folge; allein sie geht nicht etwa in ihre Gemächer, sondern gerade die Treppe hinunter in ihre Wägen, und ich finde mich eben allein auf der Straße.

Anstatt mich nun gewandt und klug nach der Sache umzuthun und irgend einen Aufschluß zu suchen, ging ich, nach meiner entschlossenen Weise, sogleich meinen Weg nach Hause, wo ich meine Eltern beim Nachttische fand. Mein Vater schüttelte den Kopf, indem meine Mutter mich so gut als möglich zu entschädigen suchte. Sie vertraute mir abends: als ich weggegangen, habe mein Vater sich geäußert, er wundre sich höchlich, wie ich, doch sonst nicht auf den Kopf gefallen, nicht einsehen wollte, daß man nur von jener Seite mich zu necken und mich zu beschämen gedächte. Aber dieses konnte mich nicht rühren: denn ich war schon Herrn von Dürkheim begegnet, der mich, nach seiner milden Art, mit anmutigen scherzhaften Vorwürfen zur Rede stellte. Nun war ich aus meinem Traum erwacht und hatte Gelegenheit, für die mir gegen mein Hoffen und Erwarten zu gedachte Gnade recht artig zu danken und mir Verzeihung zu erbitten.

Nachdem ich daher so freundlichen Anträgen aus guten Gründen nachgegeben hatte, so ward folgendes verabredet. Ein in Karlsruhe zurückgebliebener Kavalier, welcher einen in Straßburg verfertigten Landauer Wagen erwarte, werde an einem bestimmten Tage in Frankfurt eintreffen, ich solle mich bereit halten, mit ihm nach Weimar sogleich abzureisen. Der heitere und gnädige Abschied, den ich von den jungen Herrschaften erfuhr, das freundliche Betragen der Hofleute machten mir diese Reise höchst wünschenswert, wozu sich der Weg so angenehm zu ebnen schien.

Aber auch hier sollte durch Zufälligkeiten eine so einfache Angelegenheit verwickelt, durch Leidenschaftlichkeit verwirrt und nahezu völlig vernichtet werden: denn nachdem ich überall Abschied genommen und den Tag meiner Abreise verkündet, sodann aber eilig eingepackt und dabei meiner ungedruckten Schriften nicht vergessen, erwartete ich die Stunde, die den gedachten Freund im neuen Wagen herbeiführen und mich in eine neue Gegend, in neue Verhältnisse bringen sollte. Die Stunde verging, der Tag auch, und da ich, um nicht zweimal Abschied zu nehmen, und überhaupt, um nicht durch Zulauf und Besuch überhäuft zu sein, mich seit dem besagten Morgen als abwesend angegeben hatte, so mußte ich mich im Hause, ja in meinem Zimmer still halten und befand mich daher in einer sonderbaren Lage.

Weil aber die Einsamkeit und Enge jederzeit für mich etwas sehr Günstiges hatte, indem ich solche Stunden zu nutzen gedrängt war, so schrieb ich an meinem Egmont fort und brachte ihn beinahe zu stande. Ich las ihn meinem Vater vor, der eine ganz eigne Neigung zu diesem Stück gewann und nichts mehr wünschte, als es fertig und gedruckt zu sehen, weil er hoffte, daß der gute Ruf seines Sohnes dadurch sollte vermehrt werden. Eine solche Beruhigung und neue Zufriedenheit war ihm aber auch nötig: denn er machte über das Außenbleiben des Wagens die bedenklichsten Glossen. Er hielt das Ganze abermals nur für eine Erfindung, glaubte an keinen neuen Landauer, hielt den zurückgebliebenen Kavalier für ein Luftgespenst; welches er mir zwar nur indirekt zu verstehen gab, dagegen aber sich und meine Mutter desto ausführlicher quälte, indem er das Ganze als einen lustigen Hofstreich ansah, den man in Gefolg meiner Unarten habe ausgehen lassen, um mich zu kränken und zu beschämen, wenn ich nunmehr statt jener gehofften Ehre schimpflich sitzen geblieben.

Ich selbst hielt zwar anfangs am Glauben fest, freute mich über die eingezogenen Stunden, die mir weder von Freunden noch Fremden, noch sonst einer geselligen Zerstreuung verkümmert wurden, und schrieb, wenn auch nicht ohne innere Agitation, am Egmont rüstig fort. Und diese Gemütsstimmung mochte wohl dem Stück selbst zu gute kommen, das, von so viel Leidenschaften bewegt, nicht wohl von einem ganz Leidenschaftslosen hätte geschrieben werden können.

So vergingen acht Tage und, ich weiß nicht wie viel, drüber, und diese völlige Einkerkerung fing an, mir beschwerlich zu werden. Seit mehreren Jahren gewohnt, unter freiem Himmel zu leben, gesellt zu Freunden, mit denen ich in dem aufrichtigsten, geschäftigsten Wechselverhältnisse stand, in der Nähe einer Geliebten, von der ich zwar mich zu trennen den Vorsatz gefaßt, die mich aber doch, solange noch die Möglichkeit war, mich ihr zu nähern, gewaltsam zu sich forderte, — alles dieses fing an, mich dergestalt zu beunruhigen, daß die Anziehungskraft meiner Tragödie sich zu vermindern und die poetische Produktionskraft durch Ungeduld aufgehoben zu werden drohte. Schon einige Abende war es mir nicht möglich gewesen, zu Haus zu bleiben. In einen großen Mantel gehüllt, schlich ich in der Stadt umher, an den Häusern meiner Freunde und Bekannten vorbei, und versäumte nicht, auch an Lilis Fenster zu treten. Sie wohnte im Erdgeschoß eines Eckhauses, die grünen Rouleaux waren niedergelassen; ich konnte aber recht gut bemerken, daß die Lichter am gewöhnlichen Platze standen. Bald hörte ich sie zum Klaviere singen; es war das Lied: **Ach, wie ziehst du mich unwiderstehlich!** das nicht ganz vor einem Jahr an sie gedichtet ward. Es mußte mir scheinen, daß sie es ausdrucksvoller sänge als jemals, ich konnte es deutlich Wort vor Wort verstehn; ich hatte das Ohr so nahe angedrückt, wie nur das auswärts gebogene Gitter erlaubte. Nachdem sie es zu Ende gesungen, sah ich an dem Schatten, der auf die Rouleaux fiel, daß sie aufgestanden war; sie ging hin und wider, aber vergebens suchte ich den Umriß ihres lieblichen Wesens durch das dichte Gewebe zu erhaschen. Nur der feste Vorsatz, mich wegzubegeben, ihr nicht durch meine Gegenwart beschwerlich zu sein, ihr wirklich zu entsagen, und die Vorstellung, was für ein seltsames Aufsehen mein Wiedererscheinen machen müßte, konnte mich entscheiden, die so liebe Nähe zu verlassen.

Noch einige Tage verstrichen, und die Hypothese meines Vaters gewann immer mehr Wahrscheinlichkeit, da auch nicht einmal ein Brief von Karlsruhe kam, welcher die Ursachen der Verzögerung des Wagens angegeben hätte. Meine Dichtung geriet ins Stocken, und nun hatte mein Vater gutes Spiel bei der Unruhe, von der ich innerlich zerarbeitet war. Er stellte mir vor: die Sache sei nun einmal nicht zu ändern, mein Koffer sei gepackt, er wolle mir Geld und Kredit geben, nach Italien zu gehen; ich müsse mich aber gleich entschließen, aufzubrechen. In einer so wichtigen Sache zweifelnd und zaudernd ging ich endlich darauf ein: daß, wenn zu einer bestimmten Stunde weder Wagen noch Nachricht eingelaufen sei, ich abreisen, und zwar zuerst nach Heidelberg, von dannen aber nicht wieder durch die Schweiz, sondern nunmehr durch Graubünden oder Tirol über die Alpen gehen wolle.

Wunderbare Dinge müssen freilich entstehen, wenn eine planlose Jugend, die sich selbst so leicht mißleitet, noch durch einen leidenschaftlichen Irrtum des Alters auf einen falschen Weg getrieben wird. Doch darum ist es Jugend und Leben überhaupt, daß wir die Strategie gewöhnlich erst einsehen lernen, wenn der Feldzug vorbei ist. Im reinen Geschäftsgang wär' ein solches Zufälliges leicht aufzuklären gewesen, aber wir verschwören uns gar zu gern mit dem Irrtum gegen das Natürlichwahre, so wie wir die Karten mischen, eh wir sie herumgeben, damit ja dem Zufall sein Anteil an der That nicht verkümmert werde; und so entsteht gerade das Element, worin und worauf das Dämonische so gern wirkt und uns nur desto schlimmer mitspielt, je mehr wir Ahnung von seiner Nähe haben.

Der letzte Tag war verstrichen, den andern Morgen sollte ich abreisen, und nun drängte es mich unendlich, meinen Freund Passavant, der eben aus der Schweiz zurückgekehrt war, noch einmal zu sehen, weil er wirklich Ursache gehabt hätte zu zürnen, wenn ich unser inniges Vertrauen durch völlige Geheimhaltung verletzt hätte. Ich beschied ihn daher durch einen Unbekannten nachts an einen gewissen Platz, wo ich, in meinen Mantel gewickelt, eher eintraf als er, der auch nicht ausblieb, und, wenn er schon verwundert über die Bestellung gewesen war, sich noch mehr über den verwunderte, den er am Platze fand. Die Freude war dem Erstaunen gleich, an Beredung und Beratung war nicht zu denken; er wünschte mir Glück zur italienischen Reise, wir schieden, und den andern Tag sah ich mich schon bei guter Zeit an der Bergstraße.

Daß ich mich nach Heidelberg begab, dazu hatte ich mehrere Ursachen: eine verständige, denn ich hatte gehört, der Weimarische Freund würde von Karlsruhe über Heidelberg kommen; und sogleich gab ich, angelangt auf der Post, ein Billet ab, das man einem auf bezeichnete Weise durchreisenden Kavalier einhändigen sollte; die zweite Ursache war leidenschaftlich und bezog sich auf mein früheres Verhältnis zu Lili. Demoiselle Delf nämlich, welche die Vertraute unserer Neigung, ja die Vermittlerin einer ernstlichen Verbindung bei den Eltern gewesen war, wohnte daselbst, und ich schätzte mir es für das größte Glück, ehe ich Deutschland verließ, noch einmal jene glücklichen Zeiten mit einer werten geduldigen und nachsichtigen Freundin durchschwätzen zu können.

Ich ward wohl empfangen und in manche Familie eingeführt, wie ich mir denn in dem Hause des Oberforstmeisters von W.... sehr wohlgefiel. Die Eltern waren anständig behagliche Personen, die eine Tochter ähnelte Friedriken. Es war gerade die Zeit der Weinlese, das Wetter schön, und alle die elsaſſiſchen Gefühle lebten in dem ſchönen Rhein- und Neckarthale in mir wieder auf. Ich hatte dieſe Zeit an mir und andern Wunderliches erlebt, aber es war noch alles im Werden, kein Resultat des Lebens hatte ſich in mir hervorgethan, und das Unendliche, was ich gewahrt hatte, verwirrte mich vielmehr. Aber in Gesellschaft war ich noch wie sonst, ja vielleicht gefälliger und unterhaltender. Hier unter diesem freien Himmel, unter den frohen Menschen ſuchte ich die alten Spiele wieder auf, die der Jugend immer neu und reizend bleiben. Eine frühere, noch nicht erloschene Liebe im Herzen, erregte ich Anteil, ohne es zu wollen, auch wenn ich ſie verſchwieg, und ſo ward ich auch in dieſem Kreiſe bald einheimiſch, ja notwendig, und vergaß, daß ich nach ein paar verſchwätzten Abenden meine Reise fortzuſetzen den Plan hatte.

Demoiſelle Delf war eine von den Perſonen, die, ohne gerade intrigant zu ſein, immer ein Geſchäft haben, andere beſchäftigen und bald dieſe, bald jene Zwecke durchführen wollen. Sie hatte eine tüchtige Freundſchaft zu mir gefaßt und konnte mich um so eher verleiten, länger zu verweilen, da ich in ihrem Hauſe wohnte, wo ſie meinem Dableiben allerlei Vergnügliches vorhalten und meiner Abreiſe allerlei Hinderniſſe in den Weg legen konnte. Wenn ich das Geſpräch auf Lili lenken wollte, war ſie nicht ſo gefällig und teilnehmend, wie ich gehofft hatte. Sie lobte vielmehr unſern beiderſeitigen Vorſatz, uns unter den bewandten Umſtänden zu trennen, und behauptete, man müſſe ſich in das Unvermeidliche ergeben, das Unmögliche aus dem Sinne ſchlagen und ſich nach einem neuen Lebensinteresse umſehen. Planvoll, wie ſie war, hatte ſie dies nicht dem Zufall überlaſſen wollen, ſondern ſich ſchon zu meinem künftigen Unterkommen einen Entwurf gebildet, aus dem ich nun wohl ſah, daß ihre letzte Einladung nach Heidelberg nicht ſo abſichtslos geweſen, als es ſchien.

Kurfürſt Karl Theodor nämlich, der für die Künſte und Wiſſenſchaften ſo viel gethan, reſidierte noch zu Mannheim, und gerade weil der Hof katholiſch, das Land aber proteſtantiſch war, ſo hatte die letztere Partei alle Urſache, ſich durch rüſtige und hoffnungsvolle Männer zu verſtärken. Nun ſollte ich in Gottes Namen nach Italien gehen und dort meine Einſichten in dem

Kunstfach ausbilden; indessen wolle man für mich arbeiten, es werde sich bei meiner Rückkunft ausweisen, ob die aufkeimende Neigung der Fräulein von W.... gewachsen oder erloschen und es rätlich sei, durch die Verbindung mit einer angesehenen Familie mich und mein Glück in einem neuen Vaterlande zu begründen.

Dieses alles lehnte ich zwar nicht ab, allein mein planloses Wesen konnte sich mit der Planmäßigkeit meiner Freundin nicht ganz vereinigen, ich genoß das Wohlwollen des Augenblicks, Lilis Bild schwebte mir wachend und träumend vor und mischte sich in alles andre, was mir hätte gefallen oder mich zerstreuen können. Nun rief ich mir aber den Ernst meines großen Reiseunternehmens vor die Seele und beschloß, auf eine sanfte und artige Weise mich loszulösen und in einigen Tagen meinen Weg weiter fortzusetzen.

Bis tief in die Nacht hinein hatte Demoiselle Delf mir ihre Pläne, und was man für mich zu thun willens war, im ein zelnen dargestellt, und ich konnte nicht anders als dankbar solche Gesinnungen verehren, obgleich die Absicht eines gewissen Kreises, sich durch mich und meine mögliche Gunst bei Hofe zu verstärken, nicht ganz zu verkennen war. Wir trennten uns erst gegen eins. Ich hatte nicht lange, aber tief geschlafen, als das Horn eines Postillons mich weckte, der reitend vor dem Hause hielt. Bald darauf erschien Demoiselle Delf mit einem Licht und Brief in den Händen und trat vor mein Lager. Da haben wir's! rief sie aus. Lesen Sie, sagen Sie mir, was es ist. Gewiß kommt es von den Weimarischen. Ist es eine Einladung, so folgen Sie ihr nicht und erinnern sich an unsre Gespräche! Ich bat sie um das Licht und um eine Viertelstunde Einsamkeit. Sie verließ mich ungern. Ohne den Brief zu eröffnen, sah ich eine Weile vor mich hin. Die Stafette kam von Frankfurt, ich kannte Siegel und Hand; der Freund war also dort angekommen; er lud mich ein, und der Unglaube und Ungewißheit hatten uns übereilt. Warum sollte man nicht in einem ruhigen bürgerlichen Zustande auf einen sicher angekündigten Mann warten, dessen Reise durch so manche Zufälle verspätet werden konnte? Es fiel mir wie Schuppen von den Augen. Alle vorhergegangene Güte, Gnade, Zutrauen stellte sich mir lebhaft wieder vor, ich schämte mich mit meines wunderlichen Seitensprunges. Nun eröffnete ich den Brief, und alles war ganz natürlich zugegangen. Mein ausgebliebener Geleitsmann hatte auf den neuen Wagen, der von Straßburg kommen sollte, Tag für Tag, Stunde für Stunde, wie wir auf ihn geharrt; war alsdann Geschäfts wegen über Mannheim nach Frankfurt gegangen und hatte dort zu seinem Schreck mich nicht gefunden. Durch eine Stafette sendete er gleich das eilige Blatt ab, worin er voraussetzte, daß ich sofort nach aufgeklärtem Irrtum zurückkehren und ihm nicht die Beschämung bereiten wolle, ohne mich in Weimar anzukommen.

So sehr sich auch mein Verstand und Gemüt gleich auf diese Seite neigte, so fehlte es doch meiner neuen Richtung auch nicht an einem bedeutenden Gegengewicht. Mein Vater hatte mir einen gar hübschen Reiseplan aufgesetzt und mir eine kleine Bibliothek mitgegeben, durch die ich mich vorbereiten und an Ort und Stelle leiten könnte. In müßigen Stunden hatte ich bisher keine andere Unterhaltung gehabt, sogar auf meiner letzten kleinen Reise im Wagen nichts anderes gedacht. Jene herrlichen Gegenstände, die ich von Jugend auf durch Erzählung und Nachbildung aller Art kennen gelernt, sammelten sich vor meiner Seele, und ich kannte nichts Erwünschteres, als mich ihnen zu nähern, indem ich mich entschieden von Lili entfernte.

Ich hatte mich indes angezogen und ging in der Stube auf und ab. Meine ernste Wirtin trat herein. Was soll ich hoffen? rief sie aus. Meine Beste, sagte ich, reden Sie mir nichts ein, ich bin entschlossen, zurückzukehren; die Gründe habe ich selbst bei mir abgewogen; sie zu wiederholen würde nichts fruchten. Der Entschluß am Ende muß gefaßt werden, und wer soll ihn fassen als der, den er zuletzt angeht?

Ich war bewegt, sie auch, und es gab eine heftige Szene, die ich dadurch endigte, daß ich meinem Burschen befahl, Post zu bestellen. Vergebens bat ich meine Wirtin, sich zu beruhigen und den scherzhaften Abschied, den ich gestern abend bei der Gesellschaft genommen hatte, in einen wahren zu verwandeln, zu bedenken, daß es nur auf einen Besuch, auf eine Aufwartung für kurze Zeit angesehen sei, daß meine italienische Reise nicht aufgehoben, meine Rückkehr hierher nicht abgeschnitten sei. Sie wollte von nichts wissen und beunruhigte den schon Bewegten noch immer mehr. Der Wagen stand vor der Thür; aufgepackt war; der Postillon ließ das gewöhnliche Zeichen der Ungeduld erschallen; ich riß mich los; sie wollte mich noch nicht fahren lassen und brachte künstlich genug die Argumente der Gegenwart alle vor, so daß ich endlich leidenschaftlich und begeistert die Worte Egmonts ausrief:

„Kind, Kind! nicht weiter! Wie von unsichtbaren Geistern gepeitscht, gehen die Sonnenpferde der Zeit mit unsers Schicksals leichtem Wagen durch; und uns bleibt nichts, als, mutig gefaßt, die Zügel fest zu halten und bald rechts, bald links, vom Steine hier, vom Sturze da, die Räder abzulenken. Wohin es geht, wer weiß es? Erinnert er sich doch kaum, woher er kam!"

www.ingramcontent.com/pod-product-compliance
Lightning Source LLC
Chambersburg PA
CBHW032006230426
43672CB00010B/2270